Rainer Eich • Anke Eich

HOAI 2021 – Textausgabe mit Interpolationstabellen

HOAI 2021

Honorarordnung für Architekten und Ingenieure
Textausgabe mit Interpolationstabellen

Textausgabe mit
Erläuterung der Neuerungen,
Musterrechnung und
Interpolationstabellen

6., aktualisierte Auflage

Rainer Eich (†)
Freier Architekt

Anke Eich
Rechtsanwältin

RM Rudolf Müller

Bibliografische Information Der Deutschen Nationalbibliothek
Die Deutsche Nationalbibliothek verzeichnet diese Publikation in der Deutschen Nationalbibliografie; detaillierte bibliografische Daten sind im Internet über https://dnb.de abrufbar.

6., aktualisierte Auflage 2021

Maßgebend für das Anwenden von Normen ist deren Fassung mit dem neuesten Ausgabedatum, die bei der Beuth Verlag GmbH, Burggrafenstraße 6, 10787 Berlin, erhältlich ist. Maßgebend für das Anwenden von Regelwerken, Richtlinien, Merkblättern, Hinweisen, Verordnungen usw. ist deren Fassung mit dem neuesten Ausgabedatum, die bei der jeweiligen herausgebenden Institution erhältlich ist. Zitate aus Normen, Merkblättern usw. wurden, unabhängig von ihrem Ausgabedatum, in neuer deutscher Rechtschreibung abgedruckt.

Das vorliegende Werk wurde mit größter Sorgfalt erstellt. Verlag und Autor können dennoch für die inhaltliche und technische Fehlerfreiheit, Aktualität und Vollständigkeit des Werkes keine Haftung übernehmen.

Wir freuen uns, Ihre Meinung über dieses Fachbuch zu erfahren. Bitte teilen Sie uns Ihre Anregungen, Hinweise oder Fragen per E-Mail: fachmedien.architektur@rudolf-mueller.de oder Telefax: 0221 5497-6114 mit.

Umschlaggestaltung: Hans-Dieter Eich, Bad Breisig
Druck und Bindearbeiten: Westermann Druck Zwickau GmbH, Zwickau
Printed in Germany

ISBN 978-3-481-04201-1 (Buch-Ausgabe)
ISBN 978-3-481-04209-7 (E-Book als PDF)
ISBN 978-3-481-04208-0 (Buch und E-Book)

Inhaltsübersicht

A Einführung in die HOAI 2021 ... 9

1 Vorgänger der HOAI ... 9
2 HOAI ... 10
3 Rechtscharakter ... 13
4 Anwendungsbereich der HOAI ... 13
5 HOAI 2021 im Überblick ... 14
5.1 Unverändertes ... 15
5.2 Änderungen ... 15
5.2.1 Freie Vereinbarkeit des Honorars ... 15
5.2.2 Wegfall der zeitlichen Einschränkung bei der Honorarvereinbarung ... 15
5.2.3 Textform statt Schriftform ... 15
5.2.4 Hinweispflicht gegenüber Verbrauchern ... 16
5.2.5 Neue Begriffe ... 16

B HOAI 2021 ... 19

Teil 1 Allgemeine Vorschriften ... 19

§ 1 Anwendungsbereich ... 19
§ 2 Begriffsbestimmungen ... 19
§ 2a Honorartafeln und Basishonorarsatz ... 20
§ 3 Leistungen und Leistungsbilder ... 21
§ 4 Anrechenbare Kosten ... 21
§ 5 Honorarzonen ... 21
§ 6 Grundlagen des Honorars ... 22
§ 7 Honorarvereinbarung ... 22
§ 8 Berechnung des Honorars in besonderen Fällen ... 22
§ 9 Berechnung des Honorars bei Beauftragung von Einzelleistungen ... 23
§ 10 Berechnung des Honorars bei vertraglichen Änderungen des Leistungsumfangs . 23
§ 11 Auftrag für mehrere Objekte ... 23
§ 12 Instandsetzungen und Instandhaltungen ... 24
§ 13 Interpolation ... 24
§ 14 Nebenkosten ... 24
§ 15 Fälligkeit des Honorars, Abschlagszahlungen ... 25
§ 16 Umsatzsteuer ... 25

Teil 2 Flächenplanung ... 26

Abschnitt 1 Bauleitplanung ... 26
§ 17 Anwendungsbereich ... 26
§ 18 Leistungsbild Flächennutzungsplan ... 26
§ 19 Leistungsbild Bebauungsplan ... 26
§ 20 Honorare für Grundleistungen bei Flächennutzungsplänen ... 27
§ 21 Honorare für Grundleistungen bei Bebauungsplänen ... 28
Abschnitt 2 Landschaftsplanung ... 30
§ 22 Anwendungsbereich ... 30
§ 23 Leistungsbild Landschaftsplan ... 30
§ 24 Leistungsbild Grünordnungsplan ... 30
§ 25 Leistungsbild Landschaftsrahmenplan ... 31
§ 26 Leistungsbild Landschaftspflegerischer Begleitplan ... 31
§ 27 Leistungsbild Pflege- und Entwicklungsplan ... 31
§ 28 Honorare für Grundleistungen bei Landschaftsplänen ... 32
§ 29 Honorare für Grundleistungen bei Grünordnungsplänen ... 33
§ 30 Honorare für Grundleistungen bei Landschaftsrahmenplänen ... 35
§ 31 Honorare für Grundleistungen bei Landschaftspflegerischen Begleitplänen ... 36
§ 32 Honorare für Grundleistungen bei Pflege- und Entwicklungsplänen ... 37

Teil 3 Objektplanung ... 39

Abschnitt 1 Gebäude und Innenräume ... 39
§ 33 Besondere Grundlagen des Honorars ... 39
§ 34 Leistungsbild Gebäude und Innenräume ... 39
§ 35 Honorare für Grundleistungen bei Gebäuden und Innenräumen ... 40
§ 36 Umbauten und Modernisierungen von Gebäuden und Innenräumen ... 41
§ 37 Aufträge für Gebäude und Freianlagen oder für Gebäude und Innenräume ... 42
Abschnitt 2 Freianlagen ... 42
§ 38 Besondere Grundlagen des Honorars ... 42
§ 39 Leistungsbild Freianlagen ... 42
§ 40 Honorare für Grundleistungen bei Freianlagen ... 43
Abschnitt 3 Ingenieurbauwerke ... 45
§ 41 Anwendungsbereich ... 45
§ 42 Besondere Grundlagen des Honorars ... 45
§ 43 Leistungsbild Ingenieurbauwerke ... 46
§ 44 Honorare für Grundleistungen bei Ingenieurbauwerken ... 46
Abschnitt 4 Verkehrsanlagen ... 48
§ 45 Anwendungsbereich ... 48
§ 46 Besondere Grundlagen des Honorars ... 48
§ 47 Leistungsbild Verkehrsanlagen ... 49
§ 48 Honorare für Grundleistungen bei Verkehrsanlagen ... 49

Teil 4 Fachplanung ... 52

Abschnitt 1 Tragwerksplanung ... 52
§ 49 Anwendungsbereich ... 52
§ 50 Besondere Grundlagen des Honorars ... 52
§ 51 Leistungsbild Tragwerksplanung ... 52
§ 52 Honorare für Grundleistungen bei Tragwerksplanungen ... 53

Abschnitt 2 Technische Ausrüstung 55
§ 53 Anwendungsbereich 55
§ 54 Besondere Grundlagen des Honorars 55
§ 55 Leistungsbild Technische Ausrüstung 55
§ 56 Honorare für Grundleistungen der Technischen Ausrüstung 56

Teil 5 Übergangs- und Schlussvorschriften 58

§ 57 Übergangsvorschrift 58
§ 58 Inkrafttreten, Außerkrafttreten 58

Anlagen 59

Anlage 1 Weitere Fachplanungs- und Beratungsleistungen 59
1.1 Umweltverträglichkeitsstudie 59
1.2 Bauphysik 62
1.3 Geotechnik 70
1.4 Ingenieurvermessung 75
Anlage 2 Grundleistungen im Leistungsbild Flächennutzungsplan 85
Anlage 3 Grundleistungen im Leistungsbild Bebauungsplan 86
Anlage 4 Grundleistungen im Leistungsbild Landschaftsplan 87
Anlage 5 Grundleistungen im Leistungsbild Grünordnungsplan 88
Anlage 6 Grundleistungen im Leistungsbild Landschaftsrahmenplan 90
Anlage 7 Grundleistungen im Leistungsbild Landschaftspflegerischer Begleitplan 91
Anlage 8 Grundleistungen im Leistungsbild Pflege- und Entwicklungsplan 93
Anlage 9 Besondere Leistungen zur Flächenplanung 94
Anlage 10 Grundleistungen im Leistungsbild Gebäude und Innenräume, Besondere Leistungen, Objektlisten 97
10.1 Leistungsbild Gebäude und Innenräume 97
10.2 Objektliste Gebäude 104
10.3 Objektliste Innenräume 106
Anlage 11 Grundleistungen im Leistungsbild Freianlagen, Besondere Leistungen, Objektliste 109
11.1 Leistungsbild Freianlagen 109
11.2 Objektliste Freianlagen 115
Anlage 12 Grundleistungen im Leistungsbild Ingenieurbauwerke, Besondere Leistungen, Objektliste 117
12.1 Leistungsbild Ingenieurbauwerke 117
12.2 Objektliste Ingenieurbauwerke 123
Anlage 13 Grundleistungen im Leistungsbild Verkehrsanlagen, Besondere Leistungen, Objektliste 130
13.1 Leistungsbild Verkehrsanlagen 130
13.2 Objektliste Verkehrsanlagen 136
Anlage 14 Grundleistungen im Leistungsbild Tragwerksplanung, Besondere Leistungen, Objektliste 138
14.1 Leistungsbild Tragwerksplanung 138
14.2 Objektliste Tragwerksplanung 142
Anlage 15 Grundleistungen im Leistungsbild Technische Ausrüstung, Besondere Leistungen, Objektliste 146
15.1 Grundleistungen und Besondere Leistungen im Leistungsbild Technische Ausrüstung 146
15.2 Objektliste 152

C Synopse HOAI 2013/2021 mit Amtlicher Begründung 157

Teil 1 Allgemeine Vorschriften 160
Teil 2 Flächenplanung 186
Teil 3 Objektplanung 191
Teil 4 Fachplanung 197
Teil 5 Übergangs- und Schlussvorschriften 200
Anlage 1 Weitere Fachplanungs- und Beratungsleistungen 202

D Honorar- und Musterrechnungen 225

1 Hinweise zur Rechnungserstellung 225
1.1 Fälligkeit der Honorarrechnung 225
1.2 Prüffähigkeit der Honorarrechnung 226
1.2.1 Prüffähigkeit allgemein 226
1.2.2 Prüffähigkeit im Einzelnen 227
1.3 Honorarberechnungsparameter 230
1.3.1 Leistungsumfang 230
1.3.2 Anrechenbare Kosten 232
1.3.3 Honorarzone 236
1.3.4 Honorarsatz 239
1.3.5 Zuschläge 240
2 Musterrechnung 241

E Interpolierte Honorartafeln 261

E_1 Interpolationstabelle zu § 20: Flächennutzungspläne 261
E_2 Interpolationstabelle zu § 21: Bebauungspläne 267
E_3 Interpolationstabelle zu § 28: Landschaftspläne 275
E_4 Interpolationstabelle zu § 29: Grünordnungspläne 281
E_5 Interpolationstabelle zu § 30: Landschaftsrahmenpläne 286
E_6 Interpolationstabelle zu § 31: Landschaftspflegerische Begleitpläne 291
E_7 Interpolationstabelle zu § 32: Pflege- und Entwicklungspläne 296
E_8 Interpolationstabelle zu § 35: Gebäude und Innenräume 300
E_9 Interpolationstabelle zu § 40: Freianlagen 312
E_{10} Interpolationstabelle zu § 44: Ingenieurbauwerke 317
E_{11} Interpolationstabelle zu § 48: Verkehrsanlagen 327
E_{12} Interpolationstabelle zu § 52: Tragwerksplanung 335
E_{13} Interpolationstabelle zu § 56: Technische Ausrüstung 343
E_{14} Interpolationstabelle zu Anlage 1.1.2: Umweltverträglichkeitsstudien 350
E_{15} Interpolationstabelle zu Anlage 1.2.3: Wärmeschutz und Energiebilanzierung 352
E_{16} Interpolationstabelle zu Anlage 1.2.4: Bauakustik 354
E_{17} Interpolationstabelle zu Anlage 1.2.5: Raumakustik 356
E_{18} Interpolationstabelle zu Anlage 1.3.4: Geotechnik 358
E_{19} Interpolationstabelle zu Anlage 1.4.8 (1): Planungsbegleitende Vermessung 360
E_{20} Interpolationstabelle zu Anlage 1.4.8 (2): Bauvermessung 362

A Einführung in die HOAI 2021

Autor und Herausgeber bis zur 5. Auflage
Rainer Eich
Dipl.-Ing., Freier Architekt
Rationalisierungsfachmann im Wohnungsbau
ö. b. u. v. Sachverständiger für
Honorare für Architektenleistungen

6. Auflage
Anke Eich, M. A.
Rechtsanwältin
Sachverständige für Architekten- und Ingenieurhonorare

sachverständige Mitarbeit
Felix Preisenberger
Dipl.-Ing., Architekt
ö. b. u. v. Sachverständiger für
Honorare für Architektenleistungen

1 Vorgänger der HOAI

Da die Entwicklung der deutschen Honorarordnung für Architekten- und Ingenieurleistungen (HOAI) auf eine geschichtliche Entwicklung von über 140 Jahren verweisen kann, soll an dieser Stelle ein kurzer Überblick über die vorausgegangenen Gebührenwerke gegeben werden.

Die erste Veröffentlichung einer Gebührenordnung für Architekten erfolgte auf Initiative von Berufsverbänden im Jahr **1871.** Schon bald zeigte sich, dass dieses private Ordnungswerk eine außerordentlich positive Verhandlungsgrundlage für Bauherren und Architekten darstellte, da es klärend dazu beitrug, im Gegenzug zu dem vom Auftraggeber gewünschten Planungserfolg ein angemessenes Architektenhonorar festlegen zu können. Die Praktikabilität dieses Werks war überzeugend und veranlasste die Ingenieurverbände, eine ähnliche, den Ansprüchen ihrer Mitglieder gerecht werdende Honorarordnung zu schaffen. Diese wurde dann fünf Jahre später, im Jahr **1876,** veröffentlicht und allen Auftraggebern und Ingenieuren als **Verhandlungsgrundlage** für die Bemessung des Planerhonorars empfohlen.
Beide Gebührenordnungen wurden vom Verband der Architekten und Ingenieure im Jahr **1888** zu der **Hamburger Norm** zusammengefasst, welche bis kurz nach der Jahrhundertwende **Empfehlungscharakter** behielt.

Im Jahr **1901** erschien diese Gebührenordnung in einer grundlegenden **Neufassung,** die bis zum Jahr **1919** für die Honorarabrechnungen der Architekten und Ingenieure maßgebend blieb. Im Jahr **1920** wurde sie von den Verbänden mit der Besonderheit neu erarbeitet, dass die Honorar- und Vertragsteile systematisch getrennt dargestellt wurden. Allen bisherigen Gebührenwerken war gemeinsam, dass ihnen **keinerlei bindende Wirkung** zukam.

1935 wurde von der **Reichskammer der bildenden Künste** eine **Gebührenordnung** herausgegeben, die **1937** eine Neuerung auf **öffentlich-rechtlicher** Grundlage erfuhr und ab diesem Zeitpunkt auch für die Auftraggeberseite **verbindlich** wurde. In den Jahren **1942** und **1950** wurden die jeweils bestehenden Fassungen den wirtschaftlichen Gegebenheiten angepasst.

In den folgenden Jahren wurde an einer grundlegenden Erneuerung des Gebühren- und Vertragsrechts gearbeitet, und es setzten breite Diskussionen über eine tiefgreifende Reform des Gebührenwerks ein.

Das im Jahr **1971** in Kraft getretene **Gesetz zur Verbesserung des Mietrechts und zur Begrenzung des Mietanstiegs sowie zur Regelung von Ingenieur- und Architektenleistungen (MRVG)** und darin der Artikel 10, das Gesetz zur Regelung von Ingenieur- und Architektenleistungen (**ArchLG**), schuf eine Ermächtigungsgrundlage, über deren Verfassungsmäßigkeit zwar reger Streit entstand, von der aber auch stärkerer Druck auf den Verordnungsgeber ausging, das Gebührenwerk zu reformieren.

Letztlich war es das Bundesministerium für Wirtschaft, das den entscheidenden Anstoß zur Weiterentwicklung der Gebührenordnung gab, indem es, nach vorausgegangenen nicht ganz tauglichen Versuchen, einen Forschungsauftrag an die Gruppe Pfarr/Arlt/Hobusch in Berlin erteilte, die daraufhin eine Vorformulierung der HOAI erarbeitete.

2 HOAI

Der Verordnungsgeber ist der Ausarbeitung von Pfarr/Arlt/Hobusch nicht wörtlich gefolgt. Er übernahm u. a. eine unmittelbare Koppelung an die Preisentwicklung nicht, griff aber den Gesamtaufbau dieses wissenschaftlichen Gutachtens auf und erarbeitete auf dieser Grundlage die **Honorarordnung für Architekten- und Ingenieurleistungen, HOAI.** Hiermit füllte der Verordnungsgeber die geschaffene Ermächtigungsgrundlage des als Artikel 10 des **MRVG** vom **04.11.1971** erlassenen **ArchLG** aus.

Seit dem Inkrafttreten der **HOAI** bis heute wurden **neun Fassungen** vom Verordnungsgeber erarbeitet und in Kraft gesetzt, die im jeweiligen Zeitrahmen, wie nachfolgend dargestellt, Gültigkeit besaßen bzw. besitzen:

vom	**01.01.1977**	bis zum	**31.12.1984**	die	**Urfassung der HOAI** vom 17.09.1976,
vom	**01.01.1985**	bis zum	**09.06.1985**	die	**1. Änderungsverordnung** zur HOAI 1976,
vom	**10.06.1985**	bis zum	**31.03.1988**	die	**2. Änderungsverordnung** zur HOAI 1976,
vom	**01.04.1988**	bis zum	**31.12.1990**	die	**3. Änderungsverordnung** zur HOAI 1976,
vom	**01.01.1991**	bis zum	**31.12.1995**	die	**4. Änderungsverordnung** zur HOAI 1976,
vom	**01.01.1996**	bis zum	**17.08.2009**	die	**5. Änderungsverordnung** zur HOAI 1976, die seit 2002 nicht mehr auf DM, sondern auf € Bezug nimmt,
vom	**18.08.2009**	bis zum	**16.07.2013**	die	**HOAI 2009** vom 11.08.2009,
vom	**17.07.2013**	bis zum	**31.12.2020**	die	**HOAI 2013** vom 10.07.2013
vom	**01.01.2021**	bis auf Weiteres		die	**1. Änderungsverordnung** zur HOAI 2013.

Die vom 01.01.1977 bis zum 17.08.2009 geltenden **HOAI-Fassungen** trugen den Namen **„Honorarordnung für Architekten und Ingenieure"**.

Seit dem 18.08.2009 lautet die ausgeschriebene Bezeichnung **„Verordnung über die Honorare für Architekten- und Ingenieurleistungen“.**

In der Koalitionsvereinbarung vom 12.06.2009 vereinbarten die Regierungsparteien der 17. Legislaturperiode, dass auf Grundlage des Bundesratsbeschlusses und Prüfauftrags zur HOAI 2009 vom 12.06.2009 die HOAI „schnellstmöglich weiter modernisiert“ wird.

Das Bundesministerium für Verkehr, Bau und Stadtentwicklung (BMVBS) führte in Absprache mit dem Bundesministerium für Wirtschaft und Technologie (BMWi) in Arbeitsgruppen eine Überprüfung der Leistungsbilder durch. Die aus Vertretern des Bundes, der Länder, der Kommunen, der Deutschen Bahn AG sowie des AHO e. V., der Bundesarchitekten- und der Bundesingenieurkammern gebildeten Arbeitsgruppen legten am 02.09.2011 einen Abschlussbericht zur „Evaluierung der HOAI – Aktualisierung der Leistungsbilder“ vor. Zur Prüfung des Ergebnisses dieses Abschlussberichts und des „Statusbericht 2000plus“, welcher der HOAI 2009 zugrunde lag, wurde im Auftrag des BMWi durch die ArgeHOAI im Dezember 2012 eine Studie zum Aktualisierungsbedarf der HOAI vorgelegt.[1] Diese Studie schlug eine Modernisierung der Leistungsbilder und eine Erhöhung der Honorare von durchschnittlich 17 % vor.[2]

Auf Basis dieser Studie wurde am 25.04.2013 die **HOAI 2013** vorgelegt und erhielt am 07.06.2013 vom Bundesrat mit nur einer Stimme Mehrheit und entgegen der Empfehlung des Finanzausschusses die Zustimmung.

Der Bundesrat kritisierte dabei neben der kurzfristigen Vorlage zum Ende der Legislaturperiode insbesondere, dass trotz des Inhalts des Bundesratsbeschlusses vom 12.06.2009 die Beratungsleistungen der Anlage 1 der HOAI 2009 und die örtliche Bauleitung in den Leistungsbildern Ingenieurbauwerke und Verkehrsanlagen weiterhin nicht verbindlich geregelt sind.

Die HOAI 2013 trat am 17.07.2013 in Kraft.

Mit Urteil vom 04.07.2019 entschied der Europäische Gerichtshof (EuGH) über ein Vertragsverletzungsverfahren, welches die Europäische Kommission gegen die Bundesrepublik Deutschland angestrengt hatte.[3] Mit ihrer Klage hatte die Europäische Kommission die Feststellung beantragt, „dass die Bundesrepublik Deutschland dadurch gegen ihre Verpflichtungen aus Art. 49 AEUV und aus Art. 15 Abs. 1, Abs. 2 Buchst. g und Abs. 3 der Richtlinie 2006/123/EG des Europäischen Parlaments und des Rates vom 12. Dezember 2006 über Dienstleistungen im Binnenmarkt [...] verstoßen hat, dass sie verbindliche Honorare für Architekten und Ingenieure beibehalten hat.“ [4] Der EuGH bejahte dies und entschied, dass durch die Beibehaltung verbindlicher Honorare für Architekten und Ingenieure ein Verstoß gegen die genannten Vorschriften vorliegt.

Während sich in der Folgezeit ein heftiger und noch zum Jahresbeginn 2021 ungeklärter Streit darüber ergab, inwieweit dieses Urteil auch Auswirkungen auf vertragliche Regelungen haben kann, die vor dem Urteil des EuGH auf der Basis der HOAI-Fassungen 2009 und 2013 getroffen

---

1 „Aktualisierungsbedarf zur Honorarstruktur der Honorarordnung für Architekten und Ingenieure (HOAI)“

2 mit Ausnahme einer deutlich stärkeren Erhöhung um bis zu 200 % im nicht verbindlich geregelten Leistungsbild Wärmeschutz und einer Minderung im ebenfalls nicht verbindlich geregelten Leistungsbild der Planungsbegleitenden Vermessung

3 EuGH, Urteil vom 04.07.2019 – C-377/17

4 EuGH, Urteil vom 04.07.2019 – C-377/17

worden sind,[5] war eindeutig, dass eine zügige Anpassung der Regelungen der HOAI erfolgen musste, um zumindest für die Zukunft dem Europarecht Genüge zu tun und wieder Klarheit und Eindeutigkeit zu schaffen.

Der Verordnungsgeber entschied sich dazu, die bestehende HOAI nur minimal zu überarbeiten. Dies mag der Kürze der zur Verfügung stehenden Zeit zur Umsetzung der Forderungen des EuGH geschuldet gewesen sein. Es führte aber letztlich dazu, dass die Gelegenheit versäumt wurde, einige der bestehenden Ungereimtheiten der letzten HOAI-Fassung(en) ebenfalls zu überarbeiten und so einer sinnvolleren Regelung zuzuführen. Als Beispiel sei der Missstand genannt, dass bei den Kriterien der Honorarzonenbewertung, z. B. für die Objektplanung für Gebäude, weiterhin sechs bzw. neun Punkte zu vergeben sind, welche im Anschluss auf fünf Honorarzonen zu verteilen sind. Ein verbindliches Punktebewertungsschema gibt es nicht, was immer wieder zu Diskussionen darüber führt, welches das „richtige" Punktebewertungsschema ist. Gleichzeitig hat sich der Verordnungsgeber aber die Mühe gemacht, für die schon seit 2009 frei zu vereinbarende Vergütung der Ingenieurvermessung ein neues System zur Ermittlung der Verrechnungseinheiten zu entwickeln.

Auf dem Weg zur Überarbeitung der HOAI stand allerdings zunächst noch der Umstand im Weg, dass die Forderung, die HOAI dürfe keine verbindlichen Mindest- und Höchstsätze enthalten, einem in der bereits erwähnten Ermächtigungsgrundlage festgeschriebenen Grundprinzip zuwider sprach. Denn diese sah in §§ 1 und 2 ArchLG ausdrücklich vor, dass in der Honorarordnung Mindest- und Höchstsätze festzusetzen sind.[6] Vor einer Änderung der HOAI musste also zunächst die Ermächtigungsgrundlage geändert werden.

Dies geschah durch das Gesetz zur Änderung des Gesetzes zur Regelung von Ingenieur- und Architektenleistungen und anderer Gesetze vom 12.11.2020. Dessen Artikel 1 lautet:

> **Zitat:**
> **Artikel 1 Änderung des Gesetzes zur Regelung von Ingenieur- und Architektenleistungen**
> Das Gesetz zur Regelung von Ingenieur- und Architektenleistungen vom 4. November 1971 (BGBl. I S. 1745, 1749), das durch Artikel 1 des Gesetzes vom 12. November 1984 (BGBl. I S. 1337) geändert worden ist, wird wie folgt geändert:
> 1. § 1 wird wie folgt gefasst:
>
> „§ 1 Ermächtigung zum Erlass einer Honorarordnung für Ingenieur- und Architektenleistungen
>
> (1) Die Bundesregierung wird ermächtigt, durch Rechtsverordnung mit Zustimmung des Bundesrates eine Honorarordnung für Ingenieur- und Architektenleistungen zu erlassen und Folgendes zu regeln:
> 1. die Grundlagen und Maßstäbe zur Berechnung von Honoraren,
> 2. Honorartafeln **zur Honorarorientierung** für Grundleistungen, auch in Abgrenzung zu besonderen Leistungen,
> 3. eine Regelung, wonach bestimmte in den Honorartafeln angegebene Honorarsätze für Grundleistungen für den Fall als vereinbart gelten, dass keine wirksame Honorarvereinbarung getroffen wurde,
> 4. die bei der Honorarvereinbarung einzuhaltende Form und die zu beachtenden Hinweispflichten.

---

[5] Diskutiert wurde dabei vor allem die Frage der sog. „horizontalen Direktwirkung" einer EU-Richtlinie. Hierzu erfolgte ein regelrechter Schlagabtausch zwischen einzelnen Oberlandesgerichten, insbesondere zwischen dem OLG Celle und dem OLG Hamm. Der BGH hat hierüber noch nicht entschieden, sondern mit Beschluss vom 14.07.2020, Az. VII ZR 174/19, dem EuGH Fragen zur Auslegung des Unionsrechts zur Klärung vorgelegt.

[6] Vgl. beispielsweise § 1 Abs. 2 und 3 ArchLG a. F.:
(2) In der Honorarordnung **sind Mindest- und Höchstsätze festzusetzen**. Dabei ist den berechtigten Interessen der Ingenieure und der zur Zahlung der Honorare Verpflichteten Rechnung zu tragen. Die Honorarsätze sind an der Art und dem Umfang der Aufgabe sowie an der Leistung des Ingenieurs auszurichten. [...]
(3) In der Honorarordnung ist vorzusehen, dass
1. die Mindestsätze durch schriftliche Vereinbarung in Ausnahmefällen unterschritten werden können;
2. die Höchstsätze nur bei außergewöhnlichen oder ungewöhnlich lange dauernden Leistungen überschritten werden dürfen;
3. die Mindestsätze als vereinbart gelten, sofern nicht bei Erteilung des Ingenieurauftrages etwas anderes schriftlich vereinbart ist.

> Bei der Bestimmung der Honorartafeln zur Honorarorientierung nach Satz 1 Nummer 2 ist zur Ermittlung angemessener Honorare den berechtigten Interessen der Ingenieure und Architekten und der zur Zahlung Verpflichteten Rechnung zu tragen. Diese sind an der Art und dem Umfang der Aufgabe sowie an der Leistung des Ingenieurs oder Architekten auszurichten. […]“

Die Vorgaben dieser neu gefassten Ermächtigungsgrundlage stellten dann auch die Vorlage für die konkreten Änderungen in der neuen Fassung der HOAI dar. Diese wurden in der **Ersten Verordnung zur Änderung der Honorarordnung für Architekten und Ingenieure** zusammengefasst, welche am 07.12.2020 im Bundesgesetzblatt verkündet wurde. Diese Verordnung trat am **01.01.2021** in Kraft.

3 Rechtscharakter

Nach wie vor gilt, dass die HOAI **nicht** die werkvertraglichen Verpflichtungen des Architekten oder des Ingenieurs und schon gar nicht die Art und Menge der vom Architekten oder Ingenieur geschuldeten Einzeltätigkeiten regelt, denn sie ist lediglich **Preisrecht**. Die Verpflichtung des Architekten und des Ingenieurs bestimmt der Vertrag, den diese mit ihrem Auftraggeber geschlossen haben. Hieran hat sich auch durch die Änderungen der HOAI nichts geändert.

Die vertraglichen Pflichten des Architekten und des Ingenieurs können demnach nicht der HOAI entnommen werden. Diese ergeben sich allein aus der Aufgabenstellung im Vertrag und den Regelungen des Werkvertragsrechts, §§ 631 ff. BGB, sowie des Architekten- und Ingenieurvertragsrechts, §§ 650p ff. BGB.

Noch in der HOAI 2013 legte die HOAI durch Mindest- und Höchstsatzgrenzen den auf das individuelle Bauvorhaben bezogenen Rahmen fest, innerhalb dessen ein Honorar rechtsgültig vereinbart werden konnte.

Mit der Neufassung der HOAI 2021 gibt es diesen verbindlichen Rahmen von Mindest- und Höchstsätzen, an dem sich die Wirksamkeit einer Honorarvereinbarung zu messen hatte, nicht mehr. Die HOAI dient nun im Wesentlichen als Orientierungshilfe und Diskussionsgrundlage, anhand derer die Vertragsparteien das Honorar für ein konkretes Bauvorhaben sachgerecht ermitteln und begründen können, ohne sich dabei allein auf ihr Bauchgefühl verlassen oder ins Blaue hinein ohne jeglichen Bezug zu dem konkreten Bauvorhaben einen Betrag in den Raum stellen zu müssen. Sie dient als prinzipiell bewährtes und bekanntes Berechnungssystem, dessen Anwendung die Parteien abschließend vereinbaren können, das aber noch ausreichend flexibel die zu Projektbeginn noch gar nicht bekannten Umstände und Abhängigkeiten des konkreten Bauvorhabens berücksichtigt.

Verbindlich anzuwenden sind die Vorschriften der HOAI dagegen nur noch dann, wenn die Vertragsparteien keine in Textform[7] gefasste Honorarvereinbarung getroffen haben. Dann ist der nun „Basishonorarsatz“ genannte ehemalige Mindestsatz der Abrechnung zugrunde zu legen.

4 Anwendungsbereich der HOAI

Nach der neuen Definition des Anwendungsbereichs in § 1 HOAI 2021 gilt die HOAI für Honorare für Ingenieur- und Architektenleistungen, soweit diese Leistungen durch die HOAI erfasst sind. Wie bereits in den Vorgängerfassungen gilt dabei, dass die Anwendung der HOAI auf die Art der Leistung, nicht aber auf einen bestimmten Berufsstand oder auf bestimmte Personen bezogen ist.

---

7 Erläuterung zur Textform in Kapitel 5.2.3 der Einführung

§ 1 HOAI 2021 stellt weiter klar, dass die Regelungen der HOAI zum Zweck der Honorarberechnung einer Honorarvereinbarung zugrunde gelegt werden können.

Treffen die Vertragsparteien eine Honorarvereinbarung, so steht es ihnen frei, die HOAI als Ganzes unverändert als anwendbar zu vereinbaren oder auch nur Teile davon oder in abgewandelter Form.

Ist die HOAI aus formalen Gründen verbindlich, weil eine Honorarvereinbarung in Textform nicht getroffen wurde, so beschränkt sich deren Anwendungsbereich nach wie vor auf die Berechnung der Honorare für **Grundleistungen**, die **in der HOAI erfasst** sind und deren ermittelte **anrechenbare Kosten**, **Werte** oder **Verrechnungseinheiten** sich **innerhalb** der jeweiligen **Tafelwerte** bewegen.

Bei Bauvorhaben, deren anrechenbare Kosten über die Honorartafelwerte der HOAI hinausgehen, ist es schon seit Jahren als absolut üblich anzusehen, die von den Landesverwaltungen für solche Fälle geschaffenen erweiterten Tabellen zur angemessenen Honorarfindung heranzuziehen. Es gibt solche Tabellen bisher u. a. von den Landesverwaltungen Bayern, Baden-Württemberg, Nordrhein-Westfalen und Berlin, welche lediglich um Nuancen variieren, im Prinzip aber nach fast identischem Ansatz weiterentwickelt worden sind. Diese Tabellen werden nicht nur bei Bauvorhaben der öffentlichen Hand verwendet, sondern bilden oftmals auch die Grundlage bei Bauten für private Bauherren.

Da die Honorarhöhe durch die HOAI 2021 nicht verändert wurde, kann nach wie vor auf diejenigen erweiterten Honorartafeln zurückgegriffen werden, die in Bezug auf die HOAI 2013 entwickelt worden sind.

5 HOAI 2021 im Überblick

Die Neufassung der HOAI entstand mit der Maßgabe, dass sie verbindliche Mindest- und Höchstsätze nicht mehr vorgeben sollte. Überdies sollte die Überarbeitung schnell vonstattengehen. Hieraus resultiert, dass keine vollständige Überarbeitung vorgenommen wurde. Es wurden nur an vereinzelten Stellen Korrekturen und Änderungen vorgenommen, um das genannte Ziel zu erreichen. Im Umkehrschluss bedeutet dies, dass ein Großteil der Regelungen aus der HOAI 2013 in die neue Fassung übernommen worden ist.

So blieb die Grundstruktur der HOAI erhalten, wonach einige Planungsdisziplinen in den Teilen 2 bis 4 der HOAI und den dazugehörigen Anlagen geregelt sind und andere erst an späterer Stelle in der Anlage 1. Diese Struktur war in den letzten HOAI-Fassungen schon nicht besonders gut gelungen, aber dem Umstand geschuldet, dass die Planungsdisziplinen der Teile 2 bis 4 der HOAI verbindlich von der HOAI geregelt sein sollten, während die Anlage 1 nur unverbindliche Vorschläge machen sollte. Diese strukturelle Trennung hat sich nun inhaltlich endgültig erledigt, wurde aber dennoch beibehalten.

5.1 Unverändertes

Im Einzelnen aufzulisten, welche Regelungen gleich geblieben sind, würde zu einer ausufernden Darstellung führen. Denn die HOAI 2021 entspricht über weite Strecken der HOAI 2013. Weder hat sich die Systematik der HOAI als solche geändert, noch gab es wesentliche Veränderungen hinsichtlich der einzelnen Honorarberechnungsparameter.[8] Auch die Höhe der in den Honorartafeln ausgewiesenen Honorare wurde unverändert aus der HOAI 2013 übernommen. Eine Honorarerhöhung kann sich seit 2013 somit nur aus den mittlerweile gestiegenen Baukosten ergeben. Davon profitieren jedoch die Leistungsbilder der Flächenplanung und der Ingenieurvermessung nicht, da deren Honorar nicht nach den Kosten, sondern nach der Planungsfläche bzw. den Verrechnungseinheiten bemessen wird.

5.2 Änderungen

Die grundlegenden Änderungen durch die HOAI 2021 werden im Folgenden zum Zweck der Einführung nur schlagwortartig zusammengefasst. Ergänzend sei auf die Synopse mit Kurzkommentierungen in Teil C verwiesen.

5.2.1 Freie Vereinbarkeit des Honorars

Die Rechtsnatur der HOAI wurde geändert. War sie bisher zwingendes Preisrecht, so ist sie nun in den meisten Fällen nur noch unverbindliche Orientierungshilfe für die Berechnung und Vereinbarung von Architekten- und Ingenieurhonoraren. Die Möglichkeit eines Abgleiches von vereinbarten Honoraren am Rahmen von gesetzlichen Mindest- und Höchstsätzen mit der Folge, dass Honorarvereinbarungen außerhalb dieses Rahmens rechtsunwirksam sind, entfällt damit ebenfalls.

Im Ergebnis unterliegt das gesamte Architekten- und Ingenieurhonorar der **freien Vereinbarung**, die nachträglich nur noch sehr schwer angegriffen werden kann. Individuelle vertragliche Vereinbarungen werden damit noch wichtiger als bisher und bedürfen erhöhter Sorgfalt.

5.2.2 Wegfall der zeitlichen Einschränkung bei der Honorarvereinbarung

Der erforderlichen Sorgfalt bei der Honorarvereinbarung kommt entgegen, dass die Formvorschrift entfallen ist, wonach eine Honorarvereinbarung nur **bei** Auftragserteilung wirksam getroffen werden konnte. Da es auf den Zeitpunkt der Honorarvereinbarung nun nicht mehr ankommt, kann eine Vereinbarung z. B. eines Honorars oberhalb des Basishonorarsatzes oder einer Nebenkostenpauschale zukünftig auch noch zu einem späteren Zeitpunkt rechtswirksam getroffen werden. Gleichwohl ist selbstverständlich eine möglichst frühzeitige vertragliche Regelung zu empfehlen.

5.2.3 Textform statt Schriftform

Eine weitere ganz wesentliche Lockerung der Formvorschriften ist, dass anstatt der Schriftform nun stets die Textform ausreichend ist. Zur Erläuterung:

---

8 Eine Ausnahme bilden die Beratungsleistungen zur Ingenieurvermessung, für die ein neues System zur Ermittlung der Verrechnungseinheiten entwickelt wurde.

Zur Wahrung der **Schriftform** (§ 126 BGB) bedurfte es der Unterschrift beider Vertragsparteien unter einem Dokument oder der wechselseitigen Unterschrift der Parteien unter jeweils zwei identischen Dokumenten. Die Schriftform wurde regelmäßig nicht eingehalten, weil z. B. der Bauherr in einem von ihm unterschriebenen Auftragsschreiben ein vom Architekten unterschriebenes Angebot akzeptierte oder den Architekten per Mail beauftragte. In solchen Fällen fiel der Architekt im Streitfall auf den Mindestsatz zurück und verlor die Möglichkeit einer pauschalen Nebenkostenabrechnung.

Zur Wahrung der **Textform** (§ 126b BGB) genügt es hingegen, wenn eine „lesbare Erklärung, in der die Person des Erklärenden genannt ist, auf einem dauerhaften Datenträger abgegeben wird." Dauerhaft bedeutet dabei prinzipiell, dass der Empfänger die Erklärung aufbewahren und über einen dem Zweck angemessenen Zeitraum unverändert wiedergeben kann:

> **Zitat:**
> **§ 126b BGB Textform**
> Ist durch Gesetz Textform vorgeschrieben, so muss eine lesbare Erklärung, in der die Person des Erklärenden genannt ist, auf einem dauerhaften Datenträger abgegeben werden. Ein dauerhafter Datenträger ist jedes Medium, das
> 1. es dem Empfänger ermöglicht, eine auf dem Datenträger befindliche, an ihn persönlich gerichtete Erklärung so aufzubewahren oder zu speichern, dass sie ihm während eines für ihren Zweck angemessenen Zeitraums zugänglich ist, und
> 2. geeignet ist, die Erklärung unverändert wiederzugeben.

Diese Voraussetzung wird sowohl von einem Brief als auch z. B. von einem Fax oder einer Mail technisch erfüllt.

Nur wenn eine Honorarvereinbarung auch die Textform nicht einhält, gilt für Grundleistungen weiterhin der jeweilige Basishonorarsatz als vereinbart. Eine Art von Auffangfunktion im Sinne der Rechtsklarheit soll die HOAI also nach wie vor behalten.

Mündliche Honorarabsprachen, die von den Basishonorarsätzen abweichen, sind dagegen nach wie vor nicht gerichtlich durchsetzbar.

5.2.4 Hinweispflicht gegenüber Verbrauchern

Möchte der Architekt oder Ingenieur rechtswirksam ein Honorar oberhalb des Basishonorars vereinbaren, muss er bei Bauherren, die Verbraucher sind, eine neue **Hinweispflicht** beachten. Bevor der Bauherr eine verbindliche Erklärung zum Vertragsschluss abgibt, muss ihn der Architekt oder Ingenieur darauf hinweisen, dass Honorarvereinbarungen auch ober- oder unterhalb der in der HOAI ausgewiesenen Werte wirksam geschlossen werden können. Unterlässt er dies oder erfolgt der Hinweis nicht rechtzeitig, kann er höchstens das Basishonorar verlangen.

5.2.5 Neue Begriffe

Da die HOAI keinen verbindlichen Rahmen von Mindest- und Höchstsätzen mehr ausweisen soll, wurden diese Begriffe bei der Neufassung der HOAI vermieden. Der bisherige Mindestsatz heißt nun „Basishonorarsatz", der bisherige Höchstsatz wird als „oberer Honorarsatz" bezeichnet. Diese beiden Werte bilden die „Honorarspanne".

Ob es sich hierbei nur um neue Bezeichnungen handelt, wird sich in Zukunft erweisen müssen. Aus Sicht der Autoren manifestiert sich aber bereits in den gewählten Begriffen eine Tendenz zur Konzentration auf den unteren Rand der Honorarspanne. Während ein „Mindestsatz" eindeutig die Untergrenze einer Bandbreite markiert, die nicht oder nur ausnahmsweise unterschritten werden soll, suggeriert der Begriff „Basishonorarsatz“ eher eine Verhandlungsbasis, von der im allgemeinen Sprachgebrauch regelmäßig noch ein Rabatt oder ein Abschlag erwartet wird. Dies steht der vom Verordnungsgeber selbst im EuGH-Verfahren beschworenen Notwendigkeit der Verhinderung eines qualitätsschädigenden Preiskampfes diametral entgegen. In diesem Zusammenhang sei auch daran erinnert, dass die Verfasser der ursprünglichen HOAI davon ausgingen, dass als Regelsatz der Mittelsatz und nicht der Mindestsatz anzusehen ist.

Wo sich das Honorarniveau in Zukunft tatsächlich einpendelt, wird nach dem Wegfall eines festen Honorarrahmens maßgeblich von der Verhandlungsmacht und dem Verhandlungsgeschick der Vertragsparteien geprägt werden.

B HOAI 2021

Im nachfolgenden Verordnungstext sind von den Autoren blau die Veränderungen gegenüber dem Wortlaut der HOAI 2013 dargestellt, um einen schnellen Überblick über neu eingefügte Paragrafen, Passagen, Umformulierungen, neue Nummerierungen und Ähnliches zu ermöglichen. Reine Streichungen ganzer Sätze oder Satzteile können damit selbstverständlich nicht markiert werden.

Verordnung über die Honorare für Architekten- und Ingenieurleistungen

(Honorarordnung für Architekten und Ingenieure – HOAI)[9]

vom 10. Juli 2013[10]

Auf Grund der §§ 1 und 2 des Gesetzes zur Regelung von Ingenieur- und Architektenleistungen vom 4. November 1971 (BGBl. I S. 1745, 1749), die durch Artikel 1 des Gesetzes vom 12. November 1984 (BGBl. I S. 1337) geändert worden sind, verordnet die Bundesregierung:

(Anmerkung: Die in der Verordnung an dieser Stelle enthaltene Inhaltsübersicht zur HOAI 2021 ist bereits auf den Seiten 5 bis 7 dieser Textausgabe abgedruckt und wird daher hier nicht nochmals wiederholt.)

Teil 1 Allgemeine Vorschriften

§ 1 Anwendungsbereich

Diese Verordnung gilt für Honorare für Ingenieur- und Architektenleistungen, soweit diese Leistungen durch diese Verordnung erfasst sind. Die Regelungen dieser Verordnung können zum Zwecke der Honorarberechnung einer Honorarvereinbarung zugrunde gelegt werden.

§ 2 Begriffsbestimmungen

(1) Objekte sind Gebäude, Innenräume, Freianlagen, Ingenieurbauwerke, Verkehrsanlagen. Objekte sind auch Tragwerke und Anlagen der Technischen Ausrüstung.
(2) Neubauten und Neuanlagen sind Objekte, die neu errichtet oder neu hergestellt werden.
(3) Wiederaufbauten sind Objekte, bei denen die zerstörten Teile auf noch vorhandenen Bau- oder Anlagenteilen wiederhergestellt werden. Wiederaufbauten gelten als Neubauten, sofern eine neue Planung erforderlich ist.

---

9 verkündet am 07.12.2020 (BGBl. I S. 2636 ff.)

10 Vollzitat:
„Honorarordnung für Architekten und Ingenieure vom 10. Juli 2013 (BGBl. I S. 2276), die durch Artikel 1 der Verordnung vom 2. Dezember 2020 (BGBl. I S. 2636) geändert worden ist“

(4) Erweiterungsbauten sind Ergänzungen eines vorhandenen Objekts.

(5) Umbauten sind Umgestaltungen eines vorhandenen Objekts mit wesentlichen Eingriffen in Konstruktion oder Bestand.

(6) Modernisierungen sind bauliche Maßnahmen zur nachhaltigen Erhöhung des Gebrauchswertes eines Objekts, soweit diese Maßnahmen nicht unter Absatz 4, 5 oder 8 fallen.

(7) Mitzuverarbeitende Bausubstanz ist der Teil des zu planenden Objekts, der bereits durch Bauleistungen hergestellt ist und durch Planungs- oder Überwachungsleistungen technisch oder gestalterisch mitverarbeitet wird.

(8) Instandsetzungen sind Maßnahmen zur Wiederherstellung des zum bestimmungsgemäßen Gebrauch geeigneten Zustandes (Soll-Zustandes) eines Objekts, soweit diese Maßnahmen nicht unter Absatz 3 fallen.

(9) Instandhaltungen sind Maßnahmen zur Erhaltung des Soll-Zustandes eines Objekts.

(10) Kostenschätzung ist die überschlägige Ermittlung der Kosten auf der Grundlage der Vorplanung. Die Kostenschätzung ist die vorläufige Grundlage für Finanzierungsüberlegungen. Der Kostenschätzung liegen zugrunde:

1. Vorplanungsergebnisse,
2. Mengenschätzungen,
3. erläuternde Angaben zu den planerischen Zusammenhängen, Vorgängen sowie Bedingungen und
4. Angaben zum Baugrundstück und zu dessen Erschließung.

Wird die Kostenschätzung nach § 4 Absatz 1 Satz 3 auf der Grundlage der DIN 276 in der Fassung vom Dezember 2008 (DIN 276-1:2008-12) erstellt, müssen die Gesamtkosten nach Kostengruppen mindestens bis zur ersten Ebene der Kostengliederung ermittelt werden.

(11) Kostenberechnung ist die Ermittlung der Kosten auf der Grundlage der Entwurfsplanung. Der Kostenberechnung liegen zugrunde:

1. durchgearbeitete Entwurfszeichnungen oder Detailzeichnungen wiederkehrender Raumgruppen,
2. Mengenberechnungen und
3. für die Berechnung und Beurteilung der Kosten relevante Erläuterungen.

Wird die Kostenberechnung nach § 4 Absatz 1 Satz 3 auf der Grundlage der DIN 276 erstellt, müssen die Gesamtkosten nach Kostengruppen mindestens bis zur zweiten Ebene der Kostengliederung ermittelt werden.

§ 2a Honorartafeln und Basishonorarsatz

(1) Die Honorartafeln dieser Verordnung weisen Orientierungswerte aus, die an der Art und dem Umfang der Aufgabe sowie an der Leistung ausgerichtet sind. Die Honorartafeln enthalten für jeden Leistungsbereich Honorarspannen vom Basishonorarsatz bis zum oberen Honorarsatz, gegliedert nach den einzelnen Honorarzonen und den zugrunde liegenden Ansätzen für Flächen, anrechenbare Kosten oder Verrechnungseinheiten.

(2) Basishonorarsatz ist der jeweils untere in den Honorartafeln dieser Verordnung enthaltene Honorarsatz.

§ 3 Leistungen und Leistungsbilder

(1) Grundleistungen sind Leistungen, die regelmäßig im Rahmen von Flächen-, Objekt- oder Fachplanungen auszuführen sind. Sie sind zur ordnungsgemäßen Erfüllung eines Auftrags im Allgemeinen erforderlich und in Leistungsbildern erfasst. Die Leistungsbilder gliedern sich in Leistungsphasen nach den Regelungen in den Teilen 2 bis 4 und der Anlage 1.

(2) Neben Grundleistungen können Besondere Leistungen vereinbart werden. Die Aufzählung der Besonderen Leistungen in dieser Verordnung und in den Leistungsbildern ihrer Anlagen ist nicht abschließend. Die Besonderen Leistungen können auch für Leistungsbilder und Leistungsphasen, denen sie nicht zugeordnet sind, vereinbart werden, soweit sie dort keine Grundleistungen darstellen.

(3) Die Wirtschaftlichkeit der Leistung ist stets zu beachten.

§ 4 Anrechenbare Kosten

(1) Anrechenbare Kosten sind Teil der Kosten für die Herstellung, den Umbau, die Modernisierung, Instandhaltung oder Instandsetzung von Objekten sowie für die damit zusammenhängenden Aufwendungen. Sie sind nach allgemein anerkannten Regeln der Technik oder nach Verwaltungsvorschriften (Kostenvorschriften) auf der Grundlage ortsüblicher Preise zu ermitteln. Wird in dieser Verordnung im Zusammenhang mit der Kostenermittlung die DIN 276 in Bezug genommen, so ist die Fassung vom Dezember 2008 (DIN 276-1:2008-12) bei der Ermittlung der anrechenbaren Kosten zugrunde zu legen. Umsatzsteuer, die auf die Kosten von Objekten entfällt, ist nicht Bestandteil der anrechenbaren Kosten.

(2) Die anrechenbaren Kosten richten sich nach den ortsüblichen Preisen, wenn der Auftraggeber
   1. selbst Lieferungen oder Leistungen übernimmt,
   2. von bauausführenden Unternehmen oder von Lieferanten sonst nicht übliche Vergünstigungen erhält,
   3. Lieferungen oder Leistungen in Gegenrechnung ausführt oder
   4. vorhandene oder vorbeschaffte Baustoffe oder Bauteile einbauen lässt.

(3) Der Umfang der mitzuverarbeitenden Bausubstanz im Sinne des § 2 Absatz 7 ist bei den anrechenbaren Kosten angemessen zu berücksichtigen. Umfang und Wert der mitzuverarbeitenden Bausubstanz sind zum Zeitpunkt der Kostenberechnung oder, sofern keine Kostenberechnung vorliegt, zum Zeitpunkt der Kostenschätzung objektbezogen zu ermitteln und in Textform zu vereinbaren.

§ 5 Honorarzonen

(1) Die Grundleistungen der Flächen-, Objekt- oder Fachplanungen werden zur Berechnung der Honorare nach den jeweiligen Planungsanforderungen Honorarzonen zugeordnet, die von der Honorarzone I aus ansteigend den Schwierigkeitsgrad der Planung einstufen.

(2) Die Honorarzonen sind anhand der Bewertungsmerkmale in den Honorarregelungen der jeweiligen Leistungsbilder der Teile 2 bis 4 und der Anlage 1 zu ermitteln. Die Zurechnung zu den einzelnen Honorarzonen ist nach Maßgabe der Bewertungsmerkmale und gegebenenfalls der Bewertungspunkte sowie unter Berücksichtigung der Regelbeispiele in den Objektlisten der Anlagen dieser Verordnung vorzunehmen.

§ 6 Grundlagen des Honorars

(1) Bei der Ermittlung des Honorars für Grundleistungen im Sinne des § 3 Absatz 1 sind zugrunde zu legen
1. das Leistungsbild,
2. die Honorarzone und
3. die dazugehörige Honorartafel zur Honorarorientierung.

Zusätzlich zu den Grundlagen nach Satz 1 ermittelt sich das Honorar
1. für die Leistungsbilder des Teils 2 und der Anlage 1 Nummer 1.1 nach der Größe der Fläche,
2. für die Leistungsbilder der Teile 3 und 4 und der Anlage 1 Nummer 1.2, 1.3 und 1.4.5 nach den anrechenbaren Kosten des Objekts auf der Grundlage der Kostenberechnung oder, sofern keine Kostenberechnung vorliegt, auf der Grundlage der Kostenschätzung,
3. für das Leistungsbild der Anlage 1 Nummer 1.4.2 nach Verrechnungseinheiten.

(2) Honorare für Grundleistungen bei Umbauten und Modernisierungen gemäß § 2 Absatz 5 und 6 sind zu ermitteln nach
1. den anrechenbaren Kosten,
2. der Honorarzone, welcher der Umbau oder die Modernisierung in sinngemäßer Anwendung der Bewertungsmerkmale zuzuordnen ist,
3. den Leistungsphasen,
4. der Honorartafel zur Honorarorientierung und
5. dem Umbau- oder Modernisierungszuschlag auf das Honorar.

Der Umbau- oder Modernisierungszuschlag ist unter Berücksichtigung des Schwierigkeitsgrads der Leistungen in Textform zu vereinbaren. Die Höhe des Zuschlags auf das Honorar ist in den jeweiligen Honorarregelungen der Leistungsbilder der Teile 3 und 4 und in Anlage 1 Nummer 1.2 geregelt. Sofern keine Vereinbarung in Textform getroffen wurde, gilt ein Zuschlag von 20 Prozent ab einem durchschnittlichen Schwierigkeitsgrad als vereinbart.

§ 7 Honorarvereinbarung

(1) Das Honorar richtet sich nach der Vereinbarung, die die Vertragsparteien in Textform treffen. Sofern keine Vereinbarung über die Höhe des Honorars in Textform getroffen wurde, gilt für Grundleistungen der jeweilige Basishonorarsatz als vereinbart, der sich bei der Anwendung der Honorargrundlagen des § 6 ergibt.

(2) Der Auftragnehmer hat den Auftraggeber, sofern dieser Verbraucher ist, vor Abgabe von dessen verbindlicher Vertragserklärung zur Honorarvereinbarung in Textform darauf hinzuweisen, dass ein höheres oder niedrigeres Honorar als die in den Honorartafeln dieser Verordnung enthaltenen Werte vereinbart werden kann. Erfolgt der Hinweis nach Satz 1 nicht oder nicht rechtzeitig, gilt für die zwischen den Vertragsparteien vereinbarten Grundleistungen anstelle eines höheren Honorars ein Honorar in Höhe des jeweiligen Basishonorarsatzes als vereinbart.

§ 8 Berechnung des Honorars in besonderen Fällen

(1) Werden dem Auftragnehmer nicht alle Leistungsphasen eines Leistungsbildes übertragen, so dürfen nur die für die übertragenen Phasen vorgesehenen Prozentsätze berechnet und vereinbart werden. Die Vereinbarung hat in Textform zu erfolgen.

(2) Werden dem Auftragnehmer nicht alle Grundleistungen einer Leistungsphase übertragen, so darf für die übertragenen Grundleistungen nur ein Honorar berechnet und vereinbart werden, das dem Anteil der übertragenen Grundleistungen an der gesamten Leistungsphase entspricht. Die Vereinbarung hat in Textform zu erfolgen. Entsprechend ist zu verfahren, wenn dem Auftragnehmer wesentliche Teile von Grundleistungen nicht übertragen werden.

(3) Die gesonderte Vergütung eines zusätzlichen Koordinierungs- oder Einarbeitungsaufwands ist in Textform zu vereinbaren.

§ 9 Berechnung des Honorars bei Beauftragung von Einzelleistungen

(1) Wird die Vorplanung oder Entwurfsplanung bei Gebäuden und Innenräumen, Freianlagen, Ingenieurbauwerken, Verkehrsanlagen, der Tragwerksplanung und der Technischen Ausrüstung als Einzelleistung in Auftrag gegeben, können für die Leistungsbewertung der jeweiligen Leistungsphase

1. für die Vorplanung höchstens der Prozentsatz der Vorplanung und der Prozentsatz der Grundlagenermittlung und
2. für die Entwurfsplanung höchstens der Prozentsatz der Entwurfsplanung und der Prozentsatz der Vorplanung

zum Zweck der Honorarberechnung herangezogen werden. Die Vereinbarung hat in Textform zu erfolgen.

(2) Zur Bauleitplanung ist Absatz 1 Satz 1 Nummer 2 für den Entwurf der öffentlichen Auslegung entsprechend anzuwenden. Bei der Landschaftsplanung ist Absatz 1 Satz 1 Nummer 1 für die vorläufige Fassung sowie Absatz 1 Satz 1 Nummer 2 für die abgestimmte Fassung entsprechend anzuwenden. Die Vereinbarung hat in Textform zu erfolgen.

(3) Wird die Objektüberwachung bei der Technischen Ausrüstung oder bei Gebäuden als Einzelleistung in Auftrag gegeben, können für die Leistungsbewertung der Objektüberwachung zum Zweck der Honorarberechnung höchstens der Prozentsatz der Objektüberwachung und die Prozentsätze der Grundlagenermittlung und Vorplanung herangezogen werden. Die Vereinbarung hat in Textform zu erfolgen.

§ 10 Berechnung des Honorars bei vertraglichen Änderungen des Leistungsumfangs

(1) Einigen sich Auftraggeber und Auftragnehmer während der Laufzeit des Vertrags darauf, dass der Umfang der beauftragten Leistung geändert wird, und ändern sich dadurch die anrechenbaren Kosten, Flächen oder Verrechnungseinheiten, so ist die Honorarberechnungsgrundlage für die Grundleistungen, die infolge des veränderten Leistungsumfangs zu erbringen sind, durch Vereinbarung in Textform anzupassen.

(2) Einigen sich Auftraggeber und Auftragnehmer über die Wiederholung von Grundleistungen, ohne dass sich dadurch die anrechenbaren Kosten, Flächen oder Verrechnungseinheiten ändern, ist das Honorar für diese Grundleistungen entsprechend ihrem Anteil an der jeweiligen Leistungsphase in Textform zu vereinbaren.

§ 11 Auftrag für mehrere Objekte

(1) Umfasst ein Auftrag mehrere Objekte, so sind die Honorare vorbehaltlich der folgenden Absätze für jedes Objekt getrennt zu berechnen.

(2) Umfasst ein Auftrag mehrere vergleichbare Gebäude, Ingenieurbauwerke, Verkehrsanlagen oder Tragwerke mit weitgehend gleichartigen Planungsbedingungen, die derselben Honorarzone zuzuordnen sind und die im zeitlichen und örtlichen Zusammenhang als Teil einer Gesamtmaßnahme geplant und errichtet werden sollen, ist das Honorar nach der Summe der anrechenbaren Kosten zu berechnen.

(3) Umfasst ein Auftrag mehrere im Wesentlichen gleiche Gebäude, Ingenieurbauwerke, Verkehrsanlagen oder Tragwerke, die im zeitlichen oder örtlichen Zusammenhang unter gleichen baulichen Verhältnissen geplant und errichtet werden sollen, oder mehrere Objekte nach Typenplanung oder Serienbauten, so sind die Prozentsätze der Leistungsphasen 1 bis 6 für die erste bis vierte Wiederholung um 50 Prozent, für die fünfte bis siebte Wiederholung um 60 Prozent und ab der achten Wiederholung um 90 Prozent zu mindern.

(4) Umfasst ein Auftrag Grundleistungen, die bereits Gegenstand eines anderen Auftrags über ein gleiches Gebäude, Ingenieurbauwerk oder Tragwerk zwischen den Vertragsparteien waren, so ist Absatz 3 für die Prozentsätze der beauftragten Leistungsphasen in Bezug auf den neuen Auftrag auch dann anzuwenden, wenn die Grundleistungen nicht im zeitlichen oder örtlichen Zusammenhang erbracht werden sollen.

§ 12 Instandsetzungen und Instandhaltungen

(1) Honorare für Grundleistungen bei Instandsetzungen und Instandhaltungen von Objekten sind nach den anrechenbaren Kosten, der Honorarzone, den Leistungsphasen und der Honorartafel zur Honorarorientierung, der die Instandhaltungs- oder Instandsetzungsmaßnahme zuzuordnen ist, zu ermitteln.

(2) Für Grundleistungen bei Instandsetzungen und Instandhaltungen von Objekten kann in Textform vereinbart werden, dass der Prozentsatz für die Objektüberwachung oder Bauoberleitung um bis zu 50 Prozent der Bewertung dieser Leistungsphase erhöht wird.

§ 13 Interpolation

Zwischenstufen der in den Honorartafeln angegebenen anrechenbaren Kosten und Flächen oder Verrechnungseinheiten sind durch lineare Interpolation zu ermitteln.

§ 14 Nebenkosten

(1) Der Auftragnehmer kann neben den Honoraren dieser Verordnung auch die für die Ausführung des Auftrags erforderlichen Nebenkosten in Rechnung stellen; ausgenommen sind die abziehbaren Vorsteuern gemäß § 15 Absatz 1 des Umsatzsteuergesetzes in der jeweils geltenden Fassung. Die Vertragsparteien können in Textform vereinbaren, dass abweichend von Satz 1 eine Erstattung ganz oder teilweise ausgeschlossen ist.

(2) Zu den Nebenkosten gehören insbesondere:
1. Versandkosten, Kosten für Datenübertragungen,
2. Kosten für Vervielfältigungen von Zeichnungen und schriftlichen Unterlagen sowie für die Anfertigung von Filmen und Fotos,
3. Kosten für ein Baustellenbüro einschließlich der Einrichtung, Beleuchtung und Beheizung,

4. Fahrtkosten für Reisen, die über einen Umkreis von 15 Kilometern um den Geschäftssitz des Auftragnehmers hinausgehen, in Höhe der steuerlich zulässigen Pauschalsätze, sofern nicht höhere Aufwendungen nachgewiesen werden,
5. Trennungsentschädigungen und Kosten für Familienheimfahrten in Höhe der steuerlich zulässigen Pauschalsätze, sofern nicht höhere Aufwendungen an Mitarbeiter oder Mitarbeiterinnen des Auftragnehmers auf Grund von tariflichen Vereinbarungen bezahlt werden,
6. Entschädigungen für den sonstigen Aufwand bei längeren Reisen nach Nummer 4, sofern die Entschädigungen vor der Geschäftsreise in Textform vereinbart worden sind,
7. Entgelte für nicht dem Auftragnehmer obliegende Leistungen, die von ihm im Einvernehmen mit dem Auftraggeber Dritten übertragen worden sind.

(3) Nebenkosten können pauschal oder nach Einzelnachweis abgerechnet werden. Sie sind nach Einzelnachweis abzurechnen, sofern keine pauschale Abrechnung in Textform vereinbart worden ist.

§ 15 Fälligkeit des Honorars, Abschlagszahlungen

Für die Fälligkeit der Honorare für die von dieser Verordnung erfassten Leistungen gilt § 650g Absatz 4 des Bürgerlichen Gesetzbuchs entsprechend. Für das Recht, Abschlagszahlungen zu verlangen, gilt § 632a des Bürgerlichen Gesetzbuchs entsprechend.

§ 16 Umsatzsteuer

(1) Der Auftragnehmer hat Anspruch auf Ersatz der gesetzlich geschuldeten Umsatzsteuer für nach dieser Verordnung abrechenbare Leistungen, sofern nicht die Kleinunternehmerregelung nach § 19 des Umsatzsteuergesetzes angewendet wird. Satz 1 ist auch hinsichtlich der um die nach § 15 des Umsatzsteuergesetzes abziehbaren Vorsteuer gekürzten Nebenkosten anzuwenden, die nach § 14 dieser Verordnung weiterberechenbar sind.

(2) Auslagen gehören nicht zum Entgelt für die Leistung des Auftragnehmers. Sie sind als durchlaufende Posten im umsatzsteuerrechtlichen Sinn einschließlich einer gegebenenfalls enthaltenen Umsatzsteuer weiter zu berechnen.

Teil 2 Flächenplanung

Abschnitt 1 Bauleitplanung

§ 17 Anwendungsbereich

(1) Leistungen der Bauleitplanung umfassen die Vorbereitung der Aufstellung von Flächennutzungs- und Bebauungsplänen im Sinne des § 1 Absatz 2 des Baugesetzbuches in der jeweils geltenden Fassung, die erforderlichen Ausarbeitungen und Planfassungen sowie die Mitwirkung beim Verfahren.

(2) Leistungen beim Städtebaulichen Entwurf sind Besondere Leistungen.

§ 18 Leistungsbild Flächennutzungsplan

(1) Die Grundleistungen bei Flächennutzungsplänen sind in drei Leistungsphasen unterteilt und werden wie folgt in Prozentsätzen der Honorare des § 20 bewertet:[11]

für die Leistungsphase		Bewertung der Grundleistungen in Prozentsätzen der Honorare
1	Vorentwurf für die frühzeitigen Beteiligungen Vorentwurf für die frühzeitigen Beteiligungen nach den Bestimmungen des Baugesetzbuches	60
2	Entwurf zur öffentlichen Auslegung Entwurf für die öffentliche Auslegung nach den Bestimmungen des Baugesetzbuches	30
3	Plan zur Beschlussfassung Plan für den Beschluss durch die Gemeinde	10

Der Vorentwurf, Entwurf oder Plan ist jeweils in der vorgeschriebenen Fassung mit Begründung anzufertigen.

(2) Anlage 2 regelt, welche Grundleistungen jede Leistungsphase umfasst. Anlage 9 enthält Beispiele für Besondere Leistungen.

§ 19 Leistungsbild Bebauungsplan

(1) Die Grundleistungen bei Bebauungsplänen sind in drei Leistungsphasen unterteilt und werden wie folgt in Prozentsätzen der Honorare des § 21 bewertet:[12]

---

11 Die nachfolgende tabellarische Darstellung der Leistungsbewertung entspricht in formaler Hinsicht (Anpassungen aufgrund des gewählten Layouts) nicht dem Verordnungstext. Sie wurde von den Autoren aus Gründen der Übersichtlichkeit und besseren Lesbarkeit gewählt.

12 Es gelten die Hinweise in der Fußnote 11 entsprechend.

für die Leistungsphase	Bewertung der Grundleistungen in Prozentsätzen der Honorare
1 Vorentwurf für die frühzeitigen Beteiligungen Vorentwurf für die frühzeitigen Beteiligungen nach den Bestimmungen des Baugesetzbuches	60
2 Entwurf zur öffentlichen Auslegung Entwurf für die öffentliche Auslegung nach den Bestimmungen des Baugesetzbuches	30
3 Plan zur Beschlussfassung Plan für den Beschluss durch die Gemeinde	10

Der Vorentwurf, Entwurf oder Plan ist jeweils in der vorgeschriebenen Fassung mit Begründung anzufertigen.

(2) Anlage 3 regelt, welche Grundleistungen jede Leistungsphase umfasst. Anlage 9 enthält Beispiele für Besondere Leistungen.

§ 20 Honorare für Grundleistungen bei Flächennutzungsplänen

(1) Für die in § 18 und Anlage 2 genannten Grundleistungen bei Flächennutzungsplänen sind die in der nachstehenden Honorartafel aufgeführten Honorarspannen Orientierungswerte:[13]

Honorartafel zu § 20 Abs. 1 – Flächennutzungsplan als Orientierungswerte						
Fläche in Hektar	Honorarzone I geringe Anforderungen		Honorarzone II durchschnittliche Anforderungen		Honorarzone III hohe Anforderungen	
	von	bis	von	bis	von	bis
	Euro		Euro		Euro	
1.000	70.439	85.269	85.269	100.098	100.098	114.927
1.250	78.957	95.579	95.579	112.202	112.202	128.824
1.500	86.492	104.700	104.700	122.909	122.909	141.118
1.750	93.260	112.894	112.894	132.527	132.527	152.161
2.000	99.407	120.334	120.334	141.262	141.262	162.190
2.500	111.311	134.745	134.745	158.178	158.178	181.612
3.000	121.868	147.525	147.525	173.181	173.181	198.838
3.500	131.387	159.047	159.047	186.707	186.707	214.367
4.000	140.069	169.557	169.557	199.045	199.045	228.533
5.000	155.461	188.190	188.190	220.918	220.918	253.647
6.000	168.813	204.352	204.352	239.892	239.892	275.431
7.000	180.589	218.607	218.607	256.626	256.626	294.645
8.000	191.097	231.328	231.328	271.559	271.559	311.790
9.000	200.556	242.779	242.779	285.001	285.001	327.224
10.000	209.126	253.153	253.153	297.179	297.179	341.206

13 Die nachfolgende tabellarische Darstellung der Honorartafel entspricht in formaler Hinsicht (Anpassungen aufgrund des gewählten Layouts) nicht dem Verordnungstext (hier hinsichtlich der Überschriftenzeile in der Tabelle). Sie wurde von den Autoren aus Gründen der Übersichtlichkeit und besseren Lesbarkeit gewählt.

Honorartafel zu § 20 Abs. 1 – Flächennutzungsplan als Orientierungswerte						
Fläche in Hektar	Honorarzone I geringe Anforderungen		Honorarzone II durchschnittliche Anforderungen		Honorarzone III hohe Anforderungen	
	von	bis	von	bis	von	bis
	Euro		Euro		Euro	
11.000	216.893	262.555	262.555	308.217	308.217	353.878
12.000	223.912	271.052	271.052	318.191	318.191	365.331
13.000	230.331	278.822	278.822	327.313	327.313	375.804
14.000	236.214	285.944	285.944	335.673	335.673	385.402
15.000	241.614	292.480	292.480	343.346	343.346	394.213

(2) Das Honorar für die Aufstellung von Flächennutzungsplänen ist nach der Fläche des Plangebiets in Hektar und nach der Honorarzone zu berechnen.

(3) Welchen Honorarzonen die Grundleistungen zugeordnet werden, richtet sich nach folgenden Bewertungsmerkmalen:
1. zentralörtliche Bedeutung und Gemeindestruktur,
2. Nutzungsvielfalt und Nutzungsdichte,
3. Einwohnerstruktur, Einwohnerentwicklung und Gemeinbedarfsstandorte,
4. Verkehr und Infrastruktur,
5. Topografie, Geologie und Kulturlandschaft,
6. Klima-, Natur- und Umweltschutz.

(4) Sind auf einen Flächennutzungsplan Bewertungsmerkmale aus mehreren Honorarzonen anwendbar und bestehen deswegen Zweifel, welcher Honorarzone der Flächennutzungsplan zugeordnet werden kann, so ist zunächst die Anzahl der Bewertungspunkte zu ermitteln. Zur Ermittlung der Bewertungspunkte werden die Bewertungsmerkmale wie folgt gewichtet:
1. geringe Anforderungen: 1 Punkt,
2. durchschnittliche Anforderungen: 2 Punkte,
3. hohe Anforderungen: 3 Punkte.

(5) Der Flächennutzungsplan ist anhand der nach Absatz 4 ermittelten Bewertungspunkte einer der Honorarzonen zuzuordnen:
1. Honorarzone I: bis zu 9 Punkte,
2. Honorarzone II: 10 bis 14 Punkte,
3. Honorarzone III: 15 bis 18 Punkte.

(6) Werden Teilflächen bereits aufgestellter Flächennutzungspläne (Planausschnitte) geändert oder überarbeitet, kann das Honorar auch abweichend von den Grundsätzen des Absatzes 2 vereinbart werden.

§ 21 Honorare für Grundleistungen bei Bebauungsplänen

(1) Für die in § 19 und Anlage 3 genannten Grundleistungen bei Bebauungsplänen sind die in der nachstehenden Honorartafel aufgeführten Honorarspannen Orientierungswerte:[14]

[14] Es gelten die Hinweise in der Fußnote 13 entsprechend.

Honorartafel zu § 21 Abs. 1 – Bebauungsplan als Orientierungswerte						
Fläche in Hektar	Honorarzone I geringe Anforderungen		Honorarzone II durchschnittliche Anforderungen		Honorarzone III hohe Anforderungen	
	von	bis	von	bis	von	bis
	Euro		Euro		Euro	
0,5	5.000	5.335	5.335	7.838	7.838	10.341
1	5.000	8.799	8.799	12.926	12.926	17.054
2	7.699	14.502	14.502	21.305	21.305	28.109
3	10.306	19.413	19.413	28.521	28.521	37.628
4	12.669	23.866	23.866	35.062	35.062	46.258
5	14.864	28.000	28.000	41.135	41.135	54.271
6	16.931	31.893	31.893	46.856	46.856	61.818
7	18.896	35.595	35.595	52.294	52.294	68.992
8	20.776	39.137	39.137	57.497	57.497	75.857
9	22.584	42.542	42.542	62.501	62.501	82.459
10	24.330	45.830	45.830	67.331	67.331	88.831
15	32.325	60.892	60.892	89.458	89.458	118.025
20	39.427	74.270	74.270	109.113	109.113	143.956
25	46.385	87.376	87.376	128.366	128.366	169.357
30	52.975	99.791	99.791	146.606	146.606	193.422
40	65.342	123.086	123.086	180.830	180.830	238.574
50	76.901	144.860	144.860	212.819	212.819	280.778
60	87.599	165.012	165.012	242.425	242.425	319.838
80	107.471	202.445	202.445	297.419	297.419	392.393
100	125.791	236.955	236.955	348.119	348.119	459.282

(2) Das Honorar für die Aufstellung von Bebauungsplänen ist nach der Fläche des Plangebiets in Hektar und nach der Honorarzone zu berechnen.

(3) Welchen Honorarzonen die Grundleistungen zugeordnet werden, richtet sich nach folgenden Bewertungsmerkmalen:
1. Nutzungsvielfalt und Nutzungsdichte,
2. Baustruktur und Baudichte,
3. Gestaltung und Denkmalschutz,
4. Verkehr und Infrastruktur,
5. Topografie und Landschaft,
6. Klima-, Natur- und Umweltschutz.

(4) Für die Ermittlung der Honorarzone bei Bebauungsplänen ist § 20 Absatz 4 und 5 entsprechend anzuwenden.

(5) Wird die Größe des Plangebiets im förmlichen Verfahren während der Leistungserbringung geändert, so ist das Honorar für die Leistungsphasen, die bis zur Änderung noch nicht erbracht sind, nach der geänderten Größe des Plangebiets zu berechnen.

Abschnitt 2 Landschaftsplanung

§ 22 Anwendungsbereich

(1) Landschaftsplanerische Leistungen umfassen das Vorbereiten und das Erstellen der für die Pläne nach Absatz 2 erforderlichen Ausarbeitungen.

(2) Die Bestimmungen dieses Abschnitts sind für folgende Pläne anzuwenden:
1. Landschaftspläne,
2. Grünordnungspläne und Landschaftsplanerische Fachbeiträge,
3. Landschaftsrahmenpläne,
4. Landschaftspflegerische Begleitpläne,
5. Pflege- und Entwicklungspläne.

§ 23 Leistungsbild Landschaftsplan

(1) Die Grundleistungen bei Landschaftsplänen sind in vier Leistungsphasen unterteilt und werden wie folgt in Prozentsätzen der Honorare des § 28 bewertet:[15]

für die Leistungsphase		Bewertung der Grundleistungen in Prozentsätzen der Honorare
1	Klären der Aufgabenstellung und Ermitteln des Leistungsumfangs	3
2	Ermitteln der Planungsgrundlagen	37
3	Vorläufige Fassung	50
4	Abgestimmte Fassung	10

(2) Anlage 4 regelt die Grundleistungen jeder Leistungsphase. Anlage 9 enthält Beispiele für Besondere Leistungen.

§ 24 Leistungsbild Grünordnungsplan

(1) Die Grundleistungen bei Grünordnungsplänen und Landschaftsplanerischen Fachbeiträgen sind in vier Leistungsphasen zusammengefasst und werden wie folgt in Prozentsätzen der Honorare des § 29 bewertet:[16]

für die Leistungsphase		Bewertung der Grundleistungen in Prozentsätzen der Honorare
1	Klären der Aufgabenstellung und Ermitteln des Leistungsumfangs	3
2	Ermitteln der Planungsgrundlagen	37
3	Vorläufige Fassung	50
4	Abgestimmte Fassung	10

---

15 Die nachfolgende tabellarische Darstellung der Leistungsbewertung entspricht in formaler Hinsicht (Anpassungen aufgrund des gewählten Layouts) nicht dem Verordnungstext. Sie wurde von den Autoren aus Gründen der Übersichtlichkeit und besseren Lesbarkeit gewählt.

16 Es gelten die Hinweise in der Fußnote 15 entsprechend.

(2) Anlage 5 regelt die Grundleistungen jeder Leistungsphase. Anlage 9 enthält Beispiele für Besondere Leistungen.

§ 25 Leistungsbild Landschaftsrahmenplan

(1) Die Grundleistungen bei Landschaftsrahmenplänen sind in vier Leistungsphasen unterteilt und werden wie folgt in Prozentsätzen der Honorare des § 30 bewertet:[17]

für die Leistungsphase		Bewertung der Grundleistungen in Prozentsätzen der Honorare
1	Klären der Aufgabenstellung und Ermitteln des Leistungsumfangs	3
2	Ermitteln der Planungsgrundlagen	37
3	Vorläufige Fassung	50
4	Abgestimmte Fassung	10

(2) Anlage 6 regelt die Grundleistungen jeder Leistungsphase. Anlage 9 enthält Beispiele für Besondere Leistungen.

§ 26 Leistungsbild Landschaftspflegerischer Begleitplan

(1) Die Grundleistungen bei Landschaftspflegerischen Begleitplänen sind in vier Leistungsphasen unterteilt und werden wie folgt in Prozentsätzen der Honorare des § 31 bewertet:[18]

für die Leistungsphase		Bewertung der Grundleistungen in Prozentsätzen der Honorare
1	Klären der Aufgabenstellung und Ermitteln des Leistungsumfangs	3
2	Ermitteln und Bewerten der Planungsgrundlagen	37
3	Vorläufige Fassung	50
4	Abgestimmte Fassung	10

(2) Anlage 7 regelt die Grundleistungen jeder Leistungsphase. Anlage 9 enthält Beispiele für Besondere Leistungen.

§ 27 Leistungsbild Pflege- und Entwicklungsplan

(1) Die Grundleistungen bei Pflege- und Entwicklungsplänen sind in vier Leistungsphasen zusammengefasst und werden wie folgt in Prozentsätzen der Honorare des § 32 bewertet:[19]

---

17 Es gelten die Hinweise in der Fußnote 15 entsprechend.

18 Es gelten die Hinweise in der Fußnote 15 entsprechend.

19 Es gelten die Hinweise in der Fußnote 15 entsprechend.

für die Leistungsphase	Bewertung der Grundleistungen in Prozentsätzen der Honorare
1 Zusammenstellen der Ausgangsbedingungen	3
2 Ermitteln der Planungsgrundlagen	37
3 Vorläufige Fassung	50
4 Abgestimmte Fassung	10

(2) Anlage 8 regelt die Grundleistungen jeder Leistungsphase. Anlage 9 enthält Beispiele für Besondere Leistungen.

§ 28 Honorare für Grundleistungen bei Landschaftsplänen

(1) Für die in § 23 und Anlage 4 genannten Grundleistungen bei Landschaftsplänen sind die in der nachstehenden Honorartafel aufgeführten Honorarspannen Orientierungswerte:[20]

Honorartafel zu § 28 Abs. 1 – Landschaftsplan als Orientierungswerte

Fläche in Hektar	Honorarzone I geringe Anforderungen von	bis	Honorarzone II durchschnittliche Anforderungen von	bis	Honorarzone III hohe Anforderungen von	bis
	Euro		Euro		Euro	
1.000	23.403	27.963	27.963	32.826	32.826	37.385
1.250	26.560	31.735	31.735	37.254	37.254	42.428
1.500	29.445	35.182	35.182	41.300	41.300	47.036
1.750	32.119	38.375	38.375	45.049	45.049	51.306
2.000	34.620	41.364	41.364	48.558	48.558	55.302
2.500	39.212	46.851	46.851	54.999	54.999	62.638
3.000	43.374	51.824	51.824	60.837	60.837	69.286
3.500	47.199	56.393	56.393	66.201	66.201	75.396
4.000	50.747	60.633	60.633	71.178	71.178	81.064
5.000	57.180	68.319	68.319	80.200	80.200	91.339
6.000	63.562	75.944	75.944	89.151	89.151	101.533
7.000	69.505	83.045	83.045	97.487	97.487	111.027
8.000	75.095	89.724	89.724	105.329	105.329	119.958
9.000	80.394	96.055	96.055	112.761	112.761	128.422
10.000	85.445	102.090	102.090	119.845	119.845	136.490
11.000	89.986	107.516	107.516	126.214	126.214	143.744
12.000	94.309	112.681	112.681	132.278	132.278	150.650
13.000	98.438	117.615	117.615	138.069	138.069	157.246
14.000	102.392	122.339	122.339	143.615	143.615	163.562
15.000	106.187	126.873	126.873	148.938	148.938	169.623

(2) Das Honorar für die Aufstellung von Landschaftsplänen ist nach der Fläche des Planungsgebiets in Hektar und nach der Honorarzone zu berechnen.

---

[20] Die nachfolgende tabellarische Darstellung der Honorartafel entspricht in formaler Hinsicht (Anpassungen aufgrund des gewählten Layouts) nicht dem Verordnungstext (hier hinsichtlich der Überschriftenzeile in der Tabelle). Sie wurde von den Autoren aus Gründen der Übersichtlichkeit und besseren Lesbarkeit gewählt.

(3) Welchen Honorarzonen die Grundleistungen zugeordnet werden, richtet sich nach folgenden Bewertungsmerkmalen:
1. topografische Verhältnisse,
2. Flächennutzung,
3. Landschaftsbild,
4. Anforderungen an Umweltsicherung und Umweltschutz,
5. ökologische Verhältnisse,
6. Bevölkerungsdichte.

(4) Sind auf einen Landschaftsplan Bewertungsmerkmale aus mehreren Honorarzonen anwendbar und bestehen deswegen Zweifel, welcher Honorarzone der Landschaftsplan zugeordnet werden kann, so ist zunächst die Anzahl der Bewertungspunkte zu ermitteln. Zur Ermittlung der Bewertungspunkte werden die Bewertungsmerkmale wie folgt gewichtet:
1. die Bewertungsmerkmale gemäß Absatz 3 Nummer 1, 2, 3 und 6 mit je bis zu 6 Punkten und
2. die Bewertungsmerkmale gemäß Absatz 3 Nummer 4 und 5 mit je bis zu 9 Punkten.

(5) Der Landschaftsplan ist anhand der nach Absatz 4 ermittelten Bewertungspunkte einer der Honorarzonen zuzuordnen:
1. Honorarzone I: bis zu 16 Punkte,
2. Honorarzone II: 17 bis 30 Punkte,
3. Honorarzone III: 31 bis 42 Punkte.

(6) Werden Teilflächen bereits aufgestellter Landschaftspläne (Planausschnitte) geändert oder überarbeitet, kann das Honorar abweichend von den Grundsätzen des Absatzes 2 vereinbart werden.

§ 29 Honorare für Grundleistungen bei Grünordnungsplänen

(1) Für die in § 24 und Anlage 5 genannten Grundleistungen bei Grünordnungsplänen und Landschaftsplanerischen Fachbeiträgen sind die in der nachstehenden Honorartafel aufgeführten Honorarspannen Orientierungswerte:[21]

Honorartafel zu § 29 Abs. 1 – Grünordnungsplan und Landschaftsplanerischer Fachbeitrag als Orientierungswerte

Fläche in Hektar	Honorarzone I geringe Anforderungen von (Euro)	bis (Euro)	Honorarzone II durchschnittliche Anforderungen von (Euro)	bis (Euro)	Honorarzone III hohe Anforderungen von (Euro)	bis (Euro)
1,5	5.219	6.067	6.067	6.980	6.980	7.828
2	6.008	6.985	6.985	8.036	8.036	9.013
3	7.450	8.661	8.661	9.965	9.965	11.175
4	8.770	10.195	10.195	11.730	11.730	13.155
5	10.006	11.632	11.632	13.383	13.383	15.009
10	15.445	17.955	17.955	20.658	20.658	23.167
15	20.183	23.462	23.462	26.994	26.994	30.274
20	24.513	28.496	28.496	32.785	32.785	36.769
25	28.560	33.201	33.201	38.199	38.199	42.840
30	32.394	37.658	37.658	43.326	43.326	48.590

[21] Es gelten die Hinweise in der Fußnote 20 entsprechend.

Honorartafel zu § 29 Abs. 1 – Grünordnungsplan und Landschaftsplanerischer Fachbeitrag als Orientierungswerte						
Fläche in Hektar	Honorarzone I geringe Anforderungen		Honorarzone II durchschnittliche Anforderungen		Honorarzone III hohe Anforderungen	
	von	bis	von	bis	von	bis
	Euro		Euro		Euro	
40	39.580	46.011	46.011	52.938	52.938	59.370
50	46.282	53.803	53.803	61.902	61.902	69.423
75	61.579	71.586	71.586	82.362	82.362	92.369
100	75.430	87.687	87.687	100.887	100.887	113.145
125	88.255	102.597	102.597	118.042	118.042	132.383
150	100.288	116.585	116.585	134.136	134.136	150.433
175	111.675	129.822	129.822	149.366	149.366	167.513
200	122.516	142.425	142.425	163.866	163.866	183.774
225	133.555	155.258	155.258	178.630	178.630	200.333
250	144.284	167.730	167.730	192.980	192.980	216.426

(2) Das Honorar für Grundleistungen bei Grünordnungsplänen ist nach der Fläche des Planungsgebiets in Hektar und nach der Honorarzone zu berechnen.

(3) Welchen Honorarzonen die Grundleistungen zugeordnet werden, richtet sich nach folgenden Bewertungsmerkmalen:
1. Topografie,
2. ökologische Verhältnisse,
3. Flächennutzungen und Schutzgebiete,
4. Umwelt-, Klima-, Denkmal- und Naturschutz,
5. Erholungsvorsorge,
6. Anforderung an die Freiraumgestaltung.

(4) Sind auf einen Grünordnungsplan Bewertungsmerkmale aus mehreren Honorarzonen anwendbar und bestehen deswegen Zweifel, welcher Honorarzone der Grünordnungsplan zugeordnet werden kann, so ist zunächst die Anzahl der Bewertungspunkte zu ermitteln. Zur Ermittlung der Bewertungspunkte werden die Bewertungsmerkmale wie folgt gewichtet:
1. die Bewertungsmerkmale gemäß Absatz 3 Nummer 1, 2, 3 und 5 mit je bis zu 6 Punkten und
2. die Bewertungsmerkmale gemäß Absatz 3 Nummer 4 und 6 mit je bis zu 9 Punkten.

(5) Der Grünordnungsplan ist anhand der nach Absatz 4 ermittelten Bewertungspunkte einer der Honorarzonen zuzuordnen:
1. Honorarzone I: bis zu 16 Punkte,
2. Honorarzone II: 17 bis 30 Punkte,
3. Honorarzone III: 31 bis 42 Punkte.

(6) Wird die Größe des Planungsgebiets während der Leistungserbringung geändert, so ist das Honorar für die Leistungsphasen, die bis zur Änderung noch nicht erbracht sind, nach der geänderten Größe des Planungsgebiets zu berechnen.

§ 30 Honorare für Grundleistungen bei Landschaftsrahmenplänen

(1) Für die in § 25 und Anlage 6 genannten Grundleistungen bei Landschaftsrahmenplänen sind die in der nachstehenden Honorartafel aufgeführten Honorarspannen Orientierungswerte:[22]

Honorartafel zu § 30 Abs. 1 – Landschaftsrahmenplan als Orientierungswerte						
Fläche in Hektar	Honorarzone I geringe Anforderungen		Honorarzone II durchschnittliche Anforderungen		Honorarzone III hohe Anforderungen	
	von	bis	von	bis	von	bis
	Euro		Euro		Euro	
5.000	61.880	71.935	71.935	82.764	82.764	92.820
6.000	67.933	78.973	78.973	90.861	90.861	101.900
7.000	73.473	85.413	85.413	98.270	98.270	110.210
8.000	78.600	91.373	91.373	105.128	105.128	117.901
9.000	83.385	96.936	96.936	111.528	111.528	125.078
10.000	87.880	102.161	102.161	117.540	117.540	131.820
12.000	96.149	111.773	111.773	128.599	128.599	144.223
14.000	103.631	120.471	120.471	138.607	138.607	155.447
16.000	110.477	128.430	128.430	147.763	147.763	165.716
18.000	116.791	135.769	135.769	156.208	156.208	175.186
20.000	122.649	142.580	142.580	164.043	164.043	183.974
25.000	138.047	160.480	160.480	184.638	184.638	207.070
30.000	152.052	176.761	176.761	203.370	203.370	228.078
40.000	177.097	205.875	205.875	236.867	236.867	265.645
50.000	199.330	231.721	231.721	266.604	266.604	298.995
60.000	219.553	255.230	255.230	293.652	293.652	329.329
70.000	238.243	276.958	276.958	318.650	318.650	357.365
80.000	253.946	295.212	295.212	339.652	339.652	380.918
90.000	268.420	312.038	312.038	359.011	359.011	402.630
100.000	281.843	327.643	327.643	376.965	376.965	422.765

(2) Das Honorar für Grundleistungen bei Landschaftsrahmenplänen ist nach der Fläche des Planungsgebiets in Hektar und nach der Honorarzone zu berechnen.

(3) Welchen Honorarzonen die Grundleistungen zugeordnet werden, richtet sich nach folgenden Bewertungsmerkmalen:
1. topografische Verhältnisse,
2. Raumnutzung und Bevölkerungsdichte,
3. Landschaftsbild,
4. Anforderungen an Umweltsicherung, Klima- und Naturschutz,
5. ökologische Verhältnisse,
6. Freiraumsicherung und Erholung.

(4) Sind für einen Landschaftsrahmenplan Bewertungsmerkmale aus mehreren Honorarzonen anwendbar und bestehen deswegen Zweifel, welcher Honorarzone der Landschaftsrahmenplan zugeordnet werden kann, so ist zunächst die Anzahl der Bewertungspunkte zu ermitteln. Zur Ermittlung der Bewertungspunkte werden die Bewertungsmerkmale wie folgt gewichtet:

---

22 Es gelten die Hinweise in der Fußnote 20 entsprechend.

1. die Bewertungsmerkmale gemäß Absatz 3 Nummer 1, 2, 3 und 6 mit je bis zu 6 Punkten und
2. die Bewertungsmerkmale gemäß Absatz 3 Nummer 4 und 5 mit je bis zu 9 Punkten.

(5) Der Landschaftsrahmenplan ist anhand der nach Absatz 4 ermittelten Bewertungspunkte einer der Honorarzonen zuzuordnen:

1. Honorarzone I: bis zu 16 Punkte,
2. Honorarzone II: 17 bis 30 Punkte,
3. Honorarzone III: 31 bis 42 Punkte.

(6) Wird die Größe des Planungsgebiets während der Leistungserbringung geändert, so ist das Honorar für die Leistungsphasen, die bis zur Änderung noch nicht erbracht sind, nach der geänderten Größe des Planungsgebiets zu berechnen.

§ 31 Honorare für Grundleistungen bei Landschaftspflegerischen Begleitplänen

(1) Für die in § 26 und Anlage 7 genannten Grundleistungen bei Landschaftspflegerischen Begleitplänen sind die in der nachstehenden Honorartafel aufgeführten Honorarspannen Orientierungswerte:[23]

Honorartafel zu § 31 Abs. 1 – Landschaftspflegerischer Begleitplan als Orientierungswerte						
Fläche in Hektar	Honorarzone I geringe Anforderungen von	bis	Honorarzone II durchschnittliche Anforderungen von	bis	Honorarzone III hohe Anforderungen von	bis
	Euro		Euro		Euro	
6	5.324	6.189	6.189	7.121	7.121	7.986
8	6.130	7.126	7.126	8.199	8.199	9.195
12	7.600	8.836	8.836	10.166	10.166	11.401
16	8.947	10.401	10.401	11.966	11.966	13.420
20	10.207	11.866	11.866	13.652	13.652	15.311
40	15.755	18.315	18.315	21.072	21.072	23.632
100	29.126	33.859	33.859	38.956	38.956	43.689
200	47.180	54.846	54.846	63.103	63.103	70.769
300	62.748	72.944	72.944	83.925	83.925	94.121
400	76.829	89.314	89.314	102.759	102.759	115.244
500	89.855	104.456	104.456	120.181	120.181	134.782
600	102.062	118.647	118.647	136.508	136.508	153.093
700	113.602	132.062	132.062	151.942	151.942	170.402
800	124.575	144.819	144.819	166.620	166.620	186.863
1.200	167.729	194.985	194.985	224.338	224.338	251.594
1.600	207.279	240.961	240.961	277.235	277.235	310.918
2.000	244.349	284.056	284.056	326.817	326.817	366.524
2.400	279.559	324.987	324.987	373.910	373.910	419.338
3.200	343.814	399.683	399.683	459.851	459.851	515.720
4.000	400.847	465.985	465.985	536.133	536.133	601.270

(2) Das Honorar für Grundleistungen bei Landschaftspflegerischen Begleitplänen ist nach der Fläche des Planungsgebiets in Hektar und nach der Honorarzone zu berechnen.

---

23 Es gelten die Hinweise in der Fußnote 20 entsprechend.

(3) Welchen Honorarzonen die Grundleistungen zugeordnet werden, richtet sich nach folgenden Bewertungsmerkmalen:
1. ökologisch bedeutsame Strukturen und Schutzgebiete,
2. Landschaftsbild und Erholungsnutzung,
3. Nutzungsansprüche,
4. Anforderungen an die Gestaltung von Landschaft und Freiraum,
5. Empfindlichkeit gegenüber Umweltbelastungen und Beeinträchtigungen von Natur und Landschaft,
6. potenzielle Beeinträchtigungsintensität der Maßnahme.

(4) Sind für einen Landschaftspflegerischen Begleitplan Bewertungsmerkmale aus mehreren Honorarzonen anwendbar und bestehen deswegen Zweifel, welcher Honorarzone der Landschaftspflegerische Begleitplan zugeordnet werden kann, so ist zunächst die Anzahl der Bewertungspunkte zu ermitteln. Zur Ermittlung der Bewertungspunkte werden die Bewertungsmerkmale wie folgt gewichtet:
1. die Bewertungsmerkmale gemäß Absatz 3 Nummer 1, 2, 3 und 4 mit je bis zu 6 Punkten und
2. die Bewertungsmerkmale gemäß Absatz 3 Nummer 5 und 6 mit je bis zu 9 Punkten.

(5) Der Landschaftspflegerische Begleitplan ist anhand der nach Absatz 4 ermittelten Bewertungspunkte einer der Honorarzonen zuzuordnen:
1. Honorarzone I: bis zu 16 Punkte,
2. Honorarzone II: 17 bis 30 Punkte,
3. Honorarzone III: 31 bis 42 Punkte.

(6) Wird die Größe des Planungsgebiets während der Leistungserbringung geändert, so ist das Honorar für die Leistungsphasen, die bis zur Änderung noch nicht erbracht sind, nach der geänderten Größe des Planungsgebiets zu berechnen.

§ 32 Honorare für Grundleistungen bei Pflege- und Entwicklungsplänen

(1) Für die in § 27 und Anlage 8 genannten Grundleistungen bei Pflege- und Entwicklungsplänen sind die in der nachstehenden Honorartafel aufgeführten Honorarspannen Orientierungswerte:[24]

Honorartafel zu § 32 Abs. 1 – Pflege- und Entwicklungsplan als Orientierungswerte

Fläche in Hektar	Honorarzone I geringe Anforderungen von	bis	Honorarzone II durchschnittliche Anforderungen von	bis	Honorarzone III hohe Anforderungen von	bis
	Euro		Euro		Euro	
5	3.852	7.704	7.704	11.556	11.556	15.408
10	4.802	9.603	9.603	14.405	14.405	19.207
15	5.481	10.963	10.963	16.444	16.444	21.925
20	6.029	12.058	12.058	18.087	18.087	24.116
30	6.906	13.813	13.813	20.719	20.719	27.626

[24] Es gelten die Hinweise in der Fußnote 20 entsprechend.

Honorartafel zu § 32 Abs. 1 – Pflege- und Entwicklungsplan als Orientierungswerte						
Fläche in Hektar	Honorarzone I geringe Anforderungen		Honorarzone II durchschnittliche Anforderungen		Honorarzone III hohe Anforderungen	
	von	bis	von	bis	von	bis
	Euro		Euro		Euro	
40	7.612	15.225	15.225	22.837	22.837	30.450
50	8.213	16.425	16.425	24.638	24.638	32.851
75	9.433	18.866	18.866	28.298	28.298	37.731
100	10.408	20.816	20.816	31.224	31.224	41.633
150	11.949	23.899	23.899	35.848	35.848	47.798
200	13.165	26.330	26.330	39.495	39.495	52.660
300	15.318	30.636	30.636	45.954	45.954	61.272
400	17.087	34.174	34.174	51.262	51.262	68.349
500	18.621	37.242	37.242	55.863	55.863	74.484
750	21.833	43.666	43.666	65.500	65.500	87.333
1.000	24.507	49.014	49.014	73.522	73.522	98.029
1.500	28.966	57.932	57.932	86.898	86.898	115.864
2.500	36.065	72.131	72.131	108.196	108.196	144.261
5.000	49.288	98.575	98.575	147.863	147.863	197.150
10.000	69.015	138.029	138.029	207.044	207.044	276.058

(2) Das Honorar für Grundleistungen bei Pflege- und Entwicklungsplänen ist nach der Fläche des Planungsgebiets in Hektar und nach der Honorarzone zu berechnen.

(3) Welchen Honorarzonen die Grundleistungen zugeordnet werden, richtet sich nach folgenden Bewertungsmerkmalen:
1. fachliche Vorgaben,
2. Differenziertheit des floristischen Inventars oder der Pflanzengesellschaften,
3. Differenziertheit des faunistischen Inventars,
4. Beeinträchtigungen oder Schädigungen von Naturhaushalt und Landschaftsbild,
5. Aufwand für die Festlegung von Zielaussagen sowie für Pflege- und Entwicklungsmaßnahmen.

(4) Sind für einen Pflege- und Entwicklungsplan Bewertungsmerkmale aus mehreren Honorarzonen anwendbar und bestehen deswegen Zweifel, welcher Honorarzone der Pflege- und Entwicklungsplan zugeordnet werden kann, so ist zunächst die Anzahl der Bewertungspunkte zu ermitteln. Zur Ermittlung der Bewertungspunkte werden die Bewertungsmerkmale wie folgt gewichtet:
1. das Bewertungsmerkmal gemäß Absatz 3 Nummer 1 mit bis zu 4 Punkten,
2. die Bewertungsmerkmale gemäß Absatz 3 Nummer 4 und 5 mit je bis zu 6 Punkten und
3. die Bewertungsmerkmale gemäß Absatz 3 Nummer 2 und 3 mit je bis zu 9 Punkten.

(5) Der Pflege- und Entwicklungsplan ist anhand der nach Absatz 4 ermittelten Bewertungspunkte einer der Honorarzonen zuzuordnen:
1. Honorarzone I: bis zu 13 Punkte,
2. Honorarzone II: 14 bis 24 Punkte,
3. Honorarzone III: 25 bis 34 Punkte.

(6) Wird die Größe des Planungsgebiets während der Leistungserbringung geändert, so ist das Honorar für die Leistungsphasen, die bis zur Änderung noch nicht erbracht sind, nach der geänderten Größe des Planungsgebiets zu berechnen.

Teil 3 Objektplanung

Abschnitt 1 Gebäude und Innenräume

§ 33 Besondere Grundlagen des Honorars

(1) Für Grundleistungen bei Gebäuden und Innenräumen sind die Kosten der Baukonstruktion anrechenbar.

(2) Für Grundleistungen bei Gebäuden und Innenräumen sind auch die Kosten für Technische Anlagen, die der Auftragnehmer nicht fachlich plant oder deren Ausführung er nicht fachlich überwacht,

1. vollständig anrechenbar bis zu einem Betrag von 25 Prozent der sonstigen anrechenbaren Kosten und
2. zur Hälfte anrechenbar mit dem Betrag, der 25 Prozent der sonstigen anrechenbaren Kosten übersteigt.

(3) Nicht anrechenbar sind insbesondere die Kosten für das Herrichten, für die nichtöffentliche Erschließung sowie für Leistungen zur Ausstattung und zu Kunstwerken, soweit der Auftragnehmer die Leistungen weder plant noch bei der Beschaffung mitwirkt oder ihre Ausführung oder ihren Einbau fachlich überwacht.

§ 34 Leistungsbild Gebäude und Innenräume

(1) Das Leistungsbild Gebäude und Innenräume umfasst Leistungen für Neubauten, Neuanlagen, Wiederaufbauten, Erweiterungsbauten, Umbauten, Modernisierungen, Instandsetzungen und Instandhaltungen.

(2) Leistungen für Innenräume sind die Gestaltung oder Erstellung von Innenräumen ohne wesentliche Eingriffe in Bestand oder Konstruktion.

(3) Die Grundleistungen sind in neun Leistungsphasen unterteilt und werden wie folgt in Prozentsätzen der Honorare des § 35 bewertet:[25]

für die Leistungsphase		Bewertung der Grundleistungen in Prozentsätzen der Honorare	
		Gebäude	Innenräume
1	Grundlagenermittlung	2	2
2	Vorplanung	7	7
3	Entwurfsplanung	15	15
4	Genehmigungsplanung	3	2
5	Ausführungsplanung	25	30
6	Vorbereitung der Vergabe	10	7
7	Mitwirkung bei der Vergabe	4	3
8	Objektüberwachung – Bauüberwachung und Dokumentation	32	32
9	Objektbetreuung	2	2

[25] Die nachfolgende tabellarische Darstellung der Leistungsbewertung entspricht in formaler Hinsicht (Anpassungen aufgrund des gewählten Layouts) nicht dem Verordnungstext. Sie wurde von den Autoren aus Gründen der Übersichtlichkeit und besseren Lesbarkeit gewählt.

(4) Anlage 10 Nummer 10.1 regelt die Grundleistungen jeder Leistungsphase und enthält Beispiele für Besondere Leistungen.

§ 35 Honorare für Grundleistungen bei Gebäuden und Innenräumen

(1) Für die in § 34 und der Anlage 10 Nummer 10.1 genannten Grundleistungen für Gebäude und Innenräume sind die in der nachstehenden Honorartafel aufgeführten Honorarspannen Orientierungswerte:[26]

Honorartafel zu § 35 Abs. 1 – Gebäude und Innenräume als Orientierungswerte

Anrechenbare Kosten in Euro	Honorarzone I sehr geringe Anforderungen von	Honorarzone I bis / Honorarzone II geringe Anforderungen von	Honorarzone II bis / Honorarzone III durchschnittliche Anforderungen von	Honorarzone III bis / Honorarzone IV hohe Anforderungen von	Honorarzone IV bis / Honorarzone V sehr hohe Anforderungen von	Honorarzone V bis
	Euro	Euro	Euro	Euro	Euro	Euro
25.000	3.120	3.657	4.339	5.412	6.094	6.631
35.000	4.217	4.942	5.865	7.315	8.237	8.962
50.000	5.804	6.801	8.071	10.066	11.336	12.333
75.000	8.342	9.776	11.601	14.469	16.293	17.727
100.000	10.790	12.644	15.005	18.713	21.074	22.928
150.000	15.500	18.164	21.555	26.883	30.274	32.938
200.000	20.037	23.480	27.863	34.751	39.134	42.578
300.000	28.750	33.692	39.981	49.864	56.153	61.095
500.000	45.232	53.006	62.900	78.449	88.343	96.118
750.000	64.666	75.781	89.927	112.156	126.301	137.416
1.000.000	83.182	97.479	115.675	144.268	162.464	176.761
1.500.000	119.307	139.813	165.911	206.923	233.022	253.527
2.000.000	153.965	180.428	214.108	267.034	300.714	327.177
3.000.000	220.161	258.002	306.162	381.843	430.003	467.843
5.000.000	343.879	402.984	478.207	596.416	671.640	730.744
7.500.000	493.923	578.816	686.862	856.648	964.694	1.049.587
10.000.000	638.277	747.981	887.604	1.107.012	1.246.635	1.356.339
15.000.000	915.129	1.072.416	1.272.601	1.587.176	1.787.360	1.944.648
20.000.000	1.180.414	1.383.298	1.641.513	2.047.281	2.305.496	2.508.380
25.000.000	1.436.874	1.683.837	1.998.153	2.492.079	2.806.395	3.053.358

(2) Welchen Honorarzonen die Grundleistungen für Gebäude zugeordnet werden, richtet sich nach folgenden Bewertungsmerkmalen:

1. Anforderungen an die Einbindung in die Umgebung,
2. Anzahl der Funktionsbereiche,
3. gestalterische Anforderungen,
4. konstruktive Anforderungen,
5. technische Ausrüstung,
6. Ausbau.

---

26 Die nachfolgende tabellarische Darstellung der Honorartafel entspricht in formaler Hinsicht (Anpassungen aufgrund des gewählten Layouts) nicht dem Verordnungstext (hier hinsichtlich der Überschriftenzeile in der Tabelle und der Überschneidung der Tafelwerte in den einzelnen Honorarzonen). Sie wurde von den Autoren aus Gründen der Übersichtlichkeit und besseren Lesbarkeit gewählt.

(3) Welchen Honorarzonen die Grundleistungen für Innenräume zugeordnet werden, richtet sich nach folgenden Bewertungsmerkmalen:
1. Anzahl der Funktionsbereiche,
2. Anforderungen an die Lichtgestaltung,
3. Anforderungen an die Raumzuordnung und Raumproportion,
4. technische Ausrüstung,
5. Farb- und Materialgestaltung,
6. konstruktive Detailgestaltung.

(4) Sind für ein Gebäude Bewertungsmerkmale aus mehreren Honorarzonen anwendbar und bestehen deswegen Zweifel, welcher Honorarzone das Gebäude oder der Innenraum zugeordnet werden kann, so ist zunächst die Anzahl der Bewertungspunkte zu ermitteln. Zur Ermittlung der Bewertungspunkte werden die Bewertungsmerkmale wie folgt gewichtet:
1. die Bewertungsmerkmale gemäß Absatz 2 Nummer 1, 4 bis 6 mit je bis zu 6 Punkten und
2. die Bewertungsmerkmale gemäß Absatz 2 Nummer 2 und 3 mit je bis zu 9 Punkten.

(5) Sind für Innenräume Bewertungsmerkmale aus mehreren Honorarzonen anwendbar und bestehen deswegen Zweifel, welcher Honorarzone das Gebäude oder der Innenraum zugeordnet werden kann, so ist zunächst die Anzahl der Bewertungspunkte zu ermitteln. Zur Ermittlung der Bewertungspunkte werden die Bewertungsmerkmale wie folgt gewichtet:
1. die Bewertungsmerkmale gemäß Absatz 3 Nummer 1 bis 4 mit je bis zu 6 Punkten und
2. die Bewertungsmerkmale gemäß Absatz 3 Nummer 5 und 6 mit je bis zu 9 Punkten.

(6) Das Gebäude oder der Innenraum ist anhand der nach Absatz 5[27] ermittelten Bewertungspunkte einer der Honorarzonen zuzuordnen:
1. Honorarzone I: bis zu 10 Punkte,
2. Honorarzone II: 11 bis 18 Punkte,
3. Honorarzone III: 19 bis 26 Punkte,
4. Honorarzone IV: 27 bis 34 Punkte,
5. Honorarzone V: 35 bis 42 Punkte.

(7) Für die Zuordnung zu den Honorarzonen ist die Objektliste der Anlage 10 Nummer 10.2 und Nummer 10.3 zu berücksichtigen.

§ 36 Umbauten und Modernisierungen von Gebäuden und Innenräumen

(1) Für Umbauten und Modernisierungen von Gebäuden kann bei einem durchschnittlichen Schwierigkeitsgrad ein Zuschlag gemäß § 6 Absatz 2 Satz 3 bis 33 Prozent auf das ermittelte Honorar in Textform vereinbart werden.

(2) Für Umbauten und Modernisierungen von Innenräumen in Gebäuden kann bei einem durchschnittlichen Schwierigkeitsgrad ein Zuschlag gemäß § 6 Absatz 2 Satz 3 bis 50 Prozent auf das ermittelte Honorar in Textform vereinbart werden.

---

[27] Hierbei handelt es sich nach Auffassung der Autoren um einen redaktionellen Fehler des Verordnungsgebers. Logisch wäre ein Bezug auf die Absätze 4 und 5.

§ 37 Aufträge für Gebäude und Freianlagen oder für Gebäude und Innenräume

(1) § 11 Absatz 1 ist nicht anzuwenden, wenn die getrennte Berechnung der Honorare für Freianlagen weniger als 7.500 Euro anrechenbare Kosten ergeben würde.

(2) Werden Grundleistungen für Innenräume in Gebäuden, die neu gebaut, wiederaufgebaut, erweitert oder umgebaut werden, einem Auftragnehmer übertragen, dem auch Grundleistungen für dieses Gebäude nach § 34 übertragen werden, so sind die Grundleistungen für Innenräume bei der Vereinbarung des Honorars für die Grundleistungen am Gebäude zu berücksichtigen. Ein gesondertes Honorar nach § 11 Absatz 1 darf für die Grundleistungen für Innenräume nicht berechnet werden.

Abschnitt 2 Freianlagen

§ 38 Besondere Grundlagen des Honorars

(1) Für Grundleistungen bei Freianlagen sind die Kosten für Außenanlagen anrechenbar, insbesondere für folgende Bauwerke und Anlagen, soweit diese durch den Auftragnehmer geplant oder überwacht werden:
1. Einzelgewässer mit überwiegend ökologischen und landschaftsgestalterischen Elementen,
2. Teiche ohne Dämme,
3. flächenhafter Erdbau zur Geländegestaltung,
4. einfache Durchlässe und Uferbefestigungen als Mittel zur Geländegestaltung, soweit keine Grundleistungen nach Teil 4 Abschnitt 1 erforderlich sind,
5. Lärmschutzwälle als Mittel zur Geländegestaltung,
6. Stützbauwerke und Geländeabstützungen ohne Verkehrsbelastung als Mittel zur Geländegestaltung, soweit keine Tragwerke mit durchschnittlichem Schwierigkeitsgrad erforderlich sind,
7. Stege und Brücken, soweit keine Grundleistungen nach Teil 4 Abschnitt 1 erforderlich sind,
8. Wege ohne Eignung für den regelmäßigen Fahrverkehr mit einfachen Entwässerungsverhältnissen sowie andere Wege und befestigte Flächen, die als Gestaltungselement der Freianlagen geplant werden und für die keine Grundleistungen nach Teil 3 Abschnitt 3 und 4 erforderlich sind.

(2) Nicht anrechenbar sind für Grundleistungen bei Freianlagen die Kosten für
1. das Gebäude sowie die in § 33 Absatz 3 genannten Kosten und
2. den Unter- und Oberbau von Fußgängerbereichen ausgenommen die Kosten für die Oberflächenbefestigung.

§ 39 Leistungsbild Freianlagen

(1) Freianlagen sind planerisch gestaltete Freiflächen und Freiräume sowie entsprechend gestaltete Anlagen in Verbindung mit Bauwerken oder in Bauwerken und landschaftspflegerische Freianlagenplanungen in Verbindung mit Objekten.

(2) § 34 Absatz 1 gilt entsprechend.

(3) Die Grundleistungen bei Freianlagen sind in neun Leistungsphasen unterteilt und werden wie folgt in Prozentsätzen der Honorare des § 40 bewertet: [28]

---

[28] Die nachfolgende tabellarische Darstellung der Leistungsbewertung entspricht in formaler Hinsicht (Anpassungen aufgrund des gewählten Layouts) nicht dem Verordnungstext. Sie wurde von den Autoren aus Gründen der Übersichtlichkeit und besseren Lesbarkeit gewählt.

für die Leistungsphase		Bewertung der Grundleistungen in Prozentsätzen der Honorare
1	Grundlagenermittlung	3
2	Vorplanung	10
3	Entwurfsplanung	16
4	Genehmigungsplanung	4
5	Ausführungsplanung	25
6	Vorbereitung der Vergabe	7
7	Mitwirkung bei der Vergabe	3
8	Objektüberwachung – Bauüberwachung und Dokumentation	30
9	Objektbetreuung	2

(4) Anlage 11 Nummer 11.1 regelt die Grundleistungen jeder Leistungsphase und enthält Beispiele für Besondere Leistungen.

§ 40 Honorare für Grundleistungen bei Freianlagen

(1) Für die in § 39 und der Anlage 11 Nummer 11.1 genannten Grundleistungen für Freianlagen sind die in der nachstehenden Honorartafel aufgeführten Honorarspannen Orientierungswerte:[29]

Honorartafel zu § 40 Abs. 1 – Freianlagen als Orientierungswerte						
Anrechenbare Kosten in Euro	Honorarzone I sehr geringe Anforderungen von	bis	Honorarzone III durchschnittliche Anforderungen von	bis	Honorarzone V sehr hohe Anforderungen von	bis
		Honorarzone II geringe Anforderungen von	bis	Honorarzone IV hohe Anforderungen von	bis	
	Euro	Euro	Euro	Euro	Euro	Euro
20.000	3.643	4.348	5.229	6.521	7.403	8.108
25.000	4.406	5.259	6.325	7.888	8.954	9.807
30.000	5.147	6.143	7.388	9.215	10.460	11.456
35.000	5.870	7.006	8.426	10.508	11.928	13.064
40.000	6.577	7.850	9.441	11.774	13.365	14.638
50.000	7.953	9.492	11.416	14.238	16.162	17.701
60.000	9.287	11.085	13.332	16.627	18.874	20.672
75.000	11.227	13.400	16.116	20.100	22.816	24.989
100.000	14.332	17.106	20.574	25.659	29.127	31.901
125.000	17.315	20.666	24.855	30.999	35.188	38.539

29 Die nachfolgende tabellarische Darstellung der Honorartafel entspricht in formaler Hinsicht (Anpassungen aufgrund des gewählten Layouts) nicht dem Verordnungstext (hier hinsichtlich der Überschriftenzeile in der Tabelle und der Überschneidung der Tafelwerte in den einzelnen Honorarzonen). Sie wurde von den Autoren aus Gründen der Übersichtlichkeit und besseren Lesbarkeit gewählt.

Honorartafel zu § 40 Abs. 1 – Freianlagen als Orientierungswerte						
Anrechenbare Kosten in Euro	Honorarzone I sehr geringe Anforderungen von Euro	Honorarzone II geringe Anforderungen von Euro	Honorarzone I bis / Honorarzone II bis Euro	Honorarzone III durchschnittliche Anforderungen von / Honorarzone IV hohe Anforderungen von Euro	Honorarzone III bis / Honorarzone IV bis Euro	Honorarzone V sehr hohe Anforderungen von / bis Euro
150.000	20.201	24.111	28.998	36.166	41.053	44.963
200.000	25.746	30.729	36.958	46.094	52.323	57.306
250.000	31.053	37.063	44.576	55.594	63.107	69.117
350.000	41.147	49.111	59.066	73.667	83.622	91.586
500.000	55.300	66.004	79.383	99.006	112.385	123.088
650.000	69.114	82.491	99.212	123.736	140.457	153.834
800.000	82.430	98.384	118.326	147.576	167.518	183.472
1.000.000	99.578	118.851	142.942	178.276	202.368	221.641
1.250.000	120.238	143.510	172.600	215.265	244.355	267.627
1.500.000	140.204	167.340	201.261	251.011	284.931	312.067

(2) Welchen Honorarzonen die Grundleistungen zugeordnet werden, richtet sich nach folgenden Bewertungsmerkmalen:
1. Anforderungen an die Einbindung in die Umgebung,
2. Anforderungen an Schutz, Pflege und Entwicklung von Natur und Landschaft,
3. Anzahl der Funktionsbereiche,
4. gestalterische Anforderungen,
5. Ver- und Entsorgungseinrichtungen.

(3) Sind für eine Freianlage Bewertungsmerkmale aus mehreren Honorarzonen anwendbar und bestehen deswegen Zweifel, welcher Honorarzone die Freianlage zugeordnet werden kann, so ist zunächst die Anzahl der Bewertungspunkte zu ermitteln. Zur Ermittlung der Bewertungspunkte werden die Bewertungsmerkmale wie folgt gewichtet:
1. die Bewertungsmerkmale gemäß Absatz 2 Nummer 1, 2 und 4 mit je bis zu 8 Punkten,
2. die Bewertungsmerkmale gemäß Absatz 2 Nummer 3 und 5 mit je bis zu 6 Punkten.

(4) Die Freianlage ist anhand der nach Absatz 3 ermittelten Bewertungspunkte einer der Honorarzonen zuzuordnen:
1. Honorarzone I: bis zu 8 Punkte,
2. Honorarzone II: 9 bis 15 Punkte,
3. Honorarzone III: 16 bis 22 Punkte,
4. Honorarzone IV: 23 bis 29 Punkte,
5. Honorarzone V: 30 bis 36 Punkte.

(5) Für die Zuordnung zu den Honorarzonen ist die Objektliste der Anlage 11 Nummer 11.2 zu berücksichtigen.

(6) § 36 Absatz 1 ist für Freianlagen entsprechend anzuwenden.

Abschnitt 3 Ingenieurbauwerke

§ 41 Anwendungsbereich

Ingenieurbauwerke umfassen:

1. Bauwerke und Anlagen der Wasserversorgung,
2. Bauwerke und Anlagen der Abwasserentsorgung,
3. Bauwerke und Anlagen des Wasserbaus, ausgenommen Freianlagen nach § 39 Absatz 1,
4. Bauwerke und Anlagen für Ver- und Entsorgung mit Gasen, Feststoffen und wassergefährdenden Flüssigkeiten, ausgenommen Anlagen der Technischen Ausrüstung nach § 53 Absatz 2,
5. Bauwerke und Anlagen der Abfallentsorgung,
6. konstruktive Ingenieurbauwerke für Verkehrsanlagen,
7. sonstige Einzelbauwerke, ausgenommen Gebäude und Freileitungsmaste.

§ 42 Besondere Grundlagen des Honorars

(1) Für Grundleistungen bei Ingenieurbauwerken sind die Kosten der Baukonstruktion anrechenbar. Die Kosten für die Anlagen der Maschinentechnik, die der Zweckbestimmung des Ingenieurbauwerks dienen, sind anrechenbar, soweit der Auftragnehmer diese plant oder deren Ausführung überwacht.

(2) Für Grundleistungen bei Ingenieurbauwerken sind auch die Kosten für Technische Anlagen, die der Auftragnehmer nicht fachlich plant oder deren Ausführung der Auftragnehmer nicht fachlich überwacht,

1. vollständig anrechenbar bis zum Betrag von 25 Prozent der sonstigen anrechenbaren Kosten und
2. zur Hälfte anrechenbar mit dem Betrag, der 25 Prozent der sonstigen anrechenbaren Kosten übersteigt.

(3) Nicht anrechenbar sind, soweit der Auftragnehmer die Anlagen weder plant noch ihre Ausführung überwacht, die Kosten für

1. das Herrichten des Grundstücks,
2. die öffentliche und die nichtöffentliche Erschließung, die Außenanlagen, das Umlegen und Verlegen von Leitungen,
3. verkehrsregelnde Maßnahmen während der Bauzeit,
4. die Ausstattung und Nebenanlagen von Ingenieurbauwerken.

§ 43 Leistungsbild Ingenieurbauwerke

(1) § 34 Absatz 1 gilt entsprechend. Die Grundleistungen für Ingenieurbauwerke sind in neun Leistungsphasen unterteilt und werden wie folgt in Prozentsätzen der Honorare des § 44 bewertet:[30]

für die Leistungsphase		Bewertung der Grundleistungen in Prozentsätzen der Honorare
1	Grundlagenermittlung	2
2	Vorplanung	20
3	Entwurfsplanung	25
4	Genehmigungsplanung	5
5	Ausführungsplanung	15
6	Vorbereitung der Vergabe	13
7	Mitwirkung bei der Vergabe	4
8	Bauoberleitung	15
9	Objektbetreuung	1

(2) Abweichend von Absatz 1 Nummer 2 wird die Leistungsphase 2 bei Objekten nach § 41 Nummer 6 und 7, die eine Tragwerksplanung erfordern, mit 10 Prozent bewertet.

(3) Die Vertragsparteien können abweichend von Absatz 1 in Textform vereinbaren, dass

1. die Leistungsphase 4 mit 5 bis 8 Prozent bewertet wird, wenn dafür ein eigenständiges Planfeststellungsverfahren erforderlich ist,
2. die Leistungsphase 5 mit 15 bis 35 Prozent bewertet wird, wenn ein überdurchschnittlicher Aufwand an Ausführungszeichnungen erforderlich wird.

(4) Anlage 12 Nummer 12.1 regelt die Grundleistungen jeder Leistungsphase und enthält Beispiele für Besondere Leistungen.

§ 44 Honorare für Grundleistungen bei Ingenieurbauwerken

(1) Für die in § 43 und der Anlage 12 Nummer 12.1 genannten Grundleistungen bei Ingenieurbauwerken sind die in der nachstehenden Honorartafel aufgeführten Honorarspannen Orientierungswerte:[31]

---

[30] Die nachfolgende tabellarische Darstellung der Leistungsbewertung bei Ingenieurbauwerken entspricht in formaler Hinsicht (Anpassungen aufgrund des gewählten Layouts) nicht dem Verordnungstext. Sie wurde von den Autoren aus Gründen der Übersichtlichkeit und besseren Lesbarkeit gewählt.

[31] Die nachfolgende tabellarische Darstellung der Honorartafel entspricht in formaler Hinsicht (Anpassungen aufgrund des gewählten Layouts) nicht dem Verordnungstext (hier hinsichtlich der Überschriftenzeile in der Tabelle und der Überschneidung der Tafelwerte in den einzelnen Honorarzonen). Sie wurde von den Autoren aus Gründen der Übersichtlichkeit und besseren Lesbarkeit gewählt.

Honorartafel zu § 44 Abs. 1 – Ingenieurbauwerke als Orientierungswerte						
Anrechenbare Kosten in Euro	Honorarzone I sehr geringe Anforderungen von Euro	Honorarzone I bis / Honorarzone II geringe Anforderungen von Euro	Honorarzone II bis / Honorarzone III durchschnittliche Anforderungen von Euro	Honorarzone III bis / Honorarzone IV hohe Anforderungen von Euro	Honorarzone IV bis / Honorarzone V sehr hohe Anforderungen von Euro	Honorarzone V bis Euro
25.000	3.449	4.109	4.768	5.428	6.036	6.696
35.000	4.475	5.331	6.186	7.042	7.831	8.687
50.000	5.897	7.024	8.152	9.279	10.320	11.447
75.000	8.069	9.611	11.154	12.697	14.121	15.663
100.000	10.079	12.005	13.932	15.859	17.637	19.564
150.000	13.786	16.422	19.058	21.693	24.126	26.762
200.000	17.215	20.506	23.797	27.088	30.126	33.417
300.000	23.534	28.033	32.532	37.031	41.185	45.684
500.000	34.865	41.530	48.195	54.861	61.013	67.679
750.000	47.576	56.672	65.767	74.863	83.258	92.354
1.000.000	59.264	70.594	81.924	93.254	103.712	115.042
1.500.000	80.998	96.482	111.967	127.452	141.746	157.230
2.000.000	101.054	120.373	139.692	159.011	176.844	196.163
3.000.000	137.907	164.272	190.636	217.001	241.338	267.702
5.000.000	203.584	242.504	281.425	320.345	356.272	395.192
7.500.000	278.415	331.642	384.868	438.095	487.227	540.453
10.000.000	347.568	414.014	480.461	546.908	608.244	674.690
15.000.000	474.901	565.691	656.480	747.270	831.076	921.866
20.000.000	592.324	705.563	818.801	932.040	1.036.568	1.149.806
25.000.000	702.770	837.123	971.476	1.105.829	1.229.848	1.364.201

(2) Welchen Honorarzonen die Grundleistungen zugeordnet werden, richtet sich nach folgenden Bewertungsmerkmalen:
  1. geologische und baugrundtechnische Gegebenheiten,
  2. technische Ausrüstung und Ausstattung,
  3. Einbindung in die Umgebung oder in das Objektumfeld,
  4. Umfang der Funktionsbereiche oder der konstruktiven oder technischen Anforderungen,
  5. fachspezifische Bedingungen.

(3) Sind für Ingenieurbauwerke Bewertungsmerkmale aus mehreren Honorarzonen anwendbar und bestehen deswegen Zweifel, welcher Honorarzone das Objekt zugeordnet werden kann, so ist zunächst die Anzahl der Bewertungspunkte zu ermitteln. Zur Ermittlung der Bewertungspunkte werden die Bewertungsmerkmale wie folgt gewichtet:
  1. die Bewertungsmerkmale gemäß Absatz 2 Nummer 1, 2 und 3 mit bis zu 5 Punkten,
  2. das Bewertungsmerkmal gemäß Absatz 2 Nummer 4 mit bis zu 10 Punkten,
  3. das Bewertungsmerkmal gemäß Absatz 2 Nummer 5 mit bis zu 15 Punkten.

(4) Das Ingenieurbauwerk ist anhand der nach Absatz 3 ermittelten Bewertungspunkte einer der Honorarzonen zuzuordnen:

1. Honorarzone I: bis zu 10 Punkte,
2. Honorarzone II: 11 bis 17 Punkte,
3. Honorarzone III: 18 bis 25 Punkte,
4. Honorarzone IV: 26 bis 33 Punkte,
5. Honorarzone V: 34 bis 40 Punkte.

(5) Für die Zuordnung zu den Honorarzonen ist die Objektliste der Anlage 12 Nummer 12.2 zu berücksichtigen.

(6) Für Umbauten und Modernisierungen von Ingenieurbauwerken kann bei einem durchschnittlichen Schwierigkeitsgrad ein Zuschlag gemäß § 6 Absatz 2 Satz 3 bis 33 Prozent in Textform vereinbart werden.

Abschnitt 4 Verkehrsanlagen

§ 45 Anwendungsbereich

Verkehrsanlagen sind

1. Anlagen des Straßenverkehrs, ausgenommen selbstständige Rad-, Geh- und Wirtschaftswege und Freianlagen nach § 39 Absatz 1,
2. Anlagen des Schienenverkehrs,
3. Anlagen des Flugverkehrs.

§ 46 Besondere Grundlagen des Honorars

(1) Für Grundleistungen bei Verkehrsanlagen sind die Kosten der Baukonstruktion anrechenbar. Soweit der Auftragnehmer die Ausstattung von Anlagen des Straßen-, Schienen- und Flugverkehrs einschließlich der darin enthaltenen Entwässerungsanlagen, die der Zweckbestimmung der Verkehrsanlagen dienen, plant oder deren Ausführung überwacht, sind die dadurch entstehenden Kosten anrechenbar.

(2) Für Grundleistungen bei Verkehrsanlagen sind auch die Kosten für Technische Anlagen, die der Auftragnehmer nicht fachlich plant oder deren Ausführung der Auftragnehmer nicht fachlich überwacht,

1. vollständig anrechenbar bis zu einem Betrag von 25 Prozent der sonstigen anrechenbaren Kosten und
2. zur Hälfte anrechenbar mit dem Betrag, der 25 Prozent der sonstigen anrechenbaren Kosten übersteigt.

(3) Nicht anrechenbar sind, soweit der Auftragnehmer die Anlagen weder plant noch ihre Ausführung überwacht, die Kosten für

1. das Herrichten des Grundstücks,
2. die öffentliche und die nichtöffentliche Erschließung, die Außenanlagen, das Umlegen und Verlegen von Leitungen,
3. die Nebenanlagen von Anlagen des Straßen-, Schienen- und Flugverkehrs,
4. verkehrsregelnde Maßnahmen während der Bauzeit.

(4) Für Grundleistungen der Leistungsphasen 1 bis 7 und 9 bei Verkehrsanlagen sind

1. die Kosten für Erdarbeiten einschließlich Felsarbeiten anrechenbar bis zu einem Betrag von 40 Prozent der sonstigen anrechenbaren Kosten nach Absatz 1 und
2. 10 Prozent der Kosten für Ingenieurbauwerke anrechenbar, wenn dem Auftragnehmer für diese Ingenieurbauwerke nicht gleichzeitig Grundleistungen nach § 43 übertragen werden.

(5) Die nach den Absätzen 1 bis 4 ermittelten Kosten sind für Grundleistungen des § 47 Absatz 1 Satz 2 Nummer 1 bis 7 und 9

1. bei Straßen, die mehrere durchgehende Fahrspuren mit einer gemeinsamen Entwurfsachse und einer gemeinsamen Entwurfsgradiente haben, wie folgt anteilig anrechenbar:
   a) bei dreistreifigen Straßen zu 85 Prozent,
   b) bei vierstreifigen Straßen zu 70 Prozent und
   c) bei mehr als vierstreifigen Straßen zu 60 Prozent,
2. bei Gleis- und Bahnsteiganlagen, die zwei Gleise mit einem gemeinsamen Planum haben, zu 90 Prozent anrechenbar. Das Honorar für Gleis- und Bahnsteiganlagen mit mehr als zwei Gleisen oder Bahnsteigen kann abweichend von den Grundsätzen des Satzes 1, der Absätze 1 bis 4 und der §§ 47 und 48 vereinbart werden.

§ 47 Leistungsbild Verkehrsanlagen

(1) § 34 Absatz 1 gilt entsprechend. Die Grundleistungen für Verkehrsanlagen sind in neun Leistungsphasen unterteilt und werden wie folgt in Prozentsätzen der Honorare des § 48 bewertet:[32]

für die Leistungsphase		Bewertung der Grundleistungen in Prozentsätzen der Honorare
1	Grundlagenermittlung	2
2	Vorplanung	20
3	Entwurfsplanung	25
4	Genehmigungsplanung	8
5	Ausführungsplanung	15
6	Vorbereitung der Vergabe	10
7	Mitwirkung bei der Vergabe	4
8	Bauoberleitung	15
9	Objektbetreuung	1

(2) Anlage 13 Nummer 13.1 regelt die Grundleistungen jeder Leistungsphase und enthält Beispiele für Besondere Leistungen.

§ 48 Honorare für Grundleistungen bei Verkehrsanlagen

(1) Für die in § 47 und der Anlage 13 Nummer 13.1 genannten Grundleistungen bei Verkehrsanlagen sind die in der nachstehenden Honorartafel aufgeführten Honorarspannen Orientierungswerte:[33]

---

32 Die nachfolgende tabellarische Darstellung der Leistungsbewertung entspricht in formaler Hinsicht (Anpassungen aufgrund des gewählten Layouts) nicht dem Verordnungstext. Sie wurde von den Autoren aus Gründen der Übersichtlichkeit und besseren Lesbarkeit gewählt.

33 Die nachfolgende tabellarische Darstellung der Honorartafel entspricht in formaler Hinsicht (Anpassungen aufgrund des gewählten Layouts) nicht dem Verordnungstext (hier hinsichtlich der Überschriftenzeile in der Tabelle und der Überschneidung der Tafelwerte in den einzelnen Honorarzonen). Sie wurde von den Autoren aus Gründen der Übersichtlichkeit und besseren Lesbarkeit gewählt.

Honorartafel zu § 48 Abs. 1 – Verkehrsanlagen als Orientierungswerte						
Anrechenbare Kosten in Euro	Honorarzone I sehr geringe Anforderungen von Euro	Honorarzone I bis / Honorarzone II geringe Anforderungen von Euro	Honorarzone III durchschnittliche Anforderungen von / Honorarzone II bis Euro	Honorarzone III bis / Honorarzone IV hohe Anforderungen von Euro	Honorarzone V sehr hohe Anforderungen von / Honorarzone IV bis Euro	Honorarzone V bis Euro
25.000	3.882	4.624	5.366	6.108	6.793	7.535
35.000	4.981	5.933	6.885	7.837	8.716	9.668
50.000	6.487	7.727	8.967	10.207	11.352	12.592
75.000	8.759	10.434	12.108	13.783	15.328	17.003
100.000	10.839	12.911	14.983	17.056	18.968	21.041
150.000	14.634	17.432	20.229	23.027	25.610	28.407
200.000	18.106	21.567	25.029	28.490	31.685	35.147
300.000	24.435	29.106	33.778	38.449	42.761	47.433
500.000	35.622	42.433	49.243	56.053	62.339	69.149
750.000	48.001	57.178	66.355	75.532	84.002	93.179
1.000.000	59.267	70.597	81.928	93.258	103.717	115.047
1.500.000	80.009	95.305	110.600	125.896	140.015	155.311
2.000.000	98.962	117.881	136.800	155.719	173.183	192.102
3.000.000	133.441	158.951	184.462	209.973	233.521	259.032
5.000.000	194.094	231.200	268.306	305.412	339.664	376.770
7.500.000	262.407	312.573	362.739	412.905	459.212	509.378
10.000.000	324.978	387.107	449.235	511.363	568.712	630.840
15.000.000	439.179	523.140	607.101	691.062	768.564	852.525
20.000.000	543.619	647.546	751.473	855.401	951.333	1.055.260
25.000.000	641.265	763.860	886.454	1.009.049	1.122.213	1.244.808

(2) Welchen Honorarzonen die Grundleistungen zugeordnet werden, richtet sich nach folgenden Bewertungsmerkmalen:

1. geologische und baugrundtechnische Gegebenheiten,
2. technische Ausrüstung und Ausstattung,
3. Einbindung in die Umgebung oder das Objektumfeld,
4. Umfang der Funktionsbereiche oder der konstruktiven oder technischen Anforderungen,
5. fachspezifische Bedingungen.

(3) Sind für Verkehrsanlagen Bewertungsmerkmale aus mehreren Honorarzonen anwendbar und bestehen deswegen Zweifel, welcher Honorarzone das Objekt zugeordnet werden kann, so ist zunächst die Anzahl der Bewertungspunkte zu ermitteln. Zur Ermittlung der Bewertungspunkte werden die Bewertungsmerkmale wie folgt gewichtet:

1. die Bewertungsmerkmale gemäß Absatz 2 Nummer 1, 2 mit bis zu 5 Punkten,
2. das Bewertungsmerkmal gemäß Absatz 2 Nummer 3 mit bis zu 15 Punkten,
3. das Bewertungsmerkmal gemäß Absatz 2 Nummer 4 mit bis zu 10 Punkten,
4. das Bewertungsmerkmal gemäß Absatz 2 Nummer 5 mit bis zu 5 Punkten.

(4) Die Verkehrsanlage ist anhand der nach Absatz 3 ermittelten Bewertungspunkte einer der Honorarzonen zuzuordnen:
1. Honorarzone I: bis zu 10 Punkte,
2. Honorarzone II: 11 bis 17 Punkte,
3. Honorarzone III: 18 bis 25 Punkte,
4. Honorarzone IV: 26 bis 33 Punkte,
5. Honorarzone V: 34 bis 40 Punkte.

(5) Für die Zuordnung zu den Honorarzonen ist die Objektliste der Anlage 13 Nummer 13.2 zu berücksichtigen.

(6) Für Umbauten und Modernisierungen von Verkehrsanlagen kann bei einem durchschnittlichen Schwierigkeitsgrad ein Zuschlag gemäß § 6 Absatz 2 Satz 3 bis 33 Prozent in Textform vereinbart werden.

Teil 4 Fachplanung

Abschnitt 1 Tragwerksplanung

§ 49 Anwendungsbereich

(1) Leistungen der Tragwerksplanung sind die statische Fachplanung für die Objektplanung Gebäude und Ingenieurbauwerke.

(2) Das Tragwerk bezeichnet das statische Gesamtsystem der miteinander verbundenen, lastabtragenden Konstruktionen, die für die Standsicherheit von Gebäuden, Ingenieurbauwerken und Traggerüsten bei Ingenieurbauwerken maßgeblich sind.

§ 50 Besondere Grundlagen des Honorars

(1) Bei Gebäuden und zugehörigen baulichen Anlagen sind 55 Prozent der Baukonstruktionskosten und 10 Prozent der Kosten der Technischen Anlagen anrechenbar.

(2) Die Vertragsparteien können bei Gebäuden mit einem hohen Anteil an Kosten der Gründung und der Tragkonstruktionen in Textform vereinbaren, dass die anrechenbaren Kosten abweichend von Absatz 1 nach Absatz 3 ermittelt werden.

(3) Bei Ingenieurbauwerken sind 90 Prozent der Baukonstruktionskosten und 15 Prozent der Kosten der Technischen Anlagen anrechenbar.

(4) Für Traggerüste bei Ingenieurbauwerken sind die Herstellkosten einschließlich der zugehörigen Kosten für Baustelleneinrichtungen anrechenbar. Bei mehrfach verwendeten Bauteilen ist der Neuwert anrechenbar.

(5) Die Vertragsparteien können vereinbaren, dass Kosten von Arbeiten, die nicht in den Absätzen 1 bis 3 erfasst sind, ganz oder teilweise anrechenbar sind, wenn der Auftragnehmer wegen dieser Arbeiten Mehrleistungen für das Tragwerk nach § 51 erbringt.

§ 51 Leistungsbild Tragwerksplanung

(1) Die Grundleistungen der Tragwerksplanung sind für Gebäude und zugehörige bauliche Anlagen sowie für Ingenieurbauwerke nach § 41 Nummer 1 bis 5 in den Leistungsphasen 1 bis 6 sowie für Ingenieurbauwerke nach § 41 Nummer 6 und 7 in den Leistungsphasen 2 bis 6 zusammengefasst und werden wie folgt in Prozentsätzen der Honorare des § 52 bewertet:[34]

---

[34] Die nachfolgende tabellarische Darstellung der Leistungsbewertung bei der Tragwerksplanung entspricht in formaler Hinsicht (Anpassungen aufgrund des gewählten Layouts) nicht dem Verordnungstext. Sie wurde von den Autoren aus Gründen der Übersichtlichkeit und besseren Lesbarkeit gewählt.

für die Leistungsphase		Bewertung der Grundleistungen in Prozentsätzen der Honorare
1	Grundlagenermittlung	3
2	Vorplanung	10
3	Entwurfsplanung	15
4	Genehmigungsplanung	30
5	Ausführungsplanung	40
6	Vorbereitung der Vergabe	2

(2) Die Leistungsphase 5 ist abweichend von Absatz 1 mit 30 Prozent der Honorare des § 52 zu bewerten
1. im Stahlbetonbau, sofern keine Schalpläne in Auftrag gegeben werden,
2. im Holzbau mit unterdurchschnittlichem Schwierigkeitsgrad.

(3) Die Leistungsphase 5 ist abweichend von Absatz 1 mit 20 Prozent der Honorare des § 52 zu bewerten, sofern nur Schalpläne in Auftrag gegeben werden.

(4) Bei sehr enger Bewehrung kann die Bewertung der Leistungsphase 5 um bis zu 4 Prozent erhöht werden.

(5) Anlage 14 Nummer 14.1 regelt die Grundleistungen jeder Leistungsphase und enthält Beispiele für Besondere Leistungen. Für Ingenieurbauwerke nach § 41 Nummer 6 und 7 sind die Grundleistungen der Tragwerksplanung zur Leistungsphase 1 im Leistungsbild der Ingenieurbauwerke gemäß § 43 enthalten.

§ 52 Honorare für Grundleistungen bei Tragwerksplanungen

(1) Für die in § 51 und der Anlage 14 Nummer 14.1 genannten Grundleistungen der Tragwerksplanungen sind die in der nachstehenden Honorartafel aufgeführten Honorarspannen Orientierungswerte:[35]

Honorartafel zu § 52 Abs. 1 – Tragwerksplanung als Orientierungswerte

Anrechenbare Kosten in Euro	Honorarzone I sehr geringe Anforderungen von Euro	Honorarzone I bis / Honorarzone II geringe Anforderungen von Euro	Honorarzone II bis Euro / Honorarzone III durchschnittliche Anforderungen von	Honorarzone III bis / Honorarzone IV hohe Anforderungen von Euro	Honorarzone IV bis Euro / Honorarzone V sehr hohe Anforderungen von	Honorarzone V bis Euro
10.000	1.461	1.624	2.064	2.575	3.015	3.178
15.000	2.011	2.234	2.841	3.543	4.149	4.373
25.000	3.006	3.340	4.247	5.296	6.203	6.537
50.000	5.187	5.763	7.327	9.139	10.703	11.279
75.000	7.135	7.928	10.080	12.572	14.724	15.517

35 Die nachfolgende tabellarische Darstellung der Honorartafel entspricht in formaler Hinsicht (Anpassungen aufgrund des gewählten Layouts) nicht dem Verordnungstext (hier hinsichtlich der Überschriftenzeile in der Tabelle und der Überschneidung der Tafelwerte in den einzelnen Honorarzonen). Sie wurde von den Autoren aus Gründen der Übersichtlichkeit und besseren Lesbarkeit gewählt.

Honorartafel zu § 52 Abs. 1 – Tragwerksplanung als Orientierungswerte						
Anrechenbare Kosten in Euro	Honorarzone I sehr geringe Anforderungen von	bis	Honorarzone III durchschnittliche Anforderungen von	bis	Honorarzone V sehr hohe Anforderungen von	bis
		Honorarzone II geringe Anforderungen von	bis	Honorarzone IV hohe Anforderungen von	bis	
	Euro	Euro	Euro	Euro	Euro	Euro
100.000	8.946	9.940	12.639	15.763	18.461	19.455
150.000	12.303	13.670	17.380	21.677	25.387	26.754
250.000	18.370	20.411	25.951	32.365	37.906	39.947
350.000	23.909	26.565	33.776	42.125	49.335	51.992
500.000	31.594	35.105	44.633	55.666	65.194	68.705
750.000	43.463	48.293	61.401	76.578	89.686	94.515
1.000.000	54.495	60.550	76.984	96.014	112.449	118.504
1.250.000	64.940	72.155	91.740	114.418	134.003	141.218
1.500.000	74.938	83.265	105.865	132.034	154.635	162.961
2.000.000	93.923	104.358	132.684	165.483	193.808	204.244
3.000.000	129.059	143.398	182.321	227.389	266.311	280.651
5.000.000	192.384	213.760	271.781	338.962	396.983	418.359
7.500.000	264.487	293.874	373.640	466.001	545.767	575.154
10.000.000	331.398	368.220	468.166	583.892	683.838	720.660
15.000.000	455.117	505.686	642.943	801.873	939.131	989.699

(2) Die Honorarzone wird nach dem statisch-konstruktiven Schwierigkeitsgrad anhand der in Anlage 14 Nummer 14.2 dargestellten Bewertungsmerkmale ermittelt.

(3) Sind für ein Tragwerk Bewertungsmerkmale aus mehreren Honorarzonen anwendbar und bestehen deswegen Zweifel, welcher Honorarzone das Tragwerk zugeordnet werden kann, so ist für die Zuordnung die Mehrzahl der in den jeweiligen Honorarzonen nach Absatz 2 aufgeführten Bewertungsmerkmale und ihre Bedeutung im Einzelfall maßgebend.

(4) Für Umbauten und Modernisierungen kann bei einem durchschnittlichen Schwierigkeitsgrad ein Zuschlag gemäß § 6 Absatz 2 Satz 3 bis 50 Prozent in Textform vereinbart werden.

Abschnitt 2 Technische Ausrüstung

§ 53 Anwendungsbereich

(1) Die Leistungen der Technischen Ausrüstung umfassen die Fachplanungen für Objekte.

(2) Zur Technischen Ausrüstung gehören folgende Anlagengruppen:
1. Abwasser-, Wasser- und Gasanlagen,
2. Wärmeversorgungsanlagen,
3. Lufttechnische Anlagen,
4. Starkstromanlagen,
5. Fernmelde- und informationstechnische Anlagen,
6. Förderanlagen,
7. nutzungsspezifische Anlagen und verfahrenstechnische Anlagen,
8. Gebäudeautomation und Automation von Ingenieurbauwerken.

§ 54 Besondere Grundlagen des Honorars

(1) Das Honorar für Grundleistungen bei der Technischen Ausrüstung richtet sich für das jeweilige Objekt im Sinne des § 2 Absatz 1 Satz 1 nach der Summe der anrechenbaren Kosten der Anlagen jeder Anlagengruppe. Dies gilt für nutzungsspezifische Anlagen nur, wenn die Anlagen funktional gleichartig sind. Anrechenbar sind auch sonstige Maßnahmen für Technische Anlagen.

(2) Umfasst ein Auftrag für unterschiedliche Objekte im Sinne des § 2 Absatz 1 Satz 1 mehrere Anlagen, die unter funktionalen und technischen Kriterien eine Einheit bilden, werden die anrechenbaren Kosten der Anlagen jeder Anlagengruppe zusammengefasst. Dies gilt für nutzungsspezifische Anlagen nur, wenn diese Anlagen funktional gleichartig sind. § 11 Absatz 1 ist nicht anzuwenden.

(3) Umfasst ein Auftrag im Wesentlichen gleiche Anlagen, die unter weitgehend vergleichbaren Bedingungen für im Wesentlichen gleiche Objekte geplant werden, ist die Rechtsfolge des § 11 Absatz 3 anzuwenden. Umfasst ein Auftrag im Wesentlichen gleiche Anlagen, die bereits Gegenstand eines anderen Vertrags zwischen den Vertragsparteien waren, ist die Rechtsfolge des § 11 Absatz 4 anzuwenden.

(4) Nicht anrechenbar sind die Kosten für die nichtöffentliche Erschließung und die Technischen Anlagen in Außenanlagen, soweit der Auftragnehmer diese nicht plant oder ihre Ausführung nicht überwacht.

(5) Werden Teile der Technischen Ausrüstung in Baukonstruktionen ausgeführt, so können die Vertragsparteien in Textform vereinbaren, dass die Kosten hierfür ganz oder teilweise zu den anrechenbaren Kosten gehören. Satz 1 ist entsprechend für Bauteile der Kostengruppe Baukonstruktionen anzuwenden, deren Abmessung oder Konstruktion durch die Leistung der Technischen Ausrüstung wesentlich beeinflusst wird.

§ 55 Leistungsbild Technische Ausrüstung

(1) Das Leistungsbild Technische Ausrüstung umfasst Grundleistungen für Neuanlagen, Wiederaufbauten, Erweiterungsbauten, Umbauten, Modernisierungen, Instandhaltungen und Instandsetzungen. Die Grundleistungen bei der Technischen Ausrüstung

sind in neun Leistungsphasen zusammengefasst und werden wie folgt in Prozentsätzen der Honorare des § 56 bewertet:[36]

für die Leistungsphase		Bewertung der Grundleistungen in Prozentsätzen der Honorare
1	Grundlagenermittlung	2
2	Vorplanung	9
3	Entwurfsplanung	17
4	Genehmigungsplanung	2
5	Ausführungsplanung	22
6	Vorbereitung der Vergabe	7
7	Mitwirkung bei der Vergabe	5
8	Objektüberwachung - Bauüberwachung	35
9	Objektbetreuung	1

(2) Die Leistungsphase 5 ist abweichend von Absatz 1 Satz 2 mit einem Abschlag von jeweils 4 Prozent zu bewerten, sofern das Anfertigen von Schlitz- und Durchbruchsplänen oder das Prüfen der Montage- und Werkstattpläne der ausführenden Firmen nicht in Auftrag gegeben wird.

(3) Anlage 15 Nummer 15.1 regelt die Grundleistungen jeder Leistungsphase und enthält Beispiele für Besondere Leistungen.

§ 56 Honorare für Grundleistungen der Technischen Ausrüstung

(1) Für die in § 55 und der Anlage 15 Nummer 15.1 genannten Grundleistungen bei einzelnen Anlagen sind die in der nachstehenden Honorartafel aufgeführten Honorarspannen Orientierungswerte:[37]

Honorartafel zu § 56 Abs. 1 – Technische Ausrüstung als Orientierungswerte

Anrechenbare Kosten in Euro	Honorarzone I geringe Anforderungen von	bis	Honorarzone II durchschnittliche Anforderungen von	bis	Honorarzone III hohe Anforderungen von	bis
	Euro		Euro		Euro	
5.000	2.132	2.547	2.547	2.990	2.990	3.405
10.000	3.689	4.408	4.408	5.174	5.174	5.893
15.000	5.084	6.075	6.075	7.131	7.131	8.122
25.000	7.615	9.098	9.098	10.681	10.681	12.164
35.000	9.934	11.869	11.869	13.934	13.934	15.869

[36] Die nachfolgende tabellarische Darstellung der Leistungsbewertung entspricht in formaler Hinsicht (Anpassungen aufgrund des gewählten Layouts) nicht dem Verordnungstext. Sie wurde von den Autoren aus Gründen der Übersichtlichkeit und besseren Lesbarkeit gewählt.

[37] Die nachfolgende tabellarische Darstellung der Honorartafel entspricht in formaler Hinsicht (Anpassungen aufgrund des gewählten Layouts) nicht dem Verordnungstext (hier hinsichtlich der Überschriftenzeile in der Tabelle). Sie wurde von den Autoren aus Gründen der Übersichtlichkeit und besseren Lesbarkeit gewählt.

Honorartafel zu § 56 Abs. 1 – Technische Ausrüstung als Orientierungswerte						
Anrechenbare Kosten in Euro	Honorarzone I geringe Anforderungen		Honorarzone II durchschnittliche Anforderungen		Honorarzone III hohe Anforderungen	
	von	bis	von	bis	von	bis
	Euro		Euro		Euro	
50.000	13.165	15.729	15.729	18.465	18.465	21.029
75.000	18.122	21.652	21.652	25.418	25.418	28.948
100.000	22.723	27.150	27.150	31.872	31.872	36.299
150.000	31.228	37.311	37.311	43.800	43.800	49.883
250.000	46.640	55.726	55.726	65.418	65.418	74.504
500.000	80.684	96.402	96.402	113.168	113.168	128.886
750.000	111.105	132.749	132.749	155.836	155.836	177.480
1.000.000	139.347	166.493	166.493	195.448	195.448	222.594
1.250.000	166.043	198.389	198.389	232.891	232.891	265.237
1.500.000	191.545	228.859	228.859	268.660	268.660	305.974
2.000.000	239.792	286.504	286.504	336.331	336.331	383.044
2.500.000	285.649	341.295	341.295	400.650	400.650	456.296
3.000.000	329.420	393.593	393.593	462.044	462.044	526.217
3.500.000	371.491	443.859	443.859	521.052	521.052	593.420
4.000.000	412.126	492.410	492.410	578.046	578.046	658.331

(2) Welchen Honorarzonen die Grundleistungen zugeordnet werden, richtet sich nach folgenden Bewertungsmerkmalen:
1. Anzahl der Funktionsbereiche,
2. Integrationsansprüche,
3. technische Ausgestaltung,
4. Anforderungen an die Technik,
5. konstruktive Anforderungen.

(3) Für die Zuordnung zu den Honorarzonen ist die Objektliste der Anlage 15 Nummer 15.2 zu berücksichtigen.

(4) Werden Anlagen einer Gruppe verschiedenen Honorarzonen zugeordnet, so ergibt sich das Honorar nach Absatz 1 aus der Summe der Einzelhonorare. Ein Einzelhonorar wird dabei für alle Anlagen ermittelt, die einer Honorarzone zugeordnet werden. Für die Ermittlung des Einzelhonorars ist zunächst das Honorar für die Anlagen jeder Honorarzone zu berechnen, das sich ergeben würde, wenn die gesamten anrechenbaren Kosten der Anlagengruppe nur der Honorarzone zugeordnet würden, für die das Einzelhonorar berechnet wird. Das Einzelhonorar ist dann nach dem Verhältnis der Summe der anrechenbaren Kosten der Anlagen einer Honorarzone zu den gesamten anrechenbaren Kosten der Anlagengruppe zu ermitteln.

(5) Für Umbauten und Modernisierungen kann bei einem durchschnittlichen Schwierigkeitsgrad ein Zuschlag gemäß § 6 Absatz 2 Satz 3 bis 50 Prozent in Textform vereinbart werden.

Teil 5 Übergangs- und Schlussvorschriften

§ 57 Übergangsvorschrift

(1) Diese Verordnung ist nicht auf Grundleistungen anzuwenden, die vor dem 17. Juli 2013 vertraglich vereinbart wurden; insoweit bleiben die bisherigen Vorschriften anwendbar.

(2) Die durch die Erste Verordnung zur Änderung der Honorarordnung für Architekten und Ingenieure vom 2. Dezember 2020 (BGBl. I S. 2636) geänderten Vorschriften sind erst auf diejenigen Vertragsverhältnisse anzuwenden, die nach Ablauf des 31. Dezember 2020 begründet worden sind.

§ 58 Inkrafttreten, Außerkrafttreten

Diese Verordnung tritt am Tag nach der Verkündung in Kraft. Gleichzeitig tritt die Honorarordnung für Architekten und Ingenieure vom 11. August 2009 (BGBl. I S. 2732) außer Kraft.

Anlagen[38]

Anlage 1 (zu § 3 Absatz 1) Weitere Fachplanungs- und Beratungsleistungen

1.1 Umweltverträglichkeitsstudie

1.1.1 Leistungsbild Umweltverträglichkeitsstudie

(1) Die Grundleistungen bei Umweltverträglichkeitsstudien sind in vier Leistungsphasen unterteilt und werden wie folgt in Prozentsätzen der Honorare in Nummer 1.1.2 bewertet:[39]

für die Leistungsphase		Bewertung der Grundleistungen in Prozentsätzen der Honorare
1	Klären der Aufgabenstellung und Ermitteln des Leistungsumfangs	3
2	Grundlagenermittlung	37
3	Vorläufige Fassung	50
4	Abgestimmte Fassung	10

(2) Das Leistungsbild setzt sich wie folgt zusammen:

Leistungsphase 1:
Klären der Aufgabenstellung und Ermitteln des Leistungsumfangs

- Zusammenstellen und Prüfen der vom Auftraggeber zur Verfügung gestellten untersuchungsrelevanten Unterlagen,
- Ortsbesichtigungen,
- Abgrenzen der Untersuchungsräume,
- Ermitteln der Untersuchungsinhalte,
- Konkretisieren weiteren Bedarfs an Daten und Unterlagen,
- Beraten zum Leistungsumfang für ergänzende Untersuchungen und Fachleistungen,
- Aufstellen eines verbindlichen Arbeitsplans unter Berücksichtigung der sonstigen Fachbeiträge.

Leistungsphase 2:
Grundlagenermittlung

- Ermitteln und Beschreiben der untersuchungsrelevanten Sachverhalte auf Grund vorhandener Unterlagen,
- Beschreiben der Umwelt einschließlich des rechtlichen Schutzstatus, der fachplanerischen Vorgaben und Ziele sowie der für die Bewertung relevanten Funktionselemente für jedes Schutzgut einschließlich der Wechselwirkungen,
- Beschreiben der vorhandenen Beeinträchtigungen der Umwelt,

---

38 Diese Zwischenüberschrift ist im Verordnungstext nicht enthalten.

39 Die nachfolgende tabellarische Darstellung der Leistungsbewertung entspricht in formaler Hinsicht (Anpassungen aufgrund des gewählten Layouts) nicht dem Verordnungstext. Sie wurde von den Autoren aus Gründen der Übersichtlichkeit und besseren Lesbarkeit gewählt.

- Bewerten der Funktionselemente und der Leistungsfähigkeit der einzelnen Schutzgüter hinsichtlich ihrer Bedeutung und Empfindlichkeit,
- Raumwiderstandsanalyse, soweit nach Art des Vorhabens erforderlich, einschließlich des Ermittelns konfliktarmer Bereiche,
- Darstellen von Entwicklungstendenzen des Untersuchungsraums für den Prognose-Null-Fall,
- Überprüfen der Abgrenzung des Untersuchungsraums und der Untersuchungsinhalte,
- Zusammenfassendes Darstellen der Erfassung und Bewertung als Grundlage für die Erörterung mit dem Auftraggeber.

Leistungsphase 3:
Vorläufige Fassung

- Ermitteln und Beschreiben der Umweltauswirkungen und Erstellen der vorläufigen Fassung,
- Mitwirken bei der Entwicklung und der Auswahl vertieft zu untersuchender planerischer Lösungen,
- Mitwirken bei der Optimierung von bis zu drei planerischen Lösungen (Hauptvarianten) zur Vermeidung von Beeinträchtigungen,
- Ermitteln, Beschreiben und Bewerten der unmittelbaren und mittelbaren Auswirkungen von bis zu drei planerischen Lösungen (Hauptvarianten) auf die Schutzgüter im Sinne des Gesetzes über die Umweltverträglichkeitsprüfung vom 24. Februar 2010 (BGBl. I S. 94) einschließlich der Wechselwirkungen,
- Einarbeiten der Ergebnisse vorhandener Untersuchungen zum Gebiets- und Artenschutz sowie zum Boden- und Wasserschutz,
- Vergleichendes Darstellen und Bewerten der Auswirkungen von bis zu drei planerischen Lösungen,
- Zusammenfassendes vergleichendes Bewerten des Projekts mit dem Prognose-Null-Fall,
- Erstellen von Hinweisen auf Maßnahmen zur Vermeidung und Verminderung von Beeinträchtigungen sowie zur Ausgleichbarkeit der unvermeidbaren Beeinträchtigungen,
- Erstellen von Hinweisen auf Schwierigkeiten bei der Zusammenstellung der Angaben,
- Zusammenführen und Darstellen der Ergebnisse als vorläufige Fassung in Text und Karten einschließlich des Herausarbeitens der grundsätzlichen Lösung der wesentlichen Teile der Aufgabe,
- Abstimmen der Vorläufigen Fassung mit dem Auftraggeber.

Leistungsphase 4:
Abgestimmte Fassung

- Darstellen der mit dem Auftraggeber abgestimmten Fassung der Umweltverträglichkeitsstudie in Text und Karte einschließlich einer Zusammenfassung.

(3) Im Leistungsbild Umweltverträglichkeitsstudie können insbesondere die Besonderen Leistungen der Anlage 9 Anwendung finden.

1.1.2 Honorare für Grundleistungen bei Umweltverträglichkeitsstudien

(1) Für die in Nummer 1.1.1 genannten Grundleistungen bei Umweltverträglichkeitsstudien sind die in der nachstehenden Honorartafel aufgeführten Honorarspannen Orientierungswerte:[40]

Honorartafel zu Grundleistungen bei Umweltverträglichkeitsstudien als Orientierungswerte						
Fläche in Hektar	Honorarzone I geringe Anforderungen		Honorarzone II durchschnittliche Anforderungen		Honorarzone III hohe Anforderungen	
	von	bis	von	bis	von	bis
	Euro		Euro		Euro	
50	10.176	12.862	12.862	15.406	15.406	18.091
100	14.972	18.923	18.923	22.666	22.666	26.617
150	18.942	23.940	23.940	28.676	28.676	33.674
200	22.454	28.380	28.380	33.994	33.994	39.919
300	28.644	36.203	36.203	43.364	43.364	50.923
400	34.117	43.120	43.120	51.649	51.649	60.653
500	39.110	49.431	49.431	59.209	59.209	69.530
750	50.211	63.461	63.461	76.014	76.014	89.264
1.000	60.004	75.838	75.838	90.839	90.839	106.674
1.500	77.182	97.550	97.550	116.846	116.846	137.213
2.000	92.278	116.629	116.629	139.698	139.698	164.049
2.500	105.963	133.925	133.925	160.416	160.416	188.378
3.000	118.598	149.895	149.895	179.544	179.544	210.841
4.000	141.533	178.883	178.883	214.266	214.266	251.615
5.000	162.148	204.937	204.937	245.474	245.474	288.263
6.000	182.186	230.263	230.263	275.810	275.810	323.887
7.000	201.072	254.133	254.133	304.401	304.401	357.461
8.000	218.466	276.117	276.117	330.734	330.734	388.384
9.000	234.394	296.247	296.247	354.846	354.846	416.700
10.000	249.492	315.330	315.330	377.704	377.704	443.542

(2) Das Honorar für die Erstellung von Umweltverträglichkeitsstudien berechnet sich nach der Gesamtfläche des Untersuchungsraums in Hektar und nach der Honorarzone.

(3) Umweltverträglichkeitsstudien sind folgenden Honorarzonen zuzuordnen:
1. Honorarzone I (geringe Anforderungen),
2. Honorarzone II (durchschnittliche Anforderungen),
3. Honorarzone III (hohe Anforderungen).

(4) Die Zuordnung zu den Honorarzonen ist anhand folgender Bewertungsmerkmale für zu erwartende nachteilige Auswirkungen auf die Umwelt zu ermitteln:
1. Bedeutung des Untersuchungsraums für die Schutzgüter im Sinne des Gesetzes über die Umweltverträglichkeitsprüfung (UVPG),
2. Ausstattung des Untersuchungsraums mit Schutzgebieten,
3. Landschaftsbild und -struktur,
4. Nutzungsansprüche,

[40] Die nachfolgende tabellarische Darstellung der Honorartafel entspricht in formaler Hinsicht (Anpassungen aufgrund des gewählten Layouts) nicht dem Verordnungstext (hier hinsichtlich der Überschriftenzeile in der Tabelle). Sie wurde von den Autoren aus Gründen der Übersichtlichkeit und besseren Lesbarkeit gewählt.

5. Empfindlichkeit des Untersuchungsraums gegenüber Umweltbelastungen und -beeinträchtigungen,
6. Intensität und Komplexität potenzieller nachteiliger Wirkfaktoren auf die Umwelt.

(5) Sind für eine Umweltverträglichkeitsstudie Bewertungsmerkmale aus mehreren Honorarzonen anwendbar und bestehen deswegen Zweifel, welcher Honorarzone die Umweltverträglichkeitsstudie zugeordnet werden kann, ist die Anzahl der Bewertungspunkte nach Absatz 4 zu ermitteln; die Umweltverträglichkeitsstudie ist nach der Summe der Bewertungspunkte folgenden Honorarzonen zuzuordnen:
1. Honorarzone I: Umweltverträglichkeitsstudien mit bis zu 16 Punkten,
2. Honorarzone II: Umweltverträglichkeitsstudien mit 17 bis 30 Punkten,
3. Honorarzone III: Umweltverträglichkeitsstudien mit 31 bis 42 Punkten.

(6) Bei der Zuordnung einer Umweltverträglichkeitsstudie zu den Honorarzonen werden nach dem Schwierigkeitsgrad der Anforderungen die Bewertungsmerkmale wie folgt gewichtet:
1. die Bewertungsmerkmale gemäß Absatz 4 Nummer 1 bis 4 mit je bis zu 6 Punkten und
2. die Bewertungsmerkmale gemäß Absatz 4 Nummer 5 und 6 mit je bis zu 9 Punkten.

(7) Wird die Größe des Untersuchungsraums während der Leistungserbringung geändert, so ist das Honorar für die Leistungsphasen, die bis zur Änderung noch nicht erbracht sind, nach der geänderten Größe des Untersuchungsraums zu berechnen.

1.2 Bauphysik

1.2.1 Anwendungsbereich

(1) Zu den Grundleistungen für Bauphysik gehören:
- Wärmeschutz und Energiebilanzierung,
- Bauakustik (Schallschutz),
- Raumakustik.

(2) Wärmeschutz und Energiebilanzierung umfassen den Wärmeschutz von Gebäuden und Ingenieurbauwerken und die fachübergreifende Energiebilanzierung.

(3) Die Bauakustik umfasst den Schallschutz von Objekten zur Erreichung eines regelgerechten Luft- und Trittschallschutzes und zur Begrenzung der von außen einwirkenden Geräusche sowie der Geräusche von Anlagen der Technischen Ausrüstung. Dazu gehört auch der Schutz der Umgebung vor schädlichen Umwelteinwirkungen durch Lärm (Schallimmissionsschutz).

(4) Die Raumakustik umfasst die Beratung zu Räumen mit besonderen raumakustischen Anforderungen.

(5) Die Besonderen Grundlagen der Honorare werden gesondert in den Teilgebieten Wärmeschutz und Energiebilanzierung, Bauakustik, Raumakustik aufgeführt.

1.2.2 Leistungsbild Bauphysik

(1) Die Grundleistungen für Bauphysik sind in sieben Leistungsphasen unterteilt und werden wie folgt in Prozentsätzen der Honorare in Nummer 1.2.3 bewertet:[41]

---

[41] Die nachfolgende tabellarische Darstellung der Leistungsbewertung entspricht in formaler Hinsicht (Anpassungen aufgrund des gewählten Layouts) nicht dem Verordnungstext. Sie wurde von den Autoren aus Gründen der Übersichtlichkeit und besseren Lesbarkeit gewählt.

für die Leistungsphase		Bewertung der Grundleistungen in Prozentsätzen der Honorare
1	Grundlagenermittlung	3
2	Mitwirken bei der Vorplanung	20
3	Mitwirken bei der Entwurfsplanung	40
4	Mitwirken bei der Genehmigungsplanung	6
5	Mitwirken bei der Ausführungsplanung	27
6	Mitwirken bei der Vorbereitung der Vergabe	2
7	Mitwirken bei der Vergabe	2

(2) Das Leistungsbild setzt sich wie folgt zusammen:

Grundleistungen	Besondere Leistungen
LPH 1 Grundlagenermittlung a) Klären der Aufgabenstellung b) Festlegen der Grundlagen, Vorgaben und Ziele	▪ Mitwirken bei der Ausarbeitung von Auslobungen und bei Vorprüfungen für Wettbewerbe ▪ Bestandsaufnahme bestehender Gebäude, Ermitteln und Bewerten von Kennwerten ▪ Schadensanalyse bestehender Gebäude ▪ Mitwirken bei Vorgaben für Zertifizierungen
LPH 2 Mitwirkung bei der Vorplanung a) Analyse der Grundlagen b) Klären der wesentlichen Zusammenhänge von Gebäuden und technischen Anlagen einschließlich Betrachtung von Alternativen c) Vordimensionieren der relevanten Bauteile des Gebäudes d) Mitwirken beim Abstimmen der fachspezifischen Planungskonzepte der Objektplanung und der Fachplanungen e) Erstellen eines Gesamtkonzeptes in Abstimmung mit der Objektplanung und den Fachplanungen f) Erstellen von Rechenmodellen, Auflisten der wesentlichen Kennwerte als Arbeitsgrundlage für Objektplanung und Fachplanungen	▪ Mitwirken beim Klären von Vorgaben für Fördermaßnahmen und bei deren Umsetzung ▪ Mitwirken an Projekt-, Käufer- oder Mieterbaubeschreibungen ▪ Erstellen eines fachübergreifenden Bauteilkatalogs

Grundleistungen	Besondere Leistungen
LPH 3 Mitwirkung bei der Entwurfsplanung a) Fortschreiben der Rechenmodelle und der wesentlichen Kennwerte für das Gebäude b) Mitwirken beim Fortschreiben der Planungskonzepte der Objektplanung und Fachplanung bis zum vollständigen Entwurf c) Bemessen der Bauteile des Gebäudes d) Erarbeiten von Übersichtsplänen und des Erläuterungsberichtes mit Vorgaben, Grundlagen und Auslegungsdaten	▪ Simulationen zur Prognose des Verhaltens von Bauteilen, Räumen, Gebäuden und Freiräumen
LPH 4 Mitwirkung bei der Genehmigungsplanung a) Mitwirken beim Aufstellen der Genehmigungsplanung und bei Vorgesprächen mit Behörden b) Aufstellen der förmlichen Nachweise c) Vervollständigen und Anpassen der Unterlagen	▪ Mitwirken bei Vorkontrollen in Zertifizierungsprozessen ▪ Mitwirken beim Einholen von Zustimmungen im Einzelfall
LPH 5 Mitwirkung bei der Ausführungsplanung a) Durcharbeiten der Ergebnisse der Leistungsphasen 3 und 4 unter Beachtung der durch die Objektplanung integrierten Fachplanungen b) Mitwirken bei der Ausführungsplanung durch ergänzende Angaben für die Objektplanung und Fachplanungen	▪ Mitwirken beim Prüfen und Anerkennen der Montage- und Werkstattplanung der ausführenden Unternehmen auf Übereinstimmung mit der Ausführungsplanung
LPH 6 Mitwirkung bei der Vorbereitung der Vergabe Beiträge zu Ausschreibungsunterlagen	
LPH 7 Mitwirkung bei der Vergabe Mitwirken beim Prüfen und Bewerten der Angebote auf Erfüllung der Anforderungen	▪ Prüfen von Nebenangeboten

Grundleistungen	Besondere Leistungen
LPH 8 Objektüberwachung und Dokumentation	
	▪ Mitwirken bei der Baustellenkontrolle ▪ Messtechnisches Überprüfen der Qualität der Bauausführung und von Bauteil- oder Raumeigenschaften
LPH 9 Objektbetreuung	
	▪ Mitwirken bei Audits in Zertifizierungsprozessen

1.2.3 Honorare für Grundleistungen für Wärmeschutz und Energiebilanzierung

(1) Das Honorar für die Grundleistungen nach Nummer 1.2.2 Absatz 2 richtet sich nach den anrechenbaren Kosten des Gebäudes gemäß § 33 nach der Honorarzone nach § 35, der das Gebäude zuzuordnen ist, und nach der Honorartafel in Absatz 2.

(2) Für die in Nummer 1.2.2 Absatz 2 genannten Grundleistungen für Wärmeschutz und Energiebilanzierung sind die in der nachstehenden Honorartafel aufgeführten Honorarspannen Orientierungswerte:[42]

Honorartafel zu Grundleistungen für Wärmeschutz und Energiebilanzierung als Orientierungswerte

Anrechenbare Kosten in Euro	Honorarzone I sehr geringe Anforderungen		Honorarzone III durchschnittliche Anforderungen		Honorarzone V sehr hohe Anforderungen	
	von	bis	von	bis	von	bis
		Honorarzone II geringe Anforderungen		Honorarzone IV hohe Anforderungen		
		von	bis	von	bis	
	Euro	Euro	Euro	Euro	Euro	Euro
250.000	1.757	2.023	2.395	2.928	3.300	3.566
275.000	1.789	2.061	2.440	2.982	3.362	3.633
300.000	1.821	2.097	2.484	3.036	3.422	3.698
350.000	1.883	2.168	2.567	3.138	3.537	3.822
400.000	1.941	2.235	2.647	3.235	3.646	3.941
500.000	2.049	2.359	2.793	3.414	3.849	4.159
600.000	2.146	2.471	2.926	3.576	4.031	4.356
750.000	2.273	2.617	3.099	3.788	4.270	4.614
1.000.000	2.440	2.809	3.327	4.066	4.583	4.953
1.250.000	2.748	3.164	3.747	4.579	5.162	5.579

[42] Die nachfolgende tabellarische Darstellung der Honorartafel entspricht in formaler Hinsicht (Anpassungen aufgrund des gewählten Layouts) nicht dem Verordnungstext (hier hinsichtlich der Überschriftenzeile in der Tabelle und der Überschneidung der Tafelwerte in den einzelnen Honorarzonen). Sie wurde von den Autoren aus Gründen der Übersichtlichkeit und besseren Lesbarkeit gewählt.

Honorartafel zu Grundleistungen für Wärmeschutz und Energiebilanzierung als Orientierungswerte						
Anrechenbare Kosten in Euro	Honorarzone I sehr geringe Anforderungen von	Honorarzone I bis / Honorarzone II geringe Anforderungen von	Honorarzone II bis / Honorarzone III durchschnittliche Anforderungen von	Honorarzone III bis / Honorarzone IV hohe Anforderungen von	Honorarzone IV bis / Honorarzone V sehr hohe Anforderungen von	Honorarzone V bis
	Euro	Euro	Euro	Euro	Euro	Euro
1.500.000	3.050	3.512	4.159	5.083	5.730	6.192
2.000.000	3.639	4.190	4.962	6.065	6.837	7.388
2.500.000	4.213	4.851	5.745	7.022	7.916	8.554
3.500.000	5.329	6.136	7.266	8.881	10.012	10.819
5.000.000	6.944	7.996	9.469	11.573	13.046	14.098
7.500.000	9.532	10.977	12.999	15.887	17.909	19.354
10.000.000	12.033	13.856	16.408	20.055	22.607	24.430
15.000.000	16.856	19.410	22.986	28.094	31.670	34.224
20.000.000	21.516	24.776	29.339	35.859	40.423	43.683
25.000.000	26.056	30.004	35.531	43.427	48.954	52.902

(3) Für Umbauten und Modernisierungen kann bei einem durchschnittlichen Schwierigkeitsgrad ein Zuschlag gemäß § 6 Absatz 2 Satz 3 bis 33 Prozent auf das Honorar in Textform vereinbart werden.

1.2.4 Honorare für Grundleistungen der Bauakustik

(1) Für Grundleistungen der Bauakustik sind die Kosten für Baukonstruktionen und Anlagen der Technischen Ausrüstung anrechenbar. Der Umfang der mitzuverarbeitenden Bausubstanz kann angemessen berücksichtigt werden.

(2) Die Vertragsparteien können vereinbaren, dass die Kosten für besondere Bauausführungen ganz oder teilweise zu den anrechenbaren Kosten gehören, wenn hierdurch dem Auftragnehmer ein erhöhter Arbeitsaufwand entsteht.

(3) Für die in Nummer 1.2.2 Absatz 2 genannten Grundleistungen der Bauakustik sind die in der nachstehenden Honorartafel aufgeführten Honorarspannen Orientierungswerte:[43]

[43] Die nachfolgende tabellarische Darstellung der Honorartafel entspricht in formaler Hinsicht (Anpassungen aufgrund des gewählten Layouts) nicht dem Verordnungstext (hier hinsichtlich der Überschriftenzeile in der Tabelle). Sie wurde von den Autoren aus Gründen der Übersichtlichkeit und besseren Lesbarkeit gewählt.

Honorartafel zu Grundleistungen der Bauakustik als Orientierungswerte						
Anrechenbare Kosten in Euro	Honorarzone I geringe Anforderungen		Honorarzone II durchschnittliche Anforderungen		Honorarzone III hohe Anforderungen	
	von	bis	von	bis	von	bis
	Euro		Euro		Euro	
250.000	1.729	1.985	1.985	2.284	2.284	2.625
275.000	1.840	2.113	2.113	2.431	2.431	2.794
300.000	1.948	2.237	2.237	2.574	2.574	2.959
350.000	2.156	2.475	2.475	2.847	2.847	3.273
400.000	2.353	2.701	2.701	3.108	3.108	3.573
500.000	2.724	3.127	3.127	3.598	3.598	4.136
600.000	3.069	3.524	3.524	4.055	4.055	4.661
750.000	3.553	4.080	4.080	4.694	4.694	5.396
1.000.000	4.291	4.927	4.927	5.669	5.669	6.516
1.250.000	4.968	5.704	5.704	6.563	6.563	7.544
1.500.000	5.599	6.429	6.429	7.397	7.397	8.503
2.000.000	6.763	7.765	7.765	8.934	8.934	10.270
2.500.000	7.830	8.990	8.990	10.343	10.343	11.890
3.500.000	9.766	11.213	11.213	12.901	12.901	14.830
5.000.000	12.345	14.174	14.174	16.307	16.307	18.746
7.500.000	16.114	18.502	18.502	21.287	21.287	24.470
10.000.000	19.470	22.354	22.354	25.719	25.719	29.565
15.000.000	25.422	29.188	29.188	33.582	33.582	38.604
20.000.000	30.722	35.273	35.273	40.583	40.583	46.652
25.000.000	35.585	40.857	40.857	47.008	47.008	54.037

(4) Für Umbauten und Modernisierungen kann bei einem durchschnittlichen Schwierigkeitsgrad ein Zuschlag gemäß § 6 Absatz 2 Satz 3 bis 33 Prozent auf das Honorar in Textform vereinbart werden.

(5) Die Leistungen der Bauakustik werden den Honorarzonen anhand folgender Bewertungsmerkmale zugeordnet:

1. Art der Nutzung,
2. Anforderungen des Immissionsschutzes,
3. Anforderungen des Emissionsschutzes,
4. Art der Hüllkonstruktion, Anzahl der Konstruktionstypen,
5. Art und Intensität der Außenlärmbelastung,
6. Art und Umfang der Technischen Ausrüstung.

(6) § 52 Absatz 3 ist sinngemäß anzuwenden.

(7) Objektliste für die Bauakustik
Die nachstehend aufgeführten Innenräume werden in der Regel den Honorarzonen wie folgt zugeordnet:

Objektliste – Bauakustik	Honorarzone		
	I	II	III
Wohnhäuser, Heime, Schulen, Verwaltungsgebäude oder Banken mit jeweils durchschnittlicher Technischer Ausrüstung oder entsprechendem Ausbau	X		
Heime, Schulen, Verwaltungsgebäude mit jeweils überdurchschnittlicher Technischer Ausrüstung oder entsprechendem Ausbau		X	
Wohnhäuser mit versetzten Grundrissen		X	
Wohnhäuser mit Außenlärmbelastungen		X	
Hotels, soweit nicht in Honorarzone III erwähnt		X	
Universitäten oder Hochschulen		X	
Krankenhäuser, soweit nicht in Honorarzone III erwähnt		X	
Gebäude für Erholung, Kur oder Genesung		X	
Versammlungsstätten, soweit nicht in Honorarzone III erwähnt		X	
Werkstätten mit schutzbedürftigen Räumen		X	
Hotels mit umfangreichen gastronomischen Einrichtungen			X
Gebäude mit gewerblicher Nutzung oder[44] Wohnnutzung			X
Krankenhäuser in bauakustisch besonders ungünstigen Lagen oder mit ungünstiger Anordnung der Versorgungseinrichtungen			X
Theater-, Konzert- oder Kongressgebäude			X
Tonstudios oder akustische Messräume			X

1.2.5 Honorare für Grundleistungen der Raumakustik

(1) Das Honorar für jeden Innenraum, für den Grundleistungen zur Raumakustik erbracht werden, richtet sich nach den anrechenbaren Kosten nach Absatz 2, nach der Honorarzone, der der Innenraum zuzuordnen ist, sowie nach der Honorartafel in Absatz 3.

(2) Für Grundleistungen der Raumakustik sind die Kosten für Baukonstruktionen und Technische Ausrüstung sowie die Kosten für die Ausstattung (DIN 276-1:2008-12, Kostengruppe 610) des Innenraums anrechenbar. Die Kosten für die Baukonstruktionen und Technische Ausrüstung werden für die Anrechnung durch den Bruttorauminhalt des Gebäudes geteilt und mit dem Rauminhalt des Innenraums multipliziert. Der Umfang der mitzuverarbeitenden Bausubstanz kann angemessen berücksichtigt werden.

(3) Für die in Nummer 1.2.2 Absatz 2 genannten Grundleistungen der Raumakustik sind die in der nachstehenden Honorartafel aufgeführten Honorarspannen Orientierungswerte:[45]

---

[44] Das Wort „oder" könnte ein redaktioneller Fehler im Verordnungstext sein. Da Wohnhäuser bereits oben in der Honorarzone I aufgeführt sind, wäre die Zuordnung zur Honorarzone III an dieser Stelle plausibler, wenn es um „Gebäude mit gewerblicher Nutzung und Wohnnutzung" ginge.

[45] Die nachfolgende tabellarische Darstellung der Honorartafel entspricht in formaler Hinsicht (Anpassungen aufgrund des gewählten Layouts) nicht dem Verordnungstext (hier hinsichtlich der Überschriftenzeile in der Tabelle und der Überschneidung der Tafelwerte in den einzelnen Honorarzonen). Sie wurde von den Autoren aus Gründen der Übersichtlichkeit und besseren Lesbarkeit gewählt.

Honorartafel zu Grundleistungen der Raumakustik als Orientierungswerte

Anrechenbare Kosten in Euro	Honorarzone I sehr geringe Anforderungen von Euro	Honorarzone I bis / Honorarzone II geringe Anforderungen von Euro	Honorarzone II bis / Honorarzone III durchschnittliche Anforderungen von Euro	Honorarzone III bis / Honorarzone IV hohe Anforderungen von Euro	Honorarzone IV bis / Honorarzone V sehr hohe Anforderungen von Euro	Honorarzone V bis Euro
50.000	1.714	2.226	2.737	3.279	3.790	4.301
75.000	1.805	2.343	2.882	3.452	3.990	4.528
100.000	1.892	2.457	3.021	3.619	4.183	4.748
150.000	2.061	2.676	3.291	3.942	4.557	5.171
200.000	2.225	2.888	3.551	4.254	4.917	5.581
250.000	2.384	3.095	3.806	4.558	5.269	5.980
300.000	2.540	3.297	4.055	4.857	5.614	6.371
400.000	2.844	3.693	4.541	5.439	6.287	7.136
500.000	3.141	4.078	5.015	6.007	6.944	7.881
750.000	3.860	5.011	6.163	7.382	8.533	9.684
1.000.000	4.555	5.913	7.272	8.710	10.069	11.427
1.500.000	5.896	7.655	9.413	11.275	13.034	14.792
2.000.000	7.193	9.338	11.483	13.755	15.900	18.045
2.500.000	8.457	10.979	13.501	16.172	18.694	21.217
3.000.000	9.696	12.588	15.479	18.541	21.433	24.325
4.000.000	12.115	15.729	19.342	23.168	26.781	30.395
5.000.000	14.474	18.791	23.108	27.679	31.996	36.313
6.000.000	16.786	21.793	26.799	32.100	37.107	42.113
7.000.000	19.060	24.744	30.429	36.448	42.133	47.817
7.500.000	20.184	26.204	32.224	38.598	44.618	50.638

(4) Für Umbauten und Modernisierungen kann bei einem durchschnittlichen Schwierigkeitsgrad ein Zuschlag gemäß § 6 Absatz 2 Satz 3 bis 33 Prozent auf das Honorar in Textform vereinbart werden.

(5) Innenräume werden nach den in Absatz 6 genannten Bewertungsmerkmalen folgenden Honorarzonen zugeordnet:
1. Honorarzone I: Innenräume mit sehr geringen Anforderungen,
2. Honorarzone II: Innenräume mit geringen Anforderungen,
3. Honorarzone III: Innenräume mit durchschnittlichen Anforderungen,
4. Honorarzone IV: Innenräume mit hohen Anforderungen,
5. Honorarzone V: Innenräume mit sehr hohen Anforderungen.

(6) Die Leistungen der Raumakustik werden den Honorarzonen anhand folgender Bewertungsmerkmale zugeordnet:
1. Anforderungen an die Einhaltung der Nachhallzeit,
2. Einhalten eines bestimmten Frequenzganges der Nachhallzeit,
3. Anforderungen an die räumliche und zeitliche Schallverteilung,
4. akustische Nutzungsart des Innenraums,
5. Veränderbarkeit der akustischen Eigenschaften des Innenraums.

(7) Objektliste für die Raumakustik
Die nachstehend aufgeführten Innenräume werden in der Regel den Honorarzonen wie folgt zugeordnet:

Objektliste – Raumakustik	Honorarzone				
	I	**II**	**III**	**IV**	**V**
Pausenhallen, Spielhallen, Liege- und Wandelhallen	X				
Großraumbüros		X			
Unterrichts-, Vortrags- und Sitzungsräume					
▪ bis 500 m³		X			
▪ 500 bis 1 500 m³			X		
▪ über 1 500 m³				X	
Filmtheater					
▪ bis 1 000 m³		X			
▪ 1 000 bis 3 000 m³			X		
▪ über 3 000 m³				X	
Kirchen					
▪ bis 1 000 m³		X			
▪ 1 000 bis 3 000 m³			X		
▪ über 3 000 m³				X	
Sporthallen, Turnhallen					
▪ nicht teilbar, bis 1 000 m³		X			
▪ teilbar, bis 3 000 m³			X		
Mehrzweckhallen					
▪ bis 3 000 m³				X	
▪ über 3 000 m³					X
Konzertsäle, Theater, Opernhäuser					X
Tonaufnahmeräume, akustische Messräume					X
Innenräume mit veränderlichen akustischen Eigenschaften					X

(8) § 52 Absatz 3 kann sinngemäß angewendet werden.

1.3 Geotechnik

1.3.1 Anwendungsbereich

(1) Die Leistungen für Geotechnik umfassen die Beschreibung und Beurteilung der Baugrund- und Grundwasserverhältnisse für Gebäude und Ingenieurbauwerke im Hinblick auf das Objekt und die Erarbeitung einer Gründungsempfehlung. Dazu gehört auch die Beschreibung der Wechselwirkung zwischen Baugrund und Bauwerk sowie die Wechselwirkung mit der Umgebung.

(2) Die Leistungen umfassen insbesondere das Festlegen von Baugrundkennwerten und von Kennwerten für rechnerische Nachweise zur Standsicherheit und Gebrauchstauglichkeit des Objektes, die Abschätzung zum Schwankungsbereich des Grundwassers sowie die Einordnung des Baugrunds nach bautechnischen Klassifikationsmerkmalen.

1.3.2 Besondere Grundlagen des Honorars

(1) Das Honorar der Grundleistungen richtet sich nach den anrechenbaren Kosten der Tragwerksplanung nach § 50 Absatz 1 bis 3 für das gesamte Objekt aus Bauwerk und Baugrube.

1.3.3 Leistungsbild Geotechnik

(1) Grundleistungen umfassen die Beschreibung und Beurteilung der Baugrund- und Grundwasserverhältnisse sowie die daraus abzuleitenden Empfehlungen für die Gründung einschließlich der Angabe der Bemessungsgrößen für eine Flächen- oder Pfahlgründung, Hinweise zur Herstellung und Trockenhaltung der Baugrube und des Bauwerks, Angaben zur Auswirkung des Bauwerks auf die Umgebung und auf Nachbarbauwerke sowie Hinweise zur Bauausführung. Die Darstellung der Inhalte erfolgt im Geotechnischen Bericht.

(2) Die Grundleistungen werden in folgenden Teilleistungen zusammengefasst und wie folgt in Prozentsätzen der Honorare der Nummer 1.3.4 bewertet:[46]

Grundleistungen in Teilleistungen	Bewertung der Teilleistungen in Prozentsätzen der Honorare
1. Teilleistung a (Grundlagenermittlung und Erkundungskonzept)	15
2. Teilleistung b (Beschreiben der Baugrund- und Grundwasserverhältnisse)	35
3. Teilleistung c (Beurteilung der Baugrund- und Grundwasserverhältnisse, Empfehlungen, Hinweise, Angaben zur Bemessung der Gründung)	50

(3) Das Leistungsbild setzt sich wie folgt zusammen:

---

[46] Die nachfolgende tabellarische Darstellung entspricht in formaler Hinsicht (Anpassungen aufgrund des gewählten Layouts) nicht dem Verordnungstext. Sie wurde von den Autoren aus Gründen der besseren Lesbarkeit und Übersichtlichkeit gewählt.

Grundleistungen	Besondere Leistungen

Geotechnischer Bericht

a) Grundlagenermittlung und Erkundungskonzept
   - Klären der Aufgabenstellung, Ermitteln der Baugrund- und Grundwasserverhältnisse auf Basis vorhandener Unterlagen
   - Festlegen und Darstellen der erforderlichen Baugrunderkundungen

b) Beschreiben der Baugrund- und Grundwasserverhältnisse
   - Auswerten und Darstellen der Baugrunderkundungen sowie der Labor- und Felduntersuchungen
   - Abschätzen des Schwankungsbereichs von Wasserständen und/oder Druckhöhen im Boden
   - Klassifizieren des Baugrunds und Festlegen der Baugrundkennwerte

c) Beurteilung der Baugrund- und Grundwasserverhältnisse, Empfehlungen, Hinweise, Angaben zur Bemessung der Gründung
   - Beurteilung des Baugrunds
   - Empfehlung für die Gründung mit Angabe der geotechnischen Bemessungsparameter (zum Beispiel Angaben zur Bemessung einer Flächen- oder Pfahlgründung)
   - Angabe der zu erwartenden Setzungen für die vom Tragwerksplaner im Rahmen der Entwurfsplanung nach § 49 zu erbringenden Grundleistungen
   - Hinweise zur Herstellung und Trockenhaltung der Baugrube und des Bauwerks sowie Angaben zur Auswirkung der Baumaßnahme auf Nachbarbauwerke
   - Allgemeine Angaben zum Erdbau
   - Angaben zur geotechnischen Eignung von Aushubmaterial zur Wiederverwendung bei der betreffenden Baumaßnahme sowie Hinweise zur Bauausführung

- Beschaffen von Bestandsunterlagen
- Vorbereiten und Mitwirken bei der Vergabe von Aufschlussarbeiten und deren Überwachung
- Veranlassen von Labor- und Felduntersuchungen
- Aufstellen von geotechnischen Berechnungen zur Standsicherheit oder Gebrauchstauglichkeit, wie zum Beispiel Setzungs-, Grundbruch- und Geländebruchberechnungen
- Aufstellen von hydrogeologischen, geohydraulischen und besonderen numerischen Berechnungen
- Beratung zu Dränanlagen, Anlagen zur Grundwasserabsenkung oder sonstigen ständigen oder bauzeitlichen Eingriffen in das Grundwasser
- Beratung zu Probebelastungen sowie fachtechnisches Betreuen und Auswerten
- geotechnische Beratung zu Gründungselementen, Baugruben- oder Hangsicherungen und Erdbauwerken, Mitwirkung bei der Beratung zur Sicherung von Nachbarbauwerken
- Untersuchungen zur Berücksichtigung dynamischer Beanspruchungen bei der Bemessung des Objekts oder seiner Gründung sowie Beratungsleistungen zur Vermeidung oder Beherrschung von dynamischen Einflüssen
- Mitwirken bei der Bewertung von Nebenangeboten aus geotechnischer Sicht
- Mitwirken während der Planung oder Ausführung des Objekts sowie Besprechungs- und Ortstermine
- geotechnische Freigaben

1.3.4 Honorare Geotechnik

(1) Für die in Nummer 1.3.3 Absatz 3 genannten Grundleistungen sind die in der nachstehenden Honorartafel aufgeführten Honorarspannen Orientierungswerte:[47]

Honorartafel zu Grundleistungen der Geotechnik als Orientierungswerte

Anrechenbare Kosten in Euro	Honorarzone I sehr geringe Anforderungen von	Honorarzone I bis / Honorarzone II geringe Anforderungen von	Honorarzone II bis / Honorarzone III durchschnittliche Anforderungen von	Honorarzone III bis / Honorarzone IV hohe Anforderungen von	Honorarzone IV bis / Honorarzone V sehr hohe Anforderungen von	Honorarzone V bis
	Euro	Euro	Euro	Euro	Euro	Euro
50.000	789	1.222	1.654	2.105	2.537	2.970
75.000	951	1.472	1.993	2.537	3.058	3.579
100.000	1.086	1.681	2.276	2.896	3.491	4.086
125.000	1.204	1.863	2.522	3.210	3.869	4.528
150.000	1.309	2.026	2.742	3.490	4.207	4.924
200.000	1.494	2.312	3.130	3.984	4.802	5.621
300.000	1.800	2.786	3.772	4.800	5.786	6.772
400.000	2.054	3.179	4.304	5.478	6.603	7.728
500.000	2.276	3.522	4.768	6.069	7.315	8.561
750.000	2.740	4.241	5.741	7.307	8.808	10.308
1.000.000	3.125	4.836	6.548	8.334	10.045	11.756
1.500.000	3.765	5.827	7.889	10.041	12.103	14.165
2.000.000	4.297	6.650	9.003	11.459	13.812	16.165
3.000.000	5.175	8.009	10.842	13.799	16.633	19.467
5.000.000	6.535	10.114	13.693	17.428	21.007	24.586
7.500.000	7.878	12.192	16.506	21.007	25.321	29.635
10.000.000	8.994	13.919	18.844	23.983	28.909	33.834
15.000.000	10.839	16.775	22.711	28.905	34.840	40.776
20.000.000	12.373	19.148	25.923	32.993	39.769	46.544
25.000.000	13.708	21.215	28.722	36.556	44.063	51.570

(2) Die Honorarzone wird bei den geotechnischen Grundleistungen aufgrund folgender Bewertungsmerkmale ermittelt:

1. Honorarzone I:
   Gründungen mit sehr geringem Schwierigkeitsgrad, insbesondere gering setzungsempfindliche Objekte mit einheitlicher Gründungsart bei annähernd regelmäßigem Schichtenaufbau des Untergrunds mit einheitlicher Tragfähigkeit und Setzungsfähigkeit innerhalb der Baufläche;

[47] Die nachfolgende tabellarische Darstellung der Honorartafel entspricht in formaler Hinsicht (Anpassungen aufgrund des gewählten Layouts) nicht dem Verordnungstext (hier hinsichtlich der Überschriftenzeile in der Tabelle und der Überschneidung der Tafelwerte in den einzelnen Honorarzonen). Sie wurde von den Autoren aus Gründen der Übersichtlichkeit und besseren Lesbarkeit gewählt.

2. Honorarzone II:
   Gründungen mit geringem Schwierigkeitsgrad, insbesondere
   - setzungsempfindliche Objekte sowie gering setzungsempfindliche Objekte mit bereichsweise unterschiedlicher Gründungsart oder bereichsweise stark unterschiedlichen Lasten bei annähernd regelmäßigem Schichtenaufbau des Untergrunds mit einheitlicher Tragfähigkeit und Setzungsfähigkeit innerhalb der Baufläche,
   - gering setzungsempfindliche Objekte mit einheitlicher Gründungsart bei unregelmäßigem Schichtenaufbau des Untergrunds mit unterschiedlicher Tragfähigkeit und Setzungsfähigkeit innerhalb der Baufläche;
3. Honorarzone III:
   Gründungen mit durchschnittlichem Schwierigkeitsgrad, insbesondere
   - stark setzungsempfindliche Objekte bei annähernd regelmäßigem Schichtenaufbau des Untergrunds mit einheitlicher Tragfähigkeit und Setzungsfähigkeit innerhalb der Baufläche,
   - setzungsempfindliche Objekte sowie gering setzungsempfindliche Bauwerke mit bereichsweise unterschiedlicher Gründungsart oder bereichsweise stark unterschiedlichen Lasten bei unregelmäßigem Schichtenaufbau des Untergrunds mit unterschiedlicher Tragfähigkeit und Setzungsfähigkeit innerhalb der Baufläche,
   - gering setzungsempfindliche Objekte mit einheitlicher Gründungsart bei unregelmäßigem Schichtenaufbau des Untergrunds mit stark unterschiedlicher Tragfähigkeit und Setzungsfähigkeit innerhalb der Baufläche;
4. Honorarzone IV:
   Gründungen mit hohem Schwierigkeitsgrad, insbesondere
   - stark setzungsempfindliche Objekte bei unregelmäßigem Schichtenaufbau des Untergrunds mit unterschiedlicher Tragfähigkeit und Setzungsfähigkeit innerhalb der Baufläche,
   - setzungsempfindliche Objekte sowie gering setzungsempfindliche Objekte mit bereichsweise unterschiedlicher Gründungsart oder bereichsweise stark unterschiedlichen Lasten bei unregelmäßigem Schichtenaufbau des Untergrunds mit stark unterschiedlicher Tragfähigkeit und Setzungsfähigkeit innerhalb der Baufläche;
5. Honorarzone V:
   Gründungen mit sehr hohem Schwierigkeitsgrad, insbesondere
   - stark setzungsempfindliche Objekte bei unregelmäßigem Schichtenaufbau des Untergrunds mit stark unterschiedlicher Tragfähigkeit und Setzungsfähigkeit innerhalb der Baufläche.

(3) § 52 Absatz 3 ist sinngemäß anzuwenden.

(4) Die Aspekte des Grundwassereinflusses auf das Objekt und die Nachbarbebauung sind bei der Festlegung der Honorarzone zusätzlich zu berücksichtigen.

1.4 Ingenieurvermessung

1.4.1 Anwendungsbereich

(1) Leistungen der Ingenieurvermessung beziehen das Erfassen raumbezogener Daten über Bauwerke und Anlagen, Grundstücke und Topografie, das Erstellen von Plänen, das Übertragen von Planungen in die Örtlichkeit sowie das vermessungstechnische Überwachen der Bauausführung ein, soweit die Leistungen mit besonderen instrumentellen und vermessungstechnischen Verfahrensanforderungen erbracht werden müssen. Ausgenommen von Satz 1 sind Leistungen, die nach landesrechtlichen Vorschriften für Zwecke der Landesvermessung und des Liegenschaftskatasters durchgeführt werden.

(2) Zur Ingenieurvermessung gehören:
1. Planungsbegleitende Vermessungen für die Planung und den Entwurf von Gebäuden, Ingenieurbauwerken, Verkehrsanlagen sowie für Flächenplanungen,
2. Bauvermessung vor und während der Bauausführung und die abschließende Bestandsdokumentation von Gebäuden, Ingenieurbauwerken und Verkehrsanlagen,
3. sonstige vermessungstechnische Leistungen:
   - Vermessung an Objekten außerhalb der Planungs- und Bauphase,
   - Vermessung bei Wasserstraßen,
   - Fernerkundungen, die das Aufnehmen, Auswerten und Interpretieren von Luftbildern und anderer raumbezogener Daten umfassen, die durch Aufzeichnung über eine große Distanz erfasst sind, als Grundlage insbesondere für Zwecke der Raumordnung und des Umweltschutzes,
   - vermessungstechnische Leistungen zum Aufbau von geografisch-geometrischen Datenbasen für raumbezogene Informationssysteme sowie
   - vermessungstechnische Leistungen, soweit sie nicht in Absatz 1 und Absatz 2 erfasst sind.

1.4.2 Grundlagen des Honorars bei der Planungsbegleitenden Vermessung

(1) Das Honorar für Grundleistungen der Planungsbegleitenden Vermessung richtet sich nach der Summe der Verrechnungseinheiten, der Honorarzone in Nummer 1.4.3 und der Honorartafel in Nummer 1.4.8.

(2) Die Verrechnungseinheiten berechnen sich aus der Größe der aufzunehmenden Flächen und deren Punktdichte. Die Punktdichte beschreibt die durchschnittliche Anzahl der für die Erfassung der planungsrelevanten Daten je Hektar zu messenden Punkte.

(3) Abhängig von der Punktdichte werden die Flächen den nachstehenden Verrechnungseinheiten (VE) je Hektar (ha) zugeordnet: [48]

[48] Die nachfolgende tabellarische Darstellung entspricht in formaler Hinsicht (Anpassungen aufgrund des gewählten Layouts) nicht dem Verordnungstext. Sie wurde von den Autoren aus Gründen der Übersichtlichkeit und besseren Lesbarkeit gewählt.

Flächenklasse	Punktdichte	Verrechnungseinheiten je Hektar
1	bis 50 Punkte/ha	40 VE
2	51–73 Punkte/ha	50 VE
3	74–100 Punkte/ha	60 VE
4	101–131 Punkte/ha	70 VE
5	132–166 Punkte/ha	80 VE
6	167–203 Punkte/ha	90 VE
7	204–244 Punkte/ha	100 VE
8	245 –335 Punkte/ha	120 VE
9	336–494 Punkte/ha	150 VE
10	495–815 Punkte/ha	200 VE
11	816–1 650 Punkte/ha	300 VE
12	1 651–4 000 Punkte/ha	500 VE
13	4 001–9 000 Punkte/ha	800 VE

(4) Umfasst ein Auftrag Vermessungen für mehrere Objekte, so werden die Honorare für die Vermessung jedes Objekts getrennt berechnet.

1.4.3 Honorarzonen für Grundleistungen bei der Planungsbegleitenden Vermessung

(1) Die Honorarzone wird bei der Planungsbegleitenden Vermessung aufgrund folgender Bewertungsmerkmale ermittelt:[49]

Bewertungsmerkmale	Bewertung in Punkten
a) Qualität der vorhandenen Daten und Kartenunterlagen	
sehr hoch	1 Punkt
hoch	2 Punkte
befriedigend	3 Punkte
kaum ausreichend	4 Punkte
mangelhaft	5 Punkte
b) Qualität des vorhandenen geodätischen Raumbezugs	
sehr hoch	1 Punkt
hoch	2 Punkte
befriedigend	3 Punkte
kaum ausreichend	4 Punkte
mangelhaft	5 Punkte
c) Anforderungen an die Genauigkeit	
sehr gering	1 Punkt
gering	2 Punkte
durchschnittlich	3 Punkte
hoch	4 Punkte
sehr hoch	5 Punkte

49 Die nachfolgende tabellarische Darstellung der Honorarzonenbewertung entspricht in formaler Hinsicht (Anpassungen aufgrund des gewählten Layouts) nicht dem Verordnungstext. Sie wurde von den Autoren aus Gründen der Übersichtlichkeit und besseren Lesbarkeit gewählt.

Bewertungsmerkmale	Bewertung in Punkten
d) Beeinträchtigungen durch die Geländebeschaffenheit und bei der Begehbarkeit	
sehr gering	1 bis 2 Punkte
gering	3 bis 4 Punkte
durchschnittlich	5 bis 6 Punkte
hoch	7 bis 8 Punkte
sehr hoch	9 bis 10 Punkte
e) Behinderung durch Bebauung und Bewuchs	
sehr gering	1 bis 3 Punkte
gering	4 bis 6 Punkte
durchschnittlich	7 bis 9 Punkte
hoch	10 bis 12 Punkte
sehr hoch	13 bis 15 Punkte
f) Behinderung durch Verkehr	
sehr gering	1 bis 3 Punkte
gering	4 bis 6 Punkte
durchschnittlich	7 bis 9 Punkte
hoch	10 bis 12 Punkte
sehr hoch	13 bis 15 Punkte

(2) Die Honorarzone ergibt sich aus der Summe der Bewertungspunkte wie folgt:
Honorarzone I bis 13 Punkte,
Honorarzone II.: 14 bis 23 Punkte,
Honorarzone III.: 24 bis 34 Punkte,
Honorarzone IV 35 bis 44 Punkte,
Honorarzone V 45 bis 55 Punkte.

1.4.4 Leistungsbild Planungsbegleitende Vermessung

(1) Das Leistungsbild Planungsbegleitende Vermessung umfasst die Aufnahme planungsrelevanter Daten und die Darstellung in analoger und digitaler Form für die Planung und den Entwurf von Gebäuden, Ingenieurbauwerken, Verkehrsanlagen sowie für Flächenplanungen.

(2) Die Grundleistungen sind in vier Leistungsphasen zusammengefasst und werden wie folgt in Prozentsätzen der Honorare der Nummer 1.4.8 Absatz 1 bewertet:[50]

für die Leistungsphase	Bewertung der Grundleistungen in Prozentsätzen der Honorare
1 Grundlagenermittlung	5
2 Geodätischer Raumbezug	20
3 Vermessungstechnische Grundlagen	65
4 Digitales Geländemodell	10

[50] Die nachfolgende tabellarische Darstellung der Leistungsbewertung entspricht in formaler Hinsicht (Anpassungen aufgrund des gewählten Layouts) nicht dem Verordnungstext. Sie wurde von den Autoren aus Gründen der Übersichtlichkeit und besseren Lesbarkeit gewählt.

(3) Das Leistungsbild setzt sich wie folgt zusammen:

Grundleistungen	Besondere Leistungen
1. Grundlagenermittlung a) Einholen von Informationen und Beschaffen von Unterlagen über die Örtlichkeit und das geplante Objekt b) Beschaffen vermessungstechnischer Unterlagen und Daten c) Ortsbesichtigung d) Ermitteln des Leistungsumfangs in Abhängigkeit von den Genauigkeitsanforderungen und dem Schwierigkeitsgrad	▪ Schriftliches Einholen von Genehmigungen zum Betreten von Grundstücken, von Bauwerken, zum Befahren von Gewässern und für anordnungsbedürftige Verkehrssicherungsmaßnahmen
2. Geodätischer Raumbezug a) Erkunden und Vermarken von Lage- und Höhenfestpunkten b) Fertigen von Punktbeschreibungen und Einmessungsskizzen c) Messungen zum Bestimmen der Fest- und Passpunkte d) Auswerten der Messungen und Erstellen des Koordinaten- und Höhenverzeichnisses	▪ Entwurf, Messung und Auswertung von Sondernetzen hoher Genauigkeit ▪ Vermarken aufgrund besonderer Anforderungen ▪ Aufstellung von Rahmenmessprogrammen
3. Vermessungstechnische Grundlagen a) Topographische/morphologische Geländeaufnahme einschließlich Erfassen von Zwangspunkten und planungsrelevanter Objekte b) Aufbereiten und Auswerten der erfassten Daten c) Erstellen eines digitalen Lagemodells mit ausgewählten planungsrelevanten Höhenpunkten d) Übernehmen von Kanälen, Leitungen, Kabeln und unterirdischen Bauwerken aus vorhandenen Unterlagen e) Übernehmen des Liegenschaftskatasters f) Übernehmen der bestehenden öffentlich-rechtlichen Festsetzungen g) Erstellen von Plänen mit Darstellen der Situation im Planungsbereich mit ausgewählten planungsrelevanten Höhenpunkten	▪ Maßnahmen für anordnungsbedürftige Verkehrssicherung ▪ Orten und Aufmessen des unterirdischen Bestandes ▪ Vermessungsarbeiten unter Tage, unter Wasser oder bei Nacht ▪ Detailliertes Aufnehmen bestehender Objekte und Anlagen neben der normalen topografischen Aufnahme, wie zum Beispiel Fassaden und Innenräume von Gebäuden ▪ Ermitteln von Gebäudeschnitten ▪ Aufnahmen über den festgelegten Planungsbereich hinaus ▪ Erfassen zusätzlicher Merkmale, wie zum Beispiel Baumkronen ▪ Eintragen von Eigentümerangaben ▪ Darstellen in verschiedenen Maßstäben

Grundleistungen	Besondere Leistungen
h) Liefern der Pläne und Daten in analoger und digitaler Form	▪ Ausarbeiten der Lagepläne entsprechend der rechtlichen Bedingungen für behördliche Genehmigungsverfahren ▪ Übernahme der Objektplanung in ein digitales Lagemodell
4. Digitales Geländemodell	
a) Selektion der die Geländeoberfläche beschreibenden Höhenpunkte und Bruchkanten aus der Geländeaufnahme	
b) Berechnung eines digitalen Geländemodells	
c) Ableitung von Geländeschnitten	
d) Darstellen der Höhen in Punkt-, Raster- oder Schichtlinienform	
e) Liefern der Pläne und Daten in analoger und digitaler Form	

1.4.5 Grundlagen des Honorars bei der Bauvermessung

(1) Das Honorar für Grundleistungen bei der Bauvermessung richtet sich nach den anrechenbaren Kosten des Objekts, der Honorarzone in Nummer 1.4.6 und der Honorartafel in Nummer 1.4.8 Absatz 2.

(2) Anrechenbare Kosten sind die Herstellungskosten des Objekts. Diese werden entsprechend § 4 Absatz 1 und
1. bei Gebäuden entsprechend § 33,
2. bei Ingenieurbauwerken entsprechend § 42,
3. bei Verkehrsanlagen entsprechend § 46

ermittelt.

Anrechenbar sind bei Ingenieurbauwerken 100 Prozent, bei Gebäuden und Verkehrsanlagen 80 Prozent der ermittelten Kosten.

(3) Die Absätze 1 und 2 sowie die Nummer 1.4.6 und Nummer 1.4.7 finden keine Anwendung für vermessungstechnische Grundleistungen bei ober- und unterirdischen Leitungen, Tunnel-, Stollen- und Kavernenbauwerken, innerörtlichen Verkehrsanlagen mit überwiegend innerörtlichem Verkehr, bei Geh- und Radwegen sowie Gleis- und Bahnsteiganlagen.

1.4.6 Honorarzonen für Grundleistungen bei der Bauvermessung

(1) Die Honorarzone wird bei der Bauvermessung aufgrund folgender Bewertungsmerkmale ermittelt:[51]

Bewertungsmerkmale	Bewertung in Punkten
a) Beeinträchtigungen durch die Geländebeschaffenheit und bei der Begehbarkeit	
sehr gering	1 Punkt
gering	2 Punkte
durchschnittlich	3 Punkte
hoch	4 Punkte
sehr hoch	5 Punkte
b) Behinderungen durch Bebauung und Bewuchs	
sehr gering	1 bis 2 Punkte
gering	3 bis 4 Punkte
durchschnittlich	5 bis 6 Punkte
hoch	7 bis 8 Punkte
sehr hoch	9 bis 10 Punkte
c) Behinderung durch Verkehr	
sehr gering	1 bis 2 Punkte
gering	3 bis 4 Punkte
durchschnittlich	5 bis 6 Punkte
hoch	7 bis 8 Punkte
sehr hoch	9 bis 10 Punkte
d) Anforderungen an die Genauigkeit	
sehr gering	1 bis 2 Punkte
gering	3 bis 4 Punkte
durchschnittlich	5 bis 6 Punkte
hoch	7 bis 8 Punkte
sehr hoch	9 bis 10 Punkte
e) Anforderungen durch die Geometrie des Objekts	
sehr gering	1 bis 2 Punkte
gering	3 bis 4 Punkte
durchschnittlich	5 bis 6 Punkte
hoch	7 bis 8 Punkte
sehr hoch	9 bis 10 Punkte
f) Behinderung durch den Baubetrieb	
sehr gering	1 bis 3 Punkte
gering	4 bis 6 Punkte
durchschnittlich	7 bis 9 Punkte
hoch	10 bis 12 Punkte
sehr hoch	13 bis 15 Punkte

(2) Die Honorarzone ergibt sich aus der Summe der Bewertungspunkte wie folgt:

Honorarzone I	bis 14 Punkte,
Honorarzone II	15 bis 25 Punkte,
Honorarzone III	26 bis 37 Punkte,
Honorarzone IV	38 bis 48 Punkte,
Honorarzone V	49 bis 60 Punkte.

[51] Es gelten die Hinweise in Fußnote 49 entsprechend.

1.4.7 Leistungsbild Bauvermessung

(1) Das Leistungsbild Bauvermessung umfasst die Vermessungsleistungen für den Bau und die abschließende Bestandsdokumentation von Gebäuden, Ingenieurbauwerken und Verkehrsanlagen.

(2) Die Grundleistungen werden in fünf Leistungsphasen zusammengefasst und wie folgt in Prozentsätzen der Honorare der Nummer 1.4.8 Absatz 2 bewertet:[52]

für die Leistungsphase	Bewertung der Grundleistungen in Prozentsätzen der Honorare
1 Baugeometrische Beratung	2
2 Absteckungsunterlagen	5
3 Bauvorbereitende Vermessung	16
4 Bauausführungsvermessung	62
5 Vermessungstechnische Überwachung der Bauausführung	15

(3) Das Leistungsbild setzt sich wie folgt zusammen:

Grundleistungen	Besondere Leistungen
1. Baugeometrische Beratung	
a) Ermitteln des Leistungsumfanges in Abhängigkeit vom Projekt b) Beraten, insbesondere im Hinblick auf die erforderlichen Genauigkeiten und zur Konzeption eines Messprogramms c) Festlegen eines für alle Beteiligten verbindlichen Maß-, Bezugs- und Benennungssystems	▪ Erstellen von vermessungstechnischen Leistungsbeschreibungen ▪ Erarbeiten von Organisationsvorschlägen über Zuständigkeiten, Verantwortlichkeit und Schnittstellen der Objektvermessung ▪ Erstellen von Messprogrammen für Bewegungs- und Deformationsmessungen einschließlich Vorgaben für die Baustelleneinrichtung
2. Absteckungsunterlagen	
a) Berechnen der Detailgeometrie anhand der Ausführungsplanung, Erstellen eines Absteckungsplanes und Berechnen von Absteckungsdaten einschließlich Aufzeigen von Widersprüchen (Absteckungsunterlagen)	▪ Durchführen von zusätzlichen Aufnahmen und ergänzenden Berechnungen, falls keine qualifizierten Unterlagen aus der Leistungsphase vermessungstechnische Grundlagen vorliegen ▪ Durchführen von Optimierungsberechnungen im Rahmen der Baugeometrie (zum Beispiel Flächennutzung, Abstandsflächen)

[52] Die nachfolgende tabellarische Darstellung der Leistungsbewertung entspricht in formaler Hinsicht (Anpassungen aufgrund des gewählten Layouts) nicht dem Verordnungstext. Sie wurde von den Autoren aus Gründen der Übersichtlichkeit und besseren Lesbarkeit gewählt.

Grundleistungen	Besondere Leistungen
	▪ Erarbeitung von Vorschlägen zur Beseitigung von Widersprüchen bei der Verwendung von Zwangspunkten (zum Beispiel bauordnungsrechtliche Vorgaben)
3. Bauvorbereitende Vermessung a) Prüfen und Ergänzen des bestehenden Festpunktfelds b) Zusammenstellung und Aufbereitung der Absteckungsdaten c) Absteckung: Übertragen der Projektgeometrie (Hauptpunkte) und des Baufelds in die Örtlichkeit d) Übergabe der Lage- und Höhenfestpunkte, der Hauptpunkte und der Absteckungsunterlagen an das bauausführende Unternehmen	▪ Absteckung auf besondere Anforderungen (zum Beispiel Archäologie, Ausholzung, Grobabsteckung, Kampfmittelräumung)
4. Bauausführungsvermessung a) Messungen zur Verdichtung des Lage- und Höhenfestpunktfeldes b) Messungen zur Überprüfung und Sicherung von Fest- und Achspunkten c) Baubegleitende Absteckungen der geometriebestimmenden Bauwerkspunkte nach Lage und Höhe d) Messungen zur Erfassung von Bewegungen und Deformationen des zu erstellenden Objekts an konstruktiv bedeutsamen Punkten e) Baubegleitende Eigenüberwachungsmessungen und deren Dokumentation f) Fortlaufende Bestandserfassung während der Bauausführung als Grundlage für den Bestandsplan	▪ Erstellen und Konkretisieren des Messprogramms ▪ Absteckungen unter Berücksichtigung von belastungs- und fertigungstechnischen Verformungen ▪ Prüfen der Maßgenauigkeit von Fertigteilen ▪ Aufmaß von Bauleistungen, soweit besondere vermessungstechnische Leistungen gegeben sind ▪ Ausgabe von Baustellenbestandsplänen während der Bauausführung ▪ Fortführen der vermessungstechnischen Bestandspläne nach Abschluss der Grundleistungen ▪ Herstellen von Bestandsplänen
5. Vermessungstechnische Überwachung der Bauausführung a) Kontrollieren der Bauausführung durch stichprobenartige Messungen an Schalungen und entstehenden Bauteilen (Kontrollmessungen) b) Fertigen von Messprotokollen	▪ Prüfen der Mengenermittlungen ▪ Beratung zu langfristigen vermessungstechnischen Objektüberwachungen im Rahmen der Ausführungskontrolle baulicher Maßnahmen und deren Durchführung

Grundleistungen	Besondere Leistungen
c) Stichprobenartige Bewegungs- und Deformationsmessungen an konstruktiv bedeutsamen Punkten des zu erstellenden Objekts	▪ Vermessungen für die Abnahme von Bauleistungen, soweit besondere vermessungstechnische Anforderungen gegeben sind

(4) Die Leistungsphase 4 ist abweichend von Absatz 2 bei Gebäuden mit 45 bis 62 Prozent zu bewerten.

1.4.8 Honorare für Grundleistungen bei der Ingenieurvermessung

(1) Für die in Nummer 1.4.4 Absatz 3 genannten Grundleistungen der Planungsbegleitenden Vermessung sind die in der nachstehenden Honorartafel aufgeführten Honorarspannen Orientierungswerte:[53]

Honorartafel zu Grundleistungen der Ingenieurvermessung als Orientierungswerte

Verrechnungseinheiten	Honorarzone I sehr geringe Anforderungen von Euro	Honorarzone I bis / Honorarzone II geringe Anforderungen von Euro	Honorarzone II bis / Honorarzone III durchschnittliche Anforderungen von Euro	Honorarzone III bis / Honorarzone IV hohe Anforderungen von Euro	Honorarzone IV bis / Honorarzone V sehr hohe Anforderungen von Euro	Honorarzone V bis Euro
6	658	777	914	1.051	1.170	1.289
20	953	1.123	1.306	1.489	1.659	1.828
50	1.480	1.740	2.000	2.260	2.520	2.780
103	2.225	2.616	3.007	3.399	3.790	4.182
188	3.325	3.826	4.327	4.829	5.330	5.831
278	4.320	4.931	5.542	6.153	6.765	7.376
359	5.156	5.826	6.547	7.217	7.939	8.609
435	5.881	6.656	7.437	8.212	8.994	9.768
506	6.547	7.383	8.219	9.055	9.892	10.728
659	7.867	8.859	9.815	10.809	11.765	12.757
822	9.187	10.299	11.413	12.513	13.625	14.737
1.105	11.332	12.667	14.002	15.336	16.672	18.006
1.400	13.525	14.977	16.532	18.086	19.642	21.196
2.033	17.714	19.597	21.592	23.586	25.582	27.576
2.713	21.894	24.217	26.652	29.086	31.522	33.956
3.430	26.074	28.837	31.712	34.586	37.462	40.336
4.949	34.434	38.077	41.832	45.586	49.342	53.096
7.385	46.974	51.937	57.012	62.086	67.162	72.236
11.726	67.874	75.037	82.312	89.586	96.862	104.136

53 Die nachfolgende tabellarische Darstellung der Honorartafel entspricht in formaler Hinsicht (Anpassungen aufgrund des gewählten Layouts) nicht dem Verordnungstext (hier hinsichtlich der Überschriftenzeile in der Tabelle und der Überschneidung der Tafelwerte in den einzelnen Honorarzonen). Sie wurde von den Autoren aus Gründen der Übersichtlichkeit und besseren Lesbarkeit gewählt.

(2) Für die in Nummer 1.4.7 Absatz 3 genannten Grundleistungen der Bauvermessung sind die in der nachstehenden Honorartafel aufgeführten Honorarspannen Orientierungswerte:[54]

Honorartafel zu Grundleistungen der Bauvermessung als Orientierungswerte

Anrechenbare Kosten in Euro	Honorarzone I sehr geringe Anforderungen von		Honorarzone III durchschnittliche Anforderungen von		Honorarzone V sehr hohe Anforderungen von	bis
		Honorarzone II geringe Anforderungen von	bis	Honorarzone IV hohe Anforderungen von	bis	
	Euro	Euro	Euro	Euro	Euro	Euro
50.000	4.282	4.782	5.283	5.839	6.339	6.840
75.000	4.648	5.191	5.734	6.338	6.881	7.424
100.000	5.002	5.586	6.171	6.820	7.405	7.989
150.000	5.684	6.349	7.013	7.751	8.416	9.080
200.000	6.344	7.086	7.827	8.651	9.393	10.134
250.000	6.987	7.804	8.621	9.528	10.345	11.162
300.000	7.618	8.508	9.399	10.388	11.278	12.169
400.000	8.848	9.883	10.917	12.066	13.100	14.134
500.000	10.048	11.222	12.397	13.702	14.876	16.051
600.000	11.223	12.535	13.847	15.304	16.616	17.928
750.000	12.950	14.464	15.978	17.659	19.173	20.687
1.000.000	15.754	17.596	19.437	21.483	23.325	25.166
1.500.000	21.165	23.639	26.113	28.862	31.336	33.810
2.000.000	26.393	29.478	32.563	35.990	39.075	42.160
2.500.000	31.488	35.168	38.849	42.938	46.619	50.299
3.000.000	36.480	40.744	45.008	49.745	54.009	58.273
4.000.000	46.224	51.626	57.029	63.032	68.435	73.838
5.000.000	55.720	62.232	68.745	75.981	82.494	89.007
7.500.000	78.690	87.888	97.085	107.305	116.502	125.700
10.000.000	100.876	112.667	124.458	137.559	149.350	161.140

1.4.9 Sonstige vermessungstechnische Leistungen

Für sonstige vermessungstechnische Leistungen nach Nummer 1.4.1 kann ein Honorar abweichend von den Grundsätzen gemäß Nummer 1.4 vereinbart werden.

[54] Es gelten die Hinweise in der Fußnote 53 entsprechend.

Anlage 2 (zu § 18 Absatz 2) Grundleistungen im Leistungsbild Flächennutzungsplan

Das Leistungsbild Flächennutzungsplan setzt sich aus folgenden Grundleistungen je Leistungsphase zusammen:

Leistungsphase 1: Vorentwurf für die frühzeitigen Beteiligungen

a) Zusammenstellen und Werten des vorhandenen Grundlagenmaterials
b) Erfassen der abwägungsrelevanten Sachverhalte
c) Ortsbesichtigungen
d) Festlegen ergänzender Fachleistungen und Formulieren von Entscheidungshilfen für die Auswahl anderer fachlich Beteiligter, soweit notwendig
e) Analysieren und Darstellen des Zustandes des Plangebiets, soweit für die Planung von Bedeutung und abwägungsrelevant, unter Verwendung hierzu vorliegender Fachbeiträge
f) Mitwirken beim Festlegen von Zielen und Zwecken der Planung
g) Erarbeiten des Vorentwurfes in der vorgeschriebenen Fassung mit Begründung für die frühzeitigen Beteiligungen nach den Bestimmungen des Baugesetzbuchs
h) Darlegen der wesentlichen Auswirkungen der Planung
i) Berücksichtigen von Fachplanungen
j) Mitwirken an der frühzeitigen Öffentlichkeitsbeteiligung einschließlich Erörterung der Planung
k) Mitwirken an der frühzeitigen Beteiligung der Behörden und Stellen, die Träger öffentlicher Belange sind
l) Mitwirken an der frühzeitigen Abstimmung mit den Nachbargemeinden
m) Abstimmen des Vorentwurfes für die frühzeitigen Beteiligungen in der vorgeschriebenen Fassung mit der Gemeinde

Leistungsphase 2: Entwurf zur öffentlichen Auslegung

a) Erarbeiten des Entwurfes in der vorgeschriebenen Fassung mit Begründung für die Öffentlichkeits- und Behördenbeteiligung nach den Bestimmungen des Baugesetzbuchs
b) Mitwirken an der Öffentlichkeitsbeteiligung
c) Mitwirken an der Beteiligung der Behörden und Stellen, die Träger öffentlicher Belange sind
d) Mitwirken an der Abstimmung mit den Nachbargemeinden
e) Mitwirken bei der Abwägung der Gemeinde zu Stellungnahmen aus frühzeitigen Beteiligungen
f) Abstimmen des Entwurfs mit der Gemeinde

Leistungsphase 3: Plan zur Beschlussfassung

a) Erarbeiten des Planes in der vorgeschriebenen Fassung mit Begründung für den Beschluss durch die Gemeinde
b) Mitwirken bei der Abwägung der Gemeinde zu Stellungnahmen
c) Erstellen des Planes in der durch Beschluss der Gemeinde aufgestellten Fassung.

Anlage 3 (zu § 19 Absatz 2) Grundleistungen im Leistungsbild Bebauungsplan

Das Leistungsbild Bebauungsplan setzt sich aus folgenden Grundleistungen je Leistungsphase zusammen:

Leistungsphase 1: Vorentwurf für die frühzeitigen Beteiligungen

a) Zusammenstellen und Werten des vorhandenen Grundlagenmaterials
b) Erfassen der abwägungsrelevanten Sachverhalte
c) Ortsbesichtigungen
d) Festlegen ergänzender Fachleistungen und Formulieren von Entscheidungshilfen für die Auswahl anderer fachlich Beteiligter, soweit notwendig
e) Analysieren und Darstellen des Zustandes des Plangebiets, soweit für die Planung von Bedeutung und abwägungsrelevant, unter Verwendung hierzu vorliegender Fachbeiträge
f) Mitwirken beim Festlegen von Zielen und Zwecken der Planung
g) Erarbeiten des Vorentwurfes in der vorgeschriebenen Fassung mit Begründung für die frühzeitigen Beteiligungen nach den Bestimmungen des Baugesetzbuchs
h) Darlegen der wesentlichen Auswirkungen der Planung
i) Berücksichtigen von Fachplanungen
j) Mitwirken an der frühzeitigen Öffentlichkeitsbeteiligung einschließlich Erörterung der Planung
k) Mitwirken an der frühzeitigen Beteiligung der Behörden und Stellen, die Träger öffentlicher Belange sind
l) Mitwirken an der frühzeitigen Abstimmung mit den Nachbargemeinden
m) Abstimmen des Vorentwurfes für die frühzeitigen Beteiligungen in der vorgeschriebenen Fassung mit der Gemeinde

Leistungsphase 2: Entwurf zur öffentlichen Auslegung

a) Erarbeiten des Entwurfes in der vorgeschriebenen Fassung mit Begründung für die Öffentlichkeits- und Behördenbeteiligung nach den Bestimmungen des Baugesetzbuchs
b) Mitwirken an der Öffentlichkeitsbeteiligung
c) Mitwirken an der Beteiligung der Behörden und Stellen, die Träger öffentlicher Belange sind
d) Mitwirken an der Abstimmung mit den Nachbargemeinden
e) Mitwirken bei der Abwägung der Gemeinde zu Stellungnahmen aus frühzeitigen Beteiligungen
f) Abstimmen des Entwurfs mit der Gemeinde

Leistungsphase 3: Plan zur Beschlussfassung

a) Erarbeiten des Planes in der vorgeschriebenen Fassung mit Begründung für den Beschluss durch die Gemeinde
b) Mitwirken bei der Abwägung der Gemeinde zu Stellungnahmen
c) Erstellen des Planes in der durch Beschluss der Gemeinde aufgestellten Fassung.

Anlage 4 (zu § 23 Absatz 2) Grundleistungen im Leistungsbild Landschaftsplan

Das Leistungsbild Landschaftsplan setzt sich aus folgenden Grundleistungen je Leistungsphase zusammen:

Leistungsphase 1: Klären der Aufgabenstellung und Ermitteln des Leistungsumfangs

a) Zusammenstellen und Prüfen der vom Auftraggeber zur Verfügung gestellten planungsrelevanten Unterlagen
b) Ortsbesichtigungen
c) Abgrenzen des Planungsgebiets
d) Konkretisieren weiteren Bedarfs an Daten und Unterlagen
e) Beraten zum Leistungsumfang für ergänzende Untersuchungen und Fachleistungen
f) Aufstellen eines verbindlichen Arbeitsplans unter Berücksichtigung der sonstigen Fachbeiträge

Leistungsphase 2: Ermitteln der Planungsgrundlagen

a) Ermitteln und Beschreiben der planungsrelevanten Sachverhalte auf Grundlage vorhandener Unterlagen und Daten
b) Landschaftsbewertung nach den Zielen und Grundsätzen des Naturschutzes und der Landschaftspflege
c) Bewerten von Flächen und Funktionen des Naturhaushalts und des Landschaftsbildes hinsichtlich ihrer Eignung, Leistungsfähigkeit, Empfindlichkeit und Vorbelastung
d) Bewerten geplanter Eingriffe in Natur und Landschaft
e) Feststellen von Nutzungs- und Zielkonflikten
f) Zusammenfassendes Darstellen der Erfassung und Bewertung

Leistungsphase 3: Vorläufige Fassung

a) Formulieren von örtlichen Zielen und Grundsätzen zum Schutz, zur Pflege und Entwicklung von Natur und Landschaft einschließlich Erholungsvorsorge
b) Darlegen der angestrebten Flächenfunktionen und Flächennutzungen sowie der örtlichen Erfordernisse und Maßnahmen zur Umsetzung der konkretisierten Ziele des Naturschutzes und der Landschaftspflege
c) Erarbeiten von Vorschlägen zur Übernahme in andere Planungen, insbesondere in die Bauleitpläne
d) Hinweise auf Folgeplanungen und -maßnahmen
e) Mitwirken bei der Beteiligung der nach den Bestimmungen des Bundesnaturschutzgesetzes anerkannten Verbände
f) Mitwirken bei der Abstimmung der Vorläufigen Fassung mit der für Naturschutz und Landschaftspflege zuständigen Behörde
g) Abstimmen der Vorläufigen Fassung mit dem Auftraggeber

Leistungsphase 4: Abgestimmte Fassung

Darstellen des Landschaftsplans in der mit dem Auftraggeber abgestimmten Fassung in Text und Karte.

Anlage 5 (zu § 24 Absatz 2) Grundleistungen im Leistungsbild Grünordnungsplan

Das Leistungsbild Grünordnungsplan setzt sich aus folgenden Grundleistungen je Leistungsphase zusammen:

Leistungsphase 1: Klären der Aufgabenstellung und Ermitteln des Leistungsumfangs

a) Zusammenstellen und Prüfen der vom Auftraggeber zur Verfügung gestellten planungsrelevanten Unterlagen
b) Ortsbesichtigungen
c) Abgrenzen des Planungsgebiets
d) Konkretisieren weiteren Bedarfs an Daten und Unterlagen
e) Beraten zum Leistungsumfang für ergänzende Untersuchungen und Fachleistungen
f) Aufstellen eines verbindlichen Arbeitsplans unter Berücksichtigung der sonstigen Fachbeiträge

Leistungsphase 2: Ermitteln der Planungsgrundlagen

a) Ermitteln und Beschreiben der planungsrelevanten Sachverhalte auf Grundlage vorhandener Unterlagen und Daten
b) Bewerten der Landschaft nach den Zielen des Naturschutzes und der Landschaftspflege einschließlich der Erholungsvorsorge
c) Zusammenfassendes Darstellen der Bestandsaufnahme und Bewertung in Text und Karte

Leistungsphase 3: Vorläufige Fassung

a) Lösen der Planungsaufgabe und Erläutern der Ziele, Erfordernisse und Maßnahmen in Text und Karte
b) Darlegen der angestrebten Flächenfunktionen und Flächennutzungen
c) Darlegen von Gestaltungs-, Schutz-, Pflege- und Entwicklungsmaßnahmen
d) Vorschläge zur Übernahme in andere Planungen, insbesondere in die Bauleitplanung
e) Mitwirken bei der Abstimmung der vorläufigen Fassung mit der für den Naturschutz zuständigen Behörde
f) Bearbeiten der naturschutzrechtlichen Eingriffsregelung
   aa) Ermitteln und Bewerten der durch die Planung zu erwartenden Beeinträchtigungen des Naturhaushalts und des Landschaftsbildes nach Art, Umfang, Ort und zeitlichem Ablauf
   bb) Erarbeiten von Lösungen zur Vermeidung oder Verminderung erheblicher Beeinträchtigungen des Naturhaushalts und des Landschaftsbildes in Abstimmung mit den an der Planung fachlich Beteiligten
   cc) Ermitteln der unvermeidbaren Beeinträchtigungen
   dd) Vergleichendes Gegenüberstellen von unvermeidbaren Beeinträchtigungen und Ausgleich und Ersatz einschließlich Darstellen verbleibender, nicht ausgleichbarer oder ersetzbarer Beeinträchtigungen

ee) Darstellen und Begründen von Maßnahmen des Naturschutzes und der Landschaftspflege, insbesondere Ausgleichs-, Ersatz-, Gestaltungs- und Schutzmaßnahmen sowie Maßnahmen zur Unterhaltung und rechtlichen Sicherung von Ausgleichs- und Ersatzmaßnahmen

ff) Integrieren ergänzender, zulassungsrelevanter Regelungen und Maßnahmen aufgrund des Natura 2000-Gebietsschutzes und der Vorschriften zum besonderen Artenschutz auf Grundlage vorhandener Unterlagen

Leistungsphase 4: Abgestimmte Fassung

Darstellen des Grünordnungsplans oder Landschaftsplanerischen Fachbeitrags in der mit dem Auftraggeber abgestimmten Fassung in Text und Karte.

Anlage 6 (zu § 25 Absatz 2) Grundleistungen im Leistungsbild Landschaftsrahmenplan

Das Leistungsbild Landschaftsrahmenplan setzt sich aus folgenden Grundleistungen je Leistungsphase zusammen:

Leistungsphase 1: Klären der Aufgabenstellung und Ermitteln des Leistungsumfangs

a) Zusammenstellen und Prüfen der vom Auftraggeber zur Verfügung gestellten planungsrelevanten Unterlagen
b) Ortsbesichtigungen
c) Abgrenzen des Planungsgebiets
d) Konkretisieren weiteren Bedarfs an Daten und Unterlagen
e) Beraten zum Leistungsumfang für ergänzende Untersuchungen und Fachleistungen
f) Aufstellen eines verbindlichen Arbeitsplans unter Berücksichtigung der sonstigen Fachbeiträge

Leistungsphase 2: Ermitteln der Planungsgrundlagen

a) Ermitteln und Beschreiben der planungsrelevanten Sachverhalte auf Grundlage vorhandener Unterlagen und Daten
b) Landschaftsbewertung nach den Zielen und Grundsätzen des Naturschutzes und der Landschaftspflege
c) Bewerten von Flächen und Funktionen des Naturhaushalts und des Landschaftsbildes hinsichtlich ihrer Eignung, Leistungsfähigkeit, Empfindlichkeit und Vorbelastung
d) Bewerten geplanter Eingriffe in Natur und Landschaft
e) Feststellen von Nutzungs- und Zielkonflikten
f) Zusammenfassendes Darstellen der Erfassung und Bewertung

Leistungsphase 3: Vorläufige Fassung

a) Lösen der Planungsaufgabe und
b) Erläutern der Ziele, Erfordernisse und Maßnahmen in Text und Karte

Zu Buchstabe a) und b) gehören:
- aa) Erstellen des Zielkonzepts
- bb) Umsetzen des Zielkonzepts durch Schutz, Pflege und Entwicklung bestimmter Teile von Natur und Landschaft und durch Artenhilfsmaßnahmen für ausgewählte Tier- und Pflanzenarten
- cc) Vorschläge zur Übernahme in andere Planungen, insbesondere in Regionalplanung, Raumordnung und Bauleitplanung
- dd) Mitwirken bei der Abstimmung der vorläufigen Fassung mit der für den Naturschutz zuständigen Behörde
- ee) Abstimmen der Vorläufigen Fassung mit dem Auftraggeber

Leistungsphase 4: Abgestimmte Fassung

Darstellen des Landschaftsrahmenplans in der mit dem Auftraggeber abgestimmten Fassung in Text und Karte.

Anlage 7 (zu § 26 Absatz 2) Grundleistungen im Leistungsbild Landschaftspflegerischer Begleitplan

Das Leistungsbild Landschaftspflegerischer Begleitplan setzt sich aus folgenden Grundleistungen je Leistungsphase zusammen:

Leistungsphase 1: Klären der Aufgabenstellung und Ermitteln des Leistungsumfangs

a) Zusammenstellen und Prüfen der vom Auftraggeber zur Verfügung gestellten planungsrelevanten Unterlagen
b) Ortsbesichtigungen
c) Abgrenzen des Planungsgebiets anhand der planungsrelevanten Funktionen
d) Konkretisieren weiteren Bedarfs an Daten und Unterlagen
e) Beraten zum Leistungsumfang für ergänzende Untersuchungen und Fachleistungen
f) Aufstellen eines verbindlichen Arbeitsplans unter Berücksichtigung der sonstigen Fachbeiträge

Leistungsphase 2: Ermitteln und Bewerten der Planungsgrundlagen

a) Bestandsaufnahme:
Erfassen von Natur und Landschaft jeweils einschließlich des rechtlichen Schutzstatus und fachplanerischer Festsetzungen und Ziele für die Naturgüter auf Grundlage vorhandener Unterlagen und örtlicher Erhebungen
b) Bestandsbewertung:
aa) Bewerten der Leistungsfähigkeit und Empfindlichkeit des Naturhaushalts und des Landschaftsbildes nach den Zielen und Grundsätzen des Naturschutzes und der Landschaftspflege
bb) Bewerten der vorhandenen Beeinträchtigungen von Natur und Landschaft (Vorbelastung)
cc) Zusammenfassendes Darstellen der Ergebnisse als Grundlage für die Erörterung mit dem Auftraggeber

Leistungsphase 3: Vorläufige Fassung

a) Konfliktanalyse
b) Ermitteln und Bewerten der durch das Vorhaben zu erwartenden Beeinträchtigungen des Naturhaushalts und des Landschaftsbildes nach Art, Umfang, Ort und zeitlichem Ablauf
c) Konfliktminderung
d) Erarbeiten von Lösungen zur Vermeidung oder Verminderung erheblicher Beeinträchtigungen des Naturhaushalts und des Landschaftsbildes in Abstimmung mit den an der Planung fachlich Beteiligten
e) Ermitteln der unvermeidbaren Beeinträchtigungen
f) Erarbeiten und Begründen von Maßnahmen des Naturschutzes und der Landschaftspflege, insbesondere Ausgleichs-, Ersatz- und Gestaltungsmaßnahmen sowie von Angaben zur Unterhaltung dem Grunde nach und Vorschläge zur rechtlichen Sicherung von Ausgleichs- und Ersatzmaßnahmen

g) Integrieren von Maßnahmen aufgrund des Natura 2000-Gebietsschutzes sowie auf Grund der Vorschriften zum besonderen Artenschutz und anderer Umweltfachgesetze auf Grundlage vorhandener Unterlagen und Erarbeiten eines Gesamtkonzepts
h) Vergleichendes Gegenüberstellen von unvermeidbaren Beeinträchtigungen und Ausgleich und Ersatz einschließlich Darstellen verbleibender, nicht ausgleichbarer oder ersetzbarer Beeinträchtigungen
i) Kostenermittlung nach Vorgaben des Auftraggebers
j) Zusammenfassendes Darstellen der Ergebnisse in Text und Karte
k) Mitwirken bei der Abstimmung mit der für Naturschutz und Landschaftspflege zuständigen Behörde
l) Abstimmen der Vorläufigen Fassung mit dem Auftraggeber

Leistungsphase 4: Abgestimmte Fassung

Darstellen des Landschaftspflegerischen Begleitplans in der mit dem Auftraggeber abgestimmten Fassung in Text und Karte.

Anlage 8 (zu § 27 Absatz 2) Grundleistungen im Leistungsbild Pflege- und Entwicklungsplan

Das Leistungsbild Pflege- und Entwicklungsplan setzt sich aus folgenden Grundleistungen je Leistungsphase zusammen:

Leistungsphase 1: Klären der Aufgabenstellung und Ermitteln des Leistungsumfangs

a) Zusammenstellen und Prüfen der vom Auftraggeber zur Verfügung gestellten planungsrelevanten Unterlagen
b) Ortsbesichtigungen
c) Abgrenzen des Planungsgebiets anhand der planungsrelevanten Funktionen
d) Konkretisieren weiteren Bedarfs an Daten und Unterlagen
e) Beraten zum Leistungsumfang für ergänzende Untersuchungen und Fachleistungen
f) Aufstellen eines verbindlichen Arbeitsplans unter Berücksichtigung der sonstigen Fachbeiträge

Leistungsphase 2: Ermitteln der Planungsgrundlagen

a) Ermitteln und Beschreiben der planungsrelevanten Sachverhalte aufgrund vorhandener Unterlagen
b) Auswerten und Einarbeiten von Fachbeiträgen
c) Bewerten der Bestandsaufnahmen einschließlich vorhandener Beeinträchtigungen sowie der abiotischen Faktoren hinsichtlich ihrer Standort- und Lebensraumbedeutung nach den Zielen und Grundsätzen des Naturschutzes
d) Beschreiben der Zielkonflikte mit bestehenden Nutzungen
e) Beschreiben des zu erwartenden Zustands von Arten und ihren Lebensräumen (Zielkonflikte mit geplanten Nutzungen)
f) Überprüfen der festgelegten Untersuchungsinhalte
g) Zusammenfassendes Darstellen von Erfassung und Bewertung in Text und Karte

Leistungsphase 3: Vorläufige Fassung

a) Lösen der Planungsaufgabe und Erläutern der Ziele, Erfordernisse und Maßnahmen in Text und Karte
b) Formulieren von Zielen zum Schutz, zur Pflege, zur Erhaltung und Entwicklung von Arten, Biotoptypen und naturnahen Lebensräumen bzw. Standortbedingungen
c) Erfassen und Darstellen von Flächen, auf denen eine Nutzung weiter betrieben werden soll und von Flächen, auf denen regelmäßig Pflegemaßnahmen durchzuführen sind sowie von Maßnahmen zur Verbesserung der ökologischen Standortverhältnisse und zur Änderung der Biotopstruktur
d) Erarbeiten von Vorschlägen für Maßnahmen zur Förderung bestimmter Tier- und Pflanzenarten, zur Lenkung des Besucherverkehrs, für die Durchführung der Pflege- und Entwicklungsmaßnahmen und für Änderungen von Schutzzweck und -zielen sowie Grenzen von Schutzgebieten
e) Erarbeiten von Hinweisen für weitere wissenschaftliche Untersuchungen (Monitoring), Folgeplanungen und Maßnahmen
f) Kostenermittlung
g) Abstimmen der Vorläufigen Fassung mit dem Auftraggeber

Leistungsphase 4: Abgestimmte Fassung

Darstellen des Pflege- und Entwicklungsplans in der mit dem Auftraggeber abgestimmten Fassung in Text und Karte.

Anlage 9 (zu § 18 Absatz 2, § 19 Absatz 2, § 23 Absatz 2, § 24 Absatz 2, § 25 Absatz 2, § 26 Absatz 2, § 27 Absatz 2) Besondere Leistungen zur Flächenplanung

Für die Leistungsbilder der Flächenplanung können insbesondere folgende Besondere Leistungen vereinbart werden:

1. Rahmensetzende Pläne und Konzepte:

a) Leitbilder
b) Entwicklungskonzepte
c) Masterpläne
d) Rahmenpläne

2. Städtebaulicher Entwurf:

a) Grundlagenermittlung
b) Vorentwurf
c) Entwurf

Der Städtebauliche Entwurf kann als Grundlage für Leistungen nach § 19 der HOAI dienen und Ergebnis eines städtebaulichen Wettbewerbes sein.

3. Leistungen zur Verfahrens- und Projektsteuerung sowie zur Qualitätssicherung:

a) Durchführen von Planungsaudits
b) Vorabstimmungen mit Planungsbeteiligten und Fachbehörden
c) Aufstellen und Überwachen von integrierten Terminplänen
d) Vor- und Nachbereiten von planungsbezogenen Sitzungen
e) Koordinieren von Planungsbeteiligten
f) Moderation von Planungsverfahren
g) Ausarbeiten von Leistungskatalogen für Leistungen Dritter
h) Mitwirken bei Vergabeverfahren für Leistungen Dritter (Einholung von Angeboten, Vergabevorschläge)
i) Prüfen und Bewerten von Leistungen Dritter
j) Mitwirken beim Ermitteln von Fördermöglichkeiten
k) Stellungnahmen zu Einzelvorhaben während der Planaufstellung

4. Leistungen zur Vorbereitung und inhaltlichen Ergänzung:

a) Erstellen digitaler Geländemodelle
b) Digitalisieren von Unterlagen
c) Anpassen von Datenformaten
d) Erarbeiten einer einheitlichen Planungsgrundlage aus unterschiedlichen Unterlagen
e) Strukturanalysen
f) Stadtbildanalysen, Landschaftsbildanalysen
g) Statistische und örtliche Erhebungen sowie Bedarfsermittlungen, zum Beispiel zur Versorgung, zur Wirtschafts-, Sozial- und Baustruktur sowie zur soziokulturellen Struktur
h) Befragungen und Interviews

i) Differenziertes Erheben, Kartieren, Analysieren und Darstellen von spezifischen Merkmalen und Nutzungen
j) Erstellen von Beiplänen, zum Beispiel für Verkehr, Infrastruktureinrichtungen, Flurbereinigungen, Grundbesitzkarten und Gütekarten unter Berücksichtigung der Pläne anderer an der Planung fachlich Beteiligter
k) Modelle
l) Erstellen zusätzlicher Hilfsmittel der Darstellung, zum Beispiel Fotomontagen, 3D-Darstellungen, Videopräsentationen

5. Verfahrensbegleitende Leistungen:

a) Vorbereiten und Durchführen des Scopings
b) Vorbereiten, Durchführen, Auswerten und Dokumentieren der formellen Beteiligungsverfahren
c) Ermitteln der voraussichtlich erheblichen Umweltauswirkungen für die Umweltprüfung
d) Erarbeiten des Umweltberichtes
e) Berechnen und Darstellen der Umweltschutzmaßnahmen
f) Bearbeiten der Anforderungen aus der naturschutzrechtlichen Eingriffsregelung in Bauleitplanungsverfahren
g) Erstellen von Sitzungsvorlagen, Arbeitsheften und anderen Unterlagen
h) Wesentliche Änderungen oder Neubearbeitung des Entwurfs nach Offenlage oder Beteiligungen, insbesondere nach Stellungnahmen
i) Ausarbeiten der Beratungsunterlagen der Gemeinde zu Stellungnahmen im Rahmen der formellen Beteiligungsverfahren
j) Leistungen für die Drucklegung, Erstellen von Mehrausfertigungen
k) Überarbeiten von Planzeichnungen und von Begründungen nach der Beschlussfassung (zum Beispiel Satzungsbeschluss)
l) Verfassen von Bekanntmachungstexten und Organisation der öffentlichen Bekanntmachungen
m) Mitteilen des Ergebnisses der Prüfung der Stellungnahmen an die Beteiligten
n) Benachrichtigen von Bürgern und Behörden, die Stellungnahmen abgegeben haben, über das Abwägungsergebnis
o) Erstellen der Verfahrensdokumentation
p) Erstellen und Fortschreiben eines digitalen Planungsordners
q) Mitwirken an der Öffentlichkeitsarbeit des Auftraggebers einschließlich Mitwirken an Informationsschriften und öffentlichen Diskussionen sowie Erstellen der dazu notwendigen Planungsunterlagen und Schriftsätze
r) Teilnehmen an Sitzungen von politischen Gremien des Auftraggebers oder an Sitzungen im Rahmen der Öffentlichkeitsbeteiligung
s) Mitwirken an Anhörungs- oder Erörterungsterminen
t) Leiten bzw. Begleiten von Arbeitsgruppen
u) Erstellen der zusammenfassenden Erklärung nach dem Baugesetzbuch
v) Anwenden komplexer Bilanzierungsverfahren im Rahmen der naturschutzrechtlichen Eingriffsregelung
w) Erstellen von Bilanzen nach fachrechtlichen Vorgaben
x) Entwickeln von Monitoringkonzepten und -maßnahmen
y) Ermitteln von Eigentumsverhältnissen, insbesondere Klären der Verfügbarkeit von geeigneten Flächen für Maßnahmen

6. Weitere besondere Leistungen bei landschaftsplanerischen Leistungen:

a) Erarbeiten einer Planungsraumanalyse im Rahmen einer Umweltverträglichkeitsstudie
b) Mitwirken an der Prüfung der Verpflichtung, zu einem Vorhaben oder einer Planung eine Umweltverträglichkeitsprüfung durchzuführen (Screening)
c) Erstellen einer allgemein verständlichen nichttechnischen Zusammenfassung nach dem Gesetz über die Umweltverträglichkeitsprüfung
d) Daten aus vorhandenen Unterlagen im Einzelnen ermitteln und aufbereiten
e) Örtliche Erhebungen, die nicht überwiegend der Kontrolle der aus Unterlagen erhobenen Daten dienen
f) Erstellen eines eigenständigen allgemein verständlichen Erläuterungsberichtes für Genehmigungsverfahren oder qualifizierende Zuarbeiten hierzu
g) Erstellen von Unterlagen im Rahmen von artenschutzrechtlichen Prüfungen oder Prüfungen zur Vereinbarkeit mit der Fauna-Flora-Habitat-Richtlinie
h) Kartieren von Biotoptypen, floristischen oder faunistischen Arten oder Artengruppen
i) Vertiefendes Untersuchen des Naturhaushalts, wie zum Beispiel der Geologie, Hydrogeologie, Gewässergüte und -morphologie, Bodenanalysen
j) Mitwirken an Beteiligungsverfahren in der Bauleitplanung
k) Mitwirken an Genehmigungsverfahren nach fachrechtlichen Vorschriften
l) Fortführen der mit dem Auftraggeber abgestimmten Fassung im Rahmen eines Genehmigungsverfahrens, Erstellen einer genehmigungsfähigen Fassung auf der Grundlage von Anregungen Dritter.

Anlage 10 (zu § 34 Absatz 4, § 35 Absatz 7) Grundleistungen im Leistungsbild Gebäude und Innenräume, Besondere Leistungen, Objektlisten

10.1 Leistungsbild Gebäude und Innenräume

Grundleistungen	Besondere Leistungen
LPH 1 Grundlagenermittlung a) Klären der Aufgabenstellung auf Grundlage der Vorgaben oder der Bedarfsplanung des Auftraggebers b) Ortsbesichtigung c) Beraten zum gesamten Leistungs- und Untersuchungsbedarf d) Formulieren der Entscheidungshilfen für die Auswahl anderer an der Planung fachlich Beteiligter e) Zusammenfassen, Erläutern und Dokumentieren der Ergebnisse	▪ Bedarfsplanung ▪ Bedarfsermittlung ▪ Aufstellen eines Funktionsprogramms ▪ Aufstellen eines Raumprogramms ▪ Standortanalyse ▪ Mitwirken bei Grundstücks- und Objektauswahl, -beschaffung und -übertragung ▪ Beschaffen von Unterlagen, die für das Vorhaben erheblich sind ▪ Bestandsaufnahme ▪ technische Substanzerkundung ▪ Betriebsplanung ▪ Prüfen der Umwelterheblichkeit ▪ Prüfen der Umweltverträglichkeit ▪ Machbarkeitsstudie ▪ Wirtschaftlichkeitsuntersuchung ▪ Projektstrukturplanung ▪ Zusammenstellen der Anforderungen aus Zertifizierungssystemen ▪ Verfahrensbetreuung, Mitwirken bei der Vergabe von Planungs- und Gutachterleistungen
LPH 2 Vorplanung (Projekt- und Planungsvorbereitung) a) Analysieren der Grundlagen, Abstimmen der Leistungen mit den fachlich an der Planung Beteiligten b) Abstimmen der Zielvorstellungen, Hinweisen auf Zielkonflikte c) Erarbeiten der Vorplanung, Untersuchen, Darstellen und Bewerten von Varianten nach gleichen Anforderungen, Zeichnungen im Maßstab nach Art und Größe des Objekts	▪ Aufstellen eines Katalogs für die Planung und Abwicklung der Programmziele ▪ Untersuchen alternativer Lösungsansätze nach verschiedenen Anforderungen einschließlich Kostenbewertung ▪ Beachten der Anforderungen des vereinbarten Zertifizierungssystems

Grundleistungen	Besondere Leistungen

d) Klären und Erläutern der wesentlichen Zusammenhänge, Vorgaben und Bedingungen (zum Beispiel städtebauliche, gestalterische, funktionale, technische, wirtschaftliche, ökologische, bauphysikalische, energiewirtschaftliche, soziale, öffentlich-rechtliche)
e) Bereitstellen der Arbeitsergebnisse als Grundlage für die anderen an der Planung fachlich Beteiligten sowie Koordination und Integration von deren Leistungen
f) Vorverhandlungen über die Genehmigungsfähigkeit
g) Kostenschätzung nach DIN 276, Vergleich mit den finanziellen Rahmenbedingungen
h) Erstellen eines Terminplans mit den wesentlichen Vorgängen des Planungs- und Bauablaufs
i) Zusammenfassen, Erläutern und Dokumentieren der Ergebnisse
	▪ Durchführen des Zertifizierungssystems
	▪ Ergänzen der Vorplanungsunterlagen auf Grund besonderer Anforderungen
	▪ Aufstellen eines Finanzierungsplanes
	▪ Mitwirken bei der Kredit- und Fördermittelbeschaffung
	▪ Durchführen von Wirtschaftlichkeitsuntersuchungen
	▪ Durchführen der Voranfrage (Bauanfrage)
	▪ Anfertigen von besonderen Präsentationshilfen, die für die Klärung im Vorentwurfsprozess nicht notwendig sind, zum Beispiel
	  ▪ Präsentationsmodelle
	  ▪ Perspektivische Darstellungen
	  ▪ Bewegte Darstellung/Animation
	  ▪ Farb- und Materialcollagen
	  ▪ digitales Geländemodell
	▪ 3-D oder 4-D Gebäudemodellbearbeitung (Building Information Modelling BIM)
	▪ Aufstellen einer vertieften Kostenschätzung nach Positionen einzelner Gewerke
	▪ Fortschreiben des Projektstrukturplanes
	▪ Aufstellen von Raumbüchern
	▪ Erarbeiten und Erstellen von besonderen bauordnungsrechtlichen Nachweisen für den vorbeugenden und organisatorischen Brandschutz bei baulichen Anlagen besonderer Art und Nutzung, Bestandsbauten oder im Falle von Abweichungen von der Bauordnung

Grundleistungen	Besondere Leistungen
LPH 3 Entwurfsplanung (System- und Integrationsplanung)	
a) Erarbeiten der Entwurfsplanung, unter weiterer Berücksichtigung der wesentlichen Zusammenhänge, Vorgaben und Bedingungen (zum Beispiel städtebauliche, gestalterische, funktionale, technische, wirtschaftliche, ökologische, soziale, öffentlich-rechtliche) auf der Grundlage der Vorplanung und als Grundlage für die weiteren Leistungsphasen und die erforderlichen öffentlich-rechtlichen Genehmigungen unter Verwendung der Beiträge anderer an der Planung fachlich Beteiligter. Zeichnungen nach Art und Größe des Objekts im erforderlichen Umfang und Detaillierungsgrad unter Berücksichtigung aller fachspezifischen Anforderungen, zum Beispiel bei Gebäuden im Maßstab 1:100, zum Beispiel bei Innenräumen im Maßstab 1:50 bis 1:20 b) Bereitstellen der Arbeitsergebnisse als Grundlage für die anderen an der Planung fachlich Beteiligten sowie Koordination und Integration von deren Leistungen c) Objektbeschreibung d) Verhandlungen über die Genehmigungsfähigkeit e) Kostenberechnung nach DIN 276 und Vergleich mit der Kostenschätzung f) Fortschreiben des Terminplans g) Zusammenfassen, Erläutern und Dokumentieren der Ergebnisse	▪ Analyse der Alternativen/Varianten und deren Wertung mit Kostenuntersuchung (Optimierung) ▪ Wirtschaftlichkeitsberechnung ▪ Aufstellen und Fortschreiben einer vertieften Kostenberechnung ▪ Fortschreiben von Raumbüchern
LPH 4 Genehmigungsplanung	
a) Erarbeiten und Zusammenstellen der Vorlagen und Nachweise für öffentlich-rechtliche Genehmigungen oder Zustimmungen einschließlich der Anträge auf Ausnahmen und Befreiungen, sowie notwendiger Verhandlungen mit Behörden unter Verwendung der Beiträge anderer an der Planung fachlich Beteiligter b) Einreichen der Vorlagen	▪ Mitwirken bei der Beschaffung der nachbarlichen Zustimmung ▪ Nachweise, insbesondere technischer, konstruktiver und bauphysikalischer Art, für die Erlangung behördlicher Zustimmungen im Einzelfall ▪ Fachliche und organisatorische Unterstützung des Bauherrn im Widerspruchsverfahren, Klageverfahren oder ähnlichen Verfahren

Grundleistungen

c) Ergänzen und Anpassen der Planungsunterlagen, Beschreibungen und Berechnungen

LPH 5 Ausführungsplanung

a) Erarbeiten der Ausführungsplanung mit allen für die Ausführung notwendigen Einzelangaben (zeichnerisch und textlich) auf der Grundlage der Entwurfs- und Genehmigungsplanung bis zur ausführungsreifen Lösung, als Grundlage für die weiteren Leistungsphasen
b) Ausführungs-, Detail- und Konstruktionszeichnungen nach Art und Größe des Objekts im erforderlichen Umfang und Detaillierungsgrad unter Berücksichtigung aller fachspezifischen Anforderungen, zum Beispiel bei Gebäuden im Maßstab 1:50 bis 1:1, zum Beispiel bei Innenräumen im Maßstab 1:20 bis 1:1
c) Bereitstellen der Arbeitsergebnisse als Grundlage für die anderen an der Planung fachlich Beteiligten, sowie Koordination und Integration von deren Leistungen
d) Fortschreiben des Terminplans
e) Fortschreiben der Ausführungsplanung auf Grund der gewerkeorientierten Bearbeitung während der Objektausführung
f) Überprüfen erforderlicher Montagepläne der vom Objektplaner geplanten Baukonstruktionen und baukonstruktiven Einbauten auf Übereinstimmung mit der Ausführungsplanung

Besondere Leistungen

- Aufstellen einer detaillierten Objektbeschreibung als Grundlage der Leistungsbeschreibung mit Leistungsprogramm[x]
- Prüfen der vom bauausführenden Unternehmen aufgrund der Leistungsbeschreibung mit Leistungsprogramm ausgearbeiteten Ausführungspläne auf Übereinstimmung mit der Entwurfsplanung[x]
- Fortschreiben von Raumbüchern in detaillierter Form
- Mitwirken beim Anlagenkennzeichnungssystem (AKS)
- Prüfen und Anerkennen von Plänen Dritter, nicht an der Planung fachlich Beteiligter auf Übereinstimmung mit den Ausführungsplänen (zum Beispiel Werkstattzeichnungen von Unternehmen, Aufstellungs- und Fundamentpläne nutzungsspezifischer oder betriebstechnischer Anlagen), soweit die Leistungen Anlagen betreffen, die in den anrechenbaren Kosten nicht erfasst sind

[x] Diese Besondere Leistung wird bei Leistungsbeschreibung mit Leistungsprogramm ganz oder teilweise Grundleistung. In diesem Fall entfallen die entsprechenden Grundleistungen dieser Leistungsphase.

Grundleistungen	Besondere Leistungen
LPH 6 Vorbereitung der Vergabe a) Aufstellen eines Vergabeterminplans b) Aufstellen von Leistungsbeschreibungen mit Leistungsverzeichnissen nach Leistungsbereichen, Ermitteln und Zusammenstellen von Mengen auf der Grundlage der Ausführungsplanung unter Verwendung der Beiträge anderer an der Planung fachlich Beteiligter c) Abstimmen und Koordinieren der Schnittstellen zu den Leistungsbeschreibungen der an der Planung fachlich Beteiligten d) Ermitteln der Kosten auf der Grundlage vom Planer bepreister Leistungsverzeichnisse e) Kostenkontrolle durch Vergleich der vom Planer bepreisten Leistungsverzeichnisse mit der Kostenberechnung f) Zusammenstellen der Vergabeunterlagen für alle Leistungsbereiche	▪ Aufstellen der Leistungsbeschreibungen mit Leistungsprogramm auf der Grundlage der detaillierten Objektbeschreibung[x] ▪ Aufstellen von alternativen Leistungsbeschreibungen für geschlossene Leistungsbereiche ▪ Aufstellen von vergleichenden Kostenübersichten unter Auswertung der Beiträge anderer an der Planung fachlich Beteiligter [x] Diese Besondere Leistung wird bei einer Leistungsbeschreibung mit Leistungsprogramm ganz oder teilweise zur Grundleistung. In diesem Fall entfallen die entsprechenden Grundleistungen dieser Leistungsphase.
LPH 7 Mitwirkung bei der Vergabe a) Koordinieren der Vergaben der Fachplaner b) Einholen von Angeboten c) Prüfen und Werten der Angebote einschließlich Aufstellen eines Preisspiegels nach Einzelpositionen oder Teilleistungen, Prüfen und Werten der Angebote zusätzlicher und geänderter Leistungen der ausführenden Unternehmen und der Angemessenheit der Preise d) Führen von Bietergesprächen e) Erstellen der Vergabevorschläge, Dokumentation des Vergabeverfahrens f) Zusammenstellen der Vertragsunterlagen für alle Leistungsbereiche g) Vergleichen der Ausschreibungsergebnisse mit den vom Planer bepreisten Leistungsverzeichnissen oder der Kostenberechnung h) Mitwirken bei der Auftragserteilung	▪ Prüfen und Werten von Nebenangeboten mit Auswirkungen auf die abgestimmte Planung ▪ Mitwirken bei der Mittelabflussplanung ▪ Fachliche Vorbereitung und Mitwirken bei Nachprüfungsverfahren ▪ Mitwirken bei der Prüfung von bauwirtschaftlich begründeten Nachtragsangeboten ▪ Prüfen und Werten der Angebote aus Leistungsbeschreibung mit Leistungsprogramm einschließlich Preisspiegel[x] ▪ Aufstellen, Prüfen und Werten von Preisspiegeln nach besonderen Anforderungen [x] Diese Besondere Leistung wird bei Leistungsbeschreibung mit Leistungsprogramm ganz oder teilweise Grundleistung. In diesem Fall entfallen die entsprechenden Grundleistungen dieser Leistungsphase.

Grundleistungen	Besondere Leistungen
LPH 8 Objektüberwachung (Bauüberwachung) und Dokumentation	
a) Überwachen der Ausführung des Objektes auf Übereinstimmung mit der öffentlich-rechtlichen Genehmigung oder Zustimmung, den Verträgen mit ausführenden Unternehmen, den Ausführungsunterlagen, den einschlägigen Vorschriften sowie mit den allgemein anerkannten Regeln der Technik b) Überwachen der Ausführung von Tragwerken mit sehr geringen und geringen Planungsanforderungen auf Übereinstimmung mit dem Standsicherheitsnachweis c) Koordinieren der an der Objektüberwachung fachlich Beteiligten d) Aufstellen, Fortschreiben und Überwachen eines Terminplans (Balkendiagramm) e) Dokumentation des Bauablaufs (zum Beispiel Bautagebuch) f) Gemeinsames Aufmaß mit den ausführenden Unternehmen g) Rechnungsprüfung einschließlich Prüfen der Aufmaße der bauausführenden Unternehmen h) Vergleich der Ergebnisse der Rechnungsprüfungen mit den Auftragssummen einschließlich Nachträgen i) Kostenkontrolle durch Überprüfen der Leistungsabrechnung der bauausführenden Unternehmen im Vergleich zu den Vertragspreisen j) Kostenfeststellung, zum Beispiel nach DIN 276 k) Organisation der Abnahme der Bauleistungen unter Mitwirkung anderer an der Planung und Objektüberwachung fachlich Beteiligter, Feststellung von Mängeln, Abnahmeempfehlung für den Auftraggeber l) Antrag auf öffentlich-rechtliche Abnahmen und Teilnahme daran m) Systematische Zusammenstellung der Dokumentation, zeichnerischen Darstellungen und rechnerischen Ergebnisse des Objekts	▪ Aufstellen, Überwachen und Fortschreiben eines Zahlungsplanes ▪ Aufstellen, Überwachen und Fortschreiben von differenzierten Zeit-, Kosten- oder Kapazitätsplänen ▪ Tätigkeit als verantwortlicher Bauleiter, soweit diese Tätigkeit nach jeweiligem Landesrecht über die Grundleistungen der LPH 8 hinausgeht

Grundleistungen	Besondere Leistungen
n) Übergabe des Objekts o) Auflisten der Verjährungsfristen für Mängelansprüche p) Überwachen der Beseitigung der bei der Abnahme festgestellten Mängel	
LPH 9 Objektbetreuung a) Fachliche Bewertung der innerhalb der Verjährungsfristen für Gewährleistungsansprüche festgestellten Mängel, längstens jedoch bis zum Ablauf von fünf Jahren seit Abnahme der Leistung, einschließlich notwendiger Begehungen b) Objektbegehung zur Mängelfeststellung vor Ablauf der Verjährungsfristen für Mängelansprüche gegenüber den ausführenden Unternehmen c) Mitwirken bei der Freigabe von Sicherheitsleistungen	▪ Überwachen der Mängelbeseitigung innerhalb der Verjährungsfrist ▪ Erstellen einer Gebäudebestandsdokumentation ▪ Aufstellen von Ausrüstungs- und Inventarverzeichnissen ▪ Erstellen von Wartungs- und Pflegeanweisungen ▪ Erstellen eines Instandhaltungskonzepts ▪ Objektbeobachtung ▪ Objektverwaltung ▪ Baubegehungen nach Übergabe ▪ Aufbereiten der Planungs- und Kostendaten für eine Objektdatei oder Kostenrichtwerte ▪ Evaluieren von Wirtschaftlichkeitsberechnungen

10.2 Objektliste Gebäude

Nachstehende Gebäude werden in der Regel folgenden Honorarzonen zugerechnet:

Objektliste Gebäude	**Honorarzone**				
	I	**II**	**III**	**IV**	**V**
Wohnen					
▪ Einfache Behelfsbauten für vorübergehende Nutzung	X				
▪ Einfache Wohnbauten mit gemeinschaftlichen Sanitär- und Kücheneinrichtungen		X			
▪ Einfamilienhäuser, Wohnhäuser oder Hausgruppen in verdichteter Bauweise			X	X	
▪ Wohnheime, Gemeinschaftsunterkünfte, Jugendherbergen, -freizeitzentren, -stätten			X	X	
Ausbildung/Wissenschaft/Forschung					
▪ Offene Pausen-, Spielhallen	X				
▪ Studentenhäuser			X	X	
▪ Schulen mit durchschnittlichen Planungsanforderungen, zum Beispiel Grundschulen, weiterführende Schulen und Berufsschulen			X		
▪ Schulen mit hohen Planungsanforderungen, Bildungszentren, Hochschulen, Universitäten, Akademien				X	
▪ Hörsaal-, Kongresszentren				X	
▪ Labor- oder Institutsgebäude				X	X
Büro/Verwaltung/Staat/Kommune					
▪ Büro-, Verwaltungsgebäude			X	X	
▪ Wirtschaftsgebäude, Bauhöfe			X	X	
▪ Parlaments-, Gerichtsgebäude				X	
▪ Bauten für den Strafvollzug				X	X
▪ Feuerwachen, Rettungsstationen			X	X	
▪ Sparkassen- oder Bankfilialen			X	X	
▪ Büchereien, Bibliotheken, Archive			X	X	
Gesundheit/Betreuung					
▪ Liege- oder Wandelhallen	X				
▪ Kindergärten, Kinderhorte			X		
▪ Jugendzentren, Jugendfreizeitstätten			X		
▪ Betreuungseinrichtungen, Altentagesstätten			X		
▪ Pflegeheime oder Bettenhäuser, ohne oder mit medizinisch-technischer Einrichtungen,			X	X	
▪ Unfall-, Sanitätswachen, Ambulatorien		X	X		
▪ Therapie- oder Rehabilitationseinrichtungen, Gebäude für Erholung, Kur oder Genesung			X	X	
▪ Hilfskrankenhäuser			X		
▪ Krankenhäuser der Versorgungsstufe I oder II, Krankenhäuser besonderer Zweckbestimmung				X	
▪ Krankenhäuser der Versorgungsstufe III, Universitätskliniken					X

Objektliste Gebäude	Honorarzone				
	I	II	III	IV	V
Handel und Verkauf/Gastgewerbe					
▪ Einfache Verkaufslager, Verkaufsstände, Kioske		X			
▪ Ladenbauten, Discounter, Einkaufszentren, Märkte, Messehallen			X	X	
▪ Gebäude für Gastronomie, Kantinen oder Mensen			X	X	
▪ Großküchen, mit oder ohne Speiseräume				X	
▪ Pensionen, Hotels			X	X	
Freizeit/Sport					
▪ Einfache Tribünenbauten		X			
▪ Bootshäuser		X			
▪ Turn- oder Sportgebäude			X	X	
▪ Mehrzweckhallen, Hallenschwimmbäder, Großsportstätten				X	X
Gewerbe/Industrie/Landwirtschaft					
▪ Einfache Landwirtschaftliche Gebäude, zum Beispiel Feldscheunen, Einstellhallen	X				
▪ Landwirtschaftliche Betriebsgebäude, Stallanlagen		X	X	X	
▪ Gewächshäuser für die Produktion		X			
▪ Einfache geschlossene, eingeschossige Hallen, Werkstätten		X			
▪ Spezielle Lagergebäude, zum Beispiel Kühlhäuser			X		
▪ Werkstätten, Fertigungsgebäude des Handwerks oder der Industrie		X	X	X	
▪ Produktionsgebäude der Industrie			X	X	X
Infrastruktur					
▪ Offene Verbindungsgänge, Überdachungen, zum Beispiel Wetterschutzhäuser, Carports	X				
▪ Einfache Garagenbauten		X			
▪ Parkhäuser, -garagen, Tiefgaragen, jeweils mit integrierten weiteren Nutzungsarten		X	X		
▪ Bahnhöfe oder Stationen verschiedener öffentlicher Verkehrsmittel				X	
▪ Flughäfen				X	X
▪ Energieversorgungzentralen, Kraftwerksgebäude, Großkraftwerke				X	X
Kultur-/Sakralbauten					
▪ Pavillons für kulturelle Zwecke		X	X		
▪ Bürger-, Gemeindezentren, Kultur-/Sakralbauten, Kirchen				X	
▪ Mehrzweckhallen für religiöse oder kulturelle Zwecke				X	
▪ Ausstellungsgebäude, Lichtspielhäuser			X	X	
▪ Museen				X	X
▪ Theater-, Opern-, Konzertgebäude				X	X
▪ Studiogebäude für Rundfunk oder Fernsehen				X	X

10.3 Objektliste Innenräume

Nachstehende Innenräume werden in der Regel folgenden Honorarzonen zugerechnet:

Objektliste Innenräume	Honorarzone				
	I	II	III	IV	V
▪ Einfachste Innenräume für vorübergehende Nutzung ohne oder mit einfachsten seriellen Einrichtungsgegenständen	X				
▪ Innenräume mit geringer Planungsanforderung, unter Verwendung von serienmäßig hergestellten Möbeln und Ausstattungsgegenständen einfacher Qualität, ohne technische Ausstattung		X			
▪ Innenräume mit durchschnittlicher Planungsanforderung, zum überwiegenden Teil unter Verwendung von serienmäßig hergestellten Möbeln und Ausstattungsgegenständen oder mit durchschnittlicher technischer Ausstattung			X		
▪ Innenräume mit hohen Planungsanforderungen, unter Mitverwendung von serienmäßig hergestellten Möbeln und Ausstattungsgegenständen gehobener Qualität oder gehobener technischer Ausstattung				X	
▪ Innenräume mit sehr hohen Planungsanforderungen, unter Verwendung von aufwendiger Einrichtung oder Ausstattung oder umfangreicher technischer Ausstattung					X
Wohnen					
▪ Einfachste Räume ohne Einrichtung oder für vorübergehende Nutzung	X				
▪ Einfache Wohnräume mit geringen Anforderungen an Gestaltung oder Ausstattung		X			
▪ Wohnräume mit durchschnittlichen Anforderungen, serielle Einbauküchen			X		
▪ Wohnräume in Gemeinschaftsunterkünften oder Heimen			X		
▪ Wohnräume gehobener Anforderungen, individuell geplante Küchen und Bäder				X	
▪ Dachgeschoßausbauten, Wintergärten				X	
▪ Individuelle Wohnräume in anspruchsvoller Gestaltung mit aufwendiger Einrichtung, Ausstattung und technischer Ausrüstung					X
Ausbildung/Wissenschaft/Forschung					
▪ Einfache offene Hallen	X				
▪ Lager- oder Nebenräume mit einfacher Einrichtung oder Ausstattung		X			
▪ Gruppenräume, zum Beispiel in Kindergärten, Kinderhorten, Jugendzentren, Jugendherbergen, Jugendheimen			X	X	
▪ Klassenzimmer, Hörsäle, Seminarräume, Büchereien, Mensen			X	X	

Objektliste Innenräume	Honorarzone				
	I	II	III	IV	V
▪ Aulen, Bildungszentren, Bibliotheken, Labore, Lehrküchen mit oder ohne Speise- oder Aufenthaltsräume, Fachunterrichtsräume mit technischer Ausstattung				X	
▪ Kongress-, Konferenz-, Seminar-, Tagungsbereiche mit individuellem Ausbau und Einrichtung und umfangreicher technischer Ausstattung				X	
▪ Räume wissenschaftlicher Forschung mit hohen Ansprüchen und technischer Ausrüstung					X
Büro/Verwaltung/Staat/Kommune					
▪ Innere Verkehrsflächen	X				
▪ Post-, Kopier-, Putz- oder sonstige Nebenräume ohne baukonstruktive Einbauten		X			
▪ Büro-, Verwaltungs-, Aufenthaltsräume mit durchschnittlichen Anforderungen, Treppenhäuser, Wartehallen, Teeküchen			X		
▪ Räume für sanitäre Anlagen, Werkräume, Wirtschaftsräume, Technikräume			X		
▪ Eingangshallen, Sitzungs- oder Besprechungsräume, Kantinen, Sozialräume			X	X	
▪ Kundenzentren, -ausstellungen, -präsentationen			X	X	
▪ Versammlungs-, Konferenzbereiche, Gerichtssäle, Arbeitsbereiche von Führungskräften mit individueller Gestaltung oder Einrichtung oder gehobener technischer Ausstattung				X	
▪ Geschäfts-, Versammlungs- oder Konferenzräume mit anspruchsvollem Ausbau oder anspruchsvoller Einrichtung, aufwendiger Ausstattung oder sehr hohen technischen Anforderungen					X
Gesundheit/Betreuung					
▪ Offene Spiel- oder Wandelhallen	X				
▪ Einfache Ruhe- oder Nebenräume		X			
▪ Sprech-, Betreuungs-, Patienten-, Heimzimmer oder Sozialräume mit durchschnittlichen Anforderungen ohne medizintechnische Ausrüstung			X		
▪ Behandlungs- oder Betreuungsbereiche mit medizintechnischer Ausrüstung oder Einrichtung in Kranken-, Therapie-, Rehabilitations- oder Pflegeeinrichtungen, Arztpraxen				X	
▪ Operations-, Kreißsäle, Röntgenräume				X	X
Handel/Gastgewerbe					
▪ Verkaufsstände für vorübergehende Nutzung	X				
▪ Kioske, Verkaufslager, Nebenräume mit einfacher Einrichtung und Ausstattung		X			
▪ Durchschnittliche Laden- oder Gasträume, Einkaufsbereiche, Schnellgaststätten			X		

Objektliste Innenräume	**Honorarzone**				
	I	**II**	**III**	**IV**	**V**
▪ Fachgeschäfte, Boutiquen, Showrooms, Lichtspieltheater, Großküchen				X	
▪ Messestände, bei Verwendung von System- oder Modulbauteilen			X		
▪ Individuelle Messestände				X	
▪ Gasträume, Sanitärbereiche gehobener Gestaltung, zum Beispiel in Restaurants, Bars, Weinstuben, Cafés, Clubräumen				X	
▪ Gast- oder Sanitärbereiche, zum Beispiel in Pensionen oder Hotels mit durchschnittlichen Anforderungen oder Einrichtungen oder Ausstattungen			X		
▪ Gast-, Informations- oder Unterhaltungsbereiche in Hotels mit individueller Gestaltung oder Möblierung oder gehobener Einrichtung oder technischer Ausstattung				X	
Freizeit/Sport					
▪ Neben- oder Wirtschafträume in Sportanlagen oder Schwimmbädern		X			
▪ Schwimmbäder, Fitness-, Wellness- oder Saunaanlagen, Großsportstätten			X	X	
▪ Sport-, Mehrzweck- oder Stadthallen, Gymnastikräume, Tanzschulen			X	X	
Gewerbe/Industrie/Landwirtschaft/Verkehr					
▪ Einfache Hallen oder Werkstätten ohne fachspezifische Einrichtung, Pavillons		X			
▪ Landwirtschaftliche Betriebsbereiche		X	X		
▪ Gewerbebereiche, Werkstätten mit technischer oder maschineller Einrichtung			X	X	
▪ Umfassende Fabrikations- oder Produktionsanlagen				X	
▪ Räume in Tiefgaragen, Unterführungen		X			
▪ Gast- oder Betriebsbereiche in Flughäfen, Bahnhöfen				X	X
Kultur-/Sakralbauten					
▪ Kultur- oder Sakralbereiche, Kirchenräume				X	X
▪ Individuell gestaltete Ausstellungs-, Museums- oder Theaterbereiche				X	X
▪ Konzert- oder Theatersäle, Studioräume für Rundfunk, Fernsehen oder Theater					X

Anlage 11 (zu § 39 Absatz 4, § 40 Absatz 5) Grundleistungen im Leistungsbild Freianlagen, Besondere Leistungen, Objektliste

11.1 Leistungsbild Freianlagen

Grundleistungen / **Besondere Leistungen**

LPH 1 Grundlagenermittlung

Grundleistungen

a) Klären der Aufgabenstellung aufgrund der Vorgaben oder der Bedarfsplanung des Auftraggebers oder vorliegender Planungs- und Genehmigungsunterlagen
b) Ortsbesichtigung
c) Beraten zum gesamten Leistungs- und Untersuchungsbedarf
d) Formulieren von Entscheidungshilfen für die Auswahl anderer an der Planung fachlich Beteiligter
e) Zusammenfassen, Erläutern und Dokumentieren der Ergebnisse

Besondere Leistungen

- Mitwirken bei der öffentlichen Erschließung
- Kartieren und Untersuchen des Bestandes, Floristische oder faunistische Kartierungen
- Begutachtung des Standortes mit besonderen Methoden, zum Beispiel Bodenanalysen
- Beschaffen bzw. Aktualisieren bestehender Planunterlagen, Erstellen von Bestandskarten

LPH 2 Vorplanung (Projekt- und Planungsvorbereitung)

Grundleistungen

a) Analysieren der Grundlagen, Abstimmen der Leistungen mit den fachlich an der Planung Beteiligten
b) Abstimmen der Zielvorstellungen
c) Erfassen, Bewerten und Erläutern der Wechselwirkungen im Ökosystem
d) Erarbeiten eines Planungskonzepts einschließlich Untersuchen und Bewerten von Varianten nach gleichen Anforderungen unter Berücksichtigung zum Beispiel
   - der Topographie und der weiteren standörtlichen und ökologischen Rahmenbedingungen,
   - der Umweltbelange einschließlich der natur- und artenschutzrechtlichen Anforderungen und der vegetationstechnischen Bedingungen,
   - der gestalterischen und funktionalen Anforderungen,
   - Klären der wesentlichen Zusammenhänge, Vorgänge und Bedingungen,

Besondere Leistungen

- Umweltfolgenabschätzung
- Bestandsaufnahme, Vermessung
- Fotodokumentationen
- Mitwirken bei der Beantragung von Fördermitteln und Beschäftigungsmaßnahmen
- Erarbeiten von Unterlagen für besondere technische Prüfverfahren
- Beurteilen und Bewerten der vorhandenen Bausubstanz, Bauteile, Materialien, Einbauten oder der zu schützenden oder zu erhaltenden Gehölze oder Vegetationsbestände

Grundleistungen	Besondere Leistungen
▪ Abstimmen oder Koordinieren unter Integration der Beiträge anderer an der Planung fachlich Beteiligter e) Darstellen des Vorentwurfs mit Erläuterungen und Angaben zum terminlichen Ablauf f) Kostenschätzung, zum Beispiel nach DIN 276, Vergleich mit den finanziellen Rahmenbedingungen g) Zusammenfassen, Erläutern und Dokumentieren der Vorplanungsergebnisse	
LPH 3 Entwurfsplanung (System- und Integrationsplanung) a) Erarbeiten der Entwurfsplanung auf Grundlage der Vorplanung unter Vertiefung zum Beispiel der gestalterischen, funktionalen, wirtschaftlichen, standörtlichen, ökologischen, natur- und artenschutzrechtlichen Anforderungen Abstimmen oder Koordinieren unter Integration der Beiträge anderer an der Planung fachlich Beteiligter b) Abstimmen der Planung mit zu beteiligenden Stellen und Behörden c) Darstellen des Entwurfs, zum Beispiel im Maßstab 1:500 bis 1:100, mit erforderlichen Angaben, insbesondere ▪ zur Bepflanzung, ▪ zu Materialien und Ausstattungen, ▪ zu Maßnahmen auf Grund rechtlicher Vorgaben, ▪ zum terminlichen Ablauf d) Objektbeschreibung mit Erläuterung von Ausgleichs- und Ersatzmaßnahmen nach Maßgabe der naturschutzrechtlichen Eingriffsregelung e) Kostenberechnung, zum Beispiel nach DIN 276, einschließlich zugehöriger Mengenermittlung f) Vergleich der Kostenberechnung mit der Kostenschätzung g) Zusammenfassen, Erläutern und Dokumentieren der Entwurfsplanungsergebnisse	▪ Mitwirken beim Beschaffen nachbarlicher Zustimmungen ▪ Erarbeiten besonderer Darstellungen, zum Beispiel Modelle, Perspektiven, Animationen ▪ Beteiligung von externen Initiativ- und Betroffenengruppen bei Planung und Ausführung ▪ Mitwirken bei Beteiligungsverfahren oder Workshops ▪ Mieter- oder Nutzerbefragungen ▪ Erarbeiten von Ausarbeitungen nach den Anforderungen der naturschutzrechtlichen Eingriffsregelung sowie des besonderen Arten- und Biotopschutzrechtes, Eingriffsgutachten, Eingriffs- oder Ausgleichsbilanz nach landesrechtlichen Regelungen ▪ Mitwirken beim Erstellen von Kostenaufstellungen und Planunterlagen für Vermarktung und Vertrieb ▪ Erstellen und Zusammenstellen von Unterlagen für die Beauftragung von Dritten (Sachverständigenbeauftragung) ▪ Mitwirken bei der Beantragung und Abrechnung von Fördermitteln und Beschäftigungsmaßnahmen ▪ Abrufen von Fördermitteln nach Vergleich mit den Ist-Kosten (Baufinanzierungsleistung) ▪ Mitwirken bei der Finanzierungsplanung

Grundleistungen	Besondere Leistungen
	▪ Erstellen einer Kosten-Nutzen-Analyse ▪ Aufstellen und Berechnen von Lebenszykluskosten
LPH 4 Genehmigungsplanung a) Erarbeiten und Zusammenstellen der Vorlagen und Nachweise für öffentlich-rechtliche Genehmigungen oder Zustimmungen einschließlich der Anträge auf Ausnahmen und Befreiungen sowie notwendiger Verhandlungen mit Behörden unter Verwendung der Beiträge anderer an der Planung fachlich Beteiligter b) Einreichen der Vorlagen c) Ergänzen und Anpassen der Planungsunterlagen, Beschreibungen und Berechnungen	▪ Teilnahme an Sitzungen in politischen Gremien oder im Rahmen der Öffentlichkeitsbeteiligung ▪ Erstellen von landschaftspflegerischen Fachbeiträgen oder natur- und artenschutzrechtlichen Beiträgen ▪ Mitwirken beim Einholen von Genehmigungen und Erlaubnissen nach Naturschutz-, Fach- und Satzungsrecht ▪ Erfassen, Bewerten und Darstellen des Bestandes gemäß Ortssatzung ▪ Erstellen von Rodungs- und Baumfällanträgen ▪ Erstellen von Genehmigungsunterlagen und Anträgen nach besonderen Anforderungen ▪ Erstellen eines Überflutungsnachweises für Grundstücke ▪ Prüfen von Unterlagen der Planfeststellung auf Übereinstimmung mit der Planung
LPH 5 Ausführungsplanung a) Erarbeiten der Ausführungsplanung auf Grundlage der Entwurfs- und Genehmigungsplanung bis zur ausführungsreifen Lösung als Grundlage für die weiteren Leistungsphasen b) Erstellen von Plänen oder Beschreibungen, je nach Art des Bauvorhabens zum Beispiel im Maßstab 1:200 bis 1:50 c) Abstimmen oder Koordinieren unter Integration der Beiträge anderer an der Planung fachlich Beteiligter d) Darstellen der Freianlagen mit den für die Ausführung notwendigen Angaben, Detail- oder Konstruktionszeichnungen, insbesondere ▪ zu Oberflächenmaterial, -befestigungen und -relief, ▪ zu ober- und unterirdischen Einbauten und Ausstattungen,	▪ Erarbeitung von Unterlagen für besondere technische Prüfverfahren (zum Beispiel Lastplattendruckversuche) ▪ Auswahl von Pflanzen beim Lieferanten (Erzeuger)

Grundleistungen	Besondere Leistungen
▪ zur Vegetation mit Angaben zu Arten, Sorten und Qualitäten, ▪ zu landschaftspflegerischen, naturschutzfachlichen oder artenschutzrechtlichen Maßnahmen e) Fortschreiben der Angaben zum terminlichen Ablauf f) Fortschreiben der Ausführungsplanung während der Objektausführung	
LPH 6 Vorbereitung der Vergabe a) Aufstellen von Leistungsbeschreibungen mit Leistungsverzeichnissen b) Ermitteln und Zusammenstellen von Mengen auf Grundlage der Ausführungsplanung c) Abstimmen oder Koordinieren der Leistungsbeschreibungen mit den an der Planung fachlich Beteiligten d) Aufstellen eines Terminplans unter Berücksichtigung jahreszeitlicher, bauablaufbedingter und witterungsbedingter Erfordernisse e) Ermitteln der Kosten auf Grundlage der vom Planer bepreisten Leistungsverzeichnisse f) Kostenkontrolle durch Vergleich der vom Planer bepreisten Leistungsverzeichnisse mit der Kostenberechnung g) Zusammenstellen der Vergabeunterlagen	▪ Alternative Leistungsbeschreibung für geschlossene Leistungsbereiche ▪ Besondere Ausarbeitungen, zum Beispiel für Selbsthilfearbeiten
LPH 7 Mitwirkung bei der Vergabe a) Einholen von Angeboten b) Prüfen und Werten der Angebote einschließlich Aufstellen eines Preisspiegels nach Einzelpositionen oder Teilleistungen, Prüfen und Werten der Angebote zusätzlicher und geänderter Leistungen der ausführenden Unternehmen und der Angemessenheit der Preise c) Führen von Bietergesprächen d) Erstellen der Vergabevorschläge, Dokumentation des Vergabeverfahrens e) Zusammenstellen der Vertragsunterlagen	

Grundleistungen	Besondere Leistungen
f) Kostenkontrolle durch Vergleichen der Ausschreibungsergebnisse mit den vom Planer bepreisten Leistungsverzeichnissen und der Kostenberechnung g) Mitwirken bei der Auftragserteilung	
LPH 8 Objektüberwachung (Bauüberwachung) und Dokumentation	
a) Überwachen der Ausführung des Objekts auf Übereinstimmung mit der Genehmigung oder Zustimmung, den Verträgen mit ausführenden Unternehmen, den Ausführungsunterlagen, den einschlägigen Vorschriften sowie mit den allgemein anerkannten Regeln der Technik b) Überprüfen von Pflanzen- und Materiallieferungen c) Abstimmen mit den oder Koordinieren der an der Objektüberwachung fachlich Beteiligten d) Fortschreiben und Überwachen des Terminplans unter Berücksichtigung jahreszeitlicher, bauablaufbedingter und witterungsbedingter Erfordernisse e) Dokumentation des Bauablaufes (zum Beispiel Bautagebuch), Feststellen des Anwuchsergebnisses f) Mitwirken beim Aufmaß mit den bauausführenden Unternehmen g) Rechnungsprüfung einschließlich Prüfen der Aufmaße der ausführenden Unternehmen h) Vergleich der Ergebnisse der Rechnungsprüfungen mit den Auftragssummen einschließlich Nachträgen i) Organisation der Abnahme der Bauleistungen unter Mitwirkung anderer an der Planung und Objektüberwachung fachlich Beteiligter, Feststellung von Mängeln, Abnahmeempfehlung für den Auftraggeber j) Antrag auf öffentlich-rechtliche Abnahmen und Teilnahme daran k) Übergabe des Objekts l) Überwachen der Beseitigung der bei der Abnahme festgestellten Mängel	▪ Dokumentation des Bauablaufs nach besonderen Anforderungen des Auftraggebers ▪ fachliches Mitwirken bei Gerichtsverfahren ▪ Bauoberleitung, künstlerische Oberleitung ▪ Erstellen einer Freianlagenbestandsdokumentation

Grundleistungen	Besondere Leistungen
m) Auflisten der Verjährungsfristen für Mängelansprüche n) Überwachen der Fertigstellungspflege bei vegetationstechnischen Maßnahmen o) Kostenkontrolle durch Überprüfen der Leistungsabrechnung der bauausführenden Unternehmen im Vergleich zu den Vertragspreisen p) Kostenfeststellung, zum Beispiel nach DIN 276 q) Systematische Zusammenstellung der Dokumentation, zeichnerischen Darstellungen und rechnerischen Ergebnisse des Objekts	
LPH 9 Objektbetreuung	
a) Fachliche Bewertung der innerhalb der Verjährungsfristen für Gewährleistungsansprüche festgestellten Mängel, längstens jedoch bis zum Ablauf von 5 Jahren seit Abnahme der Leistung, einschließlich notwendiger Begehungen b) Objektbegehung zur Mängelfeststellung vor Ablauf der Verjährungsfristen für Mängelansprüche gegenüber den ausführenden Unternehmen c) Mitwirken bei der Freigabe von Sicherheitsleistungen	▪ Überwachung der Entwicklungs- und Unterhaltungspflege ▪ Überwachen von Wartungsleistungen ▪ Überwachen der Mängelbeseitigung innerhalb der Verjährungsfrist

11.2 Objektliste Freianlagen

Nachstehende Freianlagen werden in der Regel folgenden Honorarzonen zugeordnet:

Objekte	Honorarzone I	II	III	IV	V
In der freien Landschaft					
▪ einfache Geländegestaltung	X				
▪ Einsaaten in der freien Landschaft	X				
▪ Pflanzungen in der freien Landschaft oder Windschutzpflanzungen, mit sehr geringen oder geringen Anforderungen	X	X			
▪ Pflanzungen in der freien Landschaft mit natur- und artenschutzrechtlichen Anforderungen (Kompensationserfordernissen)			X		
▪ Flächen für den Arten- und Biotopschutz mit differenzierten Gestaltungsansprüchen oder mit Biotopverbundfunktion				X	
▪ Naturnahe Gewässer- und Ufergestaltung			X		
▪ Geländegestaltungen und Pflanzungen für Deponien, Halden und Entnahmestellen mit geringen oder durchschnittlichen Anforderungen		X	X		
▪ Freiflächen mit einfachem Ausbau bei kleineren Siedlungen, bei Einzelbauwerken und bei landwirtschaftlichen Aussiedlungen		X			
▪ Begleitgrün zu Objekten, Bauwerken und Anlagen mit geringen oder durchschnittlichen Anforderungen		X	X		
In Stadt- und Ortslagen					
▪ Grünverbindungen ohne besondere Ausstattung			X		
▪ innerörtliche Grünzüge, Grünverbindungen mit besonderer Ausstattung				X	
▪ Freizeitparks und Parkanlagen				X	
▪ Geländegestaltung ohne oder mit Abstützungen			X	X	
▪ Begleitgrün zu Objekten, Bauwerken und Anlagen sowie an Ortsrändern		X	X		
▪ Schulgärten und naturkundliche Lehrpfade und -gebiete				X	
▪ Hausgärten und Gartenhöfe mit Repräsentationsansprüchen				X	X
Gebäudebegrünung					
▪ Terrassen- und Dachgärten					X
▪ Bauwerksbegrünung vertikal und horizontal mit hohen oder sehr hohen Anforderungen				X	X
▪ Innenbegrünung mit hohen oder sehr hohen Anforderungen				X	X
▪ Innenhöfe mit hohen oder sehr hohen Anforderungen				X	X

Objekte	Honorarzone I	II	III	IV	V
Spiel- und Sportanlagen					
▪ Ski- und Rodelhänge ohne oder mit technischer Ausstattung	X	X			
▪ Spielwiesen		X			
▪ Ballspielplätze, Bolzplätze, mit geringen oder durchschnittlichen Anforderungen		X	X		
▪ Sportanlagen in der Landschaft, Parcours, Wettkampfstrecken			X		
▪ Kombinationsspielfelder, Sport-, Tennisplätze und Sportanlagen mit Tennenbelag oder Kunststoff- oder Kunstrasenbelag			X	X	
▪ Spielplätze				X	
▪ Sportanlagen Typ A bis C oder Sportstadien				X	X
▪ Golfplätze mit besonderen natur- und artenschutzrechtlichen Anforderungen oder in stark reliefiertem Geländeumfeld				X	X
▪ Freibäder mit besonderen Anforderungen, Schwimmteiche				X	X
▪ Schul- und Pausenhöfe mit Spiel- und Bewegungsangebot				X	
Sonderanlagen					
▪ Freilichtbühnen				X	
▪ Zelt- oder Camping- oder Badeplätze, mit durchschnittlicher oder hoher Ausstattung oder Kleingartenanlagen			X	X	
Objekte					
▪ Friedhöfe, Ehrenmale, Gedenkstätten, mit hoher oder sehr hoher Ausstattung				X	X
▪ Zoologische und botanische Gärten					X
▪ Lärmschutzeinrichtungen				X	
▪ Garten- und Hallenschauen					X
▪ Freiflächen im Zusammenhang mit historischen Anlagen, historische Park- und Gartenanlagen, Gartendenkmale					X
Sonstige Freianlagen					
▪ Freiflächen mit Bauwerksbezug, mit durchschnittlichen topographischen Verhältnissen oder durchschnittlicher Ausstattung			X		
▪ Freiflächen mit Bauwerksbezug, mit schwierigen oder besonders schwierigen topographischen Verhältnissen oder hoher oder sehr hoher Ausstattung				X	X
▪ Fußgängerbereiche und Stadtplätze mit hoher oder sehr hoher Ausstattungsintensität				X	X

Anlage 12 (zu § 43 Absatz 4, § 48[55] Absatz 5) Grundleistungen im Leistungsbild Ingenieurbauwerke, Besondere Leistungen, Objektliste

12.1 Leistungsbild Ingenieurbauwerke

Grundleistungen	Besondere Leistungen
LPH 1 Grundlagenermittlung	
a) Klären der Aufgabenstellung aufgrund der Vorgaben oder der Bedarfsplanung des Auftraggebers b) Ermitteln der Planungsrandbedingungen sowie Beraten zum gesamten Leistungsbedarf c) Formulieren von Entscheidungshilfen für die Auswahl anderer an der Planung fachlich Beteiligter d) bei Objekten nach § 41 Nummer 6 und 7, die eine Tragwerksplanung erfordern: Klären der Aufgabenstellung auch auf dem Gebiet der Tragwerksplanung e) Ortsbesichtigung f) Zusammenfassen, Erläutern und Dokumentieren der Ergebnisse	▪ Auswahl und Besichtigung ähnlicher Objekte
LPH 2 Vorplanung	
a) Analysieren der Grundlagen b) Abstimmen der Zielvorstellungen auf die öffentlich-rechtlichen Randbedingungen sowie Planungen Dritter c) Untersuchen von Lösungsmöglichkeiten mit ihren Einflüssen auf bauliche und konstruktive Gestaltung, Zweckmäßigkeit, Wirtschaftlichkeit unter Beachtung der Umweltverträglichkeit d) Beschaffen und Auswerten amtlicher Karten e) Erarbeiten eines Planungskonzepts einschließlich Untersuchung der alternativen Lösungsmöglichkeiten nach gleichen Anforderungen mit zeichnerischer Darstellung und Bewertung unter Einarbeitung der Beiträge anderer an der Planung fachlich Beteiligter	▪ Erstellen von Leitungsbestandsplänen ▪ vertiefte Untersuchungen zum Nachweis von Nachhaltigkeitsaspekten ▪ Anfertigen von Nutzen-Kosten-Untersuchungen ▪ Wirtschaftlichkeitsprüfung ▪ Beschaffen von Auszügen aus Grundbuch, Kataster und anderen amtlichen Unterlagen

55 Hierbei handelt es sich nach Auffassung der Autoren um einen redaktionellen Fehler des Verordnungsgebers. Korrekterweise müsste hier auf § 44 Absatz 5 Bezug genommen werden.

Grundleistungen	Besondere Leistungen
f) Klären und Erläutern der wesentlichen fachspezifischen Zusammenhänge, Vorgänge und Bedingungen g) Vorabstimmen mit Behörden und anderen an der Planung fachlich Beteiligten über die Genehmigungsfähigkeit, gegebenenfalls Mitwirken bei Verhandlungen über die Bezuschussung und Kostenbeteiligung h) Mitwirken beim Erläutern des Planungskonzepts gegenüber Dritten an bis zu zwei Terminen i) Überarbeiten des Planungskonzepts nach Bedenken und Anregungen j) Kostenschätzung, Vergleich mit den finanziellen Rahmenbedingungen k) Zusammenfassen, Erläutern und Dokumentieren der Ergebnisse	
LPH 3 Entwurfsplanung a) Erarbeiten des Entwurfs auf Grundlage der Vorplanung durch zeichnerische Darstellung im erforderlichen Umfang und Detaillierungsgrad unter Berücksichtigung aller fachspezifischen Anforderungen, Bereitstellen der Arbeitsergebnisse als Grundlage für die anderen an der Planung fachlich Beteiligten sowie Integration und Koordination der Fachplanungen b) Erläuterungsbericht unter Verwendung der Beiträge anderer an der Planung fachlich Beteiligter c) fachspezifische Berechnungen ausgenommen Berechnungen aus anderen Leistungsbildern d) Ermitteln und Begründen der zuwendungsfähigen Kosten, Mitwirken beim Aufstellen des Finanzierungsplans sowie Vorbereiten der Anträge auf Finanzierung e) Mitwirken beim Erläutern des vorläufigen Entwurfs gegenüber Dritten an bis zu drei Terminen, Überarbeiten des vorläufigen Entwurfs auf Grund von Bedenken und Anregungen	▪ Fortschreiben von Nutzen-Kosten-Untersuchungen ▪ Mitwirken bei Verwaltungsvereinbarungen ▪ Nachweis der zwingenden Gründe des überwiegenden öffentlichen Interesses der Notwendigkeit der Maßnahme (zum Beispiel Gebiets- und Artenschutz gemäß der Richtlinie 92/43/EWG des Rates vom 21. Mai 1992 zur Erhaltung der natürlichen Lebensräume sowie der wildlebenden Tiere und Pflanzen (ABl. L 206 vom 22.07.1992, S. 7) ▪ Fiktivkostenberechnungen (Kostenteilung)

Grundleistungen	Besondere Leistungen
f) Vorabstimmen der Genehmigungsfähigkeit mit Behörden und anderen an der Planung fachlich Beteiligten g) Kostenberechnung einschließlich zugehöriger Mengenermittlung, Vergleich der Kostenberechnung mit der Kostenschätzung h) Ermitteln der wesentlichen Bauphasen unter Berücksichtigung der Verkehrslenkung und der Aufrechterhaltung des Betriebes während der Bauzeit i) Bauzeiten- und Kostenplan j) Zusammenfassen, Erläutern und Dokumentieren der Ergebnisse	
LPH 4 Genehmigungsplanung	
a) Erarbeiten und Zusammenstellen der Unterlagen für die erforderlichen öffentlich-rechtlichen Verfahren oder Genehmigungsverfahren einschließlich der Anträge auf Ausnahmen und Befreiungen, Aufstellen des Bauwerksverzeichnisses unter Verwendung der Beiträge anderer an der Planung fachlich Beteiligter b) Erstellen des Grunderwerbsplanes und des Grunderwerbsverzeichnisses unter Verwendung der Beiträge anderer an der Planung fachlich Beteiligter c) Vervollständigen und Anpassen der Planungsunterlagen, Beschreibungen und Berechnungen unter Verwendung der Beiträge anderer an der Planung fachlich Beteiligter d) Abstimmen mit Behörden e) Mitwirken in Genehmigungsverfahren einschließlich der Teilnahme an bis zu vier Erläuterungs-, Erörterungsterminen f) Mitwirken beim Abfassen von Stellungnahmen zu Bedenken und Anregungen in bis zu zehn Kategorien	▪ Mitwirken bei der Beschaffung der Zustimmung von Betroffenen

Grundleistungen	Besondere Leistungen
LPH 5 Ausführungsplanung	
a) Erarbeiten der Ausführungsplanung auf Grundlage der Ergebnisse der Leistungsphasen 3 und 4 unter Berücksichtigung aller fachspezifischen Anforderungen und Verwendung der Beiträge anderer an der Planung fachlich Beteiligter bis zur ausführungsreifen Lösung b) Zeichnerische Darstellung, Erläuterungen und zur Objektplanung gehörige Berechnungen mit allen für die Ausführung notwendigen Einzelangaben einschließlich Detailzeichnungen in den erforderlichen Maßstäben c) Bereitstellen der Arbeitsergebnisse als Grundlage für die anderen an der Planung fachlich Beteiligten und Integrieren ihrer Beiträge bis zur ausführungsreifen Lösung d) Vervollständigen der Ausführungsplanung während der Objektausführung	▪ Objektübergreifende, integrierte Bauablaufplanung ▪ Koordination des Gesamtprojekts ▪ Aufstellen von Ablauf- und Netzplänen ▪ Planen von Anlagen der Verfahrens- und Prozesstechnik für Ingenieurbauwerke gemäß § 41 Nummer 1 bis 3 und 5, die dem Auftragnehmer übertragen werden, der auch die Grundleistungen für die jeweiligen Ingenieurbauwerke erbringt
LPH 6 Vorbereiten der Vergabe	
a) Ermitteln von Mengen nach Einzelpositionen unter Verwendung der Beiträge anderer an der Planung fachlich Beteiligter b) Aufstellen der Vergabeunterlagen, insbesondere Anfertigen der Leistungsbeschreibungen mit Leistungsverzeichnissen sowie der Besonderen Vertragsbedingungen c) Abstimmen und Koordinieren der Schnittstellen zu den Leistungsbeschreibungen der anderen an der Planung fachlich Beteiligten d) Festlegen der wesentlichen Ausführungsphasen e) Ermitteln der Kosten auf Grundlage der vom Planer (Entwurfsverfasser) bepreisten Leistungsverzeichnisse f) Kostenkontrolle durch Vergleich der vom Planer (Entwurfsverfasser) bepreisten Leistungsverzeichnisse mit der Kostenberechnung g) Zusammenstellen der Vergabeunterlagen	▪ detaillierte Planung von Bauphasen bei besonderen Anforderungen

Grundleistungen	Besondere Leistungen
LPH 7 Mitwirken bei der Vergabe a) Einholen von Angeboten b) Prüfen und Werten der Angebote, Aufstellen des Preisspiegels c) Abstimmen und Zusammenstellen der Leistungen der fachlich Beteiligten, die an der Vergabe mitwirken d) Führen von Bietergesprächen e) Erstellen der Vergabevorschläge, Dokumentation des Vergabeverfahrens f) Zusammenstellen der Vertragsunterlagen g) Vergleichen der Ausschreibungsergebnisse mit den vom Planer bepreisten Leistungsverzeichnissen und der Kostenberechnung h) Mitwirken bei der Auftragserteilung	▪ Prüfen und Werten von Nebenangeboten

LPH 8 Bauoberleitung
a) Aufsicht über die örtliche Bauüberwachung, Koordinierung der an der Objektüberwachung fachlich Beteiligten, einmaliges Prüfen von Plänen auf Übereinstimmung mit dem auszuführenden Objekt und Mitwirken bei deren Freigabe
b) Aufstellen, Fortschreiben und Überwachen eines Terminplans (Balkendiagramm)
c) Veranlassen und Mitwirken beim Inverzugsetzen der ausführenden Unternehmen
d) Kostenfeststellung, Vergleich der Kostenfeststellung mit der Auftragssumme
e) Abnahme von Bauleistungen, Leistungen und Lieferungen unter Mitwirkung der örtlichen Bauüberwachung und anderer an der Planung und Objektüberwachung fachlich Beteiligter, Feststellen von Mängeln, Fertigung einer Niederschrift über das Ergebnis der Abnahme
f) Überwachen der Prüfungen der Funktionsfähigkeit der Anlagenteile und der Gesamtanlage
g) Antrag auf behördliche Abnahmen und Teilnahme daran
h) Übergabe des Objekts
	▪ Kostenkontrolle
	▪ Prüfen von Nachträgen
	▪ Erstellen eines Bauwerksbuchs
	▪ Erstellen von Bestandsplänen
	▪ örtliche Bauüberwachung:
	  ▪ Plausibilitätsprüfung der Absteckung
	  ▪ Überwachen der Ausführung der Bauleistungen
	    ▪ Mitwirken beim Einweisen des Auftragnehmers in die Baumaßnahme (Bauanlaufbesprechung)
	    ▪ Überwachen der Ausführung des Objektes auf Übereinstimmung mit den zur Ausführung freigegebenen Unterlagen, dem Bauvertrag und den Vorgaben des Auftraggebers
	    ▪ Prüfen und Bewerten der Berechtigung von Nachträgen
	    ▪ Durchführen oder Veranlassen von Kontrollprüfungen
	    ▪ Überwachen der Beseitigung der bei der Abnahme der Leistungen festgestellten Mängel
	    ▪ Dokumentation des Bauablaufs
	  ▪ Mitwirken beim Aufmaß mit den ausführenden Unternehmen und Prüfen der Aufmaße
	  ▪ Mitwirken bei behördlichen Abnahmen

Grundleistungen

i) Auflisten der Verjährungsfristen der Mängelansprüche
j) Zusammenstellen und Übergeben der Dokumentation des Bauablaufs, der Bestandsunterlagen und der Wartungsvorschriften

Besondere Leistungen

- Mitwirken bei der Abnahme von Leistungen und Lieferungen
- Rechnungsprüfung, Vergleich der Ergebnisse der Rechnungsprüfungen mit der Auftragssumme
- Mitwirken beim Überwachen der Prüfung der Funktionsfähigkeit der Anlagenteile und der Gesamtanlage
- Überwachen der Ausführung von Tragwerken nach Anlage 14.2 Honorarzone I und II mit sehr geringen und geringen Planungsanforderungen auf Übereinstimmung mit dem Standsicherheitsnachweis

LPH 9 Objektbetreuung

a) Fachliche Bewertung der innerhalb der Verjährungsfristen für Gewährleistungsansprüche festgestellten Mängel, längstens jedoch bis zum Ablauf von fünf Jahren seit Abnahme der Leistung, einschließlich notwendiger Begehungen
b) Objektbegehung zur Mängelfeststellung vor Ablauf der Verjährungsfristen für Mängelansprüche gegenüber den ausführenden Unternehmen
c) Mitwirken bei der Freigabe von Sicherheitsleistungen

- Überwachen der Mängelbeseitigung innerhalb der Verjährungsfrist

12.2 Objektliste Ingenieurbauwerke

Nachstehende Objekte werden in der Regel folgenden Honorarzonen zugerechnet:

Gruppe 1 – Bauwerke und Anlagen der Wasserversorgung	**Honorarzone**				
	I	**II**	**III**	**IV**	**V**
▪ Zisternen	X				
▪ einfache Anlagen zur Gewinnung und Förderung von Wasser, zum Beispiel Quellfassungen, Schachtbrunnen		X			
▪ Tiefbrunnen			X		
▪ Brunnengalerien und Horizontalbrunnen				X	
▪ Leitungen für Wasser ohne Zwangspunkte	X				
▪ Leitungen für Wasser mit geringen Verknüpfungen und wenigen Zwangspunkten		X			
▪ Leitungen für Wasser mit zahlreichen Verknüpfungen und mehreren Zwangspunkten			X		
▪ Einfache Leitungsnetze für Wasser		X			
▪ Leitungsnetze mit mehreren Verknüpfungen und zahlreichen Zwangspunkten und mit einer Druckzone			X		
▪ Leitungsnetze für Wasser mit zahlreichen Verknüpfungen und zahlreichen Zwangspunkten				X	
▪ einfache Anlagen zur Speicherung von Wasser, zum Beispiel Behälter in Fertigbauweise, Feuerlöschbecken		X			
▪ Speicherbehälter			X		
▪ Speicherbehälter in Turmbaumweise[56]				X	
▪ einfache Wasseraufbereitungsanlagen und Anlagen mit mechanischen Verfahren, Pumpwerke und Druckerhöhungsanlagen			X		
▪ Wasseraufbereitungsanlagen mit physikalischen und chemischen Verfahren, schwierige Pumpwerke und Druckerhöhungsanlagen				X	
▪ Bauwerke und Anlagen mehrstufiger oder kombinierter Verfahren der Wasseraufbereitung					X

56 Hier handelt es sich offensichtlich um einen Rechtschreibfehler im Verordnungstext. Es muss „Turmbauweise“ heißen.

Gruppe 2 – Bauwerke und Anlagen der Abwasserentsorgung mit Ausnahme Entwässerungsanlagen, die der Zweckbestimmung der Verkehrsanlagen dienen, und Regenwasserversickerung (Abgrenzung zu Freianlagen)	**Honorarzone**				
	I	**II**	**III**	**IV**	**V**
▪ Leitungen für Abwasser ohne Zwangspunkte	X				
▪ Leitungen für Abwasser mit geringen Verknüpfungen und wenigen Zwangspunkten		X			
▪ Leitungen für Abwasser mit zahlreichen Verknüpfungen und zahlreichen Zwangspunkten			X		
▪ einfache Leitungsnetze für Abwasser		X			
▪ Leitungsnetze für Abwasser mit mehreren Verknüpfungen und mehreren Zwangspunkten			X		
▪ Leitungsnetze für Abwasser mit zahlreichen Zwangspunkten				X	
▪ Erdbecken als Regenrückhaltebecken		X			
▪ Regenbecken und Kanalstauräume mit geringen Verknüpfungen und wenigen Zwangspunkten			X		
▪ Regenbecken und Kanalstauräume mit zahlreichen Verknüpfungen und zahlreichen Zwangspunkten, kombinierte Regenwasserbewirtschaftungsanlagen				X	
▪ Schlammabsetzanlagen, Schlammpolder		X			
▪ Schlammabsetzanlagen mit mechanischen Einrichtungen			X		
▪ Schlammbehandlungsanlagen				X	
▪ Bauwerke und Anlagen für mehrstufige oder kombinierte Verfahren der Schlammbehandlung					X
▪ Industriell systematisierte Abwasserbehandlungsanlagen, einfache Pumpwerke und Hebeanlagen		X			
▪ Abwasserbehandlungsanlagen mit gemeinsamer aerober Stabilisierung, Pumpwerke und Hebeanlagen			X		
▪ Abwasserbehandlungsanlagen, schwierige Pumpwerke und Hebeanlagen				X	
▪ schwierige Abwasserbehandlungsanlagen					X

Gruppe 3 – Bauwerke und Anlagen des Wasserbaus ausgenommen Freianlagen nach § 39 Absatz 1	**Honorarzone**				
	I	**II**	**III**	**IV**	**V**
▪ Berieselung und rohrlose Dränung, flächenhafter Erdbau mit unterschiedlichen Schütthöhen oder Materialien		X			
▪ Beregnung und Rohrdränung			X		
▪ Beregnung und Rohrdränung bei ungleichmäßigen Boden- und schwierigen Geländeverhältnissen				X	
▪ Einzelgewässer mit gleichförmigem ungegliedertem Querschnitt ohne Zwangspunkte, ausgenommen Einzelgewässer mit überwiegend ökologischen und landschaftsgestalterischen Elementen	X				
▪ Einzelgewässer mit gleichförmigem gegliedertem Querschnitt und einigen Zwangspunkten		X			
▪ Einzelgewässer mit ungleichförmigem ungegliedertem Querschnitt und einigen Zwangspunkten, Gewässersysteme mit einigen Zwangspunkten			X		

Gruppe 3 – Bauwerke und Anlagen des Wasserbaus	**Honorarzone**				
ausgenommen Freianlagen nach § 39 Absatz 1	**I**	**II**	**III**	**IV**	**V**
▪ Einzelgewässer mit ungleichförmigem gegliedertem Querschnitt und vielen Zwangspunkten, Gewässersysteme mit vielen Zwangspunkten, besonders schwieriger Gewässerausbau mit sehr hohen technischen Anforderungen und ökologischen Ausgleichsmaßnahmen				X	
▪ Teiche bis 3 m Dammhöhe über Sohle ohne Hochwasserentlastung ausgenommen Teiche ohne Dämme	X				
▪ Teiche mit mehr als 3 m Dammhöhe über Sohle ohne Hochwasserentlastung, Teiche bis 3 m Dammhöhe über Sohle mit Hochwasserentlastung		X			
▪ Hochwasserrückhaltebecken und Talsperren bis 5 m Dammhöhe über Sohle oder bis 100.000 m^3 Speicherraum			X		
▪ Hochwasserrückhaltebecken und Talsperren mit mehr als 100.000 m^3 und weniger als 5.000.000 m^3 Speicherraum				X	
▪ Hochwasserrückhaltebecken und Talsperren mit mehr als 5.000.000 m^3 Speicherraum					X
▪ Deich und Dammbauten		X			
▪ schwierige Deich- und Dammbauten			X		
▪ besonders schwierige Deich- und Dammbauten				X	
▪ einfache Pumpanlagen, Pumpwerke und Schöpfwerke		X			
▪ Pump- und Schöpfwerke, Siele			X		
▪ schwierige Pump- und Schöpfwerke				X	
▪ Einfache Durchlässe	X				
▪ Durchlässe und Düker		X			
▪ schwierige Durchlässe und Düker			X		
▪ Besonders schwierige Durchlässe und Düker				X	
▪ einfache feste Wehre		X			
▪ feste Wehre			X		
▪ einfache bewegliche Wehre			X		
▪ bewegliche Wehre				X	
▪ einfache Sperrwerke und Sperrtore			X		
▪ Sperrwerke				X	
▪ Kleinwasserkraftanlagen			X		
▪ Wasserkraftanlagen				X	
▪ Schwierige Wasserkraftanlagen, zum Beispiel Pumpspeicherwerke oder Kavernenkraftwerke					X
▪ Fangedämme, Hochwasserwände			X		
▪ Fangedämme, Hochwasserschutzwände in schwieriger Bauweise				X	
▪ eingeschwommene Senkkästen, schwierige Fangedämme, Wellenbrecher					X

Gruppe 3 – Bauwerke und Anlagen des Wasserbaus ausgenommen Freianlagen nach § 39 Absatz 1	Honorarzone I	II	III	IV	V
▪ Bootsanlegestellen mit Dalben, Leitwänden, Festmacher- und Fenderanlagen an stehenden Gewässern	X				
▪ Bootsanlegestellen mit Dalben, Leitwänden, Festmacher- und Fenderanlagen an fließenden Gewässern, einfache Schiffslösch- und -ladestellen, einfache Kaimauern und Piers		X			
▪ Schiffslösch- und -ladestellen, Häfen, jeweils mit Dalben, Leitwänden, Festmacher- und Fenderanlagen mit hohen Belastungen, Kaimauern und Piers			X		
▪ Schiffsanlege-, -lösch- und -ladestellen bei Tide oder Hochwasserbeeinflussung, Häfen bei Tide- und Hochwasserbeeinflussung, schwierige Kaimauern und Piers				X	
▪ Schwierige schwimmende Schiffsanleger, bewegliche Verladebrücken					X
▪ Einfache Uferbefestigungen	X				
▪ Uferwände und -mauern		X			
▪ Schwierige Uferwände und -mauern, Ufer- und Sohlensicherung an Wasserstraßen			X		
▪ Schifffahrtskanäle mit Dalben, Leitwänden, bei einfachen Bedingungen			X		
▪ Schifffahrtskanäle mit Dalben, Leitwänden, bei schwierigen Bedingungen in Dammstrecken, mit Kreuzungsbauwerken				X	
▪ Kanalbrücken					X
▪ einfache Schiffsschleusen, Bootsschleusen		X			
▪ Schiffsschleusen bei geringen Hubhöhen			X		
▪ Schiffsschleusen bei großen Hubhöhen und Sparschleusen				X	
▪ Schiffshebewerke					X
▪ Werftanlagen, einfache Docks			X		
▪ schwierige Docks				X	
▪ Schwimmdocks					X

Gruppe 4 – Bauwerke und Anlagen für Ver- und Entsorgung mit Gasen, Energieträgern, Feststoffen einschließlich wassergefährdenden Flüssigkeiten, ausgenommen Anlagen nach § 53 Absatz 2	Honorarzone I	II	III	IV	V
▪ Transportleitungen für Fernwärme, wassergefährdende Flüssigkeiten und Gase ohne Zwangspunkte	X				
▪ Transportleitungen für Fernwärme, wassergefährdende Flüssigkeiten und Gase mit geringen Verknüpfungen und wenigen Zwangspunkten		X			
▪ Transportleitungen für Fernwärme, wassergefährdende Flüssigkeiten und Gase mit zahlreichen Verknüpfungen oder zahlreichen Zwangspunkten			X		
▪ Transportleitungen für Fernwärme, wassergefährdende Flüssigkeiten und Gase mit zahlreichen Verknüpfungen und zahlreichen Zwangspunkten				X	

Gruppe 4 – Bauwerke und Anlagen für Ver- und Entsorgung mit Gasen, Energieträgern, Feststoffen einschließlich wassergefährdenden Flüssigkeiten, ausgenommen Anlagen nach § 53 Absatz 2	Honorarzone I	II	III	IV	V
▪ Industriell vorgefertigte einstufige Leichtflüssigkeitsabscheider		X			
▪ Einstufige Leichtflüssigkeitsabscheider			X		
▪ mehrstufige Leichtflüssigkeitsabscheider				X	
▪ Leerrohrnetze mit wenigen Verknüpfungen			X		
▪ Leerrohrnetze mit zahlreichen Verknüpfungen				X	
▪ Handelsübliche Fertigbehälter für Tankanlagen	X				
▪ Pumpzentralen für Tankanlagen in Ortbetonbauweise			X		
▪ Anlagen zur Lagerung wassergefährdender Flüssigkeiten in einfachen Fällen			X		

Gruppe 5 – Bauwerke und Anlagen der Abfallentsorgung	Honorarzone I	II	III	IV	V
▪ Zwischenlager, Sammelstellen und Umladestationen offener Bauart für Abfälle oder Wertstoffe ohne Zusatzeinrichtungen	X				
▪ Zwischenlager, Sammelstellen und Umladestationen offener Bauart für Abfälle oder Wertstoffe mit einfachen Zusatzeinrichtungen		X			
▪ Zwischenlager, Sammelstellen und Umladestationen offener Bauart für Abfälle oder Wertstoffe mit schwierigen Zusatzeinrichtungen			X		
▪ Einfache, einstufige Aufbereitungsanlagen für Wertstoffe		X			
▪ Aufbereitungsanlagen für Wertstoffe			X		
▪ Mehrstufige Aufbereitungsanlagen für Wertstoffe				X	
▪ Einfache Bauschuttaufbereitungsanlagen		X			
▪ Bauschuttaufbereitungsanlagen			X		
▪ Bauschuttdeponien ohne besondere Einrichtungen		X			
▪ Bauschuttdeponien			X		
▪ Pflanzenabfall-Kompostierungsanlagen ohne besondere Einrichtungen		X			
▪ Biomüll-Kompostierungsanlagen, Pflanzenabfall-Kompostierungsanlagen			X		
▪ Kompostwerke				X	
▪ Hausmüll- und Monodeponien			X		
▪ Hausmülldeponien und Monodeponien mit schwierigen technischen Anforderungen				X	
▪ Anlagen zur Konditionierung von Sonderabfällen				X	
▪ Verbrennungsanlagen, Pyrolyseanlagen					X
▪ Sonderabfalldeponien				X	
▪ Anlagen für Untertagedeponien				X	
▪ Behälterdeponien				X	
▪ Abdichtung von Altablagerungen und kontaminierten Standorten			X		
▪ Abdichtung von Altablagerungen und kontaminierten Standorten mit schwierigen technischen Anforderungen				X	

Gruppe 5 – Bauwerke und Anlagen der Abfallentsorgung	**Honorarzone**				
	I	II	III	IV	V
▪ Anlagen zur Behandlung kontaminierter Böden einschließlich Bodenluft				X	
▪ einfache Grundwasserdekontaminierungsanlagen				X	
▪ komplexe Grundwasserdekontaminierungsanlagen					X

Gruppe 6 – konstruktive Ingenieurbauwerke für Verkehrsanlagen	**Honorarzone**				
	I	II	III	IV	V
▪ Lärmschutzwälle, ausgenommen Lärmschutzwälle als Mittel der Geländegestaltung	X				
▪ Einfache Lärmschutzanlagen		X			
▪ Lärmschutzanlagen			X		
▪ Lärmschutzanlagen in schwieriger städtebaulicher Situation				X	
▪ Gerade Einfeldbrücken einfacher Bauart		X			
▪ Einfeldbrücken			X		
▪ Einfache Mehrfeld- und Bogenbrücken			X		
▪ Schwierige Einfeld-, Mehrfeld- und Bogenbrücken				X	
▪ Schwierige, längs vorgespannte Stahlverbundkonstruktionen					X
▪ Besonders schwierige Brücken					X
▪ Tunnel- und Trogbauwerke			X		
▪ Schwierige Tunnel- und Trogbauwerke				X	
▪ Besonders schwierige Tunnel- und Trogbauwerke					X
▪ Untergrundbahnhöfe			X		
▪ schwierige Untergrundbahnhöfe				X	
▪ besonders schwierige Untergrundbahnhöfe und Kreuzungsbahnhöfe					X

Gruppe 7 – sonstige Einzelbauwerke sonstige Einzelbauwerke, ausgenommen Gebäude und Freileitungs- und Oberleitungsmaste	**Honorarzone**				
	I	II	III	IV	V
▪ Einfache Schornsteine		X			
▪ Schornsteine			X		
▪ Schwierige Schornsteine				X	
▪ Besonders schwierige Schornsteine					X
▪ Einfache Masten und Türme ohne Aufbauten	X				
▪ Masten und Türme ohne Aufbauten		X			
▪ Masten und Türme mit Aufbauten			X		
▪ Masten und Türme mit Aufbauten und Betriebsgeschoss				X	
▪ Masten und Türme mit Aufbauten, Betriebsgeschoss und Publikumseinrichtungen					X
▪ Einfache Kühltürme			X		
▪ Kühltürme				X	
▪ Schwierige Kühltürme					X

Gruppe 7 – sonstige Einzelbauwerke sonstige Einzelbauwerke, ausgenommen Gebäude und Freileitungs- und Oberleitungsmaste	**Honorarzone**				
	I	**II**	**III**	**IV**	**V**
▪ Versorgungsbauwerke und Schutzrohre in sehr einfachen Fällen ohne Zwangspunkte	X				
▪ Versorgungsbauwerke und Schutzrohre mit zugehörigen Schächten für Versorgungssysteme mit wenigen Zwangspunkten		X			
▪ Versorgungsbauwerke mit zugehörigen Schächten für Versorgungssysteme unter beengten Verhältnissen			X		
▪ Versorgungsbauwerke mit zugehörigen Schächten in schwierigen Fällen für mehrere Medien				X	
▪ Flach gegründete, einzeln stehende Silos ohne Anbauten		X			
▪ Einzeln stehende Silos mit einfachen Anbauten, auch in Gruppenbauweise			X		
▪ Silos mit zusammengefügten Zellenblöcken und Anbauten				X	
▪ Schwierige Windkraftanlagen				X	
▪ Unverankerte Stützbauwerke bei geringen Geländesprüngen ohne Verkehrsbelastung als Mittel zur Geländegestaltung und zur konstruktiven Böschungssicherung	X				
▪ Unverankerte Stützbauwerke bei hohen Geländesprüngen mit Verkehrsbelastungen mit einfachen Baugrund-, Belastungs- und Geländeverhältnissen		X			
▪ Stützbauwerke mit Verankerung oder unverankerte Stützbauwerke bei schwierigen Baugrund-, Belastungs- oder Geländeverhältnissen			X		
▪ Stützbauwerke mit Verankerung und schwierigen Baugrund-, Belastungs- oder Geländeverhältnissen				X	
▪ Stützbauwerke mit Verankerung und ungewöhnlich schwierigen Randbedingungen					X
▪ Schlitz- und Bohrpfahlwände, Trägerbohlwände			X		
▪ Einfache Traggerüste und andere einfache Gerüste			X		
▪ Traggerüste und andere Gerüste				X	
▪ Sehr schwierige Gerüste und sehr hohe oder weit gespannte Traggerüste, verschiebliche (Trag-)Gerüste					X
▪ eigenständige Tiefgaragen, einfache Schacht- und Kavernenbauwerke, einfache Stollenbauten			X		
▪ schwierige eigenständige Tiefgaragen, schwierige Schacht- und Kavernenbauwerke, schwierige Stollenbauwerke				X	
▪ Besonders schwierige Schacht- und Kavernenbauwerke					X

Anlage 13 (zu § 47 Absatz 2, § 48 Absatz 5) Grundleistungen im Leistungsbild Verkehrsanlagen, Besondere Leistungen, Objektliste

13.1 Leistungsbild Verkehrsanlagen

Grundleistungen	Besondere Leistungen
LPH 1 Grundlagenermittlung	
a) Klären der Aufgabenstellung aufgrund der Vorgaben oder der Bedarfsplanung des Auftraggebers b) Ermitteln der Planungsrandbedingungen sowie Beraten zum gesamten Leistungsbedarf c) Formulieren von Entscheidungshilfen für die Auswahl anderer an der Planung fachlich Beteiligter d) Ortsbesichtigung e) Zusammenfassen, Erläutern und Dokumentieren der Ergebnisse	▪ Ermitteln besonderer, in den Normen nicht festgelegter Einwirkungen ▪ Auswahl und Besichtigen ähnlicher Objekte
LPH 2 Vorplanung	
a) Beschaffen und Auswerten amtlicher Karten b) Analysieren der Grundlagen c) Abstimmen der Zielvorstellungen auf die öffentlich-rechtlichen Randbedingungen sowie Planungen Dritter d) Untersuchen von Lösungsmöglichkeiten mit ihren Einflüssen auf bauliche und konstruktive Gestaltung, Zweckmäßigkeit, Wirtschaftlichkeit unter Beachtung der Umweltverträglichkeit e) Erarbeiten eines Planungskonzepts einschließlich Untersuchung von bis zu 3 Varianten nach gleichen Anforderungen mit zeichnerischer Darstellung und Bewertung unter Einarbeitung der Beiträge anderer an der Planung fachlich Beteiligter Überschlägige verkehrstechnische Bemessung der Verkehrsanlage, Ermitteln der Schallimmissionen von der Verkehrsanlage an kritischen Stellen nach Tabellenwerten Untersuchen der möglichen Schallschutzmaßnahmen, ausgenommen detaillierte schalltechnische Untersuchungen	▪ Erstellen von Leitungsbestandsplänen ▪ Untersuchungen zur Nachhaltigkeit ▪ Anfertigen von Nutzen-Kosten-Untersuchungen ▪ Wirtschaftlichkeitsprüfung ▪ Beschaffen von Auszügen aus Grundbuch, Kataster und anderen amtlichen Unterlagen

Grundleistungen	Besondere Leistungen
f) Klären und Erläutern der wesentlichen fachspezifischen Zusammenhänge, Vorgänge und Bedingungen g) Vorabstimmen mit Behörden und anderen an der Planung fachlich Beteiligten über die Genehmigungsfähigkeit, gegebenenfalls Mitwirken bei Verhandlungen über die Bezuschussung und Kostenbeteiligung h) Mitwirken beim Erläutern des Planungskonzepts gegenüber Dritten an bis zu 2 Terminen i) Überarbeiten des Planungskonzepts nach Bedenken und Anregungen j) Bereitstellen von Unterlagen als Auszüge aus der Voruntersuchung zur Verwendung für ein Raumordnungsverfahren k) Kostenschätzung, Vergleich mit den finanziellen Rahmenbedingungen l) Zusammenfassen, Erläutern und Dokumentieren	
LPH 3 Entwurfsplanung	
a) Erarbeiten des Entwurfs auf Grundlage der Vorplanung durch zeichnerische Darstellung im erforderlichen Umfang und Detaillierungsgrad unter Berücksichtigung aller fachspezifischen Anforderungen Bereitstellen der Arbeitsergebnisse als Grundlage für die anderen an der Planung fachlich Beteiligten sowie Integration und Koordination der Fachplanungen b) Erläuterungsbericht unter Verwendung der Beiträge anderer an der Planung fachlich Beteiligter c) Fachspezifische Berechnungen, ausgenommen Berechnungen aus anderen Leistungsbildern d) Ermitteln der zuwendungsfähigen Kosten, Mitwirken beim Aufstellen des Finanzierungsplans sowie Vorbereiten der Anträge auf Finanzierung	▪ Fortschreiben von Nutzen-Kosten-Untersuchungen ▪ Detaillierte signaltechnische Berechnung ▪ Mitwirken bei Verwaltungsvereinbarungen ▪ Nachweis der zwingenden Gründe des überwiegenden öffentlichen Interesses der Notwendigkeit der Maßnahme (zum Beispiel Gebiets- und Artenschutz gemäß der Richtlinie 92/43/EWG des Rates vom 21. Mai 1992 zur Erhaltung der natürlichen Lebensräume sowie der wild lebenden Tiere und Pflanzen (ABl. L 206 vom 22.07.1992, S. 7) ▪ Fiktivkostenberechnungen (Kostenteilung)

Grundleistungen	Besondere Leistungen
e) Mitwirken beim Erläutern des vorläufigen Entwurfs gegenüber Dritten an bis zu drei Terminen, Überarbeiten des vorläufigen Entwurfs auf Grund von Bedenken und Anregungen f) Vorabstimmen der Genehmigungsfähigkeit mit Behörden und anderen an der Planung fachlich Beteiligten g) Kostenberechnung einschließlich zugehöriger Mengenermittlung, Vergleich der Kostenberechnung mit der Kostenschätzung h) Überschlägige Festlegung der Abmessungen von Ingenieurbauwerken i) Ermitteln der Schallimmissionen von der Verkehrsanlage nach Tabellenwerten; Festlegen der erforderlichen Schallschutzmaßnahmen an der Verkehrsanlage, gegebenenfalls unter Einarbeitung der Ergebnisse detaillierter schalltechnischer Untersuchungen und Feststellen der Notwendigkeit von Schallschutzmaßnahmen an betroffenen Gebäuden j) Rechnerische Festlegung des Objekts k) Darlegen der Auswirkungen auf Zwangspunkte l) Nachweis der Lichtraumprofile m) Ermitteln der wesentlichen Bauphasen unter Berücksichtigung der Verkehrslenkung und der Aufrechterhaltung des Betriebs während der Bauzeit n) Bauzeiten- und Kostenplan o) Zusammenfassen, Erläutern und Dokumentieren der Ergebnisse	
LPH 4 Genehmigungsplanung	
a) Erarbeiten und Zusammenstellen der Unterlagen für die erforderlichen öffentlich-rechtlichen Verfahren oder Genehmigungsverfahren einschließlich der Anträge auf Ausnahmen und Befreiungen, Aufstellen des Bauwerksverzeichnisses unter Verwendung der Beiträge anderer an der Planung fachlich Beteiligter	▪ Mitwirken bei der Beschaffung der Zustimmung von Betroffenen

Grundleistungen	Besondere Leistungen
b) Erstellen des Grunderwerbsplans und des Grunderwerbsverzeichnisses unter Verwendung der Beiträge anderer an der Planung fachlich Beteiligter c) Vervollständigen und Anpassen der Planungsunterlagen, Beschreibungen und Berechnungen unter Verwendung der Beiträge anderer an der Planung fachlich Beteiligter d) Abstimmen mit Behörden e) Mitwirken in Genehmigungsverfahren einschließlich der Teilnahme an bis zu vier Erläuterungs-, Erörterungsterminen f) Mitwirken beim Abfassen von Stellungnahmen zu Bedenken und Anregungen in bis zu 10 Kategorien	
LPH 5 Ausführungsplanung	
a) Erarbeiten der Ausführungsplanung auf Grundlage der Ergebnisse der Leistungsphasen 3 und 4 unter Berücksichtigung aller fachspezifischen Anforderungen und Verwendung der Beiträge anderer an der Planung fachlich Beteiligter bis zur ausführungsreifen Lösung b) Zeichnerische Darstellung, Erläuterungen und zur Objektplanung gehörige Berechnungen mit allen für die Ausführung notwendigen Einzelangaben einschließlich Detailzeichnungen in den erforderlichen Maßstäben c) Bereitstellen der Arbeitsergebnisse als Grundlage für die anderen an der Planung fachlich Beteiligten und Integrieren ihrer Beiträge bis zur ausführungsreifen Lösung d) Vervollständigen der Ausführungsplanung während der Objektausführung	▪ Objektübergreifende, integrierte Bauablaufplanung ▪ Koordination des Gesamtprojekts ▪ Aufstellen von Ablauf- und Netzplänen
LPH 6 Vorbereiten der Vergabe	
a) Ermitteln von Mengen nach Einzelpositionen unter Verwendung der Beiträge anderer an der Planung fachlich Beteiligter	▪ detaillierte Planung von Bauphasen bei besonderen Anforderungen

Grundleistungen	Besondere Leistungen
b) Aufstellen der Vergabeunterlagen, insbesondere Anfertigen der Leistungsbeschreibungen mit Leistungsverzeichnissen sowie der Besonderen Vertragsbedingungen c) Abstimmen und Koordinieren der Schnittstellen zu den Leistungsbeschreibungen der anderen an der Planung fachlich Beteiligten d) Festlegen der wesentlichen Ausführungsphasen e) Ermitteln der Kosten auf Grundlage der vom Planer (Entwurfsverfasser) bepreisten Leistungsverzeichnisse f) Kostenkontrolle durch Vergleich der vom Planer (Entwurfsverfasser) bepreisten Leistungsverzeichnisse mit der Kostenberechnung g) Zusammenstellen der Vergabeunterlagen	
LPH 7 Mitwirken bei der Vergabe a) Einholen von Angeboten b) Prüfen und Werten der Angebote, Aufstellen der Preisspiegel c) Abstimmen und Zusammenstellen der Leistungen der fachlich Beteiligten, die an der Vergabe mitwirken d) Führen von Bietergesprächen e) Erstellen der Vergabevorschläge, Dokumentation des Vergabeverfahrens f) Zusammenstellen der Vertragsunterlagen g) Vergleichen der Ausschreibungsergebnisse mit den vom Planer bepreisten Leistungsverzeichnissen und der Kostenberechnung h) Mitwirken bei der Auftragserteilung	 ▪ Prüfen und Werten von Nebenangeboten

LPH 8 Bauoberleitung
a) Aufsicht über die örtliche Bauüberwachung, Koordinierung der an der Objektüberwachung fachlich Beteiligten, einmaliges Prüfen von Plänen auf Übereinstimmung mit dem auszuführenden Objekt und Mitwirken bei deren Freigabe
	
	▪ Kostenkontrolle
	▪ Prüfen von Nachträgen
	▪ Erstellen eines Bauwerksbuchs
	▪ Erstellen von Bestandsplänen
	▪ Örtliche Bauüberwachung:
	  ▪ Plausibilitätsprüfung der Absteckung
	  ▪ Überwachen der Ausführung der Bauleistungen

Grundleistungen	Besondere Leistungen
b) Aufstellen, Fortschreiben und Überwachen eines Terminplans (Balkendiagramm) c) Veranlassen und Mitwirken daran, die ausführenden Unternehmen in Verzug zu setzen d) Kostenfeststellung, Vergleich der Kostenfeststellung mit der Auftragssumme e) Abnahme von Bauleistungen, Leistungen und Lieferungen unter Mitwirkung der örtlichen Bauüberwachung und anderer an der Planung und Objektüberwachung fachlich Beteiligter, Feststellen von Mängeln, Fertigen einer Niederschrift über das Ergebnis der Abnahme f) Antrag auf behördliche Abnahmen und Teilnahme daran g) Überwachen der Prüfungen der Funktionsfähigkeit der Anlagenteile und der Gesamtanlage h) Übergabe des Objekts i) Auflisten der Verjährungsfristen der Mängelansprüche j) Zusammenstellen und Übergeben der Dokumentation des Bauablaufs, der Bestandsunterlagen und der Wartungsvorschriften	▪ Mitwirken beim Einweisen des Auftragnehmers in die Baumaßnahme (Bauanlaufbesprechung) ▪ Überwachen der Ausführung des Objekts auf Übereinstimmung mit den zur Ausführung freigegebenen Unterlagen, dem Bauvertrag und den Vorgaben des Auftraggebers ▪ Prüfen und Bewerten der Berechtigung von Nachträgen ▪ Durchführen oder Veranlassen von Kontrollprüfungen ▪ Überwachen der Beseitigung der bei der Abnahme der Leistungen festgestellten Mängel ▪ Dokumentation des Bauablaufs ▪ Mitwirken beim Aufmaß mit den ausführenden Unternehmen und Prüfen der Aufmaße ▪ Mitwirken bei behördlichen Abnahmen ▪ Mitwirken bei der Abnahme von Leistungen und Lieferungen ▪ Rechnungsprüfung, Vergleich der Ergebnisse der Rechnungsprüfungen mit der Auftragssumme ▪ Mitwirken beim Überwachen der Prüfung der Funktionsfähigkeit der Anlagenteile und der Gesamtanlage ▪ Überwachen der Ausführung von Tragwerken nach Anlage 14.2 Honorarzone I und II mit sehr geringen und geringen Planungsanforderungen auf Übereinstimmung mit dem Standsicherheitsnachweis
LPH 9 Objektbetreuung a) Fachliche Bewertung der innerhalb der Verjährungsfristen für Gewährleistungsansprüche festgestellten Mängel, längstens jedoch bis zum Ablauf von fünf Jahren seit Abnahme der Leistung, einschließlich notwendiger Begehungen b) Objektbegehung zur Mängelfeststellung vor Ablauf der Verjährungsfristen für Mängelansprüche gegenüber den ausführenden Unternehmen c) Mitwirken bei der Freigabe von Sicherheitsleistungen	▪ Überwachen der Mängelbeseitigung innerhalb der Verjährungsfrist

13.2 Objektliste Verkehrsanlagen

Nachstehende Verkehrsanlagen werden in der Regel folgenden Honorarzonen zugeordnet:

Objekte	**Honorarzone**				
	I	**II**	**III**	**IV**	**V**
a) Anlagen des Straßenverkehrs					
Außerörtliche Straßen					
▪ ohne besondere Zwangspunkte oder im wenig bewegten Gelände		X			
▪ mit besonderen Zwangspunkten oder in bewegtem Gelände			X		
▪ mit vielen besonderen Zwangspunkten oder in stark bewegtem Gelände				X	
▪ im Gebirge					X
Innerörtliche Straßen und Plätze					
▪ Anlieger- und Sammelstraßen		X			
▪ sonstige innerörtliche Straßen mit normalen verkehrstechnischen Anforderungen oder normaler städtebaulicher Situation (durchschnittliche Anzahl Verknüpfungen mit der Umgebung)			X		
▪ sonstige innerörtliche Straßen mit hohen verkehrstechnischen Anforderungen oder schwieriger städtebaulicher Situation (hohe Anzahl Verknüpfungen mit der Umgebung)				X	
▪ sonstige innerörtliche Straßen mit sehr hohen verkehrstechnischen Anforderungen oder sehr schwieriger städtebaulicher Situation (sehr hohe Anzahl Verknüpfungen mit der Umgebung)					X
Wege					
▪ im ebenen Gelände mit einfachen Entwässerungsverhältnissen	X				
▪ im bewegten Gelände mit einfachen Baugrund- und Entwässerungsverhältnissen		X			
▪ im bewegten Gelände mit schwierigen Baugrund- und Entwässerungsverhältnissen			X		
Plätze, Verkehrsflächen					
▪ einfache Verkehrsflächen, Plätze außerorts	X				
▪ innerörtliche Parkplätze		X			
▪ verkehrsberuhigte Bereiche mit normalen städtebaulichen Anforderungen			X		
▪ verkehrsberuhigte Bereiche mit hohen städtebaulichen Anforderungen				X	
▪ Flächen für Güterumschlag Straße zu Straße			X		
▪ Flächen für Güterumschlag im kombinierten Ladeverkehr				X	

Objekte	Honorarzone I	II	III	IV	V
Tankstellen, Rastanlagen					
▪ mit normalen verkehrstechnischen Anforderungen	X				
▪ mit hohen verkehrstechnischen Anforderungen			X		
Knotenpunkte					
▪ einfach höhengleich		X			
▪ schwierig höhengleich			X		
▪ sehr schwierig höhengleich				X	
▪ einfach höhenungleich			X		
▪ schwierig höhenungleich				X	
▪ sehr schwierig höhenungleich					X
b) Anlagen des Schienenverkehrs					
Gleis- und Bahnsteiganlagen der freien Strecke					
▪ ohne Weichen und Kreuzungen	X				
▪ ohne besondere Zwangspunkte oder in wenig bewegtem Gelände		X			
▪ mit besonderen Zwangspunkten oder in bewegtem Gelände			X		
▪ mit vielen Zwangspunkten oder in stark bewegtem Gelände				X	
Gleis- und Bahnsteiganlagen der Bahnhöfe					
▪ mit einfachen Spurplänen		X			
▪ mit schwierigen Spurplänen			X		
▪ mit sehr schwierigen Spurplänen				X	
c) Anlagen des Flugverkehrs					
▪ einfache Verkehrsflächen für Landeplätze, Segelfluggelände		X			
▪ schwierige Verkehrsflächen für Landeplätze, einfache Verkehrsflächen für Flughäfen			X		
▪ schwierige Verkehrsflächen für Flughäfen				X	

Anlage 14 (zu § 51 Absatz 5, § 52 Absatz 2) Grundleistungen im Leistungsbild Tragwerksplanung, Besondere Leistungen, Objektliste

14.1 Leistungsbild Tragwerksplanung

Grundleistungen	Besondere Leistungen
LPH 1 Grundlagenermittlung a) Klären der Aufgabenstellung aufgrund der Vorgaben oder der Bedarfsplanung des Auftraggebers im Benehmen mit dem Objektplaner b) Zusammenstellen der die Aufgabe beeinflussenden Planungsabsichten c) Zusammenfassen, Erläutern und Dokumentieren der Ergebnisse	
LPH 2 Vorplanung (Projekt- u. Planungsvorbereitung) a) Analysieren der Grundlagen b) Beraten in statisch-konstruktiver Hinsicht unter Berücksichtigung der Belange der Standsicherheit, der Gebrauchsfähigkeit und der Wirtschaftlichkeit c) Mitwirken bei dem Erarbeiten eines Planungskonzepts einschließlich Untersuchung der Lösungsmöglichkeiten des Tragwerks unter gleichen Objektbedingungen mit skizzenhafter Darstellung, Klärung und Angabe der für das Tragwerk wesentlichen konstruktiven Festlegungen für zum Beispiel Baustoffe, Bauarten und Herstellungsverfahren, Konstruktionsraster und Gründungsart d) Mitwirken bei Vorverhandlungen mit Behörden und anderen an der Planung fachlich Beteiligten über die Genehmigungsfähigkeit e) Mitwirken bei der Kostenschätzung und bei der Terminplanung f) Zusammenfassen, Erläutern und Dokumentieren der Ergebnisse	▪ Aufstellen von Vergleichsberechnungen für mehrere Lösungsmöglichkeiten unter verschiedenen Objektbedingungen ▪ Aufstellen eines Lastenplans, zum Beispiel als Grundlage für die Baugrundbeurteilung und Gründungsberatung ▪ Vorläufige nachprüfbare Berechnung wesentlicher tragender Teile ▪ Vorläufige nachprüfbare Berechnung der Gründung

Grundleistungen | **Besondere Leistungen**

LPH 3 Entwurfsplanung (System- u. Integrationsplanung)

Grundleistungen

a) Erarbeiten der Tragwerkslösung, unter Beachtung der durch die Objektplanung integrierten Fachplanungen, bis zum konstruktiven Entwurf mit zeichnerischer Darstellung
b) Überschlägige statische Berechnung und Bemessung
c) Grundlegende Festlegungen der konstruktiven Details und Hauptabmessungen des Tragwerks für zum Beispiel Gestaltung der tragenden Querschnitte, Aussparungen und Fugen; Ausbildung der Auflager- und Knotenpunkte sowie der Verbindungsmittel
d) Überschlägiges Ermitteln der Betonstahlmengen im Stahlbetonbau, der Stahlmengen im Stahlbau und der Holzmengen im Ingenieurholzbau
e) Mitwirken bei der Objektbeschreibung bzw. beim Erläuterungsbericht
f) Mitwirken bei Verhandlungen mit Behörden und anderen an der Planung fachlich Beteiligten über die Genehmigungsfähigkeit
g) Mitwirken bei der Kostenberechnung und bei der Terminplanung
h) Mitwirken beim Vergleich der Kostenberechnung mit der Kostenschätzung
i) Zusammenfassen, Erläutern und Dokumentieren der Ergebnisse

Besondere Leistungen

- Vorgezogene, prüfbare und für die Ausführung geeignete Berechnung wesentlich tragender Teile
- Vorgezogene, prüfbare und für die Ausführung geeignete Berechnung der Gründung
- Mehraufwand bei Sonderbauweisen oder Sonderkonstruktionen, zum Beispiel Klären von Konstruktionsdetails
- Vorgezogene Stahl- oder Holzmengenermittlung des Tragwerks und der kraftübertragenden Verbindungsteile für eine Ausschreibung, die ohne Vorliegen von Ausführungsunterlagen durchgeführt wird
- Nachweise der Erdbebensicherung

LPH 4 Genehmigungsplanung

Grundleistungen

a) Aufstellen der prüffähigen statischen Berechnungen für das Tragwerk unter Berücksichtigung der vorgegebenen bauphysikalischen Anforderungen
b) Bei Ingenieurbauwerken: Erfassen von normalen Bauzuständen
c) Anfertigen der Positionspläne für das Tragwerk oder Eintragen der statischen Positionen, der Tragwerksabmessungen, der Verkehrslasten, der Art und Güte der Baustoffe und der Besonderheiten der Konstruktionen in die Entwurfszeichnungen des Objektplaners

Besondere Leistungen

- Nachweise zum konstruktiven Brandschutz, soweit erforderlich unter Berücksichtigung der Temperatur (Heißbemessung)
- Statische Berechnung und zeichnerische Darstellung für Bergschadenssicherungen und Bauzustände bei Ingenieurbauwerken, soweit diese Leistungen über das Erfassen von normalen Bauzuständen hinausgehen
- Zeichnungen mit statischen Positionen und den Tragwerksabmessungen, den Bewehrungsquerschnitten,

Grundleistungen	Besondere Leistungen
d) Zusammenstellen der Unterlagen der Tragwerksplanung zur Genehmigung e) Abstimmen mit Prüfämtern und Prüfingenieuren oder Eigenkontrolle f) Vervollständigen und Berichtigen der Berechnungen und Pläne	den Verkehrslasten und der Art und Güte der Baustoffe sowie Besonderheiten der Konstruktionen zur Vorlage bei der bauaufsichtlichen Prüfung anstelle von Positionsplänen ▪ Aufstellen der Berechnungen nach militärischen Lastenklassen (MLC) ▪ Erfassen von Bauzuständen bei Ingenieurbauwerken, in denen das statische System von dem des Endzustands abweicht ▪ Statische Nachweise an nicht zum Tragwerk gehörenden Konstruktionen (zum Beispiel Fassaden)
LPH 5 Ausführungsplanung	
a) Durcharbeiten der Ergebnisse der Leistungsphasen 3 und 4 unter Beachtung der durch die Objektplanung integrierten Fachplanungen b) Anfertigen der Schalpläne in Ergänzung der fertig gestellten Ausführungspläne des Objektplaners c) Zeichnerische Darstellung der Konstruktionen mit Einbau- und Verlegeanweisungen, zum Beispiel Bewehrungspläne, Stahlbau- oder Holzkonstruktionspläne mit Leitdetails (keine Werkstattzeichnungen) d) Aufstellen von Stahl- oder Stücklisten als Ergänzung zur zeichnerischen Darstellung der Konstruktionen mit Stahlmengenermittlung e) Fortführen der Abstimmung mit Prüfämtern und Prüfingenieuren oder Eigenkontrolle	▪ Konstruktion und Nachweise der Anschlüsse im Stahl- und Holzbau ▪ Werkstattzeichnungen im Stahl- und Holzbau einschließlich Stücklisten, Elementpläne für Stahlbetonfertigteile einschließlich Stahl- und Stücklisten ▪ Berechnen der Dehnwege, Festlegen des Spannvorganges und Erstellen der Spannprotokolle im Spannbetonbau ▪ Rohbauzeichnungen im Stahlbetonbau, die auf der Baustelle nicht der Ergänzung durch die Pläne des Objektplaners bedürfen
LPH 6 Vorbereitung der Vergabe	
a) Ermitteln der Betonstahlmengen im Stahlbetonbau, der Stahlmengen im Stahlbau und der Holzmengen im Ingenieurholzbau als Ergebnis der Ausführungsplanung und als Beitrag zur Mengenermittlung des Objektplaners	▪ Beitrag zur Leistungsbeschreibung mit Leistungsprogramm des Objektplaners[x] ▪ Beitrag zum Aufstellen von vergleichenden Kostenübersichten des Objektplaners ▪ Beitrag zum Aufstellen des Leistungsverzeichnisses des Tragwerks

Grundleistungen	Besondere Leistungen
b) Überschlägiges Ermitteln der Mengen der konstruktiven Stahlteile und statisch erforderlichen Verbindungs- und Befestigungsmittel im Ingenieurholzbau c) Mitwirken beim Erstellen der Leistungsbeschreibung als Ergänzung zu den Mengenermittlungen als Grundlage für das Leistungsverzeichnis des Tragwerks	[x] diese Besondere Leistung wird bei Leistungsbeschreibung mit Leistungsprogramm Grundleistung. In diesem Fall entfallen die Grundleistungen dieser Leistungsphase.
LPH 7 Mitwirkung bei der Vergabe	
	▪ Mitwirken bei der Prüfung und Wertung der Angebote Leistungsbeschreibung mit Leistungsprogramm des Objektplaners ▪ Mitwirken bei der Prüfung und Wertung von Nebenangeboten ▪ Mitwirken beim Kostenanschlag nach DIN 276 oder anderer Vorgaben des Auftraggebers aus Einheitspreisen oder Pauschalangeboten
LPH 8 Objektüberwachung	
	▪ Ingenieurtechnische Kontrolle der Ausführung des Tragwerks auf Übereinstimmung mit den geprüften statischen Unterlagen ▪ Ingenieurtechnische Kontrolle der Baubehelfe, zum Beispiel Arbeits- und Lehrgerüste, Kranbahnen, Baugrubensicherungen ▪ Kontrolle der Betonherstellung und -verarbeitung auf der Baustelle in besonderen Fällen sowie Auswertung der Güteprüfungen ▪ Betontechnologische Beratung ▪ Mitwirken bei der Überwachung der Ausführung der Tragwerkseingriffe bei Umbauten und Modernisierungen
LPH 9 Dokumentation und Objektbetreuung	
	▪ Baubegehung zur Feststellung und Überwachung von die Standsicherheit betreffenden Einflüssen

14.2 Objektliste Tragwerksplanung

Nachstehende Tragwerke können in der Regel folgenden Honorarzonen zugeordnet werden:

	Honorarzone				
	I	II	III	IV	V
Bewertungsmerkmale zur Ermittlung der Honorarzone bei der Tragwerksplanung					
▪ Tragwerke mit sehr geringem Schwierigkeitsgrad, insbesondere einfache statisch bestimmte ebene Tragwerke aus Holz, Stahl, Stein oder unbewehrtem Beton mit ruhenden Lasten, ohne Nachweis horizontaler Aussteifung	X				
▪ Tragwerke mit geringem Schwierigkeitsgrad, insbesondere statisch bestimmte ebene Tragwerke in gebräuchlichen Bauarten ohne Vorspann- und Verbundkonstruktionen, mit vorwiegend ruhenden Lasten		X			
▪ Tragwerke mit durchschnittlichem Schwierigkeitsgrad, insbesondere schwierige statisch bestimmte und statisch unbestimmte ebene Tragwerke in gebräuchlichen Bauarten und ohne Gesamtstabilitätsuntersuchungen			X		
▪ Tragwerke mit hohem Schwierigkeitsgrad, insbesondere statisch und konstruktiv schwierige Tragwerke in gebräuchlichen Bauarten und Tragwerke, für deren Standsicherheit- und Festigkeitsnachweis schwierig zu ermittelnde Einflüsse zu berücksichtigen sind				X	
▪ Tragwerke mit sehr hohem Schwierigkeitsgrad, insbesondere statisch und konstruktiv ungewöhnlich schwierige Tragwerke					X
Stützwände, Verbau					
▪ unverankerte Stützwände zur Abfangung von Geländesprüngen bis 2 m Höhe und konstruktive Böschungssicherungen bei einfachen Baugrund-, Belastungs- und Geländeverhältnissen	X				
▪ Sicherung von Geländesprüngen bis 4 m Höhe ohne Rückverankerungen bei einfachen Baugrund-, Belastungs- und Geländeverhältnissen, wie z. B. Stützwände, Uferwände, Baugrubenverbauten		X			
▪ Sicherung von Geländesprüngen ohne Rückverankerungen bei schwierigen Baugrund-, Belastungs- oder Geländeverhältnissen oder mit einfacher Rückverankerung bei einfachen Baugrund-, Belastungs- oder Geländeverhältnissen, wie z. B. Stützwände, Uferwände, Baugrubenverbauten			X		

	Honorarzone				
	I	II	III	IV	V
▪ schwierige, verankerte Stützwände, Baugrubenverbauten oder Uferwände				X	
▪ Baugrubenverbauten mit ungewöhnlich schwierigen Randbedingungen					X
Gründung					
▪ Flachgründungen einfacher Art		X			
▪ Flachgründungen mit durchschnittlichem Schwierigkeitsgrad, ebene und räumliche Pfahlgründungen mit durchschnittlichem Schwierigkeitsgrad			X		
▪ schwierige Flachgründungen, schwierige ebene und räumliche Pfahlgründungen, besondere Gründungsverfahren, Unterfahrungen				X	
Mauerwerk					
▪ Mauerwerksbauten mit bis zur Gründung durchgehenden tragenden Wänden ohne Nachweis horizontaler Aussteifung		X			
▪ Tragwerke mit Abfangung der tragenden beziehungsweise aussteifenden Wände			X		
▪ Konstruktionen mit Mauerwerk nach Eignungsprüfung (Ingenieurmauerwerk)				X	
Gewölbe					
▪ einfache Gewölbe			X		
▪ schwierige Gewölbe und Gewölbereihen				X	
Deckenkonstruktionen, Flächentragwerke					
▪ Deckenkonstruktionen mit einfachem Schwierigkeitsgrad, bei vorwiegend ruhenden Flächenlasten		X			
▪ Deckenkonstruktionen mit durchschnittlichem Schwierigkeitsgrad			X		
▪ schiefwinklige Einfeldplatten				X	
▪ schiefwinklige Mehrfeldplatten					X
▪ schiefwinklig gelagerte oder gekrümmte Träger				X	
▪ schiefwinklig gelagerte, gekrümmte Träger					X
▪ Trägerroste und orthotrope Platten mit durchschnittlichem Schwierigkeitsgrad				X	
▪ schwierige Trägerroste und schwierige orthotrope Platten					X
▪ Flächentragwerke (Platten, Scheiben) mit durchschnittlichem Schwierigkeitsgrad				X	
▪ schwierige Flächentragwerke (Platten, Scheiben, Faltwerke, Schalen)					X
▪ einfache Faltwerke ohne Vorspannung				X	

	Honorarzone				
	I	II	III	IV	V
Verbundkonstruktionen					
▪ einfache Verbundkonstruktionen ohne Berücksichtigung des Einflusses von Kriechen und Schwinden			X		
▪ Verbundkonstruktionen mittlerer Schwierigkeit				X	
▪ Verbundkonstruktionen mit Vorspannung durch Spannglieder oder andere Maßnahmen					X
Rahmen- und Skelettbauten					
▪ ausgesteifte Skelettbauten			X		
▪ Tragwerke für schwierige Rahmen- und Skelettbauten sowie turmartige Bauten, bei denen der Nachweis der Stabilität und Aussteifung die Anwendung besonderer Berechnungsverfahren erfordert				X	
▪ einfache Rahmentragwerke ohne Vorspannkonstruktionen und ohne Gesamtstabilitätsuntersuchungen			X		
▪ Rahmentragwerke mit durchschnittlichem Schwierigkeitsgrad				X	
▪ schwierige Rahmentragwerke mit Vorspannkonstruktionen und Stabilitätsuntersuchungen					X
Räumliche Stabwerke					
▪ räumliche Stabwerke mit durchschnittlichem Schwierigkeitsgrad				X	
▪ schwierige räumliche Stabwerke					X
Seilverspannte Konstruktionen					
▪ einfache seilverspannte Konstruktionen				X	
▪ seilverspannte Konstruktionen mit durchschnittlichem bis sehr hohem Schwierigkeitsgrad					X
Konstruktionen mit Schwingungsbeanspruchung					
▪ Tragwerke mit einfachen Schwingungsuntersuchungen				X	
▪ Tragwerke mit Schwingungsuntersuchungen mit durchschnittlichem bis sehr hohem Schwierigkeitsgrad					X
Besondere Berechnungsmethoden					
▪ schwierige Tragwerke, die Schnittgrößenbestimmungen nach der Theorie II. Ordnung erfordern				X	
▪ ungewöhnlich schwierige Tragwerke, die Schnittgrößenbestimmungen nach der Theorie II. Ordnung erfordern					X
▪ schwierige Tragwerke in neuen Bauarten					X
▪ Tragwerke mit Standsicherheitsnachweisen, die nur unter Zuhilfenahme modellstatischer Untersuchungen oder durch Berechnungen mit finiten Elementen beurteilt werden können					X
▪ Tragwerke, bei denen die Nachgiebigkeit der Verbindungsmittel bei der Schnittkraftermittlung zu berücksichtigen ist					X

	Honorarzone				
	I	II	III	IV	V
Spannbeton					
▪ einfache, äußerlich und innerlich statisch bestimmte und zwängungsfrei gelagerte vorgespannte Konstruktionen			X		
▪ vorgespannte Konstruktionen mit durchschnittlichem Schwierigkeitsgrad				X	
▪ vorgespannte Konstruktionen mit hohem bis sehr hohem Schwierigkeitsgrad					X
Trag-Gerüste					
▪ einfache Traggerüste und andere einfache Gerüste für Ingenieurbauwerke		X			
▪ schwierige Traggerüste und andere schwierige Gerüste für Ingenieurbauwerke				X	
▪ sehr schwierige Traggerüste und andere sehr schwierige Gerüste für Ingenieurbauwerke, zum Beispiel weit gespannte oder hohe Traggerüste					X

Anlage 15 (zu § 55 Absatz 3, § 56 Absatz 3) Grundleistungen im Leistungsbild Technische Ausrüstung, Besondere Leistungen, Objektliste

15.1 Grundleistungen und Besondere Leistungen im Leistungsbild Technische Ausrüstung

Grundleistungen	Besondere Leistungen
LPH 1 Grundlagenermittlung	
a) Klären der Aufgabenstellung auf Grund der Vorgaben oder der Bedarfsplanung des Auftraggebers im Benehmen mit dem Objektplaner b) Ermitteln der Planungsrandbedingungen und Beraten zum Leistungsbedarf und gegebenenfalls zur technischen Erschließung c) Zusammenfassen, Erläutern und Dokumentieren der Ergebnisse	▪ Mitwirken bei der Bedarfsplanung für komplexe Nutzungen zur Analyse der Bedürfnisse, Ziele und einschränkenden Gegebenheiten (Kosten-, Termine und andere Rahmenbedingungen) des Bauherrn und wichtiger Beteiligter ▪ Bestandsaufnahme, zeichnerische Darstellung und Nachrechnen vorhandener Anlagen und Anlagenteile ▪ Datenerfassung, Analysen und Optimierungsprozesse im Bestand ▪ Durchführen von Verbrauchsmessungen ▪ Endoskopische Untersuchungen ▪ Mitwirken bei der Ausarbeitung von Auslobungen und bei Vorprüfungen für Planungswettbewerbe
LPH 2 Vorplanung (Projekt- und Planungsvorbereitung)	
a) Analysieren der Grundlagen, Mitwirken beim Abstimmen der Leistungen mit den Planungsbeteiligten b) Erarbeiten eines Planungskonzepts, dazu gehören zum Beispiel: Vordimensionieren der Systeme und maßbestimmenden Anlagenteile, Untersuchen von alternativen Lösungsmöglichkeiten bei gleichen Nutzungsanforderungen einschließlich Wirtschaftlichkeitsvorbetrachtung, zeichnerische Darstellung zur Integration in die Objektplanung unter Berücksichtigung exemplarischer Details, Angaben zum Raumbedarf c) Aufstellen eines Funktionsschemas bzw. Prinzipschaltbildes für jede Anlage	▪ Erstellen des technischen Teils eines Raumbuches ▪ Durchführen von Versuchen und Modellversuchen

Grundleistungen	**Besondere Leistungen**
d) Klären und Erläutern der wesentlichen fachübergreifenden Prozesse, Randbedingungen und Schnittstellen, Mitwirken bei der Integration der technischen Anlagen e) Vorverhandlungen mit Behörden über die Genehmigungsfähigkeit und mit den zu beteiligenden Stellen zur Infrastruktur f) Kostenschätzung nach DIN 276 (2. Ebene) und Terminplanung g) Zusammenfassen, Erläutern und Dokumentieren der Ergebnisse	
LPH 3 Entwurfsplanung (System- und Integrationsplanung)	
a) Durcharbeiten des Planungskonzepts (stufenweise Erarbeitung einer Lösung) unter Berücksichtigung aller fachspezifischen Anforderungen sowie unter Beachtung der durch die Objektplanung integrierten Fachplanungen, bis zum vollständigen Entwurf b) Festlegen aller Systeme und Anlagenteile c) Berechnen und Bemessen der technischen Anlagen und Anlagenteile, Abschätzen von jährlichen Bedarfswerten (z. B. Nutz-, End- und Primärenergiebedarf) und Betriebskosten; Abstimmen des Platzbedarfs für technische Anlagen und Anlagenteile; Zeichnerische Darstellung des Entwurfs in einem mit dem Objektplaner abgestimmten Ausgabemaßstab mit Angabe maßbestimmender Dimensionen Fortschreiben und Detaillieren der Funktions- und Strangschemata der Anlagen Auflisten aller Anlagen mit technischen Daten und Angaben zum Beispiel für Energiebilanzierungen Anlagenbeschreibungen mit Angabe der Nutzungsbedingungen	▪ Erarbeiten von besonderen Daten für die Planung Dritter, zum Beispiel für Stoffbilanzen, etc. ▪ Detaillierte Betriebskostenberechnung für die ausgewählte Anlage ▪ Detaillierter Wirtschaftlichkeitsnachweis ▪ Berechnung von Lebenszykluskosten ▪ Detaillierte Schadstoffemissionsberechnung für die ausgewählte Anlage ▪ Detaillierter Nachweis von Schadstoffemissionen ▪ Aufstellen einer gewerkeübergreifenden Brandschutzmatrix ▪ Fortschreiben des technischen Teils des Raumbuches ▪ Auslegung der technischen Systeme bei Ingenieurbauwerken nach Maschinenrichtlinie ▪ Anfertigen von Ausschreibungszeichnungen bei Leistungsbeschreibung mit Leistungsprogramm ▪ Mitwirken bei einer vertieften Kostenberechnung ▪ Simulationen zur Prognose des Verhaltens von Gebäuden, Bauteilen, Räumen und Freiräumen

Grundleistungen	Besondere Leistungen
d) Übergeben der Berechnungsergebnisse an andere Planungsbeteiligte zum Aufstellen vorgeschriebener Nachweise; Angabe und Abstimmung der für die Tragwerksplanung notwendigen Angaben über Durchführungen und Lastangaben (ohne Anfertigen von Schlitz- und Durchführungsplänen) e) Verhandlungen mit Behörden und mit anderen zu beteiligenden Stellen über die Genehmigungsfähigkeit f) Kostenberechnung nach DIN 276 (3. Ebene) und Terminplanung g) Kostenkontrolle durch Vergleich der Kostenberechnung mit der Kostenschätzung h) Zusammenfassen, Erläutern und Dokumentieren der Ergebnisse	
LPH 4 Genehmigungsplanung a) Erarbeiten und Zusammenstellen der Vorlagen und Nachweise für öffentlich-rechtliche Genehmigungen oder Zustimmungen einschließlich der Anträge auf Ausnahmen oder Befreiungen sowie Mitwirken bei Verhandlungen mit Behörden b) Vervollständigen und Anpassen der Planungsunterlagen, Beschreibungen und Berechnungen	
LPH 5 Ausführungsplanung a) Erarbeiten der Ausführungsplanung auf Grundlage der Ergebnisse der Leistungsphasen 3 und 4 (stufenweise Erarbeitung und Darstellung der Lösung) unter Beachtung der durch die Objektplanung integrierten Fachplanungen bis zur ausführungsreifen Lösung b) Fortschreiben der Berechnungen und Bemessungen zur Auslegung der technischen Anlagen und Anlagenteile Zeichnerische Darstellung der Anlagen in einem mit dem Objektplaner abgestimmten Ausgabemaßstab und Detaillierungsgrad einschließlich Dimensionen (keine Montage- oder Werkstattpläne)	▪ Prüfen und Anerkennen von Schalplänen des Tragwerksplaners auf Übereinstimmung mit der Schlitz- und Durchbruchsplanung ▪ Anfertigen von Plänen für Anschlüsse von beigestellten Betriebsmitteln und Maschinen (Maschinenanschlussplanung) mit besonderem Aufwand (zum Beispiel bei Produktionseinrichtungen) ▪ Leerrohrplanung mit besonderem Aufwand (zum Beispiel bei Sichtbeton oder Fertigteilen)

Grundleistungen	Besondere Leistungen
Anpassen und Detaillieren der Funktions- und Strangschemata der Anlagen bzw. der GA-Funktionslisten Abstimmen der Ausführungszeichnungen mit dem Objektplaner und den übrigen Fachplanern c) Anfertigen von Schlitz- und Durchbruchsplänen d) Fortschreibung des Terminplans e) Fortschreiben der Ausführungsplanung auf den Stand der Ausschreibungsergebnisse und der dann vorliegenden Ausführungsplanung des Objektplaners, Übergeben der fortgeschriebenen Ausführungsplanung an die ausführenden Unternehmen f) Prüfen und Anerkennen der Montage- und Werkstattpläne der ausführenden Unternehmen auf Übereinstimmung mit der Ausführungsplanung	▪ Mitwirkung bei Detailplanungen mit besonderem Aufwand, zum Beispiel Darstellung von Wandabwicklungen in hochinstallierten Bereichen ▪ Anfertigen von allpoligen Stromlaufplänen
LPH 6 Vorbereitung der Vergabe a) Ermitteln von Mengen als Grundlage für das Aufstellen von Leistungsverzeichnissen in Abstimmung mit Beiträgen anderer an der Planung fachlich Beteiligter b) Aufstellen der Vergabeunterlagen, insbesondere mit Leistungsverzeichnissen nach Leistungsbereichen, einschließlich der Wartungsleistungen auf Grundlage bestehender Regelwerke c) Mitwirken beim Abstimmen der Schnittstellen zu den Leistungsbeschreibungen der anderen an der Planung fachlich Beteiligten d) Ermitteln der Kosten auf Grundlage der vom Planer bepreisten Leistungsverzeichnisse e) Kostenkontrolle durch Vergleich der vom Planer bepreisten Leistungsverzeichnisse mit der Kostenberechnung f) Zusammenstellen der Vergabeunterlagen	▪ Erarbeiten der Wartungsplanung und -organisation ▪ Ausschreibung von Wartungsleistungen, soweit von bestehenden Regelwerken abweichend

Grundleistungen	Besondere Leistungen
LPH 7 Mitwirkung bei der Vergabe a) Einholen von Angeboten b) Prüfen und Werten der Angebote, Aufstellen der Preisspiegel nach Einzelpositionen, Prüfen und Werten der Angebote für zusätzliche oder geänderte Leistungen der ausführenden Unternehmen und der Angemessenheit der Preise c) Führen von Bietergesprächen d) Vergleichen der Ausschreibungsergebnisse mit den vom Planer bepreisten Leistungsverzeichnissen und der Kostenberechnung e) Erstellen der Vergabevorschläge, Mitwirken bei der Dokumentation der Vergabeverfahren f) Zusammenstellen der Vertragsunterlagen und bei der Auftragserteilung[57]	▪ Prüfen und Werten von Nebenangeboten ▪ Mitwirken bei der Prüfung von bauwirtschaftlich begründeten Angeboten (Claimabwehr)
LPH 8 Objektüberwachung (Bauüberwachung) und Dokumentation a) Überwachen der Ausführung des Objekts auf Übereinstimmung mit der öffentlich-rechtlichen Genehmigung oder Zustimmung, den Verträgen mit den ausführenden Unternehmen, den Ausführungsunterlagen, den Montage- und Werkstattplänen, den einschlägigen Vorschriften und den allgemein anerkannten Regeln der Technik b) Mitwirken bei der Koordination der am Projekt Beteiligten c) Aufstellen, Fortschreiben und Überwachen des Terminplans (Balkendiagramm) d) Dokumentation des Bauablaufs (Bautagebuch) e) Prüfen und Bewerten der Notwendigkeit geänderter oder zusätzlicher Leistungen der Unternehmer und der Angemessenheit der Preise f) Gemeinsames Aufmaß mit den ausführenden Unternehmen	▪ Durchführen von Leistungsmessungen und Funktionsprüfungen ▪ Werksabnahmen ▪ Fortschreiben der Ausführungspläne (zum Beispiel Grundrisse, Schnitte, Ansichten) bis zum Bestand ▪ Erstellen von Rechnungsbelegen anstelle der ausführenden Firmen, zum Beispiel Aufmaß ▪ Schlussrechnung (Ersatzvornahme) ▪ Erstellen fachübergreifender Betriebsanleitungen (zum Beispiel Betriebshandbuch, Reparaturhandbuch) oder computer-aided Facility Management-Konzepte ▪ Planung der Hilfsmittel für Reparaturzwecke

[57] Hierbei handelt es sich nach Auffassung der Autoren um einen redaktionellen Fehler des Verordnungsgebers. Analog zur HOAI 2009 muss es wohl „und Mitwirken bei der Auftragserteilung“ heißen.

Grundleistungen	Besondere Leistungen
g) Rechnungsprüfung in rechnerischer und fachlicher Hinsicht mit Prüfen und Bescheinigen des Leistungsstandes anhand nachvollziehbarer Leistungsnachweise h) Kostenkontrolle durch Überprüfen der Leistungsabrechnungen der ausführenden Unternehmen im Vergleich zu den Vertragspreisen und dem Kostenanschlag i) Kostenfeststellung j) Mitwirken bei Leistungs- und Funktionsprüfungen k) fachtechnische Abnahme der Leistungen auf Grundlage der vorgelegten Dokumentation, Erstellung eines Abnahmeprotokolls, Feststellen von Mängeln und Erteilen einer Abnahmeempfehlung l) Antrag auf behördliche Abnahmen und Teilnahme daran m) Prüfung der übergebenen Revisionsunterlagen auf Vollzähligkeit, Vollständigkeit und stichprobenartige Prüfung auf Übereinstimmung mit dem Stand der Ausführung n) Auflisten der Verjährungsfristen der Ansprüche auf Mängelbeseitigung o) Überwachen der Beseitigung der bei der Abnahme festgestellten Mängel p) Systematische Zusammenstellung der Dokumentation, der zeichnerischen Darstellungen und rechnerischen Ergebnisse des Objekts	
LPH 9 Objektbetreuung a) Fachliche Bewertung der innerhalb der Verjährungsfristen für Gewährleistungsansprüche festgestellten Mängel, längstens jedoch bis zum Ablauf von fünf Jahren seit Abnahme der Leistung, einschließlich notwendiger Begehungen b) Objektbegehung zur Mängelfeststellung vor Ablauf der Verjährungsfristen für Mängelansprüche gegenüber den ausführenden Unternehmen c) Mitwirken bei der Freigabe von Sicherheitsleistungen	▪ Überwachen der Mängelbeseitigung innerhalb der Verjährungsfrist ▪ Energiemonitoring innerhalb der Gewährleistungsphase, Mitwirkung bei den jährlichen Verbrauchsmessungen aller Medien ▪ Vergleich mit den Bedarfswerten aus der Planung, Vorschläge für die Betriebsoptimierung und zur Senkung des Medien- und Energieverbrauches

15.2 Objektliste

	Honorarzone I	II	III
Anlagengruppe 1 Abwasser-, Wasser- oder Gasanlagen			
▪ Anlagen mit kurzen einfachen Netzen	X		
▪ Abwasser-, Wasser-, Gas- oder sanitärtechnische Anlagen mit verzweigten Netzen, Trinkwasserzirkulationsanlagen, Hebeanlagen, Druckerhöhungsanlagen		X	
▪ Anlagen zur Reinigung, Entgiftung oder Neutralisation von Abwasser, Anlagen zur biologischen, chemischen oder physikalischen Behandlung von Wasser, Anlagen mit besonderen hygienischen Anforderungen oder neuen Techniken (zum Beispiel Kliniken, Alten- oder Pflegeeinrichtungen) ▪ Gasdruckreglerstationen, mehrstufige Leichtflüssigkeitsabscheider			X
Anlagengruppe 2 Wärmeversorgungsanlagen			
▪ Einzelheizgeräte, Etagenheizung	X		
▪ Gebäudeheizungsanlagen, mono- oder bivalente Systeme (zum Beispiel Solaranlage zur Brauchwassererwärmung, Wärmepumpenanlagen) ▪ Flächenheizungen ▪ Hausstationen ▪ verzweigte Netze		X	
▪ Multivalente Systeme ▪ Systeme mit Kraft-Wärme-Kopplung, Dampfanlagen, Heißwasseranlagen, Deckenstrahlheizungen (zum Beispiel Sport- oder Industriehallen)			X
Anlagengruppe 3 Lufttechnische Anlagen			
▪ Einzelabluftanlagen	X		
▪ Lüftungsanlagen mit einer thermodynamischen Luftbehandlungsfunktion (zum Beispiel Heizen), Druckbelüftung		X	
▪ Lüftungsanlagen mit mindestens zwei thermodynamischen Luftbehandlungsfunktionen (zum Beispiel Heizen oder Kühlen), Teilklimaanlagen, Klimaanlagen ▪ Anlagen mit besonderen Anforderungen an die Luftqualität (zum Beispiel Operationsräume) ▪ Kühlanlagen, Kälteerzeugungsanlagen ohne Prozesskälteanlagen ▪ Hausstationen für Fernkälte, Rückkühlanlagen			X

	Honorarzone I	II	III
Anlagengruppe 4 Starkstromanlagen			
▪ Niederspannungsanlagen mit bis zu zwei Verteilungsebenen ab Übergabe EVU einschließlich Beleuchtung oder Sicherheitsbeleuchtung mit Einzelbatterien ▪ Erdungsanlagen	X		
▪ Kompakt-Transformatorenstationen, Eigenstromerzeugungsanlagen (zum Beispiel zentrale Batterie- oder unterbrechungsfreie Stromversorgungsanlagen, Photovoltaik-Anlagen) ▪ Niederspannungsanlagen mit bis zu drei Verteilebenen ab Übergabe EVU einschließlich Beleuchtungsanlagen ▪ zentrale Sicherheitsbeleuchtungsanlagen ▪ Niederspannungsinstallationen einschließlich Bussystemen ▪ Blitzschutz- oder Erdungsanlagen, soweit nicht in HZ I oder HZ III erwähnt ▪ Außenbeleuchtungsanlagen		X	
▪ Hoch- oder Mittelspannungsanlagen, Transformatorenstationen, Eigenstromversorgungsanlagen mit besonderen Anforderungen (zum Beispiel Notstromaggregate, Blockheizkraftwerke, dynamische unterbrechungsfreie Stromversorgung) ▪ Niederspannungsanlagen mit mindestens vier Verteilebenen oder mehr als 1.000 A Nennstrom ▪ Beleuchtungsanlagen mit besonderen Planungsanforderungen (zum Beispiel Lichtsimulationen in aufwendigen Verfahren für Museen oder Sonderräume) ▪ Blitzschutzanlagen mit besonderen Anforderungen (zum Beispiel für Kliniken, Hochhäuser, Rechenzentren)			X
Anlagengruppe 5 Fernmelde- oder informationstechnische Anlagen			
▪ Einfache Fernmeldeinstallationen mit einzelnen Endgeräten	X		
▪ Fernmelde- oder informationstechnische Anlagen, soweit nicht in HZ I oder HZ III erwähnt		X	
▪ Fernmelde- oder informationstechnische Anlagen mit besonderen Anforderungen (zum Beispiel Konferenz- oder Dolmetscheranlagen, Beschallungsanlagen von Sonderräumen, Objektüberwachungsanlagen, aktive Netzwerkkomponenten, Fernübertragungsnetze, Fernwirkanlagen, Parkleitsysteme)			X
Anlagengruppe 6 Förderanlagen			
▪ Einzelne Standardaufzüge, Kleingüteraufzüge, Hebebühnen	X		
▪ Aufzugsanlagen, soweit nicht in Honorarzone I oder III erwähnt, Fahrtreppen oder Fahrsteige, Krananlagen, Ladebrücken, Stetigförderanlagen		X	
▪ Aufzugsanlagen mit besonderen Anforderungen, Fassadenaufzüge, Transportanlagen mit mehr als zwei Sende- oder Empfangsstellen			X

	Honorarzone I	II	III
Anlagengruppe 7 Nutzungsspezifische oder verfahrenstechnische Anlagen			
7.1 Nutzungsspezifische Anlagen			
▪ Küchentechnische Geräte, zum Beispiel für Teeküchen	X		
▪ Küchentechnische Anlagen, zum Beispiel Küchen mittlerer Größe, Aufwärmküchen, Einrichtungen zur Speise- oder Getränkeaufbereitung, -ausgabe oder -lagerung (keine Produktionsküche) einschließlich zugehöriger Kälteanlagen		X	
▪ Küchentechnische Anlagen, zum Beispiel Großküchen, Einrichtungen für Produktionsküchen einschließlich der Ausgabe oder Lagerung sowie der zugehörigen Kälteanlagen, Gewerbekälte für Großküchen, große Kühlräume oder Kühlzellen			X
▪ Wäscherei- oder Reinigungsgeräte, zum Beispiel für Gemeinschaftswaschküchen	X		
▪ Wäscherei- oder Reinigungsanlagen, zum Beispiel Wäschereieinrichtungen für Waschsalons		X	
▪ Wäscherei- oder Reinigungsanlagen, zum Beispiel chemische oder physikalische Einrichtungen für Großbetriebe			X
▪ Medizin- oder labortechnische Anlagen, zum Beispiel für Einzelpraxen der Allgemeinmedizin	X		
▪ Medizin- oder labortechnische Anlagen, zum Beispiel für Gruppenpraxen der Allgemeinmedizin oder Einzelpraxen der Fachmedizin, Sanatorien, Pflegeeinrichtungen, Krankenhausabteilungen, Laboreinrichtungen für Schulen		X	
▪ Medizin- oder labortechnische Anlagen, zum Beispiel für Kliniken, Institute mit Lehr- oder Forschungsaufgaben, Laboratorien, Fertigungsbetriebe			X
▪ Feuerlöschgeräte, zum Beispiel Handfeuerlöscher	X		
▪ Feuerlöschanlagen, zum Beispiel manuell betätigte Feuerlöschanlagen		X	
▪ Feuerlöschanlagen, zum Beispiel selbsttätig auslösende Anlagen			X
▪ Entsorgungsanlagen, zum Beispiel Abwurfanlagen für Abfall oder Wäsche,	X		
▪ Entsorgungsanlagen, zum Beispiel zentrale Entsorgungsanlagen für Wäsche oder Abfall, zentrale Staubsauganlagen			X
▪ Bühnentechnische Anlagen, zum Beispiel technische Anlagen für Klein- oder Mittelbühnen		X	
▪ Bühnentechnische Anlagen, zum Beispiel für Großbühnen			X
▪ Medienversorgungsanlagen, zum Beispiel zur Erzeugung, Lagerung, Aufbereitung oder Verteilung medizinischer oder technischer Gase, Flüssigkeiten oder Vakuum			X
▪ Badetechnische Anlagen, zum Beispiel Aufbereitungsanlagen, Wellenerzeugungsanlagen, höhenverstellbare Zwischenböden			X

	Honorarzone I	II	III
▪ Prozesswärmeanlagen, Prozesskälteanlagen, Prozessluftanlagen, zum Beispiel Vakuumanlagen, Prüfstände, Windkanäle, industrielle Ansauganlagen			X
▪ Technische Anlagen für Tankstellen, Fahrzeugwaschanlagen			X
▪ Lagertechnische Anlagen, zum Beispiel Regalbediengeräte (mit zugehörigen Regalanlagen), automatische Warentransportanlagen			X
▪ Taumittelsprühanlagen oder Enteisungsanlagen		X	
▪ Stationäre Enteisungsanlagen für Großanlagen, zum Beispiel Flughäfen			X
7.2 Verfahrenstechnische Anlagen			
▪ Einfache Technische Anlagen der Wasseraufbereitung (zum Beispiel Belüftung, Enteisenung, Entmanganung, chemische Entsäuerung, physikalische Entsäuerung)		X	
▪ Technische Anlagen der Wasseraufbereitung (zum Beispiel Membranfiltration, Flockungsfiltration, Ozonierung, Entarsenierung, Entaluminierung, Denitrifikation)			X
▪ Einfache technische Anlagen der Abwasserreinigung (zum Beispiel gemeinsame aerobe Stabilisierung)		X	
▪ Technische Anlagen der Abwasserreinigung (zum Beispiel für mehrstufige Abwasserbehandlungsanlagen)			X
▪ Einfache Schlammbehandlungsanlagen (zum Beispiel Schlammabsetzanlagen mit mechanischen Einrichtungen)		X	
▪ Anlagen für mehrstufige oder kombinierte Verfahren der Schlammbehandlung			X
▪ Einfache Technische Anlagen der Abwasserableitung		X	
▪ Technische Anlagen der Abwasserableitung			X
▪ Einfache Technische Anlagen der Wassergewinnung, -förderung, -speicherung		X	
▪ Technische Anlagen der Wassergewinnung, -förderung, -speicherung			X
▪ Einfache Regenwasserbehandlungsanlagen		X	
▪ Einfache Anlagen für Grundwasserdekontaminierungsanlagen		X	
▪ Komplexe Technische Anlagen für Grundwasserdekontaminierungsanlagen			X
▪ Einfache Technische Anlagen für die Ver- und Entsorgung mit Gasen (zum Beispiel Odorieranlage)		X	
▪ Einfache Technische Anlagen für die Ver- und Entsorgung mit Feststoffen		X	
▪ Technische Anlagen für die Ver- und Entsorgung mit Feststoffen			X

	Honorarzone I	II	III
▪ Einfache Technische Anlagen der Abfallentsorgung (zum Beispiel für Kompostwerke, Anlagen zur Konditionierung von Sonderabfällen, Hausmülldeponien oder Monodeponien für Sonderabfälle, Anlagen für Untertagedeponien, Anlagen zur Behandlung kontaminierter Böden)		X	
▪ Technische Anlagen der Abfallentsorgung (zum Beispiel für Verbrennungsanlagen, Pyrolyseanlagen, mehrfunktionale Aufbereitungsanlagen für Wertstoffe)			X
Anlagengruppe 8 Gebäudeautomation			
▪ Herstellerneutrale Gebäudeautomationssysteme oder Automationssysteme mit anlagengruppenübergreifender Systemintegration			X

C Synopse HOAI 2013/2021 mit Amtlicher Begründung

Die nachfolgende Synopse soll lediglich darstellen, was sich gegenüber der HOAI 2013 geändert hat, um einen schnellen Überblick zu erhalten, auf was man

- bei der Gestaltung eines neuen Architekten- und oder Ingenieurvertrags oder
- bei der Berechnung des Honorars

achten muss. Blau sind im Verordnungstext der HOAI 2021 die Veränderungen gegenüber dem Wortlaut der HOAI 2013 dargestellt, um neu eingefügte Passagen, Umformulierungen, neue Nummerierungen und Ähnliches zu markieren.

Der Text der Amtlichen Begründung stammt aus der Bundesrats-Drucksache 539/20 vom 16.09.2020.

Erste Verordnung zur Änderung der Honorarordnung für Architekten und Ingenieure

Amtliche Begründung

A. Allgemeiner Teil

I. Zielsetzung und Notwendigkeit der Regelungen

In seinem Urteil vom 4. Juli 2019 hat der Europäische Gerichtshof entschieden, dass die verbindlichen Mindest- und Höchsthonorarsätze der Honorarordnung für Architekten und Ingenieure vom 10. Juli 2013 (BGBl. I S. 2276, HOAI) gegen Artikel 15 Absatz 1, Absatz 2 Buchstabe g und Absatz 3 der Richtlinie 2006/123/EG des Europäischen Parlaments und des Rates vom 12. Dezember 2006 über Dienstleistungen im Binnenmarkt (EU-Dienstleistungsrichtlinie) verstoßen (Rechtssache C-377/17). Mit Verkündung des Urteils besteht für die Bundesrepublik Deutschland die Pflicht, der Entscheidung nachzukommen und die nationale Rechtsordnung an die Vorgaben des Urteils anzupassen. Die vorliegende Verordnung dient der Umsetzung dieser Anpassungen in der HOAI.

II. Wesentlicher Inhalt des Entwurfs

Die Regelungen der HOAI werden in der Weise geändert, dass die Honorare für alle von der HOAI erfassten Leistungen künftig frei vereinbart werden können und es keine verbindlichen Mindest- und Höchsthonorarsätze mehr geben wird.

III. Alternativen

Keine.

IV. Regelungskompetenz

Die Kompetenz der Bundesregierung zum Erlass der Verordnung ergibt sich aus der Ermächtigungsgrundlage in § 1 Absatz 1 des Gesetzes zur Regelung von Ingenieur- und Architektenleistungen.

Die Verordnung bedarf der Zustimmung des Bundesrates.

V. Vereinbarkeit mit dem Recht der Europäischen Union und völkerrechtlichen Verträgen

Der Verordnungsentwurf dient der Umsetzung des Urteils des Europäischen Gerichtshofs vom 4. Juli 2019 in der Rechtssache C-377/17. Die bisher in der HOAI enthaltene Festlegung von verbindlichen Mindest- und Höchsthonorarsätzen, die nach dem Urteil mit der EU-Dienstleistungsrichtlinie (2006/123/EG, Abl. L 376 S. 36) nicht vereinbar war, wird durch diese Änderung der HOAI aufgehoben.

VI. Regelungsfolgen

Die Änderungen in der HOAI haben das Ziel, dem Urteil des Europäischen Gerichtshofs in der Rechtssache C-377/17 nachzukommen und die Regelungen der nationalen Rechtsordnung entsprechend der Vorgaben des Urteils anzupassen und so die Vereinbarkeit der Regelungen der HOAI mit dem Recht der Europäischen Union, wie es in der EU-Dienstleistungsrichtlinie zum Ausdruck kommt, herzustellen.

1. Rechts- und Verwaltungsvereinfachung

Die Änderungen in der HOAI dienen der Anpassung der Verordnung an die Vorgaben des Urteils des Europäischen Gerichtshofs und damit auch der Klarstellung der Rechtslage. Auch für die öffentliche Verwaltung wird auf diese Weise die Rechtsanwendung vereinfacht.

2. Nachhaltigkeitsaspekte

Das Regelungsvorhaben steht im Einklang mit den Leitgedanken der Bundesregierung zur nachhaltigen Entwicklung im Sinne der deutschen Nachhaltigkeitsstrategie, die der Umsetzung der UN-Agenda 2030 für nachhaltige Entwicklung dient.

Das Regelungsvorhaben ist insbesondere vereinbar mit SDG 8 (Menschenwürdige Arbeit und Wirtschaftswachstum). Es trägt zur Planungs- und Rechtssicherheit im betroffenen Sektor bei. Dies kann zu einem sichereren Investitionsumfeld und somit zu besseren Investitionsbedingungen im Sinne der nationalen Postulate zu SDG 8 beitragen.

Behinderungen etwaiger Nachhaltigkeitsziele oder Zielkonflikte zwischen verschiedenen Nachhaltigkeitszielen durch das Regelungsvorhaben wurden nicht festgestellt.

3. Haushaltsausgaben ohne Erfüllungsaufwand

Durch die Verordnung werden keine Haushaltsausgaben ohne Erfüllungsaufwand verursacht.

4. Erfüllungsaufwand

Die HOAI wird künftig für Honorare für Architekten- und Ingenieurleistungen keine verbindlichen Mindest- oder Höchsthonorarsätze mehr vorgeben. Die Regelungen, die die HOAI für die Kalkulation der Honorare enthält, werden aber beibehalten. Das entsprechend dieser Kalkulationsregeln ermittelte Honorar kann mittels eines Zu- oder Abschlags geändert werden. Die HOAI wird außerdem künftig unverbindliche Honorarempfehlungen enthalten, die eine wichtige Orientierung für die Honorarhöhe im Einzelfall bieten. Der durch die Änderung entstehende zusätzliche Prüfaufwand ist deshalb als so gering einzuschätzen, dass mit dieser Verordnung kein messbarer zusätzlicher Erfüllungsaufwand entsteht. Im Übrigen wird auf die Begründung des Gesetzes zur Änderung des Gesetzes zur Regelung von Ingenieur- und Architektenleistungen vom XX.XXX 2020 (BGBl. S. XXX)[58] verwiesen.

5. Weitere Kosten

Durch diese Verordnung entstehen keine direkten oder indirekten Kosten für die Wirtschaft. Auswirkungen auf das Preisniveau, insbesondere auf das Verbraucherpreisniveau, sind nicht zu erwarten. Mit der Verordnung werden die Honorarhöhen nicht geändert. Daher ergeben sich durch die Verordnung keine weiteren Kosten. Insbesondere werden auch die Honorartafeln, die künftig zur Honorarorientierung dienen, der Höhe nach beibehalten.

6. Weitere Regelungsfolgen

Auswirkungen auf Verbraucherinnen und Verbraucher oder demografische Auswirkungen sind nicht zu erwarten.

Im Zuge der gemäß § 2 der Gemeinsamen Geschäftsordnung der Bundesministerien vorzunehmenden Relevanzprüfung sind unter Berücksichtigung der unterschiedlichen Lebenssituationen von Frauen und Männern keine Auswirkungen erkennbar, die gleichstellungspolitischen Zielen zuwiderlaufen.

VII. Befristung; Evaluierung

Es sind keine Befristung und keine Evaluierung vorgesehen. Die Verordnung dient der Umsetzung der Vorgaben eines Urteils des Europäischen Gerichtshofs.

---

58 Zum Zeitpunkt der hier zitierten Bundesrats-Drucksache 539/20 vom 16.09.2020 war die in Bezug genommene Gesetzesänderung noch nicht beschlossen und veröffentlicht, sodass Datum und Fundstelle noch nicht angegeben werden konnten. Die Änderung wurde später am 12.11.2020 beschlossen und am 18.11.2020 im Bundesgesetzblatt, BGBl. Nr. 52, S. 2392 ff., veröffentlicht.

B. Besonderer Teil

Teil 1 Allgemeine Vorschriften

HOAI 2013 | HOAI 2021

§ 1 Anwendungsbereich 2013	§ 1 Anwendungsbereich 2021
Diese Verordnung regelt die Berechnung der Entgelte für die Grundleistungen der Architekten und Architektinnen und der Ingenieure und Ingenieurinnen (Auftragnehmer oder Auftragnehmerinnen) mit Sitz im Inland, soweit die Grundleistungen durch diese Verordnung erfasst und vom Inland aus erbracht werden.	Diese Verordnung gilt für Honorare für Ingenieur- und Architektenleistungen, soweit diese Leistungen durch diese Verordnung erfasst sind. Die Regelungen dieser Verordnung können zum Zwecke der Honorarberechnung einer Honorarvereinbarung zugrunde gelegt werden.

Amtliche Begründung

Zu Artikel 1[59]

Zu Nummer 1

Die neue Formulierung des Anwendungsbereichs der HOAI in § 1 macht den neuen Charakter der Verordnung deutlich. Die HOAI enthält künftig kein verbindliches Preisrecht mehr und dementsprechend keine verbindlichen Regelungen für die Berechnung der Entgelte für bestimmte Leistungen. Der Anwendungsbereich der neuen Regelungen erstreckt sich aber weiterhin auf Honorare für Ingenieur- und Architektenleistungen, auch wenn der Regelungsinhalt ein anderer ist als bisher.

Zunächst wird in § 1 Satz 1 klargestellt, dass sich der Geltungsbereich der HOAI auf Honorare für Ingenieur- und Architektenleistungen bezieht. Schon nach bisheriger Rechtslage war insbesondere infolge eines Urteils des Bundesgerichtshofs (BGH, Urteil vom 22. Mai 1997 – VII ZR 290/95 –, BGHZ 136, 1–11) anerkannt, dass die HOAI auf alle Personen anzuwenden war, die Leistungen erbringen, für die die HOAI Regelungen enthielt. Nicht ausschlaggebend war, ob es sich um Leistungen von Personen handelte, die eine der Berufsbezeichnungen führen durften, die in der Verordnung genannt waren. Die Bestimmung des Anwendungsbereichs erfolgte leistungsbezogen, nicht berufsbezogen. Daran soll die jetzige Anpassung der HOAI nichts ändern. Daher stellt die Neuregelung ausdrücklich auf Ingenieur- und Architektenleistungen ab. Die Erwähnung der Berufsbezeichnung dient nur einer stärkeren Konturierung des Anwendungsbereichs in dem Sinne, dass es sich um Leistungen handelt, die üblicherweise von Ingenieuren oder Architekten erbracht werden. Damit ist aber gerade nicht ausgeschlossen, dass auch Vertreter anderer Berufe diese Leistungen ausführen. Wie der zweite Halbsatz des Satzes 1 klarstellt, ist damit auch keine Ausweitung des Anwendungsbereichs im Vergleich zur bisherigen Rechtslage bezweckt. Es sollen künftig dieselben Leistungen von der HOAI erfasst sein, welche auch schon bisher von der HOAI erfasst waren.

---

59 Anmerkung der Autoren: Die Nummerierung stammt aus der Ersten Verordnung zur Änderung der Honorarordnung für Architekten und Ingenieure, welche die Änderungen gegenüber der HOAI 2013 in durchnummerierter Reihenfolge auflistet. Die Nummerierungen weisen aber leider für sich genommen keinen Bezug auf die Paragrafen der HOAI auf. Sofern im Folgenden nur eine Änderung für einen bestimmten Paragrafen vorgenommen wurde und die Zuordnung damit klar ist, wird die Nummerierung der Änderungsverordnung kommentarlos übernommen. Bei Unklarheiten wird zusätzlich über Fußnoten der Bezug zu den entsprechenden Paragrafen der HOAI hergestellt.

Allerdings stellt der neu gefasste § 1 im Gegensatz zur vorherigen Fassung künftig auf den Oberbegriff der Leistungen ab, die Eingrenzung auf die Grundleistungen wird nicht wieder aufgegriffen. Damit soll jedoch nur klargestellt werden, dass die HOAI, wie bisher schon, nicht nur Regelungen zu den sogenannten Grundleistungen enthält, sondern auch zu den sogenannten Besonderen Leistungen. Diese werden aber auch in der neuen Fassung deutlich weniger detailliert geregelt als die Grundleistungen.

Durch § 1 Satz 2 werden der Charakter und die Zielrichtung der Regelungen der geänderten HOAI klargestellt. Auch wenn keine verbindlichen preisrechtlichen Vorgaben mehr enthalten sind, sieht die HOAI auch weiterhin Maßstäbe und Grundlagen für die Berechnung von Honoraren für die von der HOAI erfassten Leistungen vor. Diese Berechnungsparameter können durch eine entsprechende Vereinbarung von den Parteien eines Vertrages, der von der HOAI erfasste Leistungen zum Gegenstand hat, zur Kalkulation des Honorars genutzt werden. Sofern die Vertragsparteien durch entsprechende vertragliche Vereinbarung von diesen Berechnungsparametern, ohne deren Änderung, Gebrauch machen, dienen diese als die maßgeblichen und von den Parteien anzuwendenden Regeln zur Honorarermittlung. Die Ergebnisse der Anwendung dieser Honorarberechnungsregelungen sind aber nicht verbindlich, es kann immer, beispielsweise durch einen Zu- oder Abschlag, ein abweichendes Honorar vereinbart werden. Die Kalkulationsregeln der HOAI müssen aber auch nicht genutzt werden. Das Honorar für von der HOAI erfasste Leistungen kann auch immer auf anderem Wege, beispielsweise durch eine Stundensatzvereinbarung oder über eine Pauschale, ermittelt werden. Aus diesem Grund ist auch die Beschränkung auf Anwender mit Sitz im Inland und die Erbringung der Leistung im Inland entfallen. Die Anwendbarkeit der Regelungen hängt maßgeblich von der Vereinbarung der Vertragsparteien ab. Eine Verpflichtung, sie anzuwenden, besteht nicht.

Kurzkommentar

Die Begründung zur Änderung des § 1 HOAI stellt klar, dass der Anwendungsbereich der HOAI nach wie vor leistungsbezogen und nicht berufsbezogen eröffnet sein soll. Auch Vertreter anderer Berufe können Leistungen erbringen, die üblicherweise von Architekten oder Ingenieuren erbracht werden. Das Urteil des Europäischen Gerichtshofs vom 04.07.2019 hatte es als inkohärent bezeichnet, dass die verbindlichen Mindest- und Höchstsätze der vorigen HOAI-Fassungen dazu beitragen sollten, die Qualität der Planung und damit letztlich die Bauqualität hochzuhalten, gleichzeitig aber unabhängig von der Ausbildung und deren Qualität Planungsleistungen erbracht und nach der HOAI abgerechnet werden konnten. Hieraus hatte sich der Denkansatz ergeben, bei der Neufassung der HOAI das System der Mindest- und Höchstsätze zu erhalten, aber die gerügte Inkohärenz zu beseitigen, indem die Erbringung von Planungsleistungen und damit indirekt auch der Anwendungsbereich der HOAI an eine qualifizierte Ausbildung gekoppelt wird. Diesen Weg hat der Verordnungsgeber bei der Neufassung der HOAI aber nicht eingeschlagen.

Maßgeblich geändert wurden stattdessen „der Charakter und die Zielrichtung der Regelungen“ der HOAI. Sie soll nun „Maßstäbe und Grundlagen für die Berechnung von Honoraren“ bieten, aber keine verbindlichen preisrechtlichen Regelungen mehr beinhalten.

Die Anwendbarkeit der HOAI hängt daher maßgeblich von den zwischen den Vertragsparteien getroffenen Vereinbarungen ab. Diese Vereinbarungen können dahin gehen, der Honorarberechnung die Anwendung des Systems der HOAI in Reinform oder auch in abgewandelter Form zugrunde zu legen.

Die für die Zukunft noch größere Bedeutung der Honorarvereinbarung wurde nun in § 1 Satz 2 HOAI auch ausdrücklich betont.

Verbindlich anzuwenden ist die HOAI nur noch dann, wenn keine individuelle Vereinbarung in Textform getroffen wurde. Ob dies, wie vom Verordnungsgeber angenommen, wirklich nur noch in Einzelfällen vorkommt, bleibt abzuwarten, ist aber zu bezweifeln.

	§ 2a Honorartafeln und Basishonorarsatz 2021
Anmerkung der Autoren: Vgl. hierzu auch § 3 Abs. 1 HOAI 2013.	(1) Die Honorartafeln dieser Verordnung weisen Orientierungswerte aus, die an der Art und dem Umfang der Aufgabe sowie an der Leistung ausgerichtet sind. Die Honorartafeln enthalten für jeden Leistungsbereich Honorarspannen vom Basishonorarsatz bis zum oberen Honorarsatz, gegliedert nach den einzelnen Honorarzonen und den zugrunde liegenden Ansätzen für Flächen, anrechenbare Kosten oder Verrechnungseinheiten.
	(2) Basishonorarsatz ist der jeweils untere in den Honorartafeln dieser Verordnung enthaltene Honorarsatz.

Amtliche Begründung

Zu Nummer 2

Der neu eingefügte § 2a dient der Erläuterung des künftigen Zwecks der Honorartafeln. Bisher war diesen der verbindliche Preisrahmen für die Honorare zu entnehmen. Künftig sollen die in den Honorartafeln enthaltenen Werte der Orientierung der Vertragsparteien dienen und damit eine Hilfestellung bei der Ermittlung des angemessenen Honorars bieten. Dies erfolgt auch vor dem Hintergrund, dass der Europäische Gerichtshof in seinem Urteil vom 4. Juli 2019 festgestellt hat, dass Preisorientierungen zum Verbraucherschutz beitragen können (vgl. Rechtssache C-377/17, Randnummer 94 f.). Gleichzeitig sollen die Orientierungswerte einen Beitrag zur Gewährleistung der Planungsqualität leisten. Ansonsten bleiben Aufbau und Inhalt der Honorartafeln im Wesentlichen gleich. Die in den Tafeln enthaltenen Werte sind an Art und Umfang der Planungsaufgabe und der Leistung des Planenden ausgerichtet und erstrecken sich über Honorarspannen. Mit Art und Umfang der Planungsaufgabe wird der Auftragsgegenstand in Bezug genommen, beispielsweise das Gebäude oder Ingenieurbauwerk, auf das sich der Auftrag bezieht. Der Begriff der Leistung erfasst die Arbeitsschritte, die der Planende auszuführen hat, wie zum Beispiel die Vorplanung oder die Ausführungsplanung. Die Gliederung der Honorarspannen richtet sich nach den Honorarzonen und den zugrunde liegenden Berechnungsparametern. Damit werden bei der Ermittlung der in den Honorartafeln enthaltenen Honorarspannen die maßgeblichen Parameter berücksichtigt, die sicherstellen sollen, dass ein Honorar, das auf Grundlage der HOAI-Regelungen und unter Anwendung der Orientierungswerte der jeweiligen Honorartafel ermittelt wurde, angemessen ist.

Außerdem wird in § 2a der neu eingeführte Begriff des Basishonorarsatzes erläutert. Als Basishonorarsatz wird der jeweils untere in den Honorartafeln enthaltene Honorarwert bezeichnet. Die Definition ist erforderlich, da in § 7 auf die entsprechenden, in den Honorartafeln enthaltenen, Werte verwiesen wird.

Kurzkommentar

Die in den Honorartafeln ausgewiesenen Beträge bleiben gleich. Die von den Architekten und Ingenieuren im Zusammenhang mit der Neufassung der HOAI erhoffte Honorarerhöhung durch Erhöhung der Tafelwerte ist also nicht umgesetzt worden. Eine Erhöhung der Honorare kommt also allenfalls durch die Berücksichtigung höherer anrechenbarer Kosten aufgrund der allgemeinen Baupreissteigerung zustande.

Auch die Art und Weise der Berechnung des Honorars ist gleich geblieben, vorausgesetzt, es wird aufgrund individueller Vereinbarung nach der Systematik der HOAI in Reinform, also ohne große Abwandlung, abgerechnet.

Ihrem Wesen nach sollen die Honorartafeln nun jedoch vor allem der „Orientierung der Vertragsparteien dienen“ und „eine Hilfestellung bei der Ermittlung des angemessenen Honorars bieten“.

Neu ist der Begriff der „Honorarspanne“, der das bisherige Gegensatzpaar der Mindest- und Höchstsätze ersetzen soll. Neu ist auch der Begriff „Basishonorarsatz“, der anstelle des Begriffs der Mindestsätze zum Einsatz kommt. Dabei handelt es sich nach § 2a Abs. 2 HOAI 2021 um den jeweils unteren in den Honorartafeln enthaltenen Honorarsatz. Für den ehemaligen Höchstsatz wurde nicht explizit ein neuer Begriff eingeführt. Er wird in § 2a Abs. 1 als „oberer Honorarsatz“ bezeichnet.

Der Begriff des Basishonorars ist aus Sicht der Autoren nicht glücklich gewählt. Denn er suggeriert, dass von einer gewissen Basis aus auch noch nach oben, vor allem aber nach unten verhandelt werden kann. Dies ist nach der neuen Fassung der HOAI gewollt und in diesem Sinne auch richtig. Es besteht jedoch die Gefahr, dass dieser Verhandlungsspielraum in Zukunft vor allem nach unten ausgelotet werden wird. Von der Intention des Verordnungsgebers früherer HOAI-Fassungen, wonach der Mittelsatz als durchschnittlicher, üblicher und auskömmlicher Honorarsatz gedacht war, ist die Neufassung der HOAI mit ihrem Begriff „Basishonorar“ inzwischen sehr weit entfernt.

§ 3 Leistungen und Leistungsbilder 2013	§ 3 Leistungen und Leistungsbilder 2021
(1) Die Honorare für Grundleistungen der Flächen-, Objekt- und Fachplanung sind in den Teilen 2 bis 4 dieser Verordnung verbindlich geregelt. Die Honorare für Beratungsleistungen der Anlage 1 sind nicht verbindlich geregelt.	Anmerkung der Autoren: Vgl. hierzu auch § 2a Abs. 1 HOAI 2021 sowie § 3 Abs. 1 HOAI 2013.
(2) Grundleistungen, die zur ordnungsgemäßen Erfüllung eines Auftrags im Allgemeinen erforderlich sind, sind in Leistungsbildern erfasst. Die Leistungsbilder gliedern sich in Leistungsphasen gemäß den Regelungen in den Teilen 2 bis 4.	(1) Grundleistungen sind Leistungen, die regelmäßig im Rahmen von Flächen-, Objekt- oder Fachplanungen auszuführen sind. Sie sind zur ordnungsgemäßen Erfüllung eines Auftrags im Allgemeinen erforderlich und in Leistungsbildern erfasst. Die Leistungsbilder gliedern sich in Leistungsphasen nach den Regelungen in den Teilen 2 bis 4 und der Anlage 1.
(3) Die Aufzählung der Besonderen Leistungen in dieser Verordnung und in den Leistungsbildern ihrer Anlagen ist nicht abschließend. Die Besonderen Leistungen können auch für Leistungsbilder und Leistungsphasen, denen sie nicht zugeordnet sind, vereinbart werden, soweit sie dort keine Grundleistungen darstellen. Die Honorare für Besondere Leistungen können frei vereinbart werden.	(2) Neben den Grundleistungen können Besondere Leistungen vereinbart werden. Die Aufzählung der Besonderen Leistungen in dieser Verordnung und in den Leistungsbildern ihrer Anlagen ist nicht abschließend. Die Besonderen Leistungen können auch für Leistungsbilder und Leistungsphasen, denen sie nicht zugeordnet sind, vereinbart werden, soweit sie dort keine Grundleistungen darstellen.
(4) Die Wirtschaftlichkeit der Leistung ist stets zu beachten.	(3) Die Wirtschaftlichkeit der Leistung ist stets zu beachten.

Amtliche Begründung

Zu Nummer 3

Der neu gefasste § 3 enthält in Absatz 1 Satz 1 die der Neufassung von § 1 Absatz 2 des Gesetzes zur Regelung von Ingenieur- und Architektenleistungen (ArchLG) angeglichene Definition der Grundleistungen. Auch hier gilt, dass sich an der Rechtslage im Vergleich zur bisherigen Fassung im Ergebnis nichts ändern soll. Dabei dient die Definition der Abgrenzung der Grundleistungen von den Besonderen Leistungen für die Zwecke der Honorierung nach der HOAI. Grundleistungen zeichnen sich, insbesondere in Abgrenzung von den Besonderen Leistungen, dadurch aus, dass sie regelmäßig im Rahmen von Flächen-, Objekt- und Fachplanungen auszuführen sind. Es handelt sich also um das in Standardfällen durchzuführende Arbeitsprogramm bei solchen Planungsvorhaben. Gleichzeitig soll die neue Definition klarstellen, dass die Leistungsbilder zwar den Regelfall abbilden, sich der konkrete Leistungsumfang aber letztlich nach der Vereinbarung der Parteien richtet. Diesen steht es frei, auch Teile von Leistungsbildern zu vereinbaren. Das bedeutet, dass es immer auch Ausnahmen geben kann, in denen weniger oder andere als die regelmäßig durchzuführenden Leistungen vereinbart werden. Das Leistungsprogramm ist immer abhängig von der Vereinbarung der Parteien im Einzelfall. Um die grundsätzliche Fortschreibung der bisherigen Rechtslage zu unterstreichen, enthält Absatz 1 Satz 2 zur näheren inhaltlichen

Ausgestaltung der Definition in Absatz 1 Satz 1 einen Bezug zu der in der bisher geltenden Fassung der HOAI (§ 3 Absatz 2 HOAI in der Fassung vom 10. Juli 2013) enthaltenen Definition der Grundleistungen. Zusätzlich wird klargestellt, dass die Grundleistungen in der HOAI auch künftig in Leistungsbildern erfasst sind und diese sich in Leistungsphasen gliedern, die in späteren Teilen der HOAI inhaltlich genauer ausgestaltet werden.

Ein Unterschied zur bisherigen Rechtslage besteht darin, dass die Leistungen der Anlage 1 künftig den sonstigen Grundleistungen der HOAI gleichgestellt werden. Daher verweist Absatz 1 Satz 3 auch auf die Beschreibung der Leistungsphasen in der Anlage 1. Bisher hatten die Leistungen der Anlage 1 eine Sonderstellung, da sie nicht dem verbindlichen Preisrecht unterlagen. Künftig werden sie in der neuen Regelung der HOAI den übrigen Grundleistungen gleichgestellt.

Die Beschreibung der Besonderen Leistungen in Absatz 2 entspricht im Wesentlichen der bisherigen Formulierung in § 3 Absatz 3 der HOAI vom 10. Juli 2013. Hier ist keine Änderung der Rechtslage intendiert. Gleiches gilt für den Grundsatz der Wirtschaftlichkeit in Absatz 3. Zu den Besonderen Leistungen zählt auch weiterhin die Örtliche Bauüberwachung in den Objektplanungen Ingenieurbauwerke und Verkehrsanlagen. Als Orientierungswert für das Honorar kann hier analog der amtlichen Begründung zur HOAI 2009 weiterhin eine Höhe von 2,3 bis 3,5 % der anrechenbaren Kosten angenommen oder ein Honorar als Festbetrag unter Zugrundelegung der geschätzten Bauzeit bzw. nach nachgewiesenem Zeitbedarf vereinbart werden.

Kurzkommentar

Ein Teil des Regelungsgehalts des § 3 Abs. 1 HOAI 2013, wonach die HOAI für Grundleistungen verbindlich geregelt sein sollte, ist vom Verordnungsgeber gestrichen worden. Stattdessen sieht nun § 2a HOAI 2021 vor, dass die Honorartafeln zukünftig nur noch als Orientierungswerte dienen.

Darüber hinaus bringt § 3 HOAI 2021 nur geringe Änderungen mit sich. Die Amtliche Begründung hebt besonders den Umstand hervor, dass es maßgeblicher Bestandteil der vertraglichen Vereinbarungen zwischen den Parteien ist, auch den Umfang der zu erbringenden Grundleistungen und Besonderen Leistungen zu bestimmen. Dies ist nicht neu, macht aber nochmals deutlich, wie wichtig es in Zukunft ist, konkrete Vereinbarungen zu treffen, die sich mit sämtlichen Parametern befassen und die Leistungen des Architekten oder Ingenieurs auf der einen Seite und die Gegenleistung des Bauherrn in Form von Honorar beeinflussen.

Im Zusammenhang mit dieser deutlichen Betonung der Vertragsfreiheit der Parteien wirkt der Hinweis darauf, dass für die Örtliche Bauüberwachung im Rahmen der Objektplanung für Ingenieurbauwerke und Verkehrsanlagen „weiterhin“ 2,3 bis 3,5 % der anrechenbaren Kosten als Orientierungswert angenommen werden könne, wie ein Fremdkörper. Denn selbstverständlich ist auch dieses Honorar frei verhandel- und vereinbar.

§ 4 Anrechenbare Kosten 2013	§ 4 Anrechenbare Kosten 2021
(3) Der Umfang der mitzuverarbeitenden Bausubstanz im Sinne des § 2 Absatz 7 ist bei den anrechenbaren Kosten angemessen zu berücksichtigen. Umfang und Wert der mitzuverarbeitenden Bausubstanz sind zum Zeitpunkt der Kostenberechnung oder, sofern keine Kostenberechnung vorliegt, zum Zeitpunkt der Kostenschätzung objektbezogen zu ermitteln und schriftlich zu vereinbaren.	(3) Der Umfang der mitzuverarbeitenden Bausubstanz im Sinne des § 2 Absatz 7 ist bei den anrechenbaren Kosten angemessen zu berücksichtigen. Umfang und Wert der mitzuverarbeitenden Bausubstanz sind zum Zeitpunkt der Kostenberechnung oder, sofern keine Kostenberechnung vorliegt, zum Zeitpunkt der Kostenschätzung objektbezogen zu ermitteln und in Textform zu vereinbaren.

Amtliche Begründung

Zu Nummer 31[60]

Folgeänderungen wegen der geänderten Formanforderungen an die Honorarvereinbarung.

Kurzkommentar

Die von der HOAI 2013 wie von den vorigen Fassungen der HOAI vorgegebenen Formvorschriften sind mit der HOAI 2021 gelockert worden. Während die Vereinbarung bisher in „Schriftform“ erfolgen musste, um wirksam zu sein, reicht nach der Neufassung im Regelfall die „Textform“ aus. Was darunter zu verstehen ist, ergibt sich aus § 126b BGB. Danach muss zur Einhaltung der Textform eine „lesbare Erklärung, in der die Person des Erklärenden genannt ist, auf einem dauerhaften Datenträger abgegeben werden“.[61]

Ein schriftlicher Vertrag, der von beiden Vertragsparteien unterschrieben wird, oder zwei gleichlautende Vertragsurkunden, die jeweils von der anderen Vertragspartei unterschrieben werden, sind nach wie vor geeignet, die Formvorgaben der HOAI zu erfüllen, gehen sie doch über die Textform sogar hinaus.

Darüber hinaus kann der genannte dauerhafte Datenträger beispielsweise eine CD-ROM, eine DVD, ein Telefax oder eine vom Empfänger nach dem Erhalt gespeicherte Mail sein.

Nur mündliche Absprachen oder eine Vereinbarung „per Handschlag“ entsprechen aber nach wie vor nicht den Formvorgaben der HOAI und führen zu einer unwirksamen Honorarvereinbarung.

---

60 Die Nummer 31 der Amtlichen Begründung enthält eine Auflistung mehrerer Paragrafen, in denen das Wort „schriftlich“ durch die Worte „in Textform“ zu ersetzen sind. Um die Amtliche Begründung direkt den Änderungen zuordnen zu können, wird die Nummer 31 hier vorgezogen und im Verlauf des Textes mehrfach aufgeführt.

61 § 126b BGB lautet:
„[1]Ist durch Gesetz Textform vorgeschrieben, so muss eine lesbare Erklärung, in der die Person des Erklärenden genannt ist, auf einem dauerhaften Datenträger abgegeben werden. [2]Ein dauerhafter Datenträger ist jedes Medium, das
1. es dem Empfänger ermöglicht, eine auf dem Datenträger befindliche, an ihn persönlich gerichtete Erklärung so aufzubewahren oder zu speichern, dass sie ihm während eines für ihren Zweck angemessenen Zeitraums zugänglich ist, und
2. geeignet ist, die Erklärung unverändert wiederzugeben.“

§ 5 Honorarzonen 2013	§ 5 Honorarzonen 2021
(1) Die Objekt- und Tragwerksplanung wird den folgenden Honorarzonen zugeordnet: 1. Honorarzone I: sehr geringe Planungsanforderungen, 2. Honorarzone II: geringe Planungsanforderungen, 3. Honorarzone III: durchschnittliche Planungsanforderungen, 4. Honorarzone IV: hohe Planungsanforderungen, 5. Honorarzone V: sehr hohe Planungsanforderungen.	(1) Die Grundleistungen der Flächen-, Objekt- oder Fachplanungen werden zur Berechnung der Honorare nach den jeweiligen Planungsanforderungen Honorarzonen zugeordnet, die von der Honorarzone I aus ansteigend den Schwierigkeitsgrad der Planung einstufen.
(2) Flächenplanungen und die Planung der Technischen Ausrüstung werden den folgenden Honorarzonen zugeordnet: 1. Honorarzone I: geringe Planungsanforderungen, 2. Honorarzone II: durchschnittliche Planungsanforderungen 3. Honorarzone III: hohe Planungsanforderungen.	
(3) Die Honorarzonen sind anhand der Bewertungsmerkmale in den Honorarregelungen der jeweiligen Leistungsbilder der Teile 2 bis 4 zu ermitteln. Die Zurechnung zu den einzelnen Honorarzonen ist nach Maßgabe der Bewertungsmerkmale und gegebenenfalls der Bewertungspunkte sowie unter Berücksichtigung der Regelbeispiele in den Objektlisten der Anlagen dieser Verordnung vorzunehmen.	(2) Die Honorarzonen sind anhand der Bewertungsmerkmale in den Honorarregelungen der jeweiligen Leistungsbilder der Teile 2 bis 4 und der Anlage 1 zu ermitteln. Die Zurechnung zu den einzelnen Honorarzonen ist nach Maßgabe der Bewertungsmerkmale und gegebenenfalls der Bewertungspunkte sowie unter Berücksichtigung der Regelbeispiele in den Objektlisten der Anlagen dieser Verordnung vorzunehmen.

Amtliche Begründung

Zu Nummer 4

Zu Buchstabe a[62]

Mit der Neufassung des § 5 Absatz 1 soll keine inhaltliche Änderung, sondern nur eine redaktionelle Korrektur vorgenommen werden. Die bisherige Auflistung der Honorarzonen war nicht in allen Fällen deckungsgleich mit den spezifischen Regelungen in den verschiedenen Leistungsbereichen der HOAI, weshalb eine abstraktere Formulierung gewählt wird.

62 Änderung in § 5 Abs. 1 HOAI 2021

Zu Buchstabe b[63]

Der bisherige Absatz 2 ist wegen der Neufassung des Absatzes 1 obsolet geworden.

Zu Buchstabe c[64]

Folgeänderung vor dem Hintergrund der Gleichstellung der Leistungen der Anlage 1 mit den übrigen Grundleistungen.

Kurzkommentar

Nach der in der soeben zitierten Passage der Amtlichen Begründung soll die Neufassung keine inhaltliche Änderung mit sich bringen. Es bleibt abzuwarten, wie dieser hier ausdrücklich geäußerte Wille des Verordnungsgebers in die Praxis Eingang findet. Denn der neue Wortlaut des § 5 HOAI ließe sich durchaus auch anders lesen. Während die bisherige Regelung vorsah, das Objekt als Ganzes und den gesamten darauf bezogenen Planungsprozess den verschiedenen Honorarzonen zuzuordnen, bezieht sich die neu gefasste Regelung nun auf die Grundleistungen, welche zugeordnet werden sollen. Der an den reinen Wortlaut anknüpfende Gedanke, dass nun möglicherweise einzelne Grundleistungen mit Blick auf die objektiv richtige Honorarzone untersucht werden sollen, ist aus Sicht der Autoren für die Praxis allerdings absolut untauglich und wird hoffentlich zu keiner Zeit mehr als allenfalls akademisch-theoretisch diskutiert werden müssen. Mit Blick auf den Wortlaut und eventuelle kreative Ideen der Anwender der HOAI könnte es zukünftig empfehlenswert sein, bei der Vereinbarung einer Honorarzone klarzustellen, dass sich diese auf sämtliche zu erbringenden Grundleistungen beziehen soll.

---

63 Wegfall des bisherigen § 5 Abs. 2 HOAI 2013

64 Änderung in § 5 Abs. 2 HOAI 2021

§ 6 Grundlagen des Honorars 2013	§ 6 Grundlagen des Honorars 2021
(1) Das Honorar für Grundleistungen nach dieser Verordnung richtet sich 1. für die Leistungsbilder des Teils 2 nach der Größe der Fläche und für die Leistungsbilder der Teile 3 und 4 nach den anrechenbaren Kosten des Objekts auf der Grundlage der Kostenberechnung oder, sofern keine Kostenberechnung vorliegt, auf der Grundlage der Kostenschätzung, 2. nach dem Leistungsbild, 3. nach der Honorarzone, 4. nach der dazugehörigen Honorartafel.	(1) Bei der Ermittlung des Honorars für Grundleistungen im Sinne des § 3 Absatz 1 sind zugrunde zu legen 1. das Leistungsbild, 2. die Honorarzone und 3. die dazugehörige Honorartafel zur Honorarorientierung. Zusätzlich zu den Grundlagen nach Satz 1 ermittelt sich das Honorar 1. für die Leistungsbilder des Teils 2 und der Anlage 1 Nummer 1.1 nach der Größe der Fläche, 2. für die Leistungsbilder der Teile 3 und 4 und der Anlage 1 Nummer 1.2, 1.3 und 1.4.5 nach den anrechenbaren Kosten des Objekts auf der Grundlage der Kostenberechnung oder, sofern keine Kostenberechnung vorliegt, auf der Grundlage der Kostenschätzung, 3. für das Leistungsbild der Anlage 1 Nummer 1.4.2 nach Verrechnungseinheiten.
(2) Honorare für Leistungen bei Umbauten und Modernisierungen gemäß § 2 Absatz 5 und 6 sind zu ermitteln nach 1. den anrechenbaren Kosten, 2. der Honorarzone, welcher der Umbau oder die Modernisierung in sinngemäßer Anwendung der Bewertungsmerkmale zuzuordnen ist, 3. den Leistungsphasen, 4. der Honorartafel und 5. dem Umbau- oder Modernisierungszuschlag auf das Honorar. Der Umbau- oder Modernisierungszuschlag ist unter Berücksichtigung des Schwierigkeitsgrads der Leistungen schriftlich zu vereinbaren. Die Höhe des Zuschlags auf das Honorar ist in den jeweiligen Honorarregelungen der Leistungsbilder der Teile 3 und 4 geregelt. Sofern keine schriftliche Vereinbarung getroffen wurde, wird unwiderleglich vermutet, dass ein Zuschlag von 20 Prozent ab einem durchschnittlichen Schwierigkeitsgrad vereinbart ist.	(2) Honorare für Grundleistungen bei Umbauten und Modernisierungen gemäß § 2 Absatz 5 und 6 sind zu ermitteln nach 1. den anrechenbaren Kosten, 2. der Honorarzone, welcher der Umbau oder die Modernisierung in sinngemäßer Anwendung der Bewertungsmerkmale zuzuordnen ist, 3. den Leistungsphasen, 4. der Honorartafel zur Honorarorientierung und 5. dem Umbau- oder Modernisierungszuschlag auf das Honorar. Der Umbau- oder Modernisierungszuschlag ist unter Berücksichtigung des Schwierigkeitsgrads der Leistungen in Textform zu vereinbaren. Die Höhe des Zuschlags auf das Honorar ist in den jeweiligen Honorarregelungen der Leistungsbilder der Teile 3 und 4 und in Anlage 1 Nummer 1.2 geregelt. Sofern keine Vereinbarung in Textform getroffen wurde, gilt ein Zuschlag von 20 Prozent ab einem durchschnittlichen Schwierigkeitsgrad als vereinbart.

§ 6 Grundlagen des Honorars 2013	§ 6 Grundlagen des Honorars 2021
(3) Wenn zum Zeitpunkt der Beauftragung noch keine Planungen als Voraussetzung für eine Kostenschätzung oder Kostenberechnung vorliegen, können die Vertragsparteien abweichend von Absatz 1 schriftlich vereinbaren, dass das Honorar auf der Grundlage der anrechenbaren Kosten einer Baukostenvereinbarung nach den Vorschriften dieser Verordnung berechnet wird. Dabei werden nachprüfbare Baukosten einvernehmlich festgelegt.	

Amtliche Begründung

Zu Nummer 5

Zu Buchstabe a[65]

Die Neufassung des § 6 Absatz 1 stellt klar, dass die Honorartafeln künftig der Honorarorientierung dienen. Die Honorartafeln enthalten für jedes Leistungsbild, zugeordnet nach den Honorarzonen gemäß § 5, Honorarorientierungen für die im Einzelfall jeweils angemessene Honorarhöhe. Hinsichtlich der Leistungen der Anlage 1 regelt § 6 Absatz 1 neu, welche Bezugsgrößen für die Honorarberechnung dieser Leistungsbilder herangezogen werden sollen.

Zu Buchstabe b[66]

Zu Doppelbuchstabe aa[67]

Zu Dreifachbuchstabe aaa

Die Änderung dient der Klarstellung. Die in § 6 Absatz 2 aufgeführten Grundsätze gelten – wie die Grundsätze des Absatzes 1 – nur für die Honorierung von Grundleistungen bei Umbauten oder Modernisierungen.

Zu Dreifachbuchstabe bbb

Mit der Ergänzung soll der neue Charakter der Honorartafeln als Honorarorientierungen hervorgehoben werden.

Zu Doppelbuchstabe bb[68]

Die Ergänzung dient der Gleichstellung der Leistungsbilder der Anlage 1 mit den Leistungsbildern der Teile 2 bis 4.

---

65 Änderung in § 6 Abs. 1 HOAI 2021

66 Änderung in § 6 Abs. 2 HOAI 2021

67 Änderung in § 6 Abs. 2 Satz 1 HOAI 2021

68 Änderung in § 6 Abs. 2 Satz 3 HOAI 2021

Zu Doppelbuchstabe cc[69]

Im Gegensatz zur bisherigen Rechtslage reicht gemäß § 7 Absatz 1 Satz 1 künftig für den Abschluss einer wirksamen Honorarvereinbarung die Einhaltung der Textform gemäß § 126b des Bürgerlichen Gesetzbuchs (BGB) aus. Dementsprechend wird § 6 Absatz 2 Satz 4 ebenfalls hinsichtlich des Formerfordernisses angepasst. Fehlt es an einer Vereinbarung in Textform, wird im Wege einer gesetzlichen Fiktion ab einem durchschnittlichen Schwierigkeitsgrad von einem Zuschlag in Höhe von 20 Prozent ausgegangen.

Zu Buchstabe c[70]

Die in § 6 Absatz 3 a. F. ausdrücklich vorgesehene Möglichkeit einer schriftlichen Abweichung ist nicht mehr erforderlich, da die HOAI kein verbindliches Preisrecht mehr enthält.

Zu Nummer 31[71]

Folgeänderungen wegen der geänderten Formanforderungen an die Honorarvereinbarung.

Kurzkommentar

Bei den Änderungen in § 6 HOAI 2021 handelt es sich im Wesentlichen um redaktionelle Änderungen, die dem Umstand Rechnung tragen, dass die HOAI nun insgesamt nur noch Orientierungshilfe, aber nicht mehr verbindliches Preisrecht sein soll, und die bisherigen formalen Anforderungen an Honorarvereinbarungen vereinfacht werden sollen.

Rückgängig gemacht wurde die in § 6 Abs. 2 Satz 4 HOAI bisher enthaltene unwiderlegliche Vermutung für einen Umbauzuschlag von 20 %. Sofern keine Vereinbarung in Textform über den Umbauzuschlag getroffen wurde, gilt dieser zwar auch in Zukunft noch ab einem durchschnittlichen Schwierigkeitsgrad der Planung als vereinbart. Doch liegt nun keine unwiderlegliche Vermutung mehr vor, sondern eine widerlegbare Vermutung.

Entfallen ist die in der HOAI 2013 noch festgeschriebene Möglichkeit, eine sog. Baukostenvereinbarung vorzunehmen. Diese Regelung war – kurz zusammengefasst – rechtlich nicht haltbar,[72] hat sich nun aber endgültig erledigt. Denn wenn die HOAI nur noch unverbindliche Orientierungsgrundlage ist, müssen sich die vertraglichen Vereinbarungen zwischen den Vertragsparteien im Regelfall nicht mehr an der HOAI messen lassen. Dennoch kann auch für die Zukunft nur davon abgeraten werden, verbindliche, der Höhe nach bereits abschließend fixierte Vereinbarungen über die anrechenbaren Kosten zu treffen, so lange die Planungsaufgabe als solche noch nicht feststeht und daher noch keine Einschätzung über die tatsächlich zu erwartenden Kosten des Bauvorhabens erfolgen kann.

---

69 Änderung in § 6 Abs. 2 Satz 4 HOAI 2021

70 Aufhebung des § 6 Abs. 3 HOAI 2013

71 Einfügen der Worte „in Textform" in § 6 Abs. 2 Satz 2 HOAI 2021

72 Der Bundesgerichtshof hatte die Regelung des § 6 Abs. 2 HOAI 2009 bzw. § 6 Abs. 3 HOAI 2013 für unwirksam erklärt, da er nicht von der gesetzlichen Ermächtigungsgrundlage in Art. 10 §§ 1 und 2 MRVG gedeckt war. Vgl. BGH, Urteil vom 24.04.2014 – VII ZR 164/13.

§ 7 Honorarvereinbarung 2013	§ 7 Honorarvereinbarung 2021
(1) Das Honorar richtet sich nach der schriftlichen Vereinbarung, die die Vertragsparteien bei Auftragserteilung im Rahmen der durch diese Verordnung festgesetzten Mindest- und Höchstsätze treffen.	(1) Das Honorar richtet sich nach der Vereinbarung, die die Vertragsparteien in Textform treffen. Sofern keine Vereinbarung über die Höhe des Honorars in Textform getroffen wurde, gilt für Grundleistungen der jeweilige Basishonorarsatz als vereinbart, der sich bei der Anwendung der Honorargrundlagen des § 6 ergibt.
(2) Liegen die ermittelten anrechenbaren Kosten oder Flächen außerhalb der in den Honorartafeln dieser Verordnung festgelegten Honorarsätze, sind die Honorare frei vereinbar.	
(3) Die in dieser Verordnung festgesetzten Mindestsätze können durch schriftliche Vereinbarung in Ausnahmefällen unterschritten werden.	
(4) Die in dieser Verordnung festgesetzten Höchstsätze dürfen nur bei außergewöhnlichen oder ungewöhnlich lange dauernden Grundleistungen durch schriftliche Vereinbarung überschritten werden. Dabei bleiben Umstände, soweit sie bereits für die Einordnung in die Honorarzonen oder für die Einordnung in den Rahmen der Mindest- und Höchstsätze mitbestimmend gewesen sind, außer Betracht.	
(5) Sofern nicht bei Auftragserteilung etwas anderes schriftlich vereinbart worden ist, wird unwiderleglich vermutet, dass die jeweiligen Mindestsätze gemäß Absatz 1 vereinbart sind.	
(6) Für Planungsleistungen, die technisch-wirtschaftliche oder umweltverträgliche Lösungsmöglichkeiten nutzen und zu einer wesentlichen Kostensenkung ohne Verminderung des vertraglich festgelegten Standards führen, kann ein Erfolgshonorar schriftlich vereinbart werden. Das Erfolgshonorar kann bis zu 20 Prozent des vereinbarten Honorars betragen. Für den Fall, dass schriftlich festgelegte anrechenbare Kosten überschritten werden, kann ein Malus-Honorar in Höhe von bis zu 5 Prozent des Honorars schriftlich vereinbart werden.	

§ 7 Honorarvereinbarung 2013	§ 7 Honorarvereinbarung 2021
	(2) Der Auftragnehmer hat den Auftraggeber, sofern dieser Verbraucher ist, vor Abgabe von dessen verbindlicher Vertragserklärung zur Honorarvereinbarung in Textform darauf hinzuweisen, dass ein höheres oder niedrigeres Honorar als die in den Honorartafeln dieser Verordnung enthaltenen Werte vereinbart werden kann. Erfolgt der Hinweis nach Satz 1 nicht oder nicht rechtzeitig, gilt für die zwischen den Vertragsparteien vereinbarten Grundleistungen anstelle eines höheren Honorars ein Honorar in Höhe des jeweiligen Basishonorarsatzes als vereinbart.

Amtliche Begründung

Zu Nummer 6

Die Neufassung des § 7 stellt ein wesentliches Element der Umsetzung des Urteils des Europäischen Gerichtshofs in der Rechtssache C-377/17 zur HOAI dar. Die bisher in § 7 a. F. enthaltenen Regelungen zu den verbindlichen Mindest- und Höchsthonorarsätzen werden durch den Grundsatz ersetzt, dass sich das Honorar nach der Vereinbarung der Vertragsparteien richtet, ohne preisrechtliche Eingrenzungen. Gleichzeitig wird die Möglichkeit, eine wirksame Honorarvereinbarung zu treffen, insofern erleichtert, als künftig eine Vereinbarung in Textform gemäß § 126b BGB ausreicht. Die Honorarvereinbarung muss damit künftig nicht mehr, wie bisher, schriftlich und zum Zeitpunkt der Auftragserteilung geschlossen werden, um wirksam zu sein. Diese Anforderung hat sich in der Praxis als schwer umsetzbar erwiesen, da schon die Bestimmung des genauen Zeitpunkts der Auftragserteilung nicht in allen Fällen zweifelsfrei möglich war.

Das Ziel der Neuregelung ist es, den Parteien auch im Sinne der Rechtssicherheit eine praxisnahe und einfach umzusetzende Möglichkeit zum Abschluss wirksamer Honorarvereinbarungen zu eröffnen. Im Hinblick darauf, dass sich im Rahmen entsprechender Planungsprojekte auch später immer wieder Änderungen an den Vertragsinhalten ergeben können, soll es den Vertragsparteien auch möglich sein, erst im späteren Verlauf der Vertragsbeziehung eine Honorarvereinbarung zu schließen oder eine bereits geschlossene Honorarvereinbarung später bei Bedarf anzupassen. Auf einen bestimmten Zeitpunkt, zu dem die Honorarvereinbarung getroffen werden muss, kommt es deshalb künftig nicht mehr an.

Sollte es trotz dieser vereinfachten Möglichkeit, eine wirksame Honorarvereinbarung zu treffen, Fälle geben, in denen eine solche nicht getroffen wurde, enthält § 7 Absatz 1 Satz 2 künftig eine gesetzliche Fiktion hinsichtlich der Honorarhöhe. Um in solchen Fällen Rechtssicherheit zu gewährleisten, sollen die Honorarberechnungsgrundlagen der HOAI zur Anwendung kommen. Als vereinbart gilt dann der jeweilige Basishonorarsatz (§ 2a Satz 1), der sich unter Anwendung der Honorargrundlagen des § 6 und nach der im Einzelfall anzuwendenden Honorartafel ergibt. Die neue Regelung übernimmt damit die Wertung des § 7 Absatz 5 der HOAI vom 13. Juli 2013. Sie stellt damit eine Auffangregelung dar, die nur in den, voraussichtlich wenigen, Fällen zur Anwendung kommt, in denen eine wirksame Honorarvereinbarung nicht zustande gekommen ist. Mit dieser, dem § 1 Absatz 1 der Steuerberatervergütungsverordnung vom 17. Dezember 1981 (BGBl. I S. 1442), die zuletzt durch Artikel 8 der Verordnung vom 25. Juni 2020 (BGBl. I S. 1495) geändert worden ist (StBVV), vergleichbaren Regelung, sollen langwierige Streitigkeiten über die Honorarhöhe vermieden werden. Die Norm bezieht sich allerdings nur auf die Grundleistungen, da nur für diese Honorartafeln vorgesehen sind, deren Werte für die Festlegung der konkreten Honorarhöhe herangezogen werden können. Dabei sind die Leistungen der Anlage 1 den übrigen Grundleistungen künftig gleichgestellt, so dass § 7 Absatz 1 Satz 2 auch in Vertragsverhältnissen zur Anwendung kommen kann, die Leistungen der Anlage 1 zum Gegenstand haben.

Um sicherzustellen, dass der Orientierungscharakter der in den Honorartafeln enthaltenen Honorarwerte allen Vertragsparteien bekannt ist, sieht § 7 Absatz 2 eine neu eingeführte Hinweispflicht des Auftragnehmers vor, also desjenigen, der die in der HOAI geregelten Leistungen erbringt. Dieser hat seinen Auftraggeber in Textform darauf hinzuweisen, dass auch ein höheres oder niedrigeres Honorar als die in den Honorartafeln enthaltenen Werte vereinbart werden kann. Diese Regelung orientiert sich ebenfalls an dem Konzept der StBVV, die in § 4 Absatz 4 StBVV eine ähnliche Vorschrift enthält. Die Hinweispflicht nach § 7 Absatz 2 gilt aber nur in den Vertragsverhältnissen, in denen der Auftraggeber Verbraucher im Sinne des § 13 BGB ist. In allen anderen Fällen, beispielsweise auch bei Vertragsverhältnissen, die nach Durchführung eines Vergabeverfahrens zustande gekommen sind, besteht kein entsprechendes Schutzbedürfnis des Auftraggebers. Da sich die Hinweispflicht maßgeblich auf die Höhe des Honorars bezieht, muss ihr der Auftragnehmer nachgekommen sein, bevor der Auftraggeber seine rechtlich verbindliche Erklärung zu der Honorarvereinbarung abgegeben hat. Der Auftraggeber soll Gelegenheit haben, von der Information Kenntnis zu erhalten, bevor eine bindende Honorarvereinbarung geschlossen wird. Dabei muss dieser Hinweis ebenfalls in Textform erfolgen. An den Inhalt des Hinweises sind allerdings insofern keine hohen Anforderungen zu stellen, als nicht erforderlich ist, dass der Auftragnehmer die im Einzelfall gültigen Honorarwerte identifizieren muss. Es soll der allgemeine Hinweis ausreichen, dass es sich bei den vereinbarten Leistungen um solche handelt, für die es in der HOAI Honorartafeln als Orientierungswerte gibt, und dass für die Leistungen auch Honorare oberhalb und unterhalb der in den Honorartafeln enthaltenen Honorarwerte vereinbart werden können. Es muss also insbesondere auf die Existenz und die Anwendbarkeit der HOAI sowie den Charakter der Honorartafeln als Orientierungswerte hingewiesen werden. Erfolgt der Hinweis nach § 7 Absatz 2 Satz 1 nicht, hat dies zur Folge, dass für die zwischen den Vertragsparteien vereinbarten Grundleistungen anstelle eines höheren Honorars der Basishonorarsatz als vereinbart gilt.

Eine ausdrückliche Regelung der bisher in § 7 Absatz 6 a. F. vorgesehenen Möglichkeit, ein Erfolgs- oder ein Malushonorar zu vereinbaren, ist vor dem Hintergrund des Wegfalls des verbindlichen Preisrechts nicht mehr erforderlich. Den Parteien der Honorarvereinbarung steht es nach der neuen Rechtslage ohnehin frei, entsprechende Absprachen in ihrer Honorarvereinbarung zu treffen.

Kurzkommentar

Wesentlich sind die Änderungen des § 7 HOAI 2021.

Dieser stellt klar, dass eine Honorarvereinbarung zukünftig auch dann rechtswirksam ist, wenn sie in Textform geschlossen wurde. Wie zu den Änderungen des § 4 HOAI bereits ausgeführt, ergibt sich hieraus eine Lockerung der bisherigen Formvorschriften.

Wo die Vereinbarung bisher in „Schriftform“ erfolgen musste, um wirksam zu sein, reicht nach der Neufassung im Regelfall die „Textform“. Was darunter zu verstehen ist, ergibt sich aus § 126b BGB. Danach muss zur Einhaltung der Textform eine „lesbare Erklärung, in der die Person des Erklärenden genannt ist, auf einem dauerhaften Datenträger abgegeben werden“.

Ein schriftlicher Vertrag, der von beiden Vertragsparteien unterschrieben wird, oder zwei gleichlautende Vertragsurkunden, die jeweils von der anderen Vertragspartei unterschrieben werden, sind nach wie vor geeignet, die Formvorgaben der HOAI zu erfüllen, gehen sie doch über die Textform sogar hinaus.

Darüber hinaus kann der genannte dauerhafte Datenträger beispielsweise eine CD-ROM, eine DVD, ein Telefax oder eine vom Empfänger nach dem Erhalt gespeicherte Mail sein.

Nur mündliche Absprachen oder eine Vereinbarung „per Handschlag“ entsprechen aber nach wie vor nicht den Formvorgaben der HOAI und führen zu einer unwirksamen Honorarvereinbarung.

Für den Zeitpunkt einer rechtswirksamen Honorarvereinbarung macht die HOAI zukünftig keine Vorgaben mehr. Bisher musste diese „bei Auftragserteilung“ getroffen werden, was oftmals zu Diskussionen über die Wirksamkeit der Honorarvereinbarung führte. So beispielsweise dann, wenn die Vertragsparteien die Zusammenarbeit bereits „auf Zuruf“ begonnen hatten, aber die Honorarvereinbarung erst einige Tage oder Wochen später schriftlich gefasst wurde. In Zukunft kommt es auf den Zeitpunkt der Vereinbarung nicht mehr an, sodass auch eine in Textform gefasste Honorarvereinbarung nach Beginn und während des Verlaufs der Zusammenarbeit wirksam ist.

Wird eine Honorarvereinbarung in Textform nicht getroffen, so bleibt die Honorierung des Architekten oder Ingenieurs nicht ungeklärt. Vielmehr greift in diesem Fall die Regelung des § 7 Abs. 1 Satz 2 ein, wonach dann für die Grundleistungen der jeweilige Basishonorarsatz als vereinbart gilt.

Diese Konstellation ist also vergleichbar mit der bisherigen Regelung der HOAI 2013. Es bleibt allerdings abzuwarten, wie die Rechtsprechung und Literatur mit den Fällen umgehen, in welchen zunächst keine Vereinbarung in Textform zustande kommt, diese aber zu einem späteren Zeitpunkt nachgeholt wird. Nach dem Wortlaut der Honorarordnung ist dies möglich, da es auf den Zeitpunkt nicht mehr ankommt. Allerdings setzt auch eine spätere Vereinbarung voraus, dass sich beide Vertragsparteien darüber verständigen und einigen. Fehlt es am Einigungswillen, weil beispielsweise der Auftraggeber nachträglich ein Honorar unterhalb des Basishonorars vereinbaren will, der Auftragnehmer sich aber hierauf nachträglich nicht mehr einlassen möchte, weil er dadurch seine Position verschlechtern würde, so wird über die Folgen zu diskutieren sein.

Es ist und bleibt also ratsam, dass sich die Vertragspartner möglichst frühzeitig über die Leistungen des Architekten oder Ingenieurs auf der einen Seite und seine Vergütung auf der anderen Seite Gedanken machen, sich darüber austauschen und konkrete vertragliche Vereinbarungen treffen.

Eine weitere Änderung in § 7 HOAI ist der Entfall der Absätze 2, 3 und 4. Dass diese gestrichen wurden, ist dem Umstand geschuldet, dass diese Absätze Regelungen enthielten, die an die bisherige Rechtsnatur der HOAI als zwingendes, nicht zu umgehendes Preisrecht anknüpften. Da die HOAI nun im Wesentlichen nur noch Orientierungshilfe sein soll, liegt es in der Natur der

Sache, dass vielfältige individuelle Regelungen möglich werden, welche vorher nicht oder nur eingeschränkt möglich waren. Die Regelungen der Absätze 2, 3 und 4 des § 7 HOAI sind daher nicht mehr notwendig.

Grundsätzlich neu ist die Regelung des neuen Absatzes 2. Danach gelten Besonderheiten für den Fall, dass der Auftraggeber Verbraucher ist.[73] Diesen muss der Architekt oder Ingenieur vor dem Vertragsabschluss in Textform darüber informieren, dass es eine Honorarordnung gibt, diese aber nicht verbindlich ist und daher auch ein höheres oder niedrigeres Honorar vereinbart werden kann, als die jeweiligen Honorartafeln es ausweisen. Wird ein Honorar in Höhe des Basishonorars oder darunter vereinbart, bleibt das Unterlassen dieses Hinweises im Grunde folgenlos. Wurde aber ein höheres Honorar als das Basishonorar vereinbart, so führt ein nicht oder nicht rechtzeitig erteilter Hinweis dazu, dass der Auftragnehmer anstelle des vereinbarten höheren Honorars nur den jeweiligen Basishonorarsatz verlangen kann.[74]

In diesem Zusammenhang stellt sich eine weitere Frage, die von der Rechtsprechung zukünftig zu lösen sein wird. Wie soeben geschildert, führt ein nicht oder nicht rechtzeitig erteilter Hinweis auf die Möglichkeit der Honorarvereinbarung jenseits des Rahmens zwischen dem Basishonorarsatz und dem oberen Honorarsatz dazu, dass der Auftragnehmer nur das Basishonorar verlangen kann. Da eine Honorarvereinbarung aber zeitlich nicht mehr „bei Auftragserteilung" erfolgen muss, sondern auch später noch wirksam getroffen oder auch abgeändert werden kann, könnte es dazu kommen, dass der Architekt den Hinweis nachholt und der Bauherr im Anschluss daran und im Wissen darum den zuvor vereinbarten Vertragsinhalt inklusive einer über den Basishonorarsatz hinausgehenden Honorarvereinbarung aktiv bestätigt. Da generell Vertragsfreiheit herrscht und in dieser Konstellation zudem dem Schutzzweck des § 7 Abs. 2 HOAI 2021 Genüge getan ist, weil der Auftraggeber den Hinweis vor seiner bestätigenden zweiten, rechtlich verbindlichen Erklärung zur Honorarvereinbarung erhalten hat, müsste eine solche Vereinbarung wirksam sein und der Auftragnehmer im Ergebnis dann auch das höhere Honorar verlangen können.

---

73 Die Definition des Verbrauchers findet sich in § 13 BGB, welcher lautet:
„Verbraucher ist jede natürliche Person, die ein Rechtsgeschäft zu Zwecken abschließt, die überwiegend weder ihrer gewerblichen noch ihrer selbstständigen beruflichen Tätigkeit zugerechnet werden können."

74 Ob der „Basishonorarsatz" in diesem Zusammenhang so gemeint ist, dass ausschließlich der untere Tafelwert und somit nur das absolute Minimum an Honorar verlangt werden kann, oder ob in den „Basishonorarsatz" nach § 7 Abs. 2 HOAI auch die in § 7 Abs. 1 einbezogenen Worte „Basishonorarsatz […], der sich bei der Anwendung der Honorargrundlagen des § 6 ergibt", hineingelesen werden können, sodass beispielsweise auch ein Umbauzuschlag nach § 6 Abs. 2 Satz 4 HOAI zu zahlen ist, ist weder aus dem Verordnungstext noch aus der Amtlichen Begründung abschließend und widerspruchsfrei zu erkennen. Die Autoren tendieren dazu, dass Letzteres der Fall ist, da der Verbraucher andernfalls dann bessergestellt wäre, wenn er ohne vorausgegangene Belehrung eine Honorarvereinbarung getroffen hat, als wenn er von Anfang an gar keine (oder keine in Textform gefasste) Honorarvereinbarung getroffen hätte.

§ 8	Berechnung des Honorars in besonderen Fällen 2013	§ 8	Berechnung des Honorars in besonderen Fällen 2021
(1)	Werden dem Auftragnehmer nicht alle Leistungsphasen eines Leistungsbildes übertragen, so dürfen nur die für die übertragenen Phasen vorgesehenen Prozentsätze berechnet und vereinbart werden. Die Vereinbarung hat schriftlich zu erfolgen.	(1)	Werden dem Auftragnehmer nicht alle Leistungsphasen eines Leistungsbildes übertragen, so dürfen nur die für die übertragenen Phasen vorgesehenen Prozentsätze berechnet und vereinbart werden. Die Vereinbarung hat in Textform zu erfolgen.
(2)	Werden dem Auftragnehmer nicht alle Grundleistungen einer Leistungsphase übertragen, so darf für die übertragenen Grundleistungen nur ein Honorar berechnet und vereinbart werden, das dem Anteil der übertragenen Grundleistungen an der gesamten Leistungsphase entspricht. Die Vereinbarung hat schriftlich zu erfolgen. Entsprechend ist zu verfahren, wenn dem Auftragnehmer wesentliche Teile von Grundleistungen nicht übertragen werden.	(2)	Werden dem Auftragnehmer nicht alle Grundleistungen einer Leistungsphase übertragen, so darf für die übertragenen Grundleistungen nur ein Honorar berechnet und vereinbart werden, das dem Anteil der übertragenen Grundleistungen an der gesamten Leistungsphase entspricht. Die Vereinbarung hat in Textform zu erfolgen. Entsprechend ist zu verfahren, wenn dem Auftragnehmer wesentliche Teile von Grundleistungen nicht übertragen werden.
(3)	Die gesonderte Vergütung eines zusätzlichen Koordinierungs- oder Einarbeitungsaufwands ist schriftlich zu vereinbaren.	(3)	Die gesonderte Vergütung eines zusätzlichen Koordinierungs- oder Einarbeitungsaufwands ist in Textform zu vereinbaren.

Amtliche Begründung

Zu Nummer 31[75]

Folgeänderungen wegen der geänderten Formanforderungen an die Honorarvereinbarung.

Kurzkommentar

Die unverändert beibehaltene Regelung in § 8 Abs. 1 HOAI 2021, wonach nur die auf die dem Auftragnehmer übertragenen Leistungsphasen entfallenden Prozentpunkte „berechnet und vereinbart werden dürfen“, stellt einen Fehler im System dar. Denn die Neufassung der HOAI 2021 folgt dem Grundgedanken, dass sämtliche Honorare der freien Vereinbarung der Vertragsparteien unterliegen sollen. Vorschriften, welche Begrenzungen nach oben beinhalten, sind hiermit nicht in Einklang zu bringen.

Bedeutung haben kann diese Regelung – in Bezug auf die Berechnung des Honorars, nicht in Bezug auf dessen Vereinbarung – allenfalls dann, wenn die HOAI mangels Vereinbarung in Textform oder bei fehlendem bzw. nicht rechtzeitigem Hinweis an einen Verbraucher anzuwenden ist.

---

75 Einfügen der Worte „in Textform“ in § 8 Abs. 1 Satz 2, Abs. 2 Satz 2 und Abs. 3 HOAI 2021

§ 9 Berechnung des Honorars bei Beauftragung von Einzelleistungen 2013	§ 9 Berechnung des Honorars bei Beauftragung von Einzelleistungen 2021
(1) Wird die Vorplanung oder Entwurfsplanung bei Gebäuden und Innenräumen, Freianlagen, Ingenieurbauwerken, Verkehrsanlagen, der Tragwerksplanung und der Technischen Ausrüstung als Einzelleistung in Auftrag gegeben, können für die Leistungsbewertung der jeweiligen Leistungsphase 1. für die Vorplanung höchstens der Prozentsatz der Vorplanung und der Prozentsatz der Grundlagenermittlung und 2. für die Entwurfsplanung höchstens der Prozentsatz der Entwurfsplanung und der Prozentsatz der Vorplanung herangezogen werden. Die Vereinbarung hat schriftlich zu erfolgen.	(1) Wird die Vorplanung oder Entwurfsplanung bei Gebäuden und Innenräumen, Freianlagen, Ingenieurbauwerken, Verkehrsanlagen, der Tragwerksplanung und der Technischen Ausrüstung als Einzelleistung in Auftrag gegeben, können für die Leistungsbewertung der jeweiligen Leistungsphase 1. für die Vorplanung höchstens der Prozentsatz der Vorplanung und der Prozentsatz der Grundlagenermittlung und 2. für die Entwurfsplanung höchstens der Prozentsatz der Entwurfsplanung und der Prozentsatz der Vorplanung zum Zweck der Honorarberechnung herangezogen werden. Die Vereinbarung hat in Textform zu erfolgen.
(2) Zur Bauleitplanung ist Absatz 1 Satz 1 Nummer 2 für den Entwurf der öffentlichen Auslegung entsprechend anzuwenden. Bei der Landschaftsplanung ist Absatz 1 Satz 1 Nummer 1 für die vorläufige Fassung sowie Absatz 1 Satz 1 Nummer 2 für die abgestimmte Fassung entsprechend anzuwenden. Die Vereinbarung hat schriftlich zu erfolgen.	(2) Zur Bauleitplanung ist Absatz 1 Satz 1 Nummer 2 für den Entwurf der öffentlichen Auslegung entsprechend anzuwenden. Bei der Landschaftsplanung ist Absatz 1 Satz 1 Nummer 1 für die vorläufige Fassung sowie Absatz 1 Satz 1 Nummer 2 für die abgestimmte Fassung entsprechend anzuwenden. Die Vereinbarung hat in Textform zu erfolgen.
(3) Wird die Objektüberwachung bei der Technischen Ausrüstung oder bei Gebäuden als Einzelleistung in Auftrag gegeben, können für die Leistungsbewertung der Objektüberwachung höchstens der Prozentsatz der Objektüberwachung und die Prozentsätze der Grundlagenermittlung und Vorplanung herangezogen werden. Die Vereinbarung hat schriftlich zu erfolgen.	(3) Wird die Objektüberwachung bei der Technischen Ausrüstung oder bei Gebäuden als Einzelleistung in Auftrag gegeben, können für die Leistungsbewertung der Objektüberwachung zum Zweck der Honorarberechnung höchstens der Prozentsatz der Objektüberwachung und die Prozentsätze der Grundlagenermittlung und Vorplanung herangezogen werden. Die Vereinbarung hat in Textform zu erfolgen.

Amtliche Begründung

Zu Nummer 7

Zu Buchstabe a[76]

Die Ergänzung dient der Klarstellung, dass es nur um die Durchführung der Honorarberechnung geht. Die Höhe des auf diesem Rechenweg ermittelten Honorars ist nicht verbindlich festgelegt.

Zu Buchstabe b[77]

Siehe die Begründung zu Nummer 7 Buchstabe a.

Zu Nummer 31[78]

Folgeänderungen wegen der geänderten Formanforderungen an die Honorarvereinbarung.

Kurzkommentar

Auch die in § 9 Abs. 1 und Abs. 3 HOAI 2021 unverändert beibehaltenen Regelungen stellen vor dem Hintergrund, dass die HOAI nur noch unverbindliche Orientierungshilfe sein soll, einen Fehler im System dar. Denn es wird vorgeschrieben, dass bei einer Beauftragung der Vorplanung, Entwurfsplanung oder Objektüberwachung als Einzelleistung nur ein bestimmter Prozentsatz dieser Leistungsphase(n) „zum Zweck der Honorarberechnung" herangezogen werden kann. Diese Vorgabe widerspricht dem mit der HOAI 2021 allgemein eingeführten Grundsatz, dass sämtliche Honorare frei vereinbar sind. Bei konsequenter Umsetzung dieses Grundsatzes dürfte die HOAI auch keine Grenzen nach oben beinhalten.

Bedeutung haben kann diese Regelung nur dann, wenn die HOAI mangels Vereinbarung in Textform oder bei fehlendem bzw. nicht rechtzeitigem Hinweis an einen Verbraucher anzuwenden ist.

---

76 Änderung in § 9 Abs. 1 Satz 1 HOAI 2021

77 Änderung in § 9 Abs. 3 Satz 1 HOAI 2021

78 Einfügen der Worte „in Textform" in § 9 Abs. 1 Satz 2, Abs. 2 Satz 3 und Abs. 3 Satz 2 HOAI 2021

§ 10 Berechnung des Honorars bei vertraglichen Änderungen des Leistungsumfangs 2013	**§ 10 Berechnung des Honorars bei vertraglichen Änderungen des Leistungsumfangs 2021**
(1) Einigen sich Auftraggeber und Auftragnehmer während der Laufzeit des Vertrags darauf, dass der Umfang der beauftragten Leistung geändert wird, und ändern sich dadurch die anrechenbaren Kosten oder Flächen, so ist die Honorarberechnungsgrundlage für die Grundleistungen, die infolge des veränderten Leistungsumfangs zu erbringen sind, durch schriftliche Vereinbarung anzupassen.	(1) Einigen sich Auftraggeber und Auftragnehmer während der Laufzeit des Vertrags darauf, dass der Umfang der beauftragten Leistung geändert wird, und ändern sich dadurch die anrechenbaren Kosten, Flächen oder Verrechnungseinheiten, so ist die Honorarberechnungsgrundlage für die Grundleistungen, die infolge des veränderten Leistungsumfangs zu erbringen sind, durch Vereinbarung in Textform anzupassen.
(2) Einigen sich Auftraggeber und Auftragnehmer über die Wiederholung von Grundleistungen, ohne dass sich dadurch die anrechenbaren Kosten oder Flächen ändern, ist das Honorar für diese Grundleistungen entsprechend ihrem Anteil an der jeweiligen Leistungsphase schriftlich zu vereinbaren.	(2) Einigen sich Auftraggeber und Auftragnehmer über die Wiederholung von Grundleistungen, ohne dass sich dadurch die anrechenbaren Kosten, Flächen oder Verrechnungseinheiten ändern, ist das Honorar für diese Grundleistungen entsprechend ihrem Anteil an der jeweiligen Leistungsphase in Textform zu vereinbaren.

Amtliche Begründung

Zu Nummer 8

§ 10 wird neu gefasst, um die Regelung sowohl an die geänderten Formanforderungen bezüglich der Honorarvereinbarung anzupassen als auch den Begriff der Verrechnungseinheiten zu ergänzen. Letzteres ist infolge der Gleichstellung der Leistungen der Anlage 1 mit den übrigen Grundleistungen erforderlich.

§ 12 Instandsetzungen und Instandhaltungen 2013	§ 12 Instandsetzungen und Instandhaltungen 2021
(1) Honorare für Grundleistungen bei Instandsetzungen und Instandhaltungen von Objekten sind nach den anrechenbaren Kosten, der Honorarzone, den Leistungsphasen und der Honorartafel, der die Instandhaltungs- und Instandsetzungsmaßnahme zuzuordnen sind, zu ermitteln.	(1) Honorare für Grundleistungen bei Instandsetzungen und Instandhaltungen von Objekten sind nach den anrechenbaren Kosten, der Honorarzone, den Leistungsphasen und der Honorartafel zur Honorarorientierung, der die Instandhaltungs- oder Instandsetzungsmaßnahme zuzuordnen ist, zu ermitteln.
(2) Für Grundleistungen bei Instandsetzungen und Instandhaltungen von Objekten kann schriftlich vereinbart werden, dass der Prozentsatz für die Objektüberwachung oder Bauoberleitung um bis zu 50 Prozent der Bewertung dieser Leistungsphase erhöht wird.	(2) Für Grundleistungen bei Instandsetzungen und Instandhaltungen von Objekten kann in Textform vereinbart werden, dass der Prozentsatz für die Objektüberwachung oder Bauoberleitung um bis zu 50 Prozent der Bewertung dieser Leistungsphase erhöht wird.

Amtliche Begründung

Zu Nummer 9[79]

§ 12 Absatz 1 wird neu gefasst, um in der Regelung klarzustellen, dass die Honorartafeln künftig der Honorarorientierung dienen.

Zu Nummer 31[80]

Folgeänderungen wegen der geänderten Formanforderungen an die Honorarvereinbarung.

§ 13 Interpolation 2013	§ 13 Interpolation 2021
Die Mindest- und Höchstsätze für Zwischenstufen der in den Honorartafeln angegebenen anrechenbaren Kosten und Flächen sind durch lineare Interpolation zu ermitteln.	Zwischenstufen der in den Honorartafeln angegebenen anrechenbaren Kosten und Flächen oder Verrechnungseinheiten sind durch lineare Interpolation zu ermitteln.

Amtliche Begründung

Zu Nummer 10

Die Änderungen in § 13 sind aufgrund des Wegfalls der verbindlichen Mindest- und Höchsthonorarsätze sowie infolge der Gleichstellung der Leistungen der Anlage 1 mit den übrigen Grundleistungen erforderlich.

---

79 Änderung in § 12 Abs. 1 HOAI 2021

80 Einfügen der Worte „in Textform" in § 12 Abs. 2 HOAI 2021

Kurzkommentar

Die Änderung in § 13 HOAI 2021, aufgrund welcher der Bezug auf die „Mindest- und Höchstsätze für Zwischenstufen" entfallen ist, bringt rein praktisch keinerlei Veränderungen mit sich. Die Interpolation zwischen den verschiedenen in den Honorartafeln ausgewiesenen Werten erfolgt unverändert wie bisher.

§ 14 Nebenkosten 2013	§ 14 Nebenkosten 2021
(1) Der Auftragnehmer kann neben den Honoraren dieser Verordnung auch die für die Ausführung des Auftrags erforderlichen Nebenkosten in Rechnung stellen; ausgenommen sind die abziehbaren Vorsteuern gemäß § 15 Absatz 1 des Umsatzsteuergesetzes in der Fassung der Bekanntmachung vom 21. Februar 2005 (BGBl. I S. 386), das zuletzt durch Artikel 2 des Gesetzes vom 8. Mai 2012 (BGBl. I S. 1030) geändert worden ist. Die Vertragsparteien können bei Auftragserteilung schriftlich vereinbaren, dass abweichend von Satz 1 eine Erstattung ganz oder teilweise ausgeschlossen ist.	(1) Der Auftragnehmer kann neben den Honoraren dieser Verordnung auch die für die Ausführung des Auftrags erforderlichen Nebenkosten in Rechnung stellen; ausgenommen sind die abziehbaren Vorsteuern gemäß § 15 Absatz 1 des Umsatzsteuergesetzes in der jeweils geltenden Fassung. Die Vertragsparteien können in Textform vereinbaren, dass abweichend von Satz 1 eine Erstattung ganz oder teilweise ausgeschlossen ist.
(2) Zu Nebenkosten gehören insbesondere: 1. Versandkosten, Kosten für Datenübertragungen, 2. Kosten für Vervielfältigungen von Zeichnungen und schriftlichen Unterlagen sowie für die Anfertigung von Filmen und Fotos, 3. Kosten für ein Baustellenbüro einschließlich der Einrichtung, Beleuchtung und Beheizung, 4. Fahrtkosten für Reisen, die über einen Umkreis von 15 Kilometern um den Geschäftssitz des Auftragnehmers hinausgehen, in Höhe der steuerlich zulässigen Pauschalsätze, sofern nicht höhere Aufwendungen nachgewiesen werden, 5. Trennungsentschädigungen und Kosten für Familienheimfahrten in Höhe der steuerlich zulässigen Pauschalsätze, sofern nicht höhere Aufwendungen an Mitarbeiter oder Mitarbeiterinnen des Auftragnehmers auf Grund von tariflichen Vereinbarungen bezahlt werden,	(2) Zu Nebenkosten gehören insbesondere: 1. Versandkosten, Kosten für Datenübertragungen, 2. Kosten für Vervielfältigungen von Zeichnungen und schriftlichen Unterlagen sowie für die Anfertigung von Filmen und Fotos, 3. Kosten für ein Baustellenbüro einschließlich der Einrichtung, Beleuchtung und Beheizung, 4. Fahrtkosten für Reisen, die über einen Umkreis von 15 Kilometern um den Geschäftssitz des Auftragnehmers hinausgehen, in Höhe der steuerlich zulässigen Pauschalsätze, sofern nicht höhere Aufwendungen nachgewiesen werden, 5. Trennungsentschädigungen und Kosten für Familienheimfahrten in Höhe der steuerlich zulässigen Pauschalsätze, sofern nicht höhere Aufwendungen an Mitarbeiter oder Mitarbeiterinnen des Auftragnehmers auf Grund von tariflichen Vereinbarungen bezahlt werden,

§ 14 Nebenkosten 2013	§ 14 Nebenkosten 2021
6. Entschädigungen für den sonstigen Aufwand bei längeren Reisen nach Nummer 4, sofern die Entschädigungen vor der Geschäftsreise schriftlich vereinbart worden sind, 7. Entgelte für nicht dem Auftragnehmer obliegende Leistungen, die von ihm im Einvernehmen mit dem Auftraggeber Dritten übertragen worden sind.	6. Entschädigungen für den sonstigen Aufwand bei längeren Reisen nach Nummer 4, sofern die Entschädigungen vor der Geschäftsreise in Textform vereinbart worden sind, 7. Entgelte für nicht dem Auftragnehmer obliegende Leistungen, die von ihm im Einvernehmen mit dem Auftraggeber Dritten übertragen worden sind.
(3) Nebenkosten können pauschal oder nach Einzelnachweis abgerechnet werden. Sie sind nach Einzelnachweis abzurechnen, sofern bei Auftragserteilung keine pauschale Abrechnung schriftlich vereinbart worden ist.	(3) Nebenkosten können pauschal oder nach Einzelnachweis abgerechnet werden. Sie sind nach Einzelnachweis abzurechnen, sofern keine pauschale Abrechnung in Textform vereinbart worden ist.

Amtliche Begründung

Zu Nummer 11

Zu Buchstabe a

Zu Doppelbuchstabe aa[81]

Mit der Änderung wird eine dynamische Verweisung eingeführt, um sicherzustellen, dass sich der Verweis in § 14 Absatz 1 stets auf die aktuell geltende Fassung des Umsatzsteuergesetzes bezieht.

Zu Doppelbuchstabe bb[82]

§ 14 Absatz 1 Satz 2 wird geändert, um die Regelung an die geänderten Formanforderungen an die Honorarvereinbarung anzupassen.

Zu Buchstabe b[83]

§ 14 Absatz 3 Satz 2 wird geändert, um die Regelung an die geänderten Formanforderungen an die Honorarvereinbarung anzupassen.

Zu Nummer 31[84]

Folgeänderungen wegen der geänderten Formanforderungen an die Honorarvereinbarung.

Kurzkommentar

Auch für Vereinbarungen über die Erstattung von Nebenkosten ist künftig die Textform ausreichend.

---

81 Änderung in § 14 Abs. 1 Satz 1 HOAI 2021

82 Änderung in § 14 Abs. 1 Satz 2 HOAI 2021

83 Änderung in § 14 Abs. 3 Satz 2 HOAI 2021

84 Einfügen der Worte „in Textform" in § 14 Abs. 2 Nummer 6 HOAI 2021

§ 15 Zahlungen 2013	§ 15 Fälligkeit des Honorars, Abschlagszahlungen 2021
(1) Das Honorar wird fällig, wenn die Leistung abgenommen und eine prüffähige Honorarschlussrechnung überreicht worden ist, es sei denn, es wurde etwas anderes schriftlich vereinbart. (2) Abschlagszahlungen können zu den schriftlich vereinbarten Zeitpunkten oder in angemessenen zeitlichen Abständen für nachgewiesene Grundleistungen gefordert werden.	Für die Fälligkeit der Honorare für die von dieser Verordnung erfassten Leistungen gilt § 650g Absatz 4 des Bürgerlichen Gesetzbuchs entsprechend. Für das Recht, Abschlagszahlungen zu verlangen, gilt § 632a des Bürgerlichen Gesetzbuchs entsprechend.
(3) Die Nebenkosten sind auf Einzelnachweis oder bei pauschaler Abrechnung mit der Honorarrechnung fällig.	
(4) Andere Zahlungsweisen können schriftlich vereinbart werden.	

Amtliche Begründung

Zu Nummer 12

Seit dem 01.01.2018 enthält das BGB für Architekten- und Ingenieurverträge im Sinne von § 650q Absatz 1 BGB eine spezifische Regelung zur Fälligkeit des Honorars in § 650q Absatz 1 in Verbindung mit § 650g Absatz 4 BGB. Vor diesem Hintergrund wird in Satz 1 des neugefassten § 15 geregelt, dass diese Fälligkeitsregelung für alle Leistungen zur Anwendung kommt, die vom Anwendungsbereich der HOAI umfasst sind, insbesondere auch Leistungen der Flächenplanung. § 15 Satz 2 stellt zudem klar, dass sich das Recht des Auftragnehmers, Abschlagszahlungen zu verlangen, nach § 632a BGB richtet.

Kurzkommentar

Während in § 15 HOAI 2013 die Fälligkeitsvoraussetzungen für Architekten- und Ingenieurhonorare ausdrücklich aufgelistet wurden, beschränkt sich die Neufassung der HOAI 2021 nun mit dem Verweis auf die maßgeblichen Vorschriften des BGB.

Dabei schreibt § 650g Abs. 4 BGB[85] vor, dass die Vergütung zu entrichten ist, wenn das (Architekten- oder Ingenieur-)Werk abgenommen ist und dem Auftraggeber eine prüffähige Schlussrechnung erteilt worden ist. An den Fälligkeitsvoraussetzungen als solchen hat sich also nichts geändert.

---

[85] § 650g Abs. 4 BGB lautet:
„(4) Die Vergütung ist zu entrichten, wenn
1. der Besteller das Werk abgenommen hat oder die Abnahme nach § 641 Absatz 2 entbehrlich ist und
2. der Unternehmer dem Besteller eine prüffähige Schlussrechnung erteilt hat.
Die Schlussrechnung ist prüffähig, wenn sie eine übersichtliche Aufstellung der erbrachten Leistungen enthält und für den Besteller nachvollziehbar ist. Sie gilt als prüffähig, wenn der Besteller nicht innerhalb von 30 Tagen nach Zugang der Schlussrechnung begründete Einwendungen gegen ihre Prüffähigkeit erhoben hat."

Für Abschlagszahlungen sieht § 632a BGB[86] vor, dass eine Abschlagszahlung in Höhe des Wertes der nach dem Vertrag geschuldeten erbrachten Leistungen verlangt werden kann. Dies setzt voraus, dass in der entsprechenden Abschlagszahlungsanforderung dargestellt wird, welche Leistungen bereits erbracht wurden und welchen „Wert“ diese haben. Wurde die Abrechnung nach der Systematik der HOAI vereinbart oder ist die HOAI aus anderen Gründen anwendbar, so kann zum Zweck dieser Darstellung auf die Leistungsphasen der HOAI und ggf. die Bewertung einzelner Teilleistungen nach einer der gängigen Tabellen zur Bewertung der Grundleistungen zurückgegriffen werden.

Dieses Vorgehen ist im Fall der vorzeitigen Beendigung des Vertragsverhältnisses, beispielsweise nach einer Kündigung, auch für die Erstellung der Schlussrechnung notwendig, um die erbrachten von den nicht mehr erbrachten Leistungen abgrenzen und beide nachvollziehbar darstellen zu können.

86 § 632a Abs. 1 BGB lautet:
„(1) Der Unternehmer kann von dem Besteller eine Abschlagszahlung in Höhe des Wertes der von ihm erbrachten und nach dem Vertrag geschuldeten Leistungen verlangen. Sind die erbrachten Leistungen nicht vertragsgemäß, kann der Besteller die Zahlung eines angemessenen Teils des Abschlags verweigern. Die Beweislast für die vertragsgemäße Leistung verbleibt bis zur Abnahme beim Unternehmer. § 641 Abs. 3 gilt entsprechend. Die Leistungen sind durch eine Aufstellung nachzuweisen, die eine rasche und sichere Beurteilung der Leistungen ermöglichen muss. Die Sätze 1 bis 5 gelten auch für erforderliche Stoffe oder Bauteile, die angeliefert oder eigens angefertigt und bereitgestellt sind, wenn dem Besteller nach seiner Wahl Eigentum an den Stoffen oder Bauteilen übertragen oder entsprechende Sicherheit hierfür geleistet wird.“

Teil 2 Flächenplanung

HOAI 2013 | **HOAI 2021**

§ 17 Anwendungsbereich 2013	§ 17 Anwendungsbereich 2021
(1) Leistungen der Bauleitplanung umfassen die Vorbereitung der Aufstellung von Flächennutzungs- und Bebauungsplänen im Sinne des § 1 Absatz 2 des Baugesetzbuches in der Fassung der Bekanntmachung vom 23. September 2004 (BGBl. I S. 2414), das zuletzt durch Artikel 1 des Gesetzes vom 22. Juli 2011 (BGBl. I S. 1509) geändert worden ist, die erforderlichen Ausarbeitungen und Planfassungen sowie die Mitwirkung beim Verfahren.	(1) Leistungen der Bauleitplanung umfassen die Vorbereitung der Aufstellung von Flächennutzungs- und Bebauungsplänen im Sinne des § 1 Absatz 2 des Baugesetzbuches in der jeweils geltenden Fassung, die erforderlichen Ausarbeitungen und Planfassungen sowie die Mitwirkung beim Verfahren.
(2) Honorare für Leistungen beim Städtebaulichen Entwurf können als Besondere Leistungen frei vereinbart werden.	(2) Leistungen beim Städtebaulichen Entwurf sind Besondere Leistungen.

Amtliche Begründung

Zu Nummer 13

Zu Buchstabe a[87]

Mit der Änderung wird eine dynamische Verweisung eingeführt, um sicherzustellen, dass sich der Verweis in § 17 Absatz 1 stets auf die aktuell geltende Fassung des Baugesetzbuches bezieht.

Zu Buchstabe b[88]

Da künftig sowohl das Honorar für Grundleistungen als auch für Besondere Leistungen frei vereinbar ist, bedarf es der Festlegung nicht mehr, dass die Leistungen beim Städtebaulichen Entwurf frei vereinbar sind. Daher enthält die Regelung in § 17 Absatz 2 künftig nur noch die Einordnung dieser Leistungen als Besondere Leistungen.

---

87 Änderung in § 17 Abs. 1 HOAI 2021

88 Änderung in § 17 Abs. 2 HOAI 2021

§ 20 Honorare für Grundleistungen bei Flächennutzungsplänen 2013	§ 20 Honorare für Grundleistungen bei Flächennutzungsplänen 2021
(1) Die Mindest- und Höchstsätze der Honorare für die in § 18 und Anlage 2 aufgeführten Grundleistungen bei Flächennutzungsplänen sind in der folgenden Honorartafel festgesetzt: […]	(1) Für die in § 18 und Anlage 2 genannten Grundleistungen bei Flächennutzungsplänen sind die in der nachstehenden Honorartafel aufgeführten Honorarspannen Orientierungswerte: […]
[…]	[…]
(6) Werden Teilflächen bereits aufgestellter Flächennutzungspläne (Planausschnitte) geändert oder überarbeitet, so ist das Honorar frei zu vereinbaren.	(6) Werden Teilflächen bereits aufgestellter Flächennutzungspläne (Planausschnitte) geändert oder überarbeitet, kann das Honorar auch abweichend von den Grundsätzen des Absatzes 2 vereinbart werden.

Amtliche Begründung

Zu Nummer 14

Zu Buchstabe a[89]

Da die HOAI keine verbindlichen Preisregelungen mehr vorgibt, war § 20 Absatz 1 anzupassen. Die Honorartafeln setzen künftig keine Mindest- und Höchstsätze für Honorare mehr fest, sondern enthalten Honorarspannen als Orientierungswerte.

Zu Buchstabe b[90]

Die bisherige Regelung in § 20 Absatz 6, nach der in den von der Regelung erfassten Fällen das Honorar frei vereinbar ist, ist aufgrund der Tatsache anzupassen, dass künftig die Honorare für alle Leistungen frei vereinbar sind. Daher wird durch die Änderung klargestellt, dass in diesen Fallkonstellationen die Grundsätze des Absatzes 2 möglicherweise nicht passend sind. Wenn die Parteien grundsätzlich vereinbart haben, zur Honorarermittlung die Regelungen der HOAI anzuwenden, wird durch die Regelung des Absatzes 6 klargestellt, dass es in diesen Fällen sachgerecht sein kann, das Honorar abweichend von den Grundsätzen des Absatzes 2 zu ermitteln.

---

89 Änderung in § 20 Abs. 1 HOAI 2021

90 Änderung in § 20 Abs. 6 HOAI 2021

§ 21 Honorare für Grundleistungen bei Bebauungsplänen 2013	§ 21 Honorare für Grundleistungen bei Bebauungsplänen 2021
(1) Die Mindest- und Höchstsätze der Honorare für die in § 19 und Anlage 3 aufgeführten Grundleistungen bei Bebauungsplänen sind in der folgenden Honorartafel festgesetzt: […]	(1) Für die in § 19 und Anlage 3 genannten Grundleistungen bei Bebauungsplänen sind die in der nachstehenden Honorartafel aufgeführten Honorarspannen Orientierungswerte: […]

Amtliche Begründung

Zu Nummer 15

Siehe die Begründung zu Nummer 14 Buchstabe a.

§ 28 Honorare für Grundleistungen bei Landschaftsplänen 2013	§ 28 Honorare für Grundleistungen bei Landschaftsplänen 2021
(1) Die Mindest- und Höchstsätze der Honorare für die in § 23 und Anlage 4 aufgeführten Grundleistungen bei Landschaftsplänen sind in der folgenden Honorartafel festgesetzt: […]	(1) Für die in § 23 und Anlage 4 genannten Grundleistungen bei Landschaftsplänen sind die in der nachstehenden Honorartafel aufgeführten Honorarspannen Orientierungswerte: […]
[…]	[…]
(6) Werden Teilflächen bereits aufgestellter Landschaftspläne (Planausschnitte) geändert oder überarbeitet, so ist das Honorar frei zu vereinbaren.	(6) Werden Teilflächen bereits aufgestellter Landschaftspläne (Planausschnitte) geändert oder überarbeitet, kann das Honorar abweichend von den Grundsätzen des Absatzes 2 vereinbart werden.

Amtliche Begründung

Zu Nummer 16

Zu Buchstabe a[91]

Siehe die Begründung zu Nummer 14 Buchstabe a.

Zu Buchstabe b[92]

Siehe die Begründung zu Nummer 14 Buchstabe b.

91 Änderung in § 28 Abs. 1 HOAI 2021

92 Änderung in § 28 Abs. 6 HOAI 2021

§ 29 Honorare für Grundleistungen bei Grünordnungsplänen 2013	§ 29 Honorare für Grundleistungen bei Grünordnungsplänen 2021
(1) Die Mindest- und Höchstsätze der Honorare für die in § 24 und Anlage 5 aufgeführten Grundleistungen bei Grünordnungsplänen sind in der folgenden Honorartafel festgesetzt: […]	(1) Für die in § 24 und Anlage 5 genannten Grundleistungen bei Grünordnungsplänen und Landschaftsplanerischen Fachbeiträgen sind die in der nachstehenden Honorartafel aufgeführten Honorarspannen Orientierungswerte: […]

Amtliche Begründung

Zu Nummer 17

Siehe die Begründung zu Nummer 14 Buchstabe a.

§ 30 Honorare für Grundleistungen bei Landschaftsrahmenplänen 2013	§ 30 Honorare für Grundleistungen bei Landschaftsrahmenplänen 2021
(1) Die Mindest- und Höchstsätze der Honorare für die in § 25 und Anlage 6 aufgeführten Grundleistungen bei Landschaftsrahmenplänen sind in der folgenden Honorartafel festgesetzt: […]	(1) Für die in § 25 und Anlage 6 genannten Grundleistungen bei Landschaftsrahmenplänen sind die in der nachstehenden Honorartafel aufgeführten Honorarspannen Orientierungswerte: […]

Amtliche Begründung

Zu Nummer 18

Siehe die Begründung zu Nummer 14 Buchstabe a.

§ 31 Honorare für Grundleistungen bei Landschaftspflegerischen Begleitplänen 2013	§ 31 Honorare für Grundleistungen bei Landschaftspflegerischen Begleitplänen 2021
(1) Die Mindest- und Höchstsätze der Honorare für die in § 26 und Anlage 7 aufgeführten Grundleistungen bei Landschaftspflegerischen Begleitplänen sind in der folgenden Honorartafel festgesetzt: […]	(1) Für die in § 26 und Anlage 7 genannten Grundleistungen bei Landschaftspflegerischen Begleitplänen sind die in der nachstehenden Honorartafel aufgeführten Honorarspannen Orientierungswerte: […]

Amtliche Begründung

Zu Nummer 19

Siehe die Begründung zu Nummer 14 Buchstabe a.

§ 32 Honorare für Grundleistungen bei Pflege- und Entwicklungsplänen 2013	§ 32 Honorare für Grundleistungen bei Pflege- und Entwicklungsplänen 2021
(1) Die Mindest- und Höchstsätze der Honorare für die in § 27 und Anlage 8 aufgeführten Grundleistungen bei Pflege- und Entwicklungsplänen sind in der folgenden Honorartafel festgesetzt: […]	(1) Für die in § 27 und Anlage 8 genannten Grundleistungen bei bei Pflege- und Entwicklungsplänen sind die in der nachstehenden Honorartafel aufgeführten Honorarspannen Orientierungswerte: […]

Amtliche Begründung

Zu Nummer 20

Siehe die Begründung zu Nummer 14 Buchstabe a.

Teil 3 Objektplanung

HOAI 2013	HOAI 2021
§ 35 Honorare für Grundleistungen bei Gebäuden und Innenräumen 2013	**§ 35 Honorare für Grundleistungen bei Gebäuden und Innenräumen 2021**
(1) Die Mindest- und Höchstsätze der Honorare für die in § 34 und der Anlage 10 Nummer 10.1 aufgeführten Grundleistungen für Gebäude und Innenräume sind in der folgenden Honorartafel festgesetzt: […]	(1) Für die in § 34 und der Anlage 10 Nummer 10.1 genannten Grundleistungen für Gebäude und Innenräume sind die in der nachstehenden Honorartafel aufgeführten Honorarspannen Orientierungswerte: […]

Amtliche Begründung

Zu Nummer 21

Siehe die Begründung zu Nummer 14 Buchstabe a.

HOAI 2013	HOAI 2021
§ 36 Umbauten und Modernisierungen von Gebäuden und Innenräumen 2013	**§ 36 Umbauten und Modernisierungen von Gebäuden und Innenräumen 2021**
(1) Für Umbauten und Modernisierungen von Gebäuden kann bei einem durchschnittlichen Schwierigkeitsgrad ein Zuschlag gemäß § 6 Absatz 2 Satz 3 bis 33 Prozent auf das ermittelte Honorar schriftlich vereinbart werden.	(1) Für Umbauten und Modernisierungen von Gebäuden kann bei einem durchschnittlichen Schwierigkeitsgrad ein Zuschlag gemäß § 6 Absatz 2 Satz 3 bis 33 Prozent auf das ermittelte Honorar in Textform vereinbart werden.
(2) Für Umbauten und Modernisierungen von Innenräumen in Gebäuden kann bei einem durchschnittlichen Schwierigkeitsgrad ein Zuschlag gemäß § 6 Absatz 2 Satz 3 bis 50 Prozent auf das ermittelte Honorar schriftlich vereinbart werden.	(2) Für Umbauten und Modernisierungen von Innenräumen in Gebäuden kann bei einem durchschnittlichen Schwierigkeitsgrad ein Zuschlag gemäß § 6 Absatz 2 Satz 3 bis 50 Prozent auf das ermittelte Honorar in Textform vereinbart werden.

Amtliche Begründung

Zu Nummer 31[93]

Folgeänderungen wegen der geänderten Formanforderungen an die Honorarvereinbarung.

Kurzkommentar

Auch für die Vereinbarung eines Umbau- und Modernisierungszuschlags ist in Zukunft die Textform ausreichend. Die Vereinbarung kann wie bisher auch generell zu jedem Zeitpunkt getroffen werden.

93 Einfügen der Worte „in Textform“ in § 36 Abs. 1 und 2 HOAI 2021

Es ist jedoch die Regelung des § 6 Abs. 2 HOAI 2021 im Blick zu behalten, wonach ab durchschnittlichem Schwierigkeitsgrad ein Zuschlag von 20 % als vereinbart gilt, sofern keine Vereinbarung in Textform getroffen wurde.

Systemfremd ist nach der Neufassung der HOAI, welche der Maßgabe folgt, dass sämtliche Honorare frei vereinbart werden können, die aus der HOAI 2013 unverändert übernommene, in § 36 HOAI formulierte Beschränkung des Zuschlags auf 33 bzw. 50 %. Denn eine Deckelung des Umbauzuschlags widerspricht dem allgemeinen Grundsatz der freien Vereinbarkeit.

Dies gilt für sämtliche Paragrafen der HOAI 2021 entsprechend, in denen ähnlich lautende Regelungen getroffen und die Vertragsparteien in ihrer Vereinbarungsfreiheit eingeschränkt werden.

§ 37 Aufträge für Gebäude und Freianlagen oder für Gebäude und Innenräume 2013	**§ 37 Aufträge für Gebäude und Freianlagen oder für Gebäude und Innenräume 2021**
(2) Werden Grundleistungen für Innenräume in Gebäuden, die neu gebaut, wiederaufgebaut, erweitert oder umgebaut werden, einem Auftragnehmer übertragen, dem auch Grundleistungen für dieses Gebäude nach § 34 übertragen werden, so sind die Grundleistungen für Innenräume im Rahmen der festgesetzten Mindest- und Höchstsätze bei der Vereinbarung des Honorars für die Grundleistungen am Gebäude zu berücksichtigen. Ein gesondertes Honorar nach § 11 Absatz 1 darf für die Grundleistungen für Innenräume nicht berechnet werden.	(2) Werden Grundleistungen für Innenräume in Gebäuden, die neu gebaut, wiederaufgebaut, erweitert oder umgebaut werden, einem Auftragnehmer übertragen, dem auch Grundleistungen für dieses Gebäude nach § 34 übertragen werden, so sind die Grundleistungen für Innenräume bei der Vereinbarung des Honorars für die Grundleistungen am Gebäude zu berücksichtigen. Ein gesondertes Honorar nach § 11 Absatz 1 darf für die Grundleistungen für Innenräume nicht berechnet werden.

Amtliche Begründung

Zu Nummer 22

Infolge des Wegfalls der verbindlichen Mindest- und Höchsthonorarsätze werden die entsprechenden Begrifflichkeiten in § 37 Absatz 2 Satz 1 gestrichen.

Kurzkommentar

Aus der Amtlichen Begründung geht hervor, dass der Verordnungsgeber mit der Änderung in § 37 HOAI an sich nur berücksichtigen wollte, dass der Bezug auf den „Rahmen der festgesetzten Mindest- und Höchstsätze“ im Text nicht mehr auftaucht, weil es diesen Rahmen mangels verbindlicher Mindest- und Höchstsätze zukünftig nicht mehr gibt.

Dies scheint insgesamt zwar gut gemeint, ist aber zu kurz gedacht. Denn in der Regelung des § 37 HOAI 2021 bleibt der Hinweis darauf enthalten, dass ein gesondertes Honorar für die Grundleistungen der Innenraumplanung nicht berechnet werden dürfe, wenn diese mit Grundleistungen der Objektplanung für Gebäude zusammen beauftragt werden. Dies kann nur noch dann gelten, wenn die HOAI anwendbar ist, weil eine Honorarvereinbarung in Textform fehlt oder der neuen Hinweispflicht des § 7 Abs. 2 HOAI 2021 nicht hinreichend nachgekommen wurde.

Geht man jedoch davon aus, dass beides korrekt erfolgt ist und die HOAI nur noch Empfehlung und Orientierungshilfe sein soll, so ist an sich auch dieser Teil der Vorschrift überholt, aber in der Neufassung dennoch erhalten geblieben. Die Vertragsparteien tun also gut daran, auch in diesem Punkt klare vertragliche Regelungen zu treffen.

§ 40 Honorare für Grundleistungen bei Freianlagen 2013	**§ 40 Honorare für Grundleistungen bei Freianlagen 2021**
(1) Die Mindest- und Höchstsätze der Honorare für die in § 39 und der Anlage 11 Nummer 11.1 aufgeführten Grundleistungen für Freianlagen sind in der folgenden Honorartafel festgesetzt: […]	(1) Für die in § 39 und der Anlage 11 Nummer 11.1 genannten Grundleistungen für Freianlagen sind die in der nachstehenden Honorartafel aufgeführten Honorarspannen Orientierungswerte: […]

Amtliche Begründung

Zu Nummer 23

Siehe die Begründung zu Nummer 14 Buchstabe a.

§ 43 Leistungsbild Ingenieurbauwerke 2013	**§ 43 Leistungsbild Ingenieurbauwerke 2021**
(3) Die Vertragsparteien können abweichend von Absatz 1 schriftlich vereinbaren, dass […].	(3) Die Vertragsparteien können abweichend von Absatz 1 in Textform vereinbaren, dass […]

Amtliche Begründung

Zu Nummer 31[94]

Folgeänderungen wegen der geänderten Formanforderungen an die Honorarvereinbarung.

94 Einfügen der Worte „in Textform“ in § 43 Abs. 3 HOAI 2021

§ 44 Honorare für Grundleistungen bei Ingenieurbauwerken 2013	§ 44 Honorare für Grundleistungen bei Ingenieurbauwerken 2021
(1) Die Mindest- und Höchstsätze der Honorare für die in § 43 und der Anlage 12 Nummer 12.1 aufgeführten Grundleistungen bei Ingenieurbauwerken sind in der folgenden Honorartafel für den Anwendungsbereich des § 41 festgesetzt: […]	(1) Für die in § 43 und der Anlage 12 Nummer 12.1 genannten Grundleistungen bei Ingenieurbauwerken sind die in der nachstehenden Honorartafel aufgeführten Honorarspannen Orientierungswerte: […]
[…]	[…]
(6) Für Umbauten und Modernisierungen von Ingenieurbauwerken kann bei einem durchschnittlichen Schwierigkeitsgrad ein Zuschlag gemäß § 6 Absatz 2 Satz 3 bis 33 Prozent schriftlich vereinbart werden.	(6) Für Umbauten und Modernisierungen von Ingenieurbauwerken kann bei einem durchschnittlichen Schwierigkeitsgrad ein Zuschlag gemäß § 6 Absatz 2 Satz 3 bis 33 Prozent in Textform vereinbart werden.
(7) Steht der Planungsaufwand für Ingenieurbauwerke mit großer Längenausdehnung, die unter gleichen baulichen Bedingungen errichtet werden, in einem Missverhältnis zum ermittelten Honorar, ist § 7 Absatz 3 anzuwenden.	

Amtliche Begründung

Zu Nummer 24

Zu Buchstabe a[95]

Siehe die Begründung zu Nummer 14 Buchstabe a.

Zu Buchstabe b[96]

Da die HOAI kein verbindliches Preisrecht mehr enthält und die Honorare frei vereinbar sind, bedarf es der bisherigen Regelung in § 44 Absatz 7 nicht mehr, die die Möglichkeit eröffnete, in bestimmten Fällen ein geringeres Honorar zu vereinbaren als es die Anwendung der Honorarermittlungsregelungen ergeben hätte.

Zu Nummer 31[97]

Folgeänderungen wegen der geänderten Formanforderungen an die Honorarvereinbarung.

95 Änderung in § 44 Abs. 1 HOAI 2021

96 Aufhebung des § 44 Abs. 7 HOAI 2013

97 Einfügen der Worte „in Textform" in § 44 Abs. 6 HOAI 2021

§ 46 Besondere Grundlagen des Honorars 2013	§ 46 Besondere Grundlagen des Honorars 2021
(5) Die nach den Absätzen 1 bis 4 ermittelten Kosten sind für Grundleistungen des § 47 Absatz 1 Satz 2 Nummer 1 bis 7 und 9 1. bei Straßen, die mehrere durchgehende Fahrspuren mit einer gemeinsamen Entwurfsachse und einer gemeinsamen Entwurfsgradiente haben, wie folgt anteilig anrechenbar: a) bei dreistreifigen Straßen zu 85 Prozent, b) bei vierstreifigen Straßen zu 70 Prozent und c) bei mehr als vierstreifigen Straßen zu 60 Prozent, 2. bei Gleis- und Bahnsteiganlagen, die zwei Gleise mit einem gemeinsamen Planum haben, zu 90 Prozent anrechenbar. Das Honorar für Gleis- und Bahnsteiganlagen mit mehr als zwei Gleisen oder Bahnsteigen kann frei vereinbart werden.	(5) Die nach den Absätzen 1 bis 4 ermittelten Kosten sind für Grundleistungen des § 47 Absatz 1 Satz 2 Nummer 1 bis 7 und 9 1. bei Straßen, die mehrere durchgehende Fahrspuren mit einer gemeinsamen Entwurfsachse und einer gemeinsamen Entwurfsgradiente haben, wie folgt anteilig anrechenbar: a) bei dreistreifigen Straßen zu 85 Prozent, b) bei vierstreifigen Straßen zu 70 Prozent und c) bei mehr als vierstreifigen Straßen zu 60 Prozent, 2. bei Gleis- und Bahnsteiganlagen, die zwei Gleise mit einem gemeinsamen Planum haben, zu 90 Prozent anrechenbar. Das Honorar für Gleis- und Bahnsteiganlagen mit mehr als zwei Gleisen oder Bahnsteigen kann abweichend von den Grundsätzen des Satzes 1, der Absätze 1 bis 4 und der §§ 47 und 48 vereinbart werden.

Amtliche Begründung

Zu Nummer 25

Siehe die Begründung zu Nummer 14 Buchstabe b.

§ 48 Honorare für Grundleistungen bei Verkehrsanlagen 2013	§ 48 Honorare für Grundleistungen bei Verkehrsanlagen 2021
(1) Die Mindest- und Höchstsätze der Honorare für die in § 47 und der Anlage 13 Nummer 13.1 aufgeführten Grundleistungen bei Verkehrsanlagen sind in der folgenden Honorartafel für den Anwendungsbereich des § 45 festgesetzt: […]	(1) Für die in § 47 und der Anlage 13 Nummer 13.1 genannten Grundleistungen bei Verkehrsanlagen sind die in der nachstehenden Honorartafel aufgeführten Honorarspannen Orientierungswerte: […]
[…]	[…]
(6) Für Umbauten und Modernisierungen von Verkehrsanlagen kann bei einem durchschnittlichen Schwierigkeitsgrad ein Zuschlag gemäß § 6 Absatz 2 Satz 3 bis 33 Prozent schriftlich vereinbart werden.	(6) Für Umbauten und Modernisierungen von Verkehrsanlagen kann bei einem durchschnittlichen Schwierigkeitsgrad ein Zuschlag gemäß § 6 Absatz 2 Satz 3 bis 33 Prozent in Textform vereinbart werden.

Amtliche Begründung

Zu Nummer 26[98]

Siehe die Begründung zu Nummer 14 Buchstabe a.

Zu Nummer 31[99]

Folgeänderungen wegen der geänderten Formanforderungen an die Honorarvereinbarung.

98 Änderung in § 48 Abs. 1 HOAI 2021

99 Einfügen der Worte „in Textform" in § 48 Abs. 6 HOAI 2021

Teil 4 Fachplanung

HOAI 2013	HOAI 2021
§ 50 Besondere Grundlagen des Honorars 2013	**§ 50 Besondere Grundlagen des Honorars 2021**
(2) Die Vertragsparteien können bei Gebäuden mit einem hohen Anteil an Kosten der Gründung und der Tragkonstruktionen schriftlich vereinbaren, dass die anrechenbaren Kosten abweichend von Absatz 1 nach Absatz 3 ermittelt werden.	(2) Die Vertragsparteien können bei Gebäuden mit einem hohen Anteil an Kosten der Gründung und der Tragkonstruktionen in Textform vereinbaren, dass die anrechenbaren Kosten abweichend von Absatz 1 nach Absatz 3 ermittelt werden.

Amtliche Begründung

Zu Nummer 31[100]

Folgeänderungen wegen der geänderten Formanforderungen an die Honorarvereinbarung.

HOAI 2013	HOAI 2021
§ 52 Honorare für Grundleistungen bei Tragwerksplanungen 2013	**§ 52 Honorare für Grundleistungen bei Tragwerksplanungen 2021**
(1) Die Mindest- und Höchstsätze der Honorare für die in § 51 und der Anlage 14 Nummer 14.1 aufgeführten Grundleistungen der Tragwerksplanungen sind in der folgenden Honorartafel festgesetzt: […]	(1) Für die in § 51 und der Anlage 14 Nummer 14.1 genannten Grundleistungen der Tragwerksplanungen sind die in der nachstehenden Honorartafel aufgeführten Honorarspannen Orientierungswerte: […]
[…]	[…]
(4) Für Umbauten und Modernisierungen kann bei einem durchschnittlichen Schwierigkeitsgrad ein Zuschlag gemäß § 6 Absatz 2 Satz 3 bis 50 Prozent schriftlich vereinbart werden.	(4) Für Umbauten und Modernisierungen kann bei einem durchschnittlichen Schwierigkeitsgrad ein Zuschlag gemäß § 6 Absatz 2 Satz 3 bis 50 Prozent in Textform vereinbart werden.
(5) Steht der Planungsaufwand für Tragwerke bei Ingenieurbauwerken mit großer Längenausdehnung, die unter gleichen baulichen Bedingungen errichtet werden, in einem Missverhältnis zum ermittelten Honorar, ist § 7 Absatz 3 anzuwenden.	

100 Einfügen der Worte „in Textform“ in § 50 Abs. 2 HOAI 2021

Amtliche Begründung

Zu Nummer 27

Zu Buchstabe a[101]

Siehe die Begründung zu Nummer 14 Buchstabe a.

Zu Buchstabe b[102]

Siehe die Begründung zu Nummer 24 Buchstabe b.

Zu Nummer 31[103]

Folgeänderungen wegen der geänderten Formanforderungen an die Honorarvereinbarung.

§ 54 Besondere Grundlagen des Honorars 2013	**§ 54 Besondere Grundlagen des Honorars 2021**
(5) Werden Teile der Technischen Ausrüstung in Baukonstruktionen ausgeführt, so können die Vertragsparteien schriftlich vereinbaren, dass die Kosten hierfür ganz oder teilweise zu den anrechenbaren Kosten gehören. Satz 1 ist entsprechend für Bauteile der Kostengruppe Baukonstruktionen anzuwenden, deren Abmessung oder Konstruktion durch die Leistung der Technischen Ausrüstung wesentlich beeinflusst wird.	(5) Werden Teile der Technischen Ausrüstung in Baukonstruktionen ausgeführt, so können die Vertragsparteien in Textform vereinbaren, dass die Kosten hierfür ganz oder teilweise zu den anrechenbaren Kosten gehören. Satz 1 ist entsprechend für Bauteile der Kostengruppe Baukonstruktionen anzuwenden, deren Abmessung oder Konstruktion durch die Leistung der Technischen Ausrüstung wesentlich beeinflusst wird.

Amtliche Begründung

Zu Nummer 31[104]

Folgeänderungen wegen der geänderten Formanforderungen an die Honorarvereinbarung.

---

[101] Änderung in § 52 Abs. 1 HOAI 2021

[102] Aufhebung des § 52 Abs. 5 HOAI 2013

[103] Einfügen der Worte „in Textform“ in § 52 Abs. 4 HOAI 2021

[104] Einfügen der Worte „in Textform“ in § 54 Abs. 5 HOAI 2021

§ 56 Honorare für Grundleistungen der Technischen Ausrüstung 2013	§ 56 Honorare für Grundleistungen der Technischen Ausrüstung 2021
(1) Die Mindest- und Höchstsätze der Honorare für die in § 55 und der Anlage 15.1 aufgeführten Grundleistungen bei einzelnen Anlagen sind in der folgenden Honorartafel festgesetzt: […]	(1) Für die in § 55 und der Anlage 15 Nummer 15.1 genannten Grundleistungen bei einzelnen Anlagen sind die in der nachstehenden Honorartafel aufgeführten Honorarspannen Orientierungswerte: […]
[…]	[…]
(5) Für Umbauten und Modernisierungen kann bei einem durchschnittlichen Schwierigkeitsgrad ein Zuschlag gemäß § 6 Absatz 2 Satz 3 bis 50 Prozent schriftlich vereinbart werden.	(5) Für Umbauten und Modernisierungen kann bei einem durchschnittlichen Schwierigkeitsgrad ein Zuschlag gemäß § 6 Absatz 2 Satz 3 bis 50 Prozent in Textform vereinbart werden.
(6) Steht der Planungsaufwand für die Technische Ausrüstung von Ingenieurbauwerken mit großer Längenausdehnung, die unter gleichen baulichen Bedingungen errichtet werden, in einem Missverhältnis zum ermittelten Honorar, ist § 7 Absatz 3 anzuwenden.	

Amtliche Begründung

Zu Nummer 28

Zu Buchstabe a[105]

Siehe die Begründung zu Nummer 14 Buchstabe a.

Zu Buchstabe b[106]

Siehe die Begründung zu Nummer 24 Buchstabe b.

Zu Nummer 31[107]

Folgeänderungen wegen der geänderten Formanforderungen an die Honorarvereinbarung.

---

105 Änderung in § 56 Abs. 1 HOAI 2021

106 Aufhebung des § 56 Abs. 6 HOAI 2013

107 Einfügen der Worte „in Textform“ in § 56 Abs. 5 HOAI 2021

Teil 5 Übergangs- und Schlussvorschriften

HOAI 2013	HOAI 2021
§ 57 Übergangsvorschrift 2013	**§ 57 Übergangsvorschrift** 2021
Diese Verordnung ist nicht auf Grundleistungen anzuwenden, die vor ihrem Inkrafttreten vertraglich vereinbart wurden; insoweit bleiben die bisherigen Vorschriften anwendbar.	(1) Diese Verordnung ist nicht auf Grundleistungen anzuwenden, die vor dem 17. Juli 2013 vertraglich vereinbart wurden; insoweit bleiben die bisherigen Vorschriften anwendbar.
	(2) Die durch die Erste Verordnung zur Änderung der Honorarordnung für Architekten und Ingenieure vom 2. Dezember 2020 (BGBl. I S. 2636) geänderten Vorschriften sind erst auf diejenigen Vertragsverhältnisse anzuwenden, die nach Ablauf des 31. Dezember 2020 begründet worden sind.

Amtliche Begründung

Zu Nummer 29

Zu Buchstabe a[108]

Absatz 1 enthält die Übergangsvorschrift, die sich auf die im Jahr 2013 in Kraft getretene HOAI-Novelle bezieht. Da mit dieser Änderungsverordnung weitere Anpassungen vorgenommen werden, wird durch Einfügung des Datums des Inkrafttretens der vorherigen Novelle klargestellt, auf welche vertraglich vereinbarten Grundleistungen sich die Vorschrift des Absatzes 1 bezieht.

Zu Buchstabe b[109]

Um für die Rechtsanwender Rechtssicherheit zu gewährleisten, wird der Zeitpunkt des Inkrafttretens der vorliegenden Änderungsverordnung auf den 1. Januar 2021 festgesetzt. Absatz 2 regelt, dass die durch die vorliegende Änderungsverordnung geänderten Regelungen der HOAI auf diejenigen Vertragsverhältnisse anzuwenden sind, die ab dem Zeitpunkt des Inkrafttretens erstmalig begründet wurden.

Kurzkommentar

Sowohl die Regelung des § 57 HOAI 2021 als auch die entsprechende Amtliche Begründung sind nicht sonderlich glücklich formuliert.

Nach § 57 Absatz 1 HOAI 2021 sind für Vertragsverhältnisse, die vor dem 17.07.2013 vertraglich vereinbart wurden, „die bisherigen Regelungen" anwendbar. Dies kann aber, ungeachtet des insoweit verwirrenden Textes der Amtlichen Begründung, nur bedeuten, dass für diese Vertragsverhältnisse die HOAI 2009 Gültigkeit hat.

---

[108] Änderung in § 57 Abs. 1 HOAI 2021

[109] Ergänzung durch § 57 Abs. 2 HOAI 2021

Diejenigen Vertragsverhältnisse, die nach diesem Stichtag des 17.07.2013 bis zum 31.12.2020 begründet wurden, liegen im zeitlichen Anwendungsbereich der HOAI 2013, d. h., die mit der jetzigen Überarbeitung geänderten Vorschriften finden hier keine Anwendung.

Die Diskussion darüber, inwieweit diese beiden HOAI-Fassungen nach dem Urteil des EuGH vom 04.07.2019 aus europarechtlichen Gründen noch angewendet dürfen oder nicht, führte an dieser Stelle zu weit und muss an anderer Stelle abschließend ausgehandelt werden.[110]

Die HOAI in der nun vorliegenden neuen Fassung von 2021 ist für diejenigen Vertragsverhältnisse maßgeblich, die nach Ablauf des 31.12.2020 geschlossen wurden und werden.

---

110 Hierüber wird in der Literatur und Rechtsprechung umfangreich kontrovers diskutiert. Der Bundesgerichtshof hat diese Frage inzwischen zur Klärung an den Europäischen Gerichtshof weitergereicht, vgl. BGH, Beschluss vom 14.05.2020 – VII ZR 174/19.

Anlage 1 Weitere Fachplanungs- und Beratungsleistungen

HOAI 2013 **HOAI 2021**

Anlage 1 (zu § 3 Absatz 1) Beratungsleistungen 2013	Anlage 1 (zu § 3 Absatz 1) Weitere Fachplanungs- und Beratungsleistungen 2021
1.1.1 Leistungsbild Umweltverträglichkeitsstudie 2013	**1.1.1 Leistungsbild Umweltverträglichkeitsstudie 2021**
(1) Die Grundleistungen bei Umweltverträglichkeitsstudien können in vier Leistungsphasen unterteilt und wie folgt in Prozentsätzen der Honorare in Nummer 1.1.2 bewertet werden. Die Bewertung der Leistungsphasen der Honorare erfolgt 1. für die Leistungsphase 1 (Klären der Aufgabenstellung und Ermitteln des Leistungsumfangs) mit 3 Prozent, 2. für die Leistungsphase 2 (Grundlagenermittlung) mit 37 Prozent, 3. für die Leistungsphase 3 (Vorläufige Fassung) mit 50 Prozent, 4. für die Leistungsphase 4 (Abgestimmte Fassung) mit 10 Prozent.	(1) Die Grundleistungen bei Umweltverträglichkeitsstudien sind in vier Leistungsphasen unterteilt und werden wie folgt in Prozentsätzen der Honorare in Nummer 1.1.2. bewertet: 1. für die Leistungsphase 1 (Klären der Aufgabenstellung und Ermitteln des Leistungsumfangs) mit 3 Prozent, 2. für die Leistungsphase 2 (Grundlagenermittlung) mit 37 Prozent, 3. für die Leistungsphase 3 (Vorläufige Fassung) mit 50 Prozent, 4. für die Leistungsphase 4 (Abgestimmte Fassung) mit 10 Prozent.
(2) Das Leistungsbild kann sich wie folgt zusammensetzen: […]	(2) Das Leistungsbild setzt sich wie folgt zusammen: […]

Amtliche Begründung

Zu Nummer 30

Zu Buchstabe a[111]

Durch die Erweiterung der Überschrift soll eine Klarstellung hinsichtlich der Art der von der Anlage 1 erfassten Leistungen erfolgen. Die Leistungsbilder der Anlage 1 werden systematisch den Leistungsbildern der Teile 2 bis 4 gleichgestellt (siehe auch die Begründung zu Nummer 3), entsprechend wird in Regelungen der Allgemeinen Vorschriften des Teils 1 auf sie Bezug genommen.

Zu Buchstabe b

Zu Doppelbuchstabe aa[112]

Die Änderungen in der Formulierung dienen der Gleichstellung der Leistungen der Anlage 1 mit den übrigen Grundleistungen.

---

111 Änderung der Überschrift der Anlage 1

112 Änderung in Nummer 1.1.1 Abs. 1 HOAI 2021

Zu Doppelbuchstabe bb[113]

Siehe die Begründung zu Nummer 30 Buchstabe b Doppelbuchstabe aa.

1.1.2 Honorare für Grundleistungen bei Umweltverträglichkeitsstudien 2013	1.1.2 Honorare für Grundleistungen bei Umweltverträglichkeitsstudien 2021
(1) Die Mindest- und Höchstsätze der Honorare für die in Nummer 1.1.1 aufgeführten Grundleistungen bei Umweltverträglichkeitsstudien können anhand der folgenden Honorartafel bestimmt werden: […]	(1) Für die in Nummer 1.1.1 genannten Grundleistungen bei Umweltverträglichkeitsstudien sind die in der nachstehenden Honorartafel aufgeführten Honorarspannen Orientierungswerte: […]
(2) Das Honorar für die Erstellung von Umweltverträglichkeitsstudien kann nach der Gesamtfläche des Untersuchungsraums in Hektar und nach der Honorarzone berechnet werden.	(2) Das Honorar für die Erstellung von Umweltverträglichkeitsstudien berechnet sich nach der Gesamtfläche des Untersuchungsraumes in Hektar und nach der Honorarzone.
(3) Umweltverträglichkeitsstudien können folgenden Honorarzonen zugeordnet werden: […]	(3) Umweltverträglichkeitsstudien sind folgenden Honorarzonen zuzuordnen: […]
(4) Die Zuordnung zu den Honorarzonen kann anhand folgender Bewertungsmerkmale für zu erwartende nachteilige Auswirkungen auf die Umwelt ermittelt werden: […]	(4) Die Zuordnung zu den Honorarzonen ist anhand folgender Bewertungsmerkmale für zu erwartende nachteilige Auswirkungen auf die Umwelt zu ermitteln: […]
(5) Sind für eine Umweltverträglichkeitsstudie Bewertungsmerkmale aus mehreren Honorarzonen anwendbar und bestehen deswegen Zweifel, welcher Honorarzone die Umweltverträglichkeitsstudie zugeordnet werden kann, kann die Anzahl der Bewertungspunkte nach Absatz 4 ermittelt werden; die Umweltverträglichkeitsstudie kann nach der Summe der Bewertungspunkte folgenden Honorarzonen zugeordnet werden: […]	(5) Sind für eine Umweltverträglichkeitsstudie Bewertungsmerkmale aus mehreren Honorarzonen anwendbar und bestehen deswegen Zweifel, welcher Honorarzone die Umweltverträglichkeitsstudie zugeordnet werden kann, ist die Anzahl der Bewertungspunkte nach Absatz 4 zu ermitteln; die Umweltverträglichkeitsstudie ist nach der Summe der Bewertungspunkte folgenden Honorarzonen zuzuordnen: […]
(6) Bei der Zuordnung einer Umweltverträglichkeitsstudie zu den Honorarzonen können nach dem Schwierigkeitsgrad der Anforderungen die Bewertungsmerkmale wie folgt gewichtet werden: […]	(6) Bei der Zuordnung einer Umweltverträglichkeitsstudie zu den Honorarzonen werden nach dem Schwierigkeitsgrad der Anforderungen die Bewertungsmerkmale wie folgt gewichtet: […]
(7) Wird die Größe des Untersuchungsraums während der Leistungserbringung geändert, so kann das Honorar für die Leistungsphasen, die bis zur Änderung noch nicht erbracht sind, nach der geänderten Größe des Untersuchungsraums berechnet werden.	(7) Wird die Größe des Untersuchungsraums während der Leistungserbringung geändert, so ist das Honorar für die Leistungsphasen, die bis zur Änderung noch nicht erbracht sind, nach der geänderten Größe des Untersuchungsraums zu berechnen.

113 Änderung in Nummer 1.1.1 Abs. 2 HOAI 2021

Amtliche Begründung

Zu Nummer 30

Zu Buchstabe c

Zu Doppelbuchstabe aa[114]

Die Leistungen der Anlage 1 werden den übrigen Grundleistungen gleichgestellt. Deshalb gilt auch für die Leistungen der Anlage 1, dass die Honorartafeln künftig Honorarspannen als Orientierungswerte enthalten.

Zu Doppelbuchstabe bb[115]

Siehe die Begründung zu Nummer 30 Buchstabe b Doppelbuchstabe aa.

Zu Doppelbuchstabe cc[116]

Siehe die Begründung zu Nummer 30 Buchstabe b Doppelbuchstabe aa.

Zu Doppelbuchstabe dd[117]

Siehe die Begründung zu Nummer 30 Buchstabe b Doppelbuchstabe aa.

Zu Doppelbuchstabe ee[118]

Siehe die Begründung zu Nummer 30 Buchstabe b Doppelbuchstabe aa.

Zu Doppelbuchstabe ff[119]

Siehe die Begründung zu Nummer 30 Buchstabe b Doppelbuchstabe aa.

Zu Doppelbuchstabe gg[120]

Siehe die Begründung zu Nummer 30 Buchstabe b Doppelbuchstabe aa.

---

114 Änderung in Nummer 1.1.2 Abs. 1 HOAI 2021
115 Änderung in Nummer 1.1.2 Abs. 2 HOAI 2021
116 Änderung in Nummer 1.1.2 Abs. 3 HOAI 2021
117 Änderung in Nummer 1.1.2 Abs. 4 HOAI 2021
118 Änderung in Nummer 1.1.2 Abs. 5 HOAI 2021
119 Änderung in Nummer 1.1.2 Abs. 6 HOAI 2021
120 Änderung in Nummer 1.1.2 Abs. 7 HOAI 2021

1.2.1 Anwendungsbereich 2013	1.2.1 Anwendungsbereich 2021
(1) Zu den Grundleistungen für Bauphysik können gehören: […]	(1) Zu den Grundleistungen für Bauphysik gehören: […]
(2) Wärmeschutz und Energiebilanzierung kann den Wärmeschutz von Gebäuden und Ingenieurbauwerken und die fachübergreifende Energiebilanzierung umfassen.	(2) Wärmeschutz und Energiebilanzierung umfassen den Wärmeschutz von Gebäuden und Ingenieurbauwerken und die fachübergreifende Energiebilanzierung.
(3) Die Bauakustik kann den Schallschutz von Objekten zur Erreichung eines regelgerechten Luft- und Trittschallschutzes und zur Begrenzung der von außen einwirkenden Geräusche sowie der Geräusche von Anlagen der Technischen Ausrüstung umfassen. Dazu kann auch der Schutz der Umgebung vor schädlichen Umwelteinwirkungen durch Lärm (Schallimmissionsschutz) gehören.	(3) Die Bauakustik umfasst den Schallschutz von Objekten zur Erreichung eines regelgerechten Luft- und Trittschallschutzes und zur Begrenzung der von außen einwirkenden Geräusche sowie der Geräusche von Anlagen der Technischen Ausrüstung. Dazu gehört auch der Schutz der Umgebung vor schädlichen Umwelteinwirkungen durch Lärm (Schallimmissionsschutz).
(4) Die Raumakustik kann die Beratung zu Räumen mit besonderen raumakustischen Anforderungen umfassen.	(4) Die Raumakustik umfasst die Beratung zu Räumen mit besonderen raumakustischen Anforderungen.

Amtliche Begründung

Zu Nummer 30

Zu Buchstabe d

Zu Doppelbuchstabe aa[121]

Siehe die Begründung zu Nummer 30 Buchstabe b Doppelbuchstabe aa.

Zu Doppelbuchstabe bb[122]

Siehe die Begründung zu Nummer 30 Buchstabe b Doppelbuchstabe aa.

Zu Doppelbuchstabe cc[123]

Siehe die Begründung zu Nummer 30 Buchstabe b Doppelbuchstabe aa.

Zu Doppelbuchstabe dd[124]

Siehe die Begründung zu Nummer 30 Buchstabe b Doppelbuchstabe aa.

---

121 Änderung in Nummer 1.2.1 Abs. 1 HOAI 2021

122 Änderung in Nummer 1.2.1 Abs. 2 HOAI 2021

123 Änderung in Nummer 1.2.1 Abs. 3 HOAI 2021

124 Änderung in Nummer 1.2.1 Abs. 4 HOAI 2021

1.2.2 Leistungsbild Bauphysik 2013	1.2.2 Leistungsbild Bauphysik 2021
(1) Die Grundleistungen für Bauphysik können in sieben Leistungsphasen unterteilt und wie folgt in Prozentsätzen der Honorare in Nummer 1.2.3 bewertet werden: […]	(1) Die Grundleistungen für Bauphysik sind in sieben Leistungsphasen unterteilt und werden wie folgt in Prozentsätzen der Honorare in Nummer 1.2.3 bewertet: […]
(2) Das Leistungsbild kann sich wie folgt zusammensetzen: […]	(2) Das Leistungsbild setzt sich wie folgt zusammen: […]

Amtliche Begründung

Zu Nummer 30

Zu Buchstabe e

Zu Doppelbuchstabe aa[125]

Siehe die Begründung zu Nummer 30 Buchstabe b Doppelbuchstabe aa.

Zu Doppelbuchstabe bb[126]

Siehe die Begründung zu Nummer 30 Buchstabe b Doppelbuchstabe aa.

1.2.3 Honorare für Grundleistungen für Wärmeschutz und Energiebilanzierung 2013	1.2.3 Honorare für Grundleistungen für Wärmeschutz und Energiebilanzierung 2021
(1) Das Honorar für die Grundleistungen nach Nummer 1.2.2 Absatz 2 kann sich nach den anrechenbaren Kosten des Gebäudes gemäß § 33 nach der Honorarzone nach § 35, der das Gebäude zuzuordnen ist, und nach der Honorartafel in Absatz 2 richten.	(1) Das Honorar für die Grundleistungen nach Nummer 1.2.2 Absatz 2 richtet sich nach den anrechenbaren Kosten des Gebäudes gemäß § 33, nach der Honorarzone nach § 35, der das Gebäude zuzuordnen ist und nach der Honorartafel in Absatz 2.
(2) Die Mindest- und Höchstsätze der Honorare für die in Nummer 1.2.2 Absatz 2 aufgeführten Grundleistungen für Wärmeschutz und Energiebilanzierung können anhand der folgenden Honorartafel bestimmt werden: […]	(2) Für die in Nummer 1.2.2 Absatz 2 genannten Grundleistungen für Wärmeschutz und Energiebilanzierung sind die in der nachstehenden Honorartafel aufgeführten Honorarspannen Orientierungswerte: […]
(3) Für Umbauten und Modernisierungen kann bei einem durchschnittlichen Schwierigkeitsgrad ein Zuschlag bis 33 Prozent auf das Honorar schriftlich vereinbart werden.	(3) Für Umbauten und Modernisierungen kann bei einem durchschnittlichen Schwierigkeitsgrad ein Zuschlag gemäß § 6 Absatz 2 Satz 3 bis 33 Prozent auf das Honorar in Textform vereinbart werden.

125 Änderung in Nummer 1.2.2 Abs. 1 HOAI 2021

126 Änderung in Nummer 1.2.2 Abs. 2 HOAI 2021

Amtliche Begründung

Zu Nummer 30

Zu Buchstabe f

Zu Doppelbuchstabe aa[127]

Siehe die Begründung zu Nummer 30 Buchstabe b Doppelbuchstabe aa.

Zu Doppelbuchstabe bb[128]

Siehe die Begründung zu Nummer 30 Buchstabe c Doppelbuchstabe aa.

Zu Doppelbuchstabe cc[129]

Klarstellende Verweisung.

Zu Nummer 31[130]

Folgeänderungen wegen der geänderten Formanforderungen an die Honorarvereinbarung.

---

[127] Änderung in Nummer 1.2.3 Abs. 1 HOAI 2021

[128] Änderung in Nummer 1.2.3 Abs. 2 HOAI 2021

[129] Änderung in Nummer 1.2.3 Abs. 3 HOAI 2021, hier der Einschub „gemäß § 6 Absatz 2 Satz 3“

[130] Einfügen der Worte „in Textform“ in Nummer 1.2.3 Abs. 3 HOAI 2021

1.2.4 Honorare für Grundleistungen der Bauakustik 2013	1.2.4 Honorare für Grundleistungen der Bauakustik 2021
(1) Die Kosten für Baukonstruktionen und Anlagen der Technischen Ausrüstung können zu den anrechenbaren Kosten gehören. Der Umfang der mitzuverarbeitenden Bausubstanz kann angemessen berücksichtigt werden.	(1) Für Grundleistungen der Bauakustik sind die Kosten für Baukonstruktionen und Anlagen der Technischen Ausrüstung anrechenbar. Der Umfang der mitzuverarbeitenden Bausubstanz kann angemessen berücksichtigt werden.
[…]	[…]
(3) Die Mindest- und Höchstsätze der Honorare für die in Nummer 1.2.2 Absatz 2 aufgeführten Grundleistungen der Bauakustik können anhand der folgenden Honorartafel bestimmt werden: […]	(3) Für die in Nummer 1.2.2 Absatz 2 genannten Grundleistungen der Bauakustik sind die in der nachstehenden Honorartafel aufgeführten Honorarspannen Orientierungswerte: […]
(4) Für Umbauten und Modernisierungen kann bei einem durchschnittlichen Schwierigkeitsgrad ein Zuschlag bis 33 Prozent auf das Honorar schriftlich vereinbart werden.	(4) Für Umbauten und Modernisierungen kann bei einem durchschnittlichen Schwierigkeitsgrad ein Zuschlag gemäß § 6 Absatz 2 Satz 3 bis 33 Prozent auf das Honorar in Textform vereinbart werden.
(5) Die Leistungen der Bauakustik können den Honorarzonen anhand folgender Bewertungsmerkmale zugeordnet werden: […]	(5) Die Leistungen der Bauakustik werden den Honorarzonen anhand folgender Bewertungsmerkmale zugeordnet: […]
(6) § 52 Absatz 3 kann sinngemäß angewendet werden.	(6) § 52 Absatz 3 ist sinngemäß anzuwenden.
(7) Objektliste für die Bauakustik Die nachstehend aufgeführten Innenräume können in der Regel den Honorarzonen wie folgt zugeordnet werden: […]	(7) Objektliste für die Bauakustik Die nachstehend aufgeführten Innenräume werden in der Regel den Honorarzonen wie folgt zugeordnet: […]

Amtliche Begründung

Zu Nummer 30

Zu Buchstabe g

Zu Doppelbuchstabe aa[131]

Siehe die Begründung zu Nummer 30 Buchstabe b Doppelbuchstabe aa. Die Formulierung des Satzes 2 wurde beibehalten, um klarzustellen, dass im jeweiligen Einzelfall zu klären ist, ob und inwieweit die mitzuverarbeitende Bausubstanz berücksichtigt wird.

Zu Doppelbuchstabe bb[132]

Siehe die Begründung zu Nummer 30 Buchstabe c Doppelbuchstabe aa.

131 Änderung in Nummer 1.2.4 Abs. 1 HOAI 2021

132 Änderung in Nummer 1.2.4 Abs. 3 HOAI 2021

Zu Doppelbuchstabe cc[133]

Klarstellende Verweisung.

Zu Doppelbuchstabe dd[134]

Siehe die Begründung zu Nummer 30 Buchstabe b Doppelbuchstabe aa.

Zu Doppelbuchstabe ee[135]

Siehe die Begründung zu Nummer 30 Buchstabe b Doppelbuchstabe aa.

Zu Doppelbuchstabe ff[136]

Siehe die Begründung zu Nummer 30 Buchstabe b Doppelbuchstabe aa.

Zu Nummer 31[137]

Folgeänderungen wegen der geänderten Formanforderungen an die Honorarvereinbarung.

---

[133] Änderung in Nummer 1.2.4 Abs. 4 HOAI 2021, hier Einschub „gemäß § 6 Absatz 2 Satz 3"

[134] Änderung in Nummer 1.2.4 Abs. 5 HOAI 2021

[135] Änderung in Nummer 1.2.4 Abs. 6 HOAI 2021

[136] Änderung in Nummer 1.2.4 Abs. 7 HOAI 2021

[137] Einfügen der Worte „in Textform" in Nummer 1.2.4 Abs. 4 HOAI 2021

1.2.5 Honorare für Grundleistungen der Raumakustik 2013	1.2.5 Honorare für Grundleistungen der Raumakustik 2021
(1) Das Honorar für jeden Innenraum, für den Grundleistungen zur Raumakustik erbracht werden, kann sich nach den anrechenbaren Kosten nach Absatz 2, nach der Honorarzone, der der Innenraum zuzuordnen ist, sowie nach der Honorartafel in Absatz 3 richten.	(1) Das Honorar für jeden Innenraum, für den Grundleistungen zur Raumakustik erbracht werden, richtet sich nach den anrechenbaren Kosten nach Absatz 2, nach der Honorarzone, der der Innenraum zuzuordnen ist, sowie nach der Honorartafel in Absatz 3.
(2) Die Kosten für Baukonstruktionen und Technische Ausrüstung sowie die Kosten für die Ausstattung (DIN 276-1:2008-12, Kostengruppe 610) des Innenraums können zu den anrechenbaren Kosten gehören. Die Kosten für die Baukonstruktionen und Technische Ausrüstung werden für die Anrechnung durch den Bruttorauminhalt des Gebäudes geteilt und mit dem Rauminhalt des Innenraums multipliziert. Der Umfang der mitzuverarbeitenden Bausubstanz kann angemessen berücksichtigt werden.	(2) Für Grundleistungen der Raumakustik sind die Kosten für Baukonstruktionen und Technische Ausrüstung sowie die Kosten für die Ausstattung (DIN 276-1:2008-12, Kostengruppe 610) des Innenraums anrechenbar. Die Kosten für die Baukonstruktionen und Technische Ausrüstung werden für die Anrechnung durch den Bruttorauminhalt des Gebäudes geteilt und mit dem Rauminhalt des Innenraums multipliziert. Der Umfang der mitzuverarbeitenden Bausubstanz kann angemessen berücksichtigt werden.
(3) Die Mindest- und Höchstsätze der Honorare für die in Nummer 1.2.2 Absatz 2 aufgeführten Grundleistungen der Raumakustik können anhand der folgenden Honorartafel bestimmt werden: […]	(3) Für die in Nummer 1.2.2 Absatz 2 genannten Grundleistungen der Raumakustik sind die in der nachstehenden Honorartafel aufgeführten Honorarspannen Orientierungswerte: […]
(4) Für Umbauten und Modernisierungen kann bei einem durchschnittlichen Schwierigkeitsgrad ein Zuschlag bis 33 Prozent auf das Honorar vereinbart werden.	(4) Für Umbauten und Modernisierungen kann bei einem durchschnittlichen Schwierigkeitsgrad ein Zuschlag gemäß § 6 Absatz 2 Satz 3 bis 33 Prozent auf das Honorar in Textform vereinbart werden.
(5) Innenräume können nach den in Absatz 6 genannten Bewertungsmerkmalen folgenden Honorarzonen zugeordnet werden: […]	(5) Innenräume werden nach den im Absatz 6 genannten Bewertungsmerkmalen folgenden Honorarzonen zugeordnet: […]
(6) Für die Zuordnung zu den Honorarzonen können folgende Bewertungsmerkmale herangezogen werden: […]	(6) Die Leistungen der Raumakustik werden den Honorarzonen anhand folgender Bewertungsmerkmale zugeordnet: […]
(7) Objektliste für die Raumakustik Die nachstehend aufgeführten Innenräume können in der Regel den Honorarzonen wie folgt zugeordnet werden: […]	(7) Objektliste für die Raumakustik Die nachstehend aufgeführten Innenräume werden in der Regel den Honorarzonen wie folgt zugeordnet: […]

Amtliche Begründung

Zu Nummer 30

Zu Buchstabe h

Zu Doppelbuchstabe aa[138]

Siehe die Begründung zu Nummer 30 Buchstabe b Doppelbuchstabe aa.

Zu Doppelbuchstabe bb[139]

Siehe die Begründung zu Nummer 30 Buchstabe b Doppelbuchstabe aa. Die Formulierung des Satzes 3 wurde beibehalten, um klarzustellen, dass im jeweiligen Einzelfall zu klären ist, ob und inwieweit die mitzuverarbeitende Bausubstanz berücksichtigt wird.

Zu Doppelbuchstabe cc[140]

Siehe die Begründung zu Nummer 30 Buchstabe c Doppelbuchstabe aa.
Zu Doppelbuchstabe dd[141]

Einfügung eines klarstellenden Verweises und Folgeänderung wegen der geänderten Formanforderungen an die Honorarvereinbarung.

Zu Doppelbuchstabe ee[142]

Siehe die Begründung zu Nummer 30 Buchstabe b Doppelbuchstabe aa.

Zu Doppelbuchstabe ff[143]

Siehe die Begründung zu Nummer 30 Buchstabe b Doppelbuchstabe aa.

Zu Doppelbuchstabe gg[144]

Siehe die Begründung zu Nummer 30 Buchstabe b Doppelbuchstabe aa.

---

138 Änderung in Nummer 1.2.5 Abs. 1 HOAI 2021
139 Änderung in Nummer 1.2.5 Abs. 2 HOAI 2021
140 Änderung in Nummer 1.2.5 Abs. 3 HOAI 2021
141 Änderung in Nummer 1.2.5 Abs. 4 HOAI 2021
142 Änderung in Nummer 1.2.5 Abs. 5 HOAI 2021
143 Änderung in Nummer 1.2.5 Abs. 6 HOAI 2021
144 Änderung in Nummer 1.2.5 Abs. 7 HOAI 2021

1.3.1 Anwendungsbereich 2013	1.3.1 Anwendungsbereich 2021
(1) Die Leistungen für Geotechnik können die Beschreibung und Beurteilung der Baugrund- und Grundwasserverhältnisse für Gebäude und Ingenieurbauwerke im Hinblick auf das Objekt und die Erarbeitung einer Gründungsempfehlung umfassen. Dazu gehört auch die Beschreibung der Wechselwirkung zwischen Baugrund und Bauwerk sowie die Wechselwirkung mit der Umgebung.	(1) Die Leistungen für Geotechnik umfassen die Beschreibung und Beurteilung der Baugrund- und Grundwasserverhältnisse für Gebäude und Ingenieurbauwerke im Hinblick auf das Objekt und die Erarbeitung einer Gründungsempfehlung. Dazu gehört auch die Beschreibung der Wechselwirkung zwischen Baugrund und Bauwerk sowie die Wechselwirkung mit der Umgebung.
(2) Die Leistungen können insbesondere das Festlegen von Baugrundkennwerten und von Kennwerten für rechnerische Nachweise zur Standsicherheit und Gebrauchstauglichkeit des Objektes, die Abschätzung zum Schwankungsbereich des Grundwassers sowie die Einordnung des Baugrunds nach bautechnischen Klassifikationsmerkmalen umfassen.	(2) Die Leistungen umfassen insbesondere das Festlegen von Baugrundkennwerten und von Kennwerten für rechnerische Nachweise zur Standsicherheit und Gebrauchstauglichkeit des Objektes, die Abschätzung zum Schwankungsbereich des Grundwassers sowie die Einordnung des Baugrunds nach bautechnischen Klassifikationsmerkmalen.

Amtliche Begründung

Zu Nummer 30

Zu Buchstabe i

Zu Doppelbuchstabe aa[145]

Siehe die Begründung zu Nummer 30 Buchstabe b Doppelbuchstabe aa.

Zu Doppelbuchstabe bb[146]

Siehe die Begründung zu Nummer 30 Buchstabe b Doppelbuchstabe aa.

145 Änderung in Nummer 1.3.1 Abs. 1 HOAI 2021

146 Änderung in Nummer 1.3.1 Abs. 2 HOAI 2021

1.3.2 Besondere Grundlagen des Honorars 2013	1.3.2 Besondere Grundlagen des Honorars 2021
(1) Das Honorar der Grundleistungen kann sich nach den anrechenbaren Kosten der Tragwerksplanung nach § 50 Absatz 1 bis 3 für das gesamte Objekt aus Bauwerk und Baugrube richten.	(1) Das Honorar der Grundleistungen richtet sich nach den anrechenbaren Kosten der Tragwerksplanung nach § 50 Absatz 1 bis 3 für das gesamte Objekt aus Bauwerk und Baugrube.
(2) Das Honorar für Ingenieurbauwerke mit großer Längenausdehnung (Linienbauwerke) kann ergänzend frei vereinbart werden.	

Amtliche Begründung

Zu Nummer 30

Zu Buchstabe j

Zu Doppelbuchstabe aa[147]

Siehe die Begründung zu Nummer 30 Buchstabe b Doppelbuchstabe aa.

Zu Doppelbuchstabe bb[148]

Siehe die Begründung zu Nummer 24 Buchstabe b.

147 Änderung in Nummer 1.3.2 Abs. 1 HOAI 2021

148 Aufhebung der Nummer 1.3.2 Abs. 2 HOAI 2013

1.3.3 Leistungsbild Geotechnik 2013	1.3.3 Leistungsbild Geotechnik 2021
(1) Grundleistungen können die Beschreibung und Beurteilung der Baugrund- und Grundwasserverhältnisse sowie die daraus abzuleitenden Empfehlungen für die Gründung einschließlich der Angabe der Bemessungsgrößen für eine Flächen- oder Pfahlgründung, Hinweise zur Herstellung und Trockenhaltung der Baugrube und des Bauwerks, Angaben zur Auswirkung des Bauwerks auf die Umgebung und auf Nachbarbauwerke sowie Hinweise zur Bauausführung umfassen. Die Darstellung der Inhalte kann im Geotechnischen Bericht erfolgen.	(1) Grundleistungen umfassen die Beschreibung und Beurteilung der Baugrund- und Grundwasserverhältnisse sowie die daraus abzuleitenden Empfehlungen für die Gründung einschließlich der Angabe der Bemessungsgrößen für eine Flächen- oder Pfahlgründung, Hinweise zur Herstellung und Trockenhaltung der Baugrube und des Bauwerks, Angaben zur Auswirkung des Bauwerks auf die Umgebung und auf Nachbarbauwerke sowie Hinweise zur Bauausführung. Die Darstellung der Inhalte erfolgt im Geotechnischen Bericht.
(2) Die Grundleistungen können in folgenden Teilleistungen zusammengefasst und wie folgt in Prozentsätzen der Honorare der Nummer 1.3.4 bewertet werden: […]	(2) Die Grundleistungen werden in folgenden Teilleistungen zusammengefasst und wie folgt in Prozentsätzen der Honorare der Nummer 1.3.4 bewertet: […]
(3) Das Leistungsbild kann sich wie folgt zusammensetzen: […]	(3) Das Leistungsbild setzt sich wie folgt zusammen: […]9

Amtliche Begründung

Zu Nummer 30

Zu Buchstabe k

Zu Doppelbuchstabe aa[149]

Siehe die Begründung zu Nummer 30 Buchstabe b Doppelbuchstabe aa.

Zu Doppelbuchstabe bb[150]

Siehe die Begründung zu Nummer 30 Buchstabe b Doppelbuchstabe aa.

Zu Doppelbuchstabe cc[151]

Siehe die Begründung zu Nummer 30 Buchstabe b Doppelbuchstabe aa.

149 Änderung in Nummer 1.3.3 Abs. 1 HOAI 2021

150 Änderung in Nummer 1.3.3 Abs. 2 HOAI 2021

151 Änderung in Nummer 1.3.3 Abs. 3 HOAI 2021

1.3.4 Honorare Geotechnik 2013		1.3.4 Honorare Geotechnik 2021	
(1)	Honorare für die in Nummer 1.3.3 Absatz 3 aufgeführten Grundleistungen können nach der folgenden Honorartafel bestimmt werden: […]	(1)	Für die in Nummer 1.3.3 Absatz 3 genannten Grundleistungen sind die in der nachstehenden Honorartafel aufgeführten Honorarspannen Orientierungswerte: […]
(2)	Die Honorarzone kann bei den geotechnischen Grundleistungen auf Grund folgender Bewertungsmerkmale ermittelt werden: […]	(2)	Die Honorarzone wird bei den geotechnischen Grundleistungen auf Grund folgender Bewertungsmerkmale ermittelt: […]
(3)	§ 52 Absatz 3 kann sinngemäß angewendet werden.	(3)	§ 52 Absatz 3 ist sinngemäß anzuwenden.
(4)	Die Aspekte des Grundwassereinflusses auf das Objekt und die Nachbarbebauung können bei der Festlegung der Honorarzone zusätzlich berücksichtigt werden.	(4)	Die Aspekte des Grundwassereinflusses auf das Objekt und die Nachbarbebauung sind bei der Festlegung der Honorarzone zusätzlich zu berücksichtigen.

Amtliche Begründung

Zu Nummer 30

Zu Buchstabe l

Zu Doppelbuchstabe aa[152]

Siehe die Begründung zu Nummer 30 Buchstabe c Doppelbuchstabe aa.

Zu Doppelbuchstabe bb[153]

Siehe die Begründung zu Nummer 30 Buchstabe b Doppelbuchstabe aa.

Zu Doppelbuchstabe cc[154]

Siehe die Begründung zu Nummer 30 Buchstabe b Doppelbuchstabe aa.

Zu Doppelbuchstabe dd[155]

Siehe die Begründung zu Nummer 30 Buchstabe b Doppelbuchstabe aa.

152 Änderung in Nummer 1.3.4 Abs. 1 HOAI 2021
153 Änderung in Nummer 1.3.4 Abs. 2 HOAI 2021
154 Änderung in Nummer 1.3.4 Abs. 3 HOAI 2021
155 Änderung in Nummer 1.3.4 Abs. 4 HOAI 2021

1.4.1 Anwendungsbereich 2013	1.4.1 Anwendungsbereich 2021
(1) Leistungen der Ingenieurvermessung können das Erfassen raumbezogener Daten über Bauwerke und Anlagen, Grundstücke und Topographie, das Erstellen von Plänen, das Übertragen von Planungen in die Örtlichkeit sowie das vermessungstechnische Überwachen der Bauausführung einbeziehen, soweit die Leistungen mit besonderen instrumentellen und vermessungstechnischen Verfahrensanforderungen erbracht werden müssen. Ausgenommen von Satz 1 sind Leistungen, die nach landesrechtlichen Vorschriften für Zwecke der Landesvermessung und des Liegenschaftskatasters durchgeführt werden.	(1) Leistungen der Ingenieurvermessung beziehen das Erfassen raumbezogener Daten über Bauwerke und Anlagen, Grundstücke und Topographie, das Erstellen von Plänen, das Übertragen von Planungen in die Örtlichkeit sowie das vermessungstechnische Überwachen der Bauausführung ein, soweit die Leistungen mit besonderen instrumentellen und vermessungstechnischen Verfahrensanforderungen erbracht werden müssen. Ausgenommen von Satz 1 sind Leistungen, die nach landesrechtlichen Vorschriften für Zwecke der Landesvermessung und des Liegenschaftskatasters durchgeführt werden.
(2) Zur Ingenieurvermessung können gehören: […]	(2) Zur Ingenieurvermessung gehören: […]

Amtliche Begründung

Zu Nummer 30

Zu Buchstabe m

Zu Doppelbuchstabe aa[156]

Siehe die Begründung zu Nummer 30 Buchstabe b Doppelbuchstabe aa.

Zu Doppelbuchstabe bb[157]

Siehe die Begründung zu Nummer 30 Buchstabe b Doppelbuchstabe aa.

---

156 Änderung in Nummer 1.4.1 Abs. 1 HOAI 2021

157 Änderung in Nummer 1.4.1 Abs. 2 HOAI 2021

1.4.2 Grundlagen des Honorars bei der Planungsbegleitenden Vermessung 2013	1.4.2 Grundlagen des Honorars bei der Planungsbegleitenden Vermessung 2021
(1) Das Honorar für Grundleistungen der Planungsbegleitenden Vermessung kann sich nach der Summe der Verrechnungseinheiten, der Honorarzone in Nummer 1.4.3 und der Honorartafel in Nummer 1.4.8 richten.	(1) Das Honorar für Grundleistungen der Planungsbegleitenden Vermessung richtet sich nach der Summe der Verrechnungseinheiten, der Honorarzone in Nummer 1.4.3 und der Honorartafel in Nummer 1.4.8.
(2) Die Verrechnungseinheiten können sich aus der Größe der aufzunehmenden Flächen und deren Punktdichte berechnen. Die Punktdichte beschreibt die durchschnittliche Anzahl der für die Erfassung der planungsrelevanten Daten je Hektar zu messenden Punkte.	(2) Die Verrechnungseinheiten berechnen sich aus der Größe der aufzunehmenden Flächen und deren Punktdichte. Die Punktdichte beschreibt die durchschnittliche Anzahl der für die Erfassung der planungsrelevanten Daten je Hektar zu messenden Punkte.
(3) Abhängig von der Punktdichte können die Flächen den nachstehenden Verrechnungseinheiten (VE) je Hektar (ha) zugeordnet werden: sehr geringe Punktdichte (ca. 70 Punkte/ha) 50 VE geringe Punktdichte (ca. 150 Punkte/ha) 70 VE durchschnittliche Punktdichte (ca. 250 Punkte/ha) 100 VE hohe Punktdichte (ca. 350 Punkte/ha) 130 VE sehr hohe Punktdichte (ca. 500 Punkte/ha) 150 VE	(3) Abhängig von der Punktdichte werden die Flächen den nachstehenden Verrechnungseinheiten (VE) je Hektar (ha) zugeordnet: Flächenklasse 1 (bis 50 Punkte/ha) 40 VE Flächenklasse 2 (51–73 Punkte/ha) 50 VE Flächenklasse 3 (74–100 Punkte/ha) 60 VE Flächenklasse 4 (101–131 Punkte/ha) 70 VE Flächenklasse 5 (132–166 Punkte/ha) 80 VE Flächenklasse 6 (167–203 Punkte/ha) 90 VE Flächenklasse 7 (204–244 Punkte/ha) 100 VE Flächenklasse 8 (245–335 Punkte/ha) 120 VE Flächenklasse 9 (336–494 Punkte/ha) 150 VE Flächenklasse 10 (495–815 Punkte/ha) 200 VE Flächenklasse 11 (816–1 650 Punkte/ha) 300 VE Flächenklasse 12 (1 651–4 000 Punkte/ha) 500 VE Flächenklasse 13 (4 001–9 000 Punkte/ha) 800 VE.
(4) Umfasst ein Auftrag Vermessungen für mehrere Objekte, so können die Honorare für die Vermessung jedes Objekts getrennt berechnet werden.	(4) Umfasst ein Auftrag Vermessungen für mehrere Objekte, so werden die Honorare für die Vermessung jedes Objekts getrennt berechnet.

Amtliche Begründung

Zu Nummer 30

Zu Buchstabe n

Zu Doppelbuchstabe aa[158]

Siehe die Begründung zu Nummer 30 Buchstabe b Doppelbuchstabe aa.

Zu Doppelbuchstabe bb[159]

Siehe die Begründung zu Nummer 30 Buchstabe b Doppelbuchstabe aa.

Zu Doppelbuchstabe cc[160]

In Anlage 1.4.2 werden künftig die Punktdichten zu Verrechnungseinheiten differenzierter in einer Umrechnungstabelle, abgestimmt auf die zugehörige Honorartafel (Nummer 1.4.8 Absatz 1), zugeordnet. Die Umrechnungstabelle wurde aufgrund empirischer Untersuchungen im Rahmen des Reformverfahrens zur Neufassung der HOAI im Jahr 2013 entwickelt und bildet aufgrund der höheren Punktdichte die Wirklichkeit gerade im dicht besiedelten Bereich oder stark strukturierten Gelände eher ab.

Zu Doppelbuchstabe dd[161]

Siehe die Begründung zu Nummer 30 Buchstabe b Doppelbuchstabe aa.

Kurzkommentar

Auffällig ist die Änderung der Regelungen in Anlage 1, Nummer 1.4.2 Abs. 3 deswegen, weil nur an dieser einen Stelle inhaltlich in die Berechnungssystematik des Honorars für ein bestimmtes Leistungsbild eingegriffen wurde, während für andere Leistungsbilder sinnvolle und teilweise dringend notwendige Korrekturen unterblieben sind. Es bleibt abzuwarten, ob und wann die HOAI eine neuerliche, auch inhaltliche Überarbeitung in allen Leistungsbildern erhält. Auch als „Orientierungshilfe“ sollte sie insgesamt hinreichend klar sein, um genug Orientierung bieten zu können.

---

158 Änderung in Nummer 1.4.2 Abs. 1 HOAI 2021

159 Änderung in Nummer 1.4.2 Abs. 2 HOAI 2021

160 Änderung in Nummer 1.4.2 Abs. 3 HOAI 2021

161 Änderung in Nummer 1.4.2 Abs. 4 HOAI 2021

1.4.3 Honorarzonen für Grundleistungen bei der Planungsbegleitenden Vermessung 2013	**1.4.3 Honorarzonen für Grundleistungen bei der Planungsbegleitenden Vermessung 2021**
(1) Die Honorarzone kann bei der Planungsbegleitenden Vermessung aufgrund folgender Bewertungsmerkmale ermittelt werden: […]	(1) Die Honorarzone wird bei der Planungsbegleitenden Vermessung aufgrund folgender Bewertungsmerkmale ermittelt: […]
(2) Die Honorarzone kann sich aus der Summe der Bewertungspunkte wie folgt ergeben: […]	(2) Die Honorarzone ergibt sich aus der Summe der Bewertungspunkte wie folgt: […]

Amtliche Begründung

Zu Nummer 30

Zu Buchstabe n

Zu Doppelbuchstabe ee

Zu Dreifachbuchstabe aaa[162]

Siehe die Begründung zu Nummer 30 Buchstabe b Doppelbuchstabe aa.

Zu Dreifachbuchstabe bbb[163]

Siehe die Begründung zu Nummer 30 Buchstabe b Doppelbuchstabe aa.

162 Änderung in Nummer 1.4.3 Abs. 1 HOAI 2021

163 Änderung in Nummer 1.4.3 Abs. 2 HOAI 2021

1.4.4 Leistungsbild Planungsbegleitende Vermessung 2013	1.4.4 Leistungsbild Planungsbegleitende Vermessung 2021
(1) Das Leistungsbild Planungsbegleitende Vermessung kann die Aufnahme planungsrelevanter Daten und die Darstellung in analoger und digitaler Form für die Planung und den Entwurf von Gebäuden, Ingenieurbauwerken, Verkehrsanlagen sowie für Flächenplanungen umfassen.	(1) Das Leistungsbild Planungsbegleitende Vermessung umfasst die Aufnahme planungsrelevanter Daten und die Darstellung in analoger und digitaler Form für die Planung und den Entwurf von Gebäuden, Ingenieurbauwerken, Verkehrsanlagen sowie für Flächenplanungen.
(2) Die Grundleistungen können in vier Leistungsphasen zusammengefasst und wie folgt in Prozentsätzen der Honorare der Nummer 1.4.8 Absatz 1 bewertet werden: […]	(2) Die Grundleistungen sind in vier Leistungsphasen zusammengefasst und werden wie folgt in Prozentsätzen der Honorare der Nummer 1.4.8 Absatz 1 bewertet: […]
(3) Das Leistungsbild kann sich wie folgt zusammensetzen: […]	(3) Das Leistungsbild setzt sich wie folgt zusammen: […]

Amtliche Begründung

Zu Nummer 30

Zu Buchstabe n

Zu Doppelbuchstabe ff

Zu Dreifachbuchstabe aaa[164]

Siehe die Begründung zu Nummer 30 Buchstabe b Doppelbuchstabe aa.

Zu Dreifachbuchstabe bbb[165]

Siehe die Begründung zu Nummer 30 Buchstabe b Doppelbuchstabe aa.

Zu Dreifachbuchstabe ccc[166]

Siehe die Begründung zu Nummer 30 Buchstabe b Doppelbuchstabe aa.

164 Änderung in Nummer 1.4.4 Abs. 1 HOAI 2021

165 Änderung in Nummer 1.4.4 Abs. 2 HOAI 2021

166 Änderung in Nummer 1.4.4 Abs. 3 HOAI 2021

1.4.5 Grundlagen des Honorars bei der Bauvermessung 2013	1.4.5 Grundlagen des Honorars bei der Bauvermessung 2021
(1) Das Honorar für Grundleistungen bei der Bauvermessung kann sich nach den anrechenbaren Kosten des Objekts, der Honorarzone in Nummer 1.4.6 und der Honorartafel in Nummer 1.4.8 Absatz 2 richten.	(1) Das Honorar für Grundleistungen bei der Bauvermessung richtet sich nach den anrechenbaren Kosten des Objekts, der Honorarzone in Nummer 1.4.6 und der Honorartafel in Nummer 1.4.8 Absatz 2.
(2) Anrechenbare Kosten können die Herstellungskosten des Objekts darstellen. Diese können entsprechend § 4 Absatz 1 und 1. bei Gebäuden entsprechend § 33, 2. bei Ingenieurbauwerken entsprechend § 42, 3. bei Verkehrsanlagen entsprechend § 46 ermittelt werden. Anrechenbar können bei Ingenieurbauwerken 100 Prozent, bei Gebäuden und Verkehrsanlagen 80 Prozent der ermittelten Kosten sein.	(2) Anrechenbare Kosten sind die Herstellungskosten des Objekts. Diese werden entsprechend § 4 Absatz 1 und 1. bei Gebäuden entsprechend § 33, 2. bei Ingenieurbauwerken entsprechend § 42, 3. bei Verkehrsanlagen entsprechend § 46 ermittelt. Anrechenbar sind bei Ingenieurbauwerken 100 Prozent, bei Gebäuden und Verkehrsanlagen 80 Prozent der ermittelten Kosten.
(3) Die Absätze 1 und 2 sowie die Nummer 1.4.6 und Nummer 1.4.7 finden keine Anwendung für vermessungstechnische Grundleistungen bei ober- und unterirdischen Leitungen, Tunnel-, Stollen- und Kavernenbauwerken, innerörtlichen Verkehrsanlagen mit überwiegend innerörtlichem Verkehr, bei Geh- und Radwegen sowie Gleis- und Bahnsteiganlagen. Das Honorar für die in Satz 1 genannten Objekte kann ergänzend frei vereinbart werden.	(3) Die Absätze 1 und 2 sowie die Nummer 1.4.6 und Nummer 1.4.7 finden keine Anwendung für vermessungstechnische Grundleistungen bei ober- und unterirdischen Leitungen, Tunnel-, Stollen- und Kavernenbauwerken, innerörtlichen Verkehrsanlagen mit überwiegend innerörtlichem Verkehr, bei Geh- und Radwegen sowie Gleis- und Bahnsteiganlagen.

Amtliche Begründung

Zu Nummer 30

Zu Buchstabe o

Zu Doppelbuchstabe aa[167]

Siehe die Begründung zu Nummer 30 Buchstabe b Doppelbuchstabe aa.

---

167 Änderung in Nummer 1.4.5 Abs. 1 HOAI 2021

Zu Doppelbuchstabe bb[168]

Siehe die Begründung zu Nummer 30 Buchstabe b Doppelbuchstabe aa.

Zu Doppelbuchstabe cc[169]

Folgeänderung.

1.4.6 Honorarzonen für Grundleistungen bei der Bauvermessung 2013	1.4.6 Honorarzone für Grundleistungen bei der Bauvermessung 2021
(1) Die Honorarzone kann bei der Bauvermessung aufgrund folgender Bewertungsmerkmale ermittelt werden: […]	(1) Die Honorarzone wird bei der Bauvermessung aufgrund folgender Bewertungsmerkmale ermittelt: […]
(2) Die Honorarzone kann sich aus der Summe der Bewertungspunkte wie folgt ergeben: […]	(2) Die Honorarzone ergibt sich aus der Summe der Bewertungspunkte wie folgt: […]

Amtliche Begründung

Zu Nummer 30

Zu Buchstabe p

Zu Doppelbuchstabe aa[170]

Siehe die Begründung zu Nummer 30 Buchstabe b Doppelbuchstabe aa.

Zu Doppelbuchstabe bb[171]

Siehe die Begründung zu Nummer 30 Buchstabe b Doppelbuchstabe aa.

168 Änderung in Nummer 1.4.5 Abs. 2 HOAI 2021

169 Änderung in Nummer 1.4.5 Abs. 3 HOAI 2021 (Aufhebung von Abs. 3 Satz 2)

170 Änderung in Nummer 1.4.6 Abs. 1 HOAI 2021

171 Änderung in Nummer 1.4.6 Abs. 2 HOAI 2021

1.4.7 Leistungsbild Bauvermessung 2013	1.4.7 Leistungsbild Bauvermessung 2021
(1) Das Leistungsbild Bauvermessung kann die Vermessungsleistungen für den Bau und die abschließende Bestandsdokumentation von Gebäuden, Ingenieurbauwerken und Verkehrsanlagen umfassen.	(1) Das Leistungsbild Bauvermessung umfasst die Vermessungsleistungen für den Bau und die abschließende Bestandsdokumentation von Gebäuden, Ingenieurbauwerken und Verkehrsanlagen.
(2) Die Grundleistungen können in fünf Leistungsphasen zusammengefasst und wie folgt in Prozentsätzen der Honorare der Nummer 1.4.8 Absatz 2 bewertet werden: […]	(2) Die Grundleistungen werden in fünf Leistungsphasen zusammengefasst und wie folgt in Prozentsätzen der Honorare der Nummer 1.4.8 Absatz 2 bewertet: […]
(3) Das Leistungsbild kann sich wie folgt zusammensetzen: […]	(3) Das Leistungsbild setzt sich wie folgt zusammen: […]

Amtliche Begründung

Zu Nummer 30

Zu Buchstabe q

Zu Doppelbuchstabe aa[172]

Siehe die Begründung zu Nummer 30 Buchstabe b Doppelbuchstabe aa.

Zu Doppelbuchstabe bb[173]

Siehe die Begründung zu Nummer 30 Buchstabe b Doppelbuchstabe aa.

Zu Doppelbuchstabe cc[174]

Siehe die Begründung zu Nummer 30 Buchstabe b Doppelbuchstabe aa.

---

172 Änderung in Nummer 1.4.7 Abs. 1 HOAI 2021

173 Änderung in Nummer 1.4.7 Abs. 2 HOAI 2021

174 Änderung in Nummer 1.4.7 Abs. 3 HOAI 2021

1.4.8 Honorare für Grundleistungen bei der Ingenieurvermessung 2013	**1.4.8 Honorare für Grundleistungen bei der Ingenieurvermessung 2021**
(1) Die Honorare für die in Nummer 1.4.4 Absatz 3 aufgeführten Grundleistungen der Planungsbegleitenden Vermessung können sich nach der folgenden Honorartafel richten: […]	(1) Für die in Nummer 1.4.4 Absatz 3 genannten Grundleistungen der Planungsbegleitenden Vermessung sind die in der nachstehenden Honorartafel aufgeführten Honorarspannen Orientierungswerte: […]
(2) Die Honorare für die in Nummer 1.4.7 Absatz 3 Grundleistungen der Bauvermessung können sich nach der folgenden Honorartafel richten: […]	(2) Für die in Nummer 1.4.7 Absatz 3 genannten Grundleistungen der Bauvermessung sind die in der nachstehenden Honorartafel aufgeführten Honorarspannen Orientierungswerte: […]

Amtliche Begründung

Zu Nummer 30

Zu Buchstabe r

Zu Doppelbuchstabe aa[175]

Siehe die Begründung zu Nummer 30 Buchstabe c Doppelbuchstabe aa.

Zu Doppelbuchstabe bb[176]

Siehe die Begründung zu Nummer 30 Buchstabe c Doppelbuchstabe aa.

1.4.9 Sonstige vermessungstechnische Leistungen 2013	**1.4.9 Sonstige vermessungstechnische Leistungen 2021**
Für sonstige vermessungstechnische Leistungen nach Nummer 1.4.1 kann ein Honorar ergänzend frei vereinbart werden.	Für sonstige vermessungstechnische Leistungen nach Nummer 1.4.1 kann ein Honorar abweichend von den Grundsätzen gemäß Nummer 1.4 vereinbart werden.

Amtliche Begründung

Zu Nummer 30

Zu Buchstabe s

Anpassung an entsprechende Regelungen bei den übrigen Grundleistungen (vgl. auch Nummer 14 Buchstabe b).

175 Änderung in Nummer 1.4.8 Abs. 1 HOAI 2021

176 Änderung in Nummer 1.4.8 Abs. 2 HOAI 2021

D Honorar- und Musterrechnungen

1 Hinweise zur Rechnungserstellung

Bevor eine aus Sicht der Autoren „mustergültige" Rechnung vorgestellt wird, soll zunächst kompakt dargelegt werden, was unabhängig vom verwendeten Rechnungsmuster bei der Aufstellung einer Honorarrechnung zu beachten ist, und wie die Werte der einzelnen Honorarberechnungsparameter inhaltlich zutreffend ermittelt werden.

1.1 Fälligkeit der Honorarrechnung

Eine **Schlussrechnung** kann erst gestellt werden, wenn der Architekt bzw. Ingenieur seine Verpflichtungen voll erfüllt, d. h. den werkvertraglich geschuldeten Erfolg herbeigeführt hat.[177] Dies bedeutet, insbesondere für den Fall der Vollbeauftragung in Anlehnung an § 34 HOAI mit den Leistungsphasen 1 bis 9, dass die Leistungen erst dann als vertragsgemäß erbracht angesehen werden können, wenn alle Gewährleistungsfristen der am Bau Beteiligten abgelaufen sind und der Architekt bzw. Ingenieur die in diesem Zeitraum angefallenen Mängel fachlich bewertet und bei der Freigabe der Sicherheitsleistungen mitgewirkt hat.

Das **BGB** stellt klar, dass die Vergütung fällig wird, wenn das Werk erbracht und abgenommen ist:

> **Zitat:**
> **§ 641 BGB Fälligkeit der Vergütung**
> (1) Die Vergütung ist bei der Abnahme des Werkes zu entrichten. […]

Zur Fälligkeit einer Honorarrechnung verweist die **HOAI** in § 15 auf § 650g Abs. 4 BGB:

> **Zitat:**
> **§ 15 HOAI Fälligkeit des Honorars, Abschlagszahlungen**
> Für die Fälligkeit der Honorare für die von dieser Verordnung erfassten Leistungen gilt § 650g Absatz 4 des Bürgerlichen Gesetzbuchs entsprechend. […]

§ 650g Abs. 4 BGB besagt:

> **Zitat:**
> **§ 650g BGB Zustandsfeststellung bei Verweigerung der Abnahme; Schlussrechnung**
> (4) Die Vergütung ist zu entrichten, wenn
> 1. der Besteller das Werk abgenommen hat oder die Abnahme nach § 641 Abs. 2 entbehrlich ist und
> 2. der Unternehmer dem Besteller eine prüffähige Schlussrechnung erteilt hat.
>
> Die Schlussrechnung ist prüffähig, wenn sie eine übersichtliche Aufstellung der erbrachten Leistungen enthält und für den Besteller nachvollziehbar ist. Sie gilt als prüffähig, wenn der Besteller nicht innerhalb von 30 Tagen nach Zugang der Schlussrechnung begründete Einwendungen gegen ihre Prüffähigkeit erhoben hat.

---

177 Ist eine stufenweise Beauftragung erfolgt, so kann dies unter Umständen auch nach Erfüllung der jeweiligen separat beauftragten Stufe der Fall sein.

Da die Abnahme nach § 640 BGB voraussetzt, dass das Werk vertragsgemäß hergestellt ist, gilt auch bei Architekten- und Ingenieurverträgen, dass das Werk, das dem Bauherrn übergeben wird, im Sinne des § 633 BGB frei von Sach- und Rechtsmängeln sein muss, wenn der Honoraranspruch fällig gestellt werden soll.

> **Zitat:**
> **§ 633 BGB Sach- und Rechtsmängel**
> (1) Der Unternehmer hat dem Besteller das Werk frei von Sach- und Rechtsmängeln zu verschaffen [...]

Bei Rechnungen, die vor der Schlussrechnungsreife gestellt werden, handelt es sich immer um Abschlagszahlungsanforderungen im Sinne des § 15 Satz 2 HOAI. Eine Abschlagszahlungsanforderung ist auf der Grundlage des § 15 Satz 2 HOAI, welcher auf § 632a BGB verweist, jederzeit möglich:

> **Zitat:**
> **§ 15 HOAI Fälligkeit des Honorars, Abschlagszahlungen**
> [...] Für das Recht, Abschlagszahlungen zu verlangen, gilt § 632a des Bürgerlichen Gesetzbuchs entsprechend.

§ 632a Abs. 1 BGB besagt:

> **Zitat:**
> **§ 632a BGB Abschlagszahlungen:**
> (1) Der Unternehmer kann von dem Besteller eine Abschlagszahlung in Höhe des Wertes der von ihm erbrachten und nach dem Vertrag geschuldeten Leistungen verlangen. Sind die erbrachten Leistungen nicht vertragsgemäß, kann der Besteller die Zahlung eines angemessenen Teils des Abschlags verweigern. [...] Die Leistungen sind durch eine Aufstellung nachzuweisen, die eine rasche und sichere Beurteilung der Leistungen ermöglichen muss. [...]

1.2 Prüffähigkeit der Honorarrechnung

1.2.1 Prüffähigkeit allgemein

Die Nichtprüffähigkeit einer Honorarrechnung ist der häufigste Grund für einen aus Sicht des Planers schlecht laufenden Honorarprozess.

Prüffähigkeit bedeutet, dass in der Rechnung alle einzelnen Honorarberechnungsparameter detailliert aufgeschlüsselt sein müssen, sodass auch ein fachlich unkundiger Rechnungsempfänger die Berechtigung der Honorarforderung voll und ganz nachvollziehen und überprüfen kann.

Einer detaillierten Aufschlüsselung der HOAI-gemäßen Berechnungsparameter bedarf es im Hinblick auf die Prüffähigkeit dann nicht, wenn die Vertragsparteien z. B. eine Honorarpauschale ohne Bezug zu den einzelnen Berechnungsparametern der HOAI in Textform[178] frei vereinbart haben.

Eine schriftliche Vereinbarung bei Auftragserteilung, also sofort bei Abschluss des Architekten- oder Ingenieurvertrags,[179] wie sie im bisherigen Geltungszeitraum bis zur HOAI 2013 zu treffen war, ist für die Wirksamkeit der ab dem 01.01.2021 getroffenen Honorarvereinbarungen indes nicht mehr erforderlich. Eine Honorarvereinbarung kann in Zukunft auch noch zu einem späteren Zeitpunkt wirksam getroffen werden.

---

178 Zur Textform im Sinne des § 126b BGB vgl. Teil A „Einführung in die HOAI 2021", Kapitel 5.2.3.

179 Der Architekten- oder Ingenieurvertrag selbst kann auch mündlich oder durch schlüssiges Verhalten wirksam zustande kommen, ist also keiner Form unterworfen. Lediglich für die Wirksamkeit der Honorarvereinbarung sind die hier geschilderten formalen Einschränkungen zu beachten.

Gleichwohl bedarf es jedoch im Hinblick auf die Prüfbarkeit der Schlussrechnung auch bei einer pauschalen Honorarvereinbarung u. a. einer übersichtlichen und für den Besteller nachvollziehbaren Aufstellung der erbrachten Leistungen und einer nachvollziehbaren Darstellung des abzurechnenden Honorars bzw. Honoraranteils.

Vor Erstellung der Schlussrechnung hat der Architekt bzw. Ingenieur bei einer in Textform getroffenen Honorarvereinbarung, die die Abrechnung nach der Systematik der HOAI vorsieht, weiterhin zu überprüfen, aus wie vielen Objekten, also Abrechnungseinheiten, das von ihm bearbeitete Projekt besteht, da er diese ggf. gemäß § 11 Abs. 1 HOAI

> **Zitat:**
> **§ 11 HOAI Honorarvereinbarungen**
> (1) Umfasst ein Auftrag mehrere Objekte, so sind die Honorare [...] für jedes Objekt getrennt zu berechnen.

kumuliert oder jeweils getrennt abzurechnen hat, wobei die Regelungen der Absätze 2 bis 4 der Vorschrift, nach denen unter Umständen eine Honorarreduzierung berücksichtigt werden muss, zu beachten sind.[180]

Wurden z. B. neben Planungsleistungen für Gebäude auch solche für Freianlagen erbracht, so ist zunächst zu überprüfen, ob eine separate Abrechnung der Grundleistungen für Freianlagen neben denen für Gebäude vorzunehmen ist. Maßgeblich dafür ist gemäß § 37 Abs. 1 HOAI die Höhe der anrechenbaren Kosten. Liegen diese bei getrennter Abrechnung für ein Objekt unter **7.500 €**, so werden diese den anrechenbaren Kosten für Grundleistungen für Gebäude zugeschlagen. Die Grundleistungen für Freianlagen werden dann zusammen mit denen für Gebäude abgerechnet. Bei anrechenbaren Kosten ab **7.500 €** hingegen besteht nach § 11 Abs. 1 HOAI die Verpflichtung, die Grundleistungen für Freianlagen getrennt abzurechnen.

1.2.2 Prüffähigkeit im Einzelnen

Nach über 30-jähriger Erfahrung des Autors der Vorauflagen dieser Textausgabe vor rund 145 verschiedenen Gerichten bei ca. 950 Honorarprozessen muss aus seiner Sicht gesagt werden, dass eine **im Sinne der HOAI** prüffähige Rechnung Aussagen und Hinweise zu folgenden Punkten enthalten muss, und zwar

1. **zur Anspruchsgrundlage,**
   da erkennbar sein muss, auf welche vertraglichen Grundlagen der Architekt bzw. Ingenieur seine Forderung stützt. Überdies ist es von Bedeutung, **wann** das Vertragsverhältnis begann und welche Fassung der HOAI letztlich ggf. anwendbar ist. Für die **älteren HOAI-Fassungen** kann überdies von Bedeutung sein, ob es ein mündliches, konkludent zustande gekommenes oder ein schriftliches Vertragsverhältnis ist. Denn nur dann ist erkennbar, ob gewisse Honorarvereinbarungsparameter, die z. B. nach der HOAI 2013 noch der Schriftform bei Auftragserteilung bedürfen, um rechtswirksam zu sein, rechtzeitig getroffen worden sind. Der Rechnungsempfänger kann nur so nachvollziehen, ob ein vom Mindestsatz abweichender Honorarsatz rechtsgültig vereinbart wurde. Für die Neufassung der HOAI 2021 sind diese Formerfordernisse gegenüber der HOAI 2013 und den Vorgängerfassungen abgeschwächt, da unabhängig vom Zeitpunkt der Vereinbarung nur noch die Textform gefordert wird. Sie können aber gleichwohl eine Rolle spielen.

---

180 Für die Fachplanung der technischen Ausrüstung ist hinsichtlich der Abrechnungseinheiten die Regelung des § 54 Abs. 1 bis 3 zu beachten.

2. **zur Honorarberechnungsgrundlage,**
da für den Auftraggeber erkennbar sein muss, welche HOAI-Fassung er bei der Überprüfung der Honorarrechnung heranziehen muss. Denn es gilt in der Regel die HOAI-Fassung, die zum Zeitpunkt des Vertragsabschlusses Gültigkeit hatte.

Zitat:
§ 57 HOAI Übergangsvorschrift
(1) Diese Verordnung ist nicht auf Grundleistungen anzuwenden, die vor dem 17. Juli 2013 vertraglich vereinbart wurden; insoweit bleiben die bisherigen Vorschriften anwendbar.
(2) Die durch die Erste Verordnung zur Änderung der Honorarordnung für Architekten und Ingenieure vom 2. Dezember 2020 (BGBl. I S. 2636) geänderten Vorschriften sind erst auf diejenigen Vertragsverhältnisse anzuwenden, die nach Ablauf des 31. Dezember 2020 begründet worden sind.

3. **zum Leistungsbild,**
da für den Auftraggeber erkennbar sein muss, welche Leistungsbilder und Maßnahmen (z. B. Erweiterung, Umbau, Modernisierung, Instandsetzung usw.) beauftragt wurden und abgerechnet werden dürfen. Hiervon ist abhängig, welcher Teil, ggf. auch welche Teile der HOAI zur Honorarberechnung herangezogen werden muss/müssen.

4. **zu den Abrechnungseinheiten,**
da für den Auftraggeber erkennbar sein muss, ob bei einer Beauftragung, die mehrere Objekte umfasste, gemäß § 11 HOAI ggf. die Objekte kumuliert oder getrennt abgerechnet oder ob Wiederholungsfaktoren berücksichtigt werden müssen.

5. **zum erbrachten und ggf. noch nicht erbrachten Leistungsumfang,**
da für den Auftraggeber erkennbar sein muss, welche Leistungen der Auftragnehmer abrechnen will. Im Fall einer Kündigung ist der bis dahin erbrachte und der noch nicht erbrachte Leistungsumfang getrennt darzustellen. Das anteilige Honorar für den nicht erbrachten Leistungsumfang ist ggf. nach § 648 Satz 2 BGB um ersparte Aufwendungen und/oder anderweitigen Erwerb zu reduzieren und ohne Umsatzsteueranteile abzurechnen, da nach dem derzeitigen Stand der Rechtsprechung insoweit kein umsatzsteuerpflichtiges Austauschgeschäft zustande gekommen ist.[181]

6. **zu den den Herstellungskosten zugewiesenen Kostengruppen der DIN 276 (2008),**
da für den Auftraggeber erkennbar sein muss, ob die Kosten aus der Kostenberechnung korrekt im Sinne des § 4 Abs. 1 HOAI in die Honorarbemessungsgrundlage eingestellt worden sind und ob ggf. Kosten gemäß § 4 Abs. 2 oder Abs. 3 HOAI 2021 einbezogen werden dürfen.

Zitat:
§ 4 HOAI Anrechenbare Kosten
(1) Anrechenbare Kosten sind Teil der Kosten für die Herstellung, den Umbau, die Modernisierung, Instandhaltung oder Instandsetzung von Objekten sowie für die damit zusammenhängenden Aufwendungen. [...] Wird in dieser Verordnung im Zusammenhang mit der Kostenermittlung die DIN 276 in Bezug genommen, so ist die Fassung vom Dezember 2008 [...] bei der Ermittlung der anrechenbaren Kosten zugrunde zu legen.[...].
(2) Die anrechenbaren Kosten richten sich nach den ortsüblichen Preisen, wenn der Auftraggeber
   1. selbst Lieferungen oder Leistungen übernimmt,
   2. von bauausführenden Unternehmen oder von Lieferanten sonst nicht übliche Vergünstigungen erhält,
   3. Lieferungen oder Leistungen in Gegenrechnung ausführt oder
   4. vorhandene oder vorbeschaffte Baustoffe oder Bauteile einbauen lässt.

---

181 Grundlage ist das Urteil des Bundesgerichtshofs vom 22.11.2007 – VII ZR 83/05. Dieses wird allerdings derzeit durch ein (im Januar 2021 noch nicht rechtskräftiges) Urteil des FG Niedersachsen vom 28.02.2019 – 5 K 214/18 in Frage gestellt. Eine abschließende Entscheidung hierzu könnte in dem im Januar 2021 noch anhängigen Verfahren des Bundesfinanzhofs – V R 13/19 fallen.

(3) Der Umfang der mitzuverarbeitenden Bausubstanz im Sinne des § 2 Absatz 7 ist bei den anrechenbaren Kosten angemessen zu berücksichtigen. Umfang und Wert der mitzuverarbeitenden Bausubstanz sind zum Zeitpunkt der Kostenberechnung oder, sofern keine Kostenberechnung vorliegt, zum Zeitpunkt der Kostenschätzung objektbezogen zu ermitteln und in Textform zu vereinbaren.

7. **zur Honorarzone,**
da für den Auftraggeber erkennbar sein muss, in welcher Spalte der Honorartafel die Interpolation der Honorarberechnung nachzuvollziehen ist.

8. **zum Honorarsatz,**
da für den Auftraggeber erkennbar sein muss, ob der Auftragnehmer nach dem Basishonorarsatz (HOAI 2021) bzw. dem Mindestsatz (bis zur HOAI 2013) abrechnet oder ob er berechtigterweise einen höheren Honorarsatz ansetzen darf.

9. **zu den vereinbarten oder den aus der Verordnung sich ergebenden Zuschlägen,**
da für den Auftraggeber erkennbar sein muss, ob zu Recht und wenn ja in welcher Höhe honorarerhöhende Zuschläge berechnet werden dürfen.

10. **zum Umsatzsteuersatz,**
da für den Auftraggeber erkennbar sein muss, ob der Rechnungssteller den korrekten Umsatzsteuersatz angesetzt hat. Dabei ist nicht derjenige Satz zu berechnen, der zum Zeitpunkt der Rechnungslegung, sondern derjenige, der zum Zeitpunkt der Vertragserfüllung gesetzlich gültig war.

11. **zur Gesamtforderung,**
da für den Auftraggeber erkennbar sein muss, was ihm insgesamt im Rahmen des Vertragsverhältnisses, auch an Nebenkosten, in Rechnung gestellt wird.

12. **zu den bisher erhaltenen Abschlagszahlungen,**
da für den Auftraggeber erkennbar sein muss, ob die in der Rechnung berücksichtigten Zahlungseingänge sich mit denen seiner Buchhaltungsdaten decken.

13. **zur Restforderung,**
da für den Auftraggeber erkennbar sein muss, welcher Betrag zur Überweisung noch ansteht.

1.3 Honorarberechnungsparameter

Die nachfolgenden Ausführungen gelten für eine Rechnungslegung nach der HOAI-Systematik bzw. sofern in Textform eine Honorarberechnung nach den Berechnungsparametern der HOAI vereinbart wurde.

1.3.1 Leistungsumfang

Der Leistungsumfang ergibt sich regelmäßig aus der vertraglichen Vereinbarung, in der der werkvertraglich geschuldete Erfolg in der Regel definiert ist. Die vertragliche Vereinbarung ist ggf. mit den in der HOAI aufgestellten Leistungsbildern abzugleichen und ein entsprechender Prozentsatz in die Honorarberechnung einzustellen.

Beispiel 1:
Wurden im Leistungsbild Gebäude die Leistungen für die **Planung** und die **Objektüberwachung** in Auftrag gegeben, wobei die **Nachsorgeleistungen** analog der Objektbetreuung **nicht** beauftragt wurden, hat sich der Architekt, an **§ 34 HOAI** abgeglichen und auf einen vollen Architektenvertrag bezogen, zu einem **Leistungsumfang von 98 %** verpflichtet. Dies ist der Maßstab seiner Honorierung, der sich wie folgt darstellt:

Leistungsphasen		**laut § 34 HOAI**	**beauftragt**
1	Grundlagenermittlung:	2 %	2 %
2	Vorplanung:	7 %	7 %
3	Entwurfsplanung:	15 %	15 %
4	Genehmigungsplanung:	3 %	3 %
5	Ausführungsplanung:	25 %	25 %
6	Vorbereitung der Vergabe:	10 %	10 %
7	Mitwirkung bei der Vergabe:	4 %	4 %
8	Objektüberwachung:	32 %	32 %
9	Objektbetreuung:	2 %	0 %
1–9	**Gesamt:**	**100 %**	**98 %**

Beispiel 2:
Wurden im Leistungsbild Gebäude die Planungsleistungen, z. B. bei einem Wettbewerbsverfahren, auf drei Architekten verteilt, sodass der
Architekt A, der Wettbewerbsgewinner, seinen Wettbewerbsentwurf komplett durcharbeiten und diesen zur Genehmigung einreichen,
Architekt B, ein dem Auftraggeber bestens bekannter Detaillierungs- und Ausschreibungsspezialist, die gesamte Realisierungsplanung, d. h. die Ausführungsplanung, die Ausschreibungen und die vorbereitenden Arbeiten für alle Vergaben übernehmen und
Architekt C, der ortsansässige Architekt, die Bauleitung und die nach der Abnahme des Gebäudes zur erledigenden Nachsorgeleistungen übernehmen soll, so ergibt sich aus dem Abgleich mit § 34 HOAI, dass

Architekt A ein Leistungspaket

Leistungsphasen		**laut § 34 HOAI**	**beauftragt**
1	Grundlagenermittlung:	2 %	2 %
2	Vorplanung:	7 %	7 %
3	Entwurfsplanung:	15 %	15 %
4	Genehmigungsplanung:	3 %	3 %

Leistungsphasen		laut § 34 HOAI	beauftragt
5	Ausführungsplanung:	25 %	0 %
6	Vorbereitung der Vergabe:	10 %	0 %
7	Mitwirkung bei der Vergabe:	4 %	0 %
8	Objektüberwachung:	32 %	0 %
9	Objektbetreuung:	2 %	0 %
1–9	**Gesamt:**	**100 %**	**27 %**

in Höhe von **27 %** eines vollen Architektenvertrags,

Architekt B ein Leistungspaket

Leistungsphasen		laut § 34 HOAI	beauftragt
1	Grundlagenermittlung:	2 %	0 %
2	Vorplanung:	7 %	0 %
3	Entwurfsplanung:	15 %	0 %
4	Genehmigungsplanung:	3 %	0 %
5	Ausführungsplanung:	25 %	25 %
6	Vorbereitung der Vergabe:	10 %	10 %
7	Mitwirkung bei der Vergabe:	4 %	4 %
8	Objektüberwachung:	32 %	0 %
9	Objektbetreuung:	2 %	0 %
1–9	**Gesamt:**	**100 %**	**39 %**

in Höhe von **39 %** eines vollen Architektenvertrags und

Architekt C ein Leistungspaket

Leistungsphasen		laut § 34 HOAI	beauftragt
1	Grundlagenermittlung:	2 %	0 %
2	Vorplanung:	7 %	0 %
3	Entwurfsplanung:	15 %	0 %
4	Genehmigungsplanung:	3 %	0 %
5	Ausführungsplanung:	25 %	0 %
6	Vorbereitung der Vergabe:	10 %	0 %
7	Mitwirkung bei der Vergabe:	4 %	0 %
8	Objektüberwachung:	32 %	32 %
9	Objektbetreuung:	2 %	2 %
1–9	**Gesamt:**	**100 %**	**34 %**

in Höhe von **34 %** eines vollen Architektenvertrags übernommen hat.

Der Auftraggeber hat somit insgesamt die vollständigen Planungs-, Ausführungsvorbereitungs- und Bauüberwachungsleistungen beauftragt. Er hat diese aber, anders als im typischen Vollauftrag, in drei Vertragsverhältnisse mit unterschiedlichen Auftragnehmern aufgeteilt. Hierbei müssen sich die drei Planer verpflichten, aufeinander abgestimmt, gemeinsam das bestellte Gebäude entstehen zu lassen. Das Honorar, das den Lohn für das geschaffene Werk darstellt, wird in diesem Fall – vorausgesetzt, es ist nach der Systematik der HOAI zu bemessen und nichts davon Abweichendes vereinbart worden – unter den drei Architekten aufgeteilt, und zwar in den Relationen, wie sie durch die HOAI festgelegt werden.

Das bedeutet im vorliegenden Beispiel 2, dass

Architekt A einen Honoraranteil von	**27 %,**
Architekt B einen Honoraranteil von	**39 %,**
Architekt C einen Honoraranteil von	**34 %,**
erhält und **die Architekten gemeinsam**	**100 %**

erhalten, insofern jeder seinen Vertrag ordnungsgemäß erfüllt hat.

Bei einer solchen Fallgestaltung sollte aber schon bei der Auftragserteilung bedacht werden, dass der jeweils nachfolgende Architekt sich grundsätzlich in das von seinem Vorgänger bzw. von seinen Vorgängern schon Geschaffene einzuarbeiten hat, bevor er mit seiner Tätigkeit beginnen kann. Dies, um gewährleisten zu können, dass das vom Auftraggeber letztendlich gewünschte Werk entstehen kann. Diese vom Auftraggeber geschaffene Auftragssituation generiert eine Mehrarbeit, die bei einer einheitlichen Vergabe an einen Planer nicht entsteht. Die HOAI sieht das Honorar als Werklohn, als Gegenwert für den eingetretenen versprochenen Erfolg, das mangelfreie und funktionstüchtige Werk. Sie teilt somit das Gesamthonorar konsequent auf die drei beteiligten Planer auf:

Zitat:

§ 8 Berechnung des Honorars in besonderen Fällen[182]

(1) Werden dem Auftragnehmer nicht alle Leistungsphasen eines Leistungsbildes übertragen, so dürfen nur die für die übertragenen Phasen vorgesehenen Prozentsätze berechnet und vereinbart werden. […]

Der durch die vom Auftraggeber gewollte Vertragsteilung entstehende Mehraufwand, der über die werkvertragliche Verpflichtung der Nachfolgeplaner hinausgeht, ist – bei Anwendung der HOAI-Systematik in Reinform – zusätzlich außerhalb der von § 8 HOAI angesprochenen Prozentpunkte angemessen zu vergüten. Die HOAI 2021 sieht dies ausdrücklich vor:

Zitat:

§ 8 Berechnung des Honorars in besonderen Fällen

(3) Die **gesonderte Vergütung eines zusätzlichen Koordinierungs- oder Einarbeitungsaufwands** ist in Textform zu vereinbaren.

Sie regelt jedoch nicht die Höhe dieser Vergütung. Diese ist wiederum frei vereinbar.

1.3.2 Anrechenbare Kosten

Die HOAI 2021 sieht vor, dass die Herstellungskosten einen unter mehreren Honorarberechnungsparametern darstellen,

Zitat:

§ 6 Grundlagen des Honorars

(1) […] Zusätzlich zu den Grundlagen nach Satz 1 ermittelt sich das Honorar

1. […]
2. für die Leistungsbilder der Teile 3 und 4 und der Anlage 1 Nummer 1.2, 1.3 und 1.4.5 nach den anrechenbaren Kosten des Objekts auf der Grundlage der Kostenberechnung oder, sofern keine Kostenberechnung vorliegt, auf der Grundlage der Kostenschätzung,
3. […]

---

182 Die in § 8 HOAI – auch in der Fassung von 2021 – enthaltene Aussage, wonach nur die auf die beauftragten Leistungen entfallenden Prozentpunkte vereinbart werden dürfen, hätte bei der Neufassung an und für sich gestrichen werden müssen. Denn wenn sämtliches Honorar frei verhandelt werden kann, entspricht es diesem Leitbild gleichzeitig nicht, dass für bestimmte Vereinbarungen dann doch Beschränkungen vorgesehen sein sollen.

bestimmt aber, dass es je nach Art und Größe der Maßnahme aus den Herstellungskosten eines Objekts Kostenanteile (**A** bis **F**) geben soll, die beim Leistungsbild Gebäude

A: **immer** und immer **voll** anrechenbar sind,
B: **immer**, aber ggf. **voll**, ggf. **gemindert** anrechenbar sind,
C: **bedingt** anrechenbar sind, aber wenn ja, dann **voll**,
D: **unter bestimmten Voraussetzungen voll** oder **nicht** anrechenbar sind,
E: nicht direkt anfallen, aber **als fiktive Kosten** anrechenbar sind, und
F: grundsätzlich **nicht** anrechenbar sind.

Um aus den Herstellungskosten diese anrechenbaren Kosten objektbezogen ausweisen zu können, verlangt die HOAI 2021 in § 4 Abs. 1 eine Darstellung aller Kosten nach einem bestimmten Ordnungssystem, der DIN 276 in der Fassung von Dezember 2008:

Zitat:
§ 4 Anrechenbare Kosten
(1) [...] Wird in dieser Verordnung im Zusammenhang mit der Kostenermittlung die DIN 276 in Bezug genommen, so ist die Fassung vom Dezember 2008 (DIN 276-1:2008-12) bei der Ermittlung der anrechenbaren Kosten zugrunde zu legen. [...]

und legt fest, dass bei der Gebäudeplanung die

- **A** – Kosten der Baukonstruktionen immer anrechenbar sind,

Zitat:
§ 33 Besondere Grundlagen des Honorars
(1) Für Grundleistungen bei Gebäuden und Innenräumen sind die Kosten der **Baukonstruktion** anrechenbar.

- **B** – Kosten der Technischen Anlagen ggf. verringert anrechenbar sind,

Zitat:
§ 33 Besondere Grundlagen des Honorars
(2) Für Grundleistungen bei Gebäuden und Innenräumen sind auch die Kosten für **Technische Anlagen**, die der Auftragnehmer nicht fachlich plant oder deren Ausführung er nicht fachlich überwacht,
1. **vollständig** anrechenbar bis zu einem Betrag von 25 Prozent der sonstigen anrechenbaren Kosten und
2. **zur Hälfte** anrechenbar mit dem Betrag, der 25 Prozent der sonstigen anrechenbaren Kosten übersteigt.

- **C** – Kosten des Herrichtens des Grundstücks, der nicht öffentlichen Erschließung, der Ausstattung und der Kunstwerke bedingt anrechenbar sind,

Zitat:
§ 33 Besondere Grundlagen des Honorars
(3) **Nicht anrechenbar** sind insbesondere die Kosten für das Herrichten, für die nichtöffentliche Erschließung sowie für Leistungen zur Ausstattung und zu Kunstwerken, **soweit** der Auftragnehmer die Leistungen weder plant noch bei der Beschaffung mitwirkt oder ihre Ausführung oder ihren Einbau fachlich überwacht.

- **D** – Kosten für Freianlagen unter Umständen, wenn der Auftragnehmer auch mit der Planung der Freianlagen beauftragt ist und die anrechenbaren Kosten der Freianlagen weniger als 7.500 € betragen, voll anrechenbar sind.

Zitat:
§ 11 Auftrag für mehrere Objekte
(1) Umfasst ein Auftrag mehrere Objekte, so sind die Honorare vorbehaltlich der folgenden Absätze für jedes Objekt getrennt zu berechnen.

§ 37 Aufträge für Gebäude und Freianlagen oder für Gebäude und Innenräume
(1) **§ 11 Absatz 1 ist nicht anzuwenden,** wenn die getrennte Berechnung der Honorare **für Freianlagen weniger als 7.500 Euro** anrechenbare Kosten ergeben würde.

Somit ist indirekt festgeschrieben, dass alle hier nicht genannten Herstellungskosten als Kosten der Kategorie **F** nicht in die Honorarbemessungsgrundlage als anrechenbare Kosten eingestellt werden.

Da die anrechenbaren Kosten als Honorarberechnungsgrundlage gemäß § 6 Abs. 1 Satz 2 Nr. 2 HOAI 2021 aus der Kostenberechnung zu ermitteln sind, die Kostenberechnung gemäß § 2 Abs. 11 HOAI bzw. nach der DIN 276-1:2008-12 aber keinen höheren Genauigkeitsgrad als bis zur zweiten Stelle der jeweiligen Kostengruppennummer verlangt, können nach der folgenden Tabelle alle für die Honorarberechnung für die **Gebäudeplanung** relevanten Kosten in die **Kategorien A bis F** eingeordnet und bestimmt werden:

DIN 276	Bezeichnung	§ HOAI	K[183]	Anrechenbarkeit
100	Grundstück		**F**	grundsätzlich nicht
210	Herrichten	§ 33 (3)	**C**	bedingt, aber wenn ja, dann voll
220	Öffentliche Erschließung		**F**	grundsätzlich nicht
230	Nichtöffentliche Erschließung	§ 33 (3)	**C**	bedingt, aber wenn ja, dann voll
240	Ausgleichsabgaben		**F**	grundsätzlich nicht
250	Übergangsmaßnahmen		**F**	grundsätzlich nicht
300	Baukonstruktion	§ 33 (1)	**A**	immer und immer voll
400	Technische Anlagen	§ 33 (2)	**B**	immer, aber ggf. voll, ggf. gemindert
500	Außenanlagen	§ 37 (1)	**D**	< 7.500 €: ja, ≥ 7.500 €: nein
610	Ausstattung	§ 33 (3)	**C**	bedingt, aber wenn ja, dann voll
620	Kunstwerke	§ 33 (3)	**C**	bedingt, aber wenn ja, dann voll
700	Baunebenkosten		**F**	grundsätzlich nicht
	Umsatzsteueranteile	§ 4 (1)	**F**	grundsätzlich nicht

Aus **§ 4 Abs. 2 HOAI** ergibt sich, dass **fiktive Kosten**, also solche, die nicht konkret oder aufgrund besonderer Umstände nur in verringerter Höhe anfallen, und somit vom Architekten im Rahmen der Planung anhand von Erfahrungswerten in ortsüblicher Höhe prognostiziert werden, unter bestimmten Umständen ebenfalls in die Bemessungsgrundlage für die Berechnung des Honorars für Leistungen bei Gebäuden mit einbezogen werden können (Kategorie **E**).

> **Zitat:**
> **§ 4 Anrechenbare Kosten**
> (2) Die anrechenbaren Kosten richten sich nach den ortsüblichen Preisen, wenn der Auftraggeber
> 1. selbst Lieferungen oder Leistungen übernimmt,
> 2. von bauausführenden Unternehmen oder von Lieferanten nicht übliche Vergünstigungen erhält,
> 3. Lieferungen oder Leistungen in Gegenrechnung ausführt oder
> 4. vorhandene oder vorbeschaffte Baustoffe oder Bauteile einbauen lässt.

Somit kann die oben gezeigte Tabelle wie folgt ergänzt werden:

§ HOAI	Bezeichnung	K	Anrechenbarkeit
§ 4 (2) 1.	Eigenleistungen und -lieferungen des AG	**E**	zu ortsüblichen Preisen
§ 4 (2) 2.	nicht übliche Vergünstigungen gegenüber dem AG	**E**	zu ortsüblichen Preisen
§ 4 (2) 3.	Lieferungen und Leistungen in Gegenrechnung	**E**	zu ortsüblichen Preisen
§ 4 (2) 4.	Einbau vorhandener oder vorbeschaffter Baustoffe/Bauteile	**E**	zu ortsüblichen Preisen

Weiterhin enthält die **HOAI 2021** in § 4 Abs. 3 die Regelung, dass für vorhandene Bausubstanz, die der Auftragnehmer technisch oder gestalterisch mitverarbeitet, ebenfalls Kosten zu berück-

183 K = Kategorie der Kosten (A bis F)

sichtigen sind, welche nach dem Umfang und Wert der mitzuverarbeitenden Bausubstanz objektbezogen ermittelt und ggf. zusätzlich in angemessener Höhe in die Honorarbemessungsgrundlage eingestellt werden können. Somit kann die Tabelle wie folgt erweitert werden:

§ HOAI	Bezeichnung	K	Anrechenbarkeit
§ 4 (3)	mitzuverarbeitende Bausubstanz	E	nach objektbezogener Ermittlung

Bei der **Freianlagenplanung** ergibt sich aus § 38 HOAI direkt und/oder indirekt, welche Kosten unter welchen Bedingungen **anrechenbar** sind. Es gibt Kostenanteile (**A** bis **D**), die im Leistungsbild Freianlagen

A: **immer** und immer **voll** anrechenbar sind,
B: **bedingt** anrechenbar sind, aber wenn ja, dann **voll**,
C: nicht direkt anfallen, aber **als fiktive Kosten** anrechenbar sind, und
D: grundsätzlich **nicht** anrechenbar sind.

Um aus den Herstellungskosten der Freianlagen diese anrechenbaren Kosten objektbezogen ausweisen zu können, verlangt die HOAI 2021 in § 4 Abs. 1 eine Darstellung aller Kosten nach dem Ordnungssystem der DIN 276-1:2008-12 und legt fest, dass bei der Freianlagenplanung die

- **A** – Kosten der Außenanlagen immer anrechenbar sind,

> **Zitat:**
> **§ 38 Besondere Grundlagen des Honorars**
> (1) Für Grundleistungen bei Freianlagen sind die Kosten für **Außenanlagen** anrechenbar, [...]

- **B** – Kosten des Herrichtens des Grundstücks, der nicht öffentlichen Erschließung, der Ausstattung und der Kunstwerke bedingt anrechenbar sind, was aus dem Verweis auf die entsprechende Regelung im Leistungsbild Objektplanung für Gebäude folgt:

> **Zitat:**
> **§ 38 Besondere Grundlagen des Honorars**
> (2) **Nicht anrechenbar** sind für Grundleistungen bei Freianlagen die Kosten für
> 1. das Gebäude sowie die in § 33 Absatz 3 genannten Kosten und [...]
>
> **§ 33 Besondere Grundlagen des Honorars**
> (3) **Nicht anrechenbar** sind insbesondere die Kosten für das Herrichten, für die nichtöffentliche Erschließung sowie für Leistungen zur Ausstattung und zu Kunstwerken, **soweit** der Auftragnehmer die Leistungen weder plant noch bei der Beschaffung mitwirkt oder ihre Ausführung oder ihren Einbau fachlich überwacht.

Ausdrücklich nicht anrechenbar sind die Herstellungskosten von Gebäuden[184] sowie indirekt alle in § 38 HOAI 2021 nicht genannten Herstellungskosten. Diese Kosten der Kategorie **D** können nicht in die Honorarbemessungsgrundlage als anrechenbare Kosten eingestellt werden.

184 Bis einschließlich der HOAI 2009 gab es in § 37 Abs. 3 HOAI 2009 eine zum Leistungsbild Gebäude spiegelbildliche „Bagatellgrenze“. Wurde ein mit den Freianlagen beauftragter Planer auch mit der Planung eines Gebäudes mit anrechenbaren Kosten von unter 7.500 € beauftragt, mussten die Kosten dieses Gebäudes den anrechenbaren Kosten der Freianlagen zugeschlagen werden und das Gebäude durfte nicht separat abgerechnet werden. Diese Regelung ist in der HOAI 2013 im Wortlaut entfallen, obwohl der Verordnungsgeber gemäß amtlicher Begründung glaubte, sie sei deswegen nicht mehr erforderlich, weil sich die – nach wie vor gewollte – Rechtsfolge bereits aus dem neuen § 37 Abs. 1 HOAI ergeben würde. Die herrschende Meinung geht davon aus, dass die Regelung ersatzlos entfallen ist. Durch den weitgehenden Entfall der Verbindlichkeit der Honorare gemäß HOAI 2021 sowie die ohnehin schon immer freie Vereinbarkeit eines Honorars für Gebäude unter 25.000 € einerseits und die Seltenheit von Gebäuden mit Kosten unter 7.500 € andererseits hat diese Detailfrage allerdings nur wenig Relevanz.

Da die anrechenbaren Kosten als Honorarberechnungsgrundlage gemäß § 6 Abs. 1 Satz 2 Nr. 2 HOAI 2021 aus der Kostenberechnung zu ermitteln sind, die Kostenberechnung gemäß § 2 Abs. 11 HOAI bzw. nach der DIN 276-1:2008-12 aber keinen höheren Genauigkeitsgrad als bis zur zweiten Stelle der jeweiligen Kostengruppennummer verlangt, können nach der folgenden Tabelle alle für die Honorarberechnung für die **Freianlagenplanung** relevanten Kosten in die **Kategorien A, B und D** eingeordnet und bestimmt werden:

DIN 276	Bezeichnung	§ HOAI	K[185]	Anrechenbarkeit
100	Grundstück		D	grundsätzlich nicht
210	Herrichten	§ 38 (2)	B	bedingt, aber wenn ja, dann voll
220	Öffentliche Erschließung		D	grundsätzlich nicht
230	Nichtöffentliche Erschließung	§ 38 (2)	B	bedingt, aber wenn ja, dann voll
240	Ausgleichsabgaben		D	grundsätzlich nicht
250	Übergangsmaßnahmen		D	grundsätzlich nicht
300	Baukonstruktion	§ 38 (1)	D	grundsätzlich nicht (herrschende Meinung)
400	Technische Anlagen	§ 38 (1)	D	grundsätzlich nicht (herrschende Meinung)
500	Außenanlagen	§ 38 (1)	A	immer voll
610	Ausstattung	§ 38 (2)	B	bedingt, aber wenn ja, dann voll
620	Kunstwerke	§ 38 (2)	B	bedingt, aber wenn ja, dann voll
700	Baunebenkosten		D	grundsätzlich nicht
	Umsatzsteueranteile	§ 4 (1)	D	grundsätzlich nicht

Aus **§ 4 Abs. 2 HOAI** ergeben sich folgende **fiktiven Kostenpositionen**, die unter bestimmten Umständen ebenfalls in die Bemessungsgrundlage für die Berechnung des Honorars für Leistungen bei Freianlagen in ortsüblicher Kostenhöhe mit einbezogen werden können (Kategorie **C**). Somit kann die oben gezeigte Tabelle wie folgt ergänzt werden:

§ HOAI	Bezeichnung	K	Anrechenbarkeit
§ 4 (2) 1.	Eigenleistungen und -lieferungen des AG	C	zu ortsüblichen Preisen
§ 4 (2) 2.	nicht übliche Vergünstigungen gegenüber dem AG	C	zu ortsüblichen Preisen
§ 4 (2) 3.	Lieferungen und Leistungen in Gegenrechnung	C	zu ortsüblichen Preisen
§ 4 (2) 4.	Einbau vorhandener oder vorbeschaffter Baustoffe/Bauteile	C	zu ortsüblichen Preisen

In Bezug auf die Regelung in **§ 4 Abs. 3 HOAI 2021** zur angemessenen Berücksichtigung der **mitzuverarbeitenden Bausubstanz** bei den anrechenbaren Kosten kann die Tabelle auch bei der Freianlagenplanung wie folgt erweitert werden:

§ HOAI	Bezeichnung	K	Anrechenbarkeit
§ 4 (3)	mitzuverarbeitende Bausubstanz	C	nach objektbezogener Ermittlung

1.3.3 Honorarzone

Die HOAI 2021 hat den Honorarberechnungsparameter Honorarzone im Prinzip unverändert übernommen und bestimmt in § 5 Abs. 2:

---

185 K = Kategorie der Kosten (A bis D)

Zitat:
§ 5 Honorarzonen

(2) Die Honorarzonen sind anhand der Bewertungsmerkmale in den Honorarregelungen der jeweiligen Leistungsbilder der Teile 2 bis 4 und der Anlage 1 zu ermitteln. Die Zurechnung zu den einzelnen Honorarzonen ist nach Maßgabe der Bewertungsmerkmale und gegebenenfalls der Bewertungspunkte sowie unter Berücksichtigung der Regelbeispiele in den Objektlisten der Anlagen dieser Verordnung vorzunehmen.

Sofern eine Honorarzone vertraglich vereinbart worden ist, dürfte diese im Normalfall weitgehend feststehen und nur noch in Ausnahmefällen von den Vertragsparteien in Frage gestellt werden können, beispielsweise dann, wenn sich die Aufgabenstellung des Planers und deren Schwierigkeitsgrad seit dem Vertragsschluss maßgeblich geändert hat. Denn aufgrund des Umstands, dass die HOAI 2021 nur noch Orientierungswerte ausweist, wird eine nachträgliche Anpassung einer vertraglich vereinbarten Honorarzone mit dem Argument der andernfalls eintretenden Mindestsatzunterschreitung nicht mehr möglich sein.

Zur Ermittlung der Honorarzone im Vorfeld der vertraglichen Vereinbarung (oder bei Anwendung der HOAI mangels Honorarvereinbarung in Textform) ist es z. B. bei der Gebäudeplanung sinnvoll, zunächst die Objektliste, Anlage 10.2 für Gebäude, einzusehen und nachzusehen, ob das zu planende Gebäude in vergleichbarer Form hierin beschrieben ist. Wird ein vergleichbarer Gebäudetyp nur einmal in einer Honorarzone genannt, so kann im Prinzip davon ausgegangen werden, dass hiermit die Honorarzone klar genug bestimmt ist. Kommt dieser vergleichbare Gebäudetyp aber in mehreren Honorarzonen vor, so ist es sinnvoll, eine **Grobbewertung** nach **§ 5 Abs. 1** und **Abs. 2** und **§ 35 HOAI** vorzunehmen. Bei **Umbaumaßnahmen** sind gemäß § 6 Abs. 2 Nr. 2 HOAI die Bewertungsmerkmale auf die konkrete Umbaumaßnahme zu beziehen und **sinngemäß** anzuwenden.

Die Grobbewertung bei der **Gebäudeplanung** kann wie folgt aussehen:

Bewertungsmerkmale nach Planungsanforderungen:	Bewertung der Planungsanforderungen nach Schwierigkeitsgrad:				
	sehr gering	gering	durchschnittlich	hoch	sehr hoch
Einbindung in die Umgebung		X			
Anzahl der Funktionsbereiche				X	
Gestalterische Anforderungen			X		
Konstruktive Anforderungen				X	
Technische Gebäudeausrüstung				X	
Ausbau				X	
	I	II	III	IV	V
	HONORARZONE: II, III oder IV				

Kann mit einer Grobbewertung, wie im vorliegenden Fall beispielhaft aufgezeigt, nicht eindeutig eine Honorarzone bestimmt werden, ist eine **Feinbewertung (Punktebewertung)** nach **§ 35 Abs. 2, 4 und 6 HOAI** vorzunehmen. Nach dem hier verwendeten Bewertungsschema (nach Eich/Eich)[186] kann sich eine Zuordnung wie folgt ergeben:

---

[186] Eich/Eich: Architektenvertragshandbuch Gebäudeplanung, 4. Aufl., Köln: Bundesanzeiger Verlag, 2018

Bewertungsmerkmale nach Planungsanforderungen:	Bewertung der Planungsanforderungen nach Schwierigkeitsgrad:					Punkte
	sehr gering	gering	durchschnittlich	hoch	sehr hoch	
Einbindung in die Umgebung	1	**2**	3 4	5	6	**2**
Anzahl der Funktionsbereiche	1 2	3 4	5	**6 7**	8 9	**6,5**
Gestalterische Anforderungen	1 2	3 4	**5**	6 7	8 9	**5**
Konstruktive Anforderungen	1	2	3 4	**5**	6	**5**
Technische Gebäudeausrüstung	1	2	3 4	**5**	6	**5**
Ausbau	1	2	3 4	**5**	6	**5**
Gesamtpunktzahl:	**28,5**					**28,5**
	1 bis 10	11 bis 18	19 bis 26	**27 bis 34**	35 bis 42	
	I	**II**	**III**	**IV**	**V**	
	HONORARZONE: IV					

Die Feinbewertung ergibt hier beispielsweise 28,5 Punkte, liegt somit zwischen 27 und 34 Punkten. Es kann hiernach für die **Gebäudeplanung** nach **§ 35 Abs. 6 HOAI** die **Honorarzone IV** vereinbart werden.

Bei der **Freianlagenplanung** kann zur Ermittlung der Honorarzone entsprechend vorgegangen werden. Die Objektliste für Freianlagen findet sich in Anlage 11.2 HOAI. Kommt der vergleichbare Freianlagentyp aber in mehreren Honorarzonen vor, so ist es sinnvoll, eine **Grobbewertung** nach **§ 5 Abs. 1 und 2** sowie **§ 40 HOAI** vorzunehmen.

Die Grobbewertung bei der **Freianlagenplanung** kann beispielhaft wie folgt aussehen:

Bewertungsmerkmale nach Planungsanforderungen:	Bewertung der Planungsanforderungen nach Schwierigkeitsgrad:				
	sehr gering	gering	durchschnittlich	hoch	sehr hoch
Einbindung in die Umgebung		**X**			
Schutz, Pflege u. Entwicklung v. Natur ...			**X**		
Anzahl der Funktionsbereiche			**X**		
Gestalterische Anforderungen			**X**		
Ver- und Entsorgungseinrichtungen				**X**	
	I	**II**	**III**	**IV**	**V**
	HONORARZONE: II, III oder IV				

Kann mit einer Grobbewertung, wie im vorliegenden Fall beispielhaft aufgezeigt, nicht eindeutig eine Honorarzone bestimmt werden, ist eine **Feinbewertung (Punktebewertung)** nach **§ 40 Abs. 2 bis 4 HOAI** vorzunehmen. Nach dem hier verwendeten Bewertungsschema (nach Eich/Eich)[187] kann sich eine Zuordnung wie folgt ergeben:

Bewertungsmerkmale nach Planungsanforderungen:	Bewertung der Planungsanforderungen nach Schwierigkeitsgrad:								Punkte
	sehr gering	gering		durchschnittlich		hoch		sehr hoch	
Einbindung in die Umgebung	1	**2**	**3**	4	5	6	7	8	**2,5**
Schutz, Pflege u. Entwicklung v. Natur …	1	2	3	**4**	**5**	6	7	8	**4,5**
Anzahl der Funktionsbereiche	1	2		**3**	**4**	5		6	**3,5**
Gestalterische Anforderungen	1	2	3	**4**	**5**	6	7	8	**4,5**
Ver- und Entsorgungseinrichtungen	1	2		3	4	**5**		6	**5,0**
Gesamtpunktzahl:				**20,0**					**20,0**
	1 bis 8	9 bis 15		**16 bis 22**		23 bis 29		30 bis 36	
	I	**II**		**III**		IV		**V**	
	HONORARZONE: III								

Die Feinbewertung ergibt hier beispielsweise 20 Punkte, liegt somit zwischen 16 und 22 Punkten. Es kann hiernach für die Freianlagenplanung nach **§ 40 Abs. 4 HOAI** die **Honorarzone III** vereinbart werden.

1.3.4 Honorarsatz

Die HOAI 2021 sieht einen Rahmen zwischen Mindest- und Höchstsätzen, der von den Vertragsparteien einzuhalten ist, nicht mehr vor. Die in der HOAI ausgewiesenen Honorare können jedoch bei der vertraglichen Vereinbarung als Orientierungshilfe dienen. Der bisherige „Mindestsatz“ heißt nun „Basishonorarsatz“, aus dem bisherigen „Höchstsatz“ wurde begrifflich der „obere Honorarsatz“.

Fehlt es an einer Honorarvereinbarung in Textform, kann nur der Basishonorarsatz verlangt werden. Handelt es sich beim Auftraggeber um einen Verbraucher und wurde dieser nicht oder nicht rechtzeitig darüber informiert, dass eine Honorarvereinbarung auch von den in der HOAI ausgewiesenen Werten nach oben oder unten abweichend vereinbart werden kann, kann selbst dann nur der Basishonorarsatz geltend gemacht werden, wenn die Parteien vertraglich ein höheres Honorar vereinbart hatten. Eine niedrigere Honorarvereinbarung in Textform bleibt allerdings wirksam.

[187] Eich/Eich: Architektenvertragshandbuch Freianlagenplanung, 3. Aufl., Köln: Bundesanzeiger Verlag, 2017

1.3.5 Zuschläge

Die Honorartafeln – und das gesamte System der HOAI – sind ihrem Ursprung nach auf Neubauten ausgerichtet. Der in der Regel höhere Planungsaufwand beim Bauen im Bestand, insbesondere bei Umbauten und Modernisierungen, soll über pauschale Zuschläge ausgeglichen bzw. berücksichtigt werden.

Die Definition des Begriffs „Umbau" setzt auch nach der HOAI 2021 eine Umgestaltung voraus, die mit wesentlichen Eingriffen in Konstruktion oder Bestand verbunden ist:

Zitat:
§ 2 Begriffsbestimmungen
(5) Umbauten sind Umgestaltungen eines vorhandenen Objekts mit wesentlichen Eingriffen in Konstruktion oder Bestand.

Zur Höhe des Zuschlags bei Umbauten und Modernisierungen von Gebäuden ist in § 36 Abs. 1 HOAI geregelt:

Zitat:
§ 36 Umbauten und Modernisierungen von Gebäuden und Innenräumen
(1) Für Umbauten und Modernisierungen von Gebäuden kann bei einem durchschnittlichen Schwierigkeitsgrad ein Zuschlag gemäß § 6 Absatz 2 Satz 3 bis 33 Prozent auf das ermittelte Honorar in Textform vereinbart werden.

Bei Freianlagen gilt § 36 Abs. 1 HOAI entsprechend:

Zitat:
§ 40 Honorare für Grundleistungen bei Freianlagen
(6) § 36 Absatz 1 ist für Freianlagen entsprechend anzuwenden.

Wie bereits bisher kann eine wirksame Vereinbarung zum Zuschlag auch noch nachträglich und im Projektverlauf geschlossen werden. Auch eine Vereinbarung von 0 % Zuschlag ist möglich. Nur dann, wenn bis zur Abrechnung keine Vereinbarung in Textform getroffen wurde und mindestens durchschnittliche Planungsanforderungen vorliegen, gilt gemäß § 6 Abs. 2 Satz 4 HOAI ein Zuschlag von 20 % als vereinbart.

2 Musterrechnung

Nachfolgend wird am Beispiel einer Beauftragung mit Leistungen der Leistungsbilder
- **Gebäude** nach **§ 34** HOAI und
- **Freianlagen** nach **§ 39** HOAI

anhand einer Musterrechnung beschrieben, wie die Honorarberechnungsparameter bei Vorliegen einer entsprechenden Honorarvereinbarung nach der HOAI-Systematik im Einzelnen zu ermitteln und in einer prüffähigen Rechnung darzustellen sind.

Sämtliche individuellen und daher bei der Rechnungsstellung am konkreten Fall orientiert anzupassenden Rechnungsparameter und Zahlenwerte sind in blauer Schriftfarbe markiert.

Fallbeispiel

Folgende Vertragsvereinbarungen werden angenommen:

- **Vertragsgegenstand:**
  Umbau eines **Wohn-** und **Geschäftshauses** mit **Tiefgarage** in ABC-Stadt, XYZ-Straße 123, und **Umbau** der dazu gehörenden **Freianlagen**.

- **Anspruchsgrundlage:**
  Das Vertragsverhältnis wurde am **11.01.2021** durch einen **schriftlichen Architektenvertrag** und somit **in Textform** begründet.

- **Honorarberechnungsgrundlage:**
  Das Vertragsverhältnis wurde am 11.01.2021 geschlossen und liegt somit im Geltungszeitraum der **HOAI 2021**. Der Schriftvertrag nimmt ausdrücklich Bezug auf die einzelnen Honorarberechnungsparameter der HOAI und es wurde ein Honorar nach den Honorartafeln zu § 35 Abs. 1 HOAI und zu § 40 Abs. 1 HOAI vereinbart.

- **Leistungsbild:**
  - **Objektplanung für Gebäude** nach **§ 34 HOAI**, **Umbau,** und
  - **Objektplanung für Freianlagen** nach **§ 39 HOAI**, **Umbau**.

- **Umfang der Leistungsverpflichtung** des Architekten nach folgenden Vereinbarungen:
  - **Gebäude:**
    das Ergebnis aus den für diese Aufgabenstellung notwendigen Arbeitsschritten entsprechend § 34 Abs. 3 HOAI, Leistungsphasen **1** bis **8**; die Nachsorgeleistungen entsprechend der Objektbetreuung wurden nicht beauftragt;
  - **Freianlagen:**
    das Ergebnis aus den für diese Aufgabenstellung notwendigen Arbeitsschritten entsprechend § 39 Abs. 3 HOAI, Leistungsphasen **1** bis **8**; die Nachsorgeleistungen entsprechend der Objektbetreuung wurden nicht beauftragt.

- **Vergütungsverpflichtung** des Bauherrn nach folgenden im Schriftvertrag vereinbarten Parametern der HOAI 2021:
  - Die **Honorarzone** wurde anhand von durchgeführten Punktebewertungen für
    - den **Umbau des Gebäudes** als hoch eingestuft und somit im Schriftvertrag die Honorarzone **IV** vereinbart und
    - den **Umbau der Freianlagen** als durchschnittlich eingestuft und somit im Schriftvertrag die Honorarzone **III** vereinbart.
  - Der **Honorarsatz** wurde aufgrund aufwandsbezogener Einflussgrößen, die bereits zum Zeitpunkt der Auftragserteilung bekannt waren, im Schriftvertrag festgelegt bei
    - dem Gebäude als **Mittelsatz** und bei
    - den Freianlagen als **Viertelsatz**.
  - Im Schriftvertrag wurde festgelegt, dass die **anrechenbaren Kosten** bei
    - dem Gebäude entsprechend den §§ 4 und 6 HOAI nach der **Kostenberechnung gemäß DIN 276-1:2008-12** sowie nach **§ 33 HOAI** und bei
    - den Freianlagen entsprechend den §§ 4 und 6 HOAI nach der **Kostenberechnung gemäß DIN 276-1:2008-12** sowie nach **§ 38 HOAI**

  zu ermitteln sind.

Die planungsbegleitende Kostenberechnung soll leistungsbezogen nach Gewerken und Bauleistungen aufgestellt und die einzelnen Kostenpositionen den Kostengruppen nach DIN 276-1:2008-12 zugeordnet werden.

Der Wert der mitverarbeiteten vorhandenen Bausubstanz sowie die vorbeschafften und wiederverwendeten Bauteile sollen in der Kostenberechnung als separate Kostenpositionen ausgewiesen und bei den Anrechenbaren Kosten entsprechend berücksichtigt werden.

Hierzu wurden im Schriftvertrag zwischen den Vertragsparteien folgende Vereinbarungen getroffen:

1. Die bereits bekannten nicht üblichen Vergünstigungen durch Bauunternehmer, die Eigenleistungen des AG und der Einbau vorbeschaffter Bauteile haben einen Wert in folgender Höhe (brutto):

nicht übliche Vergünstigungen durch Bauunternehmer	5.000,00 €
Eigenleistungen des AG (Malerarbeiten an Innenwänden)	40.000,00 €
Einbau vorbeschaffter Innenwandvertäfelung	50.000,00 €

   Diese Kosten sollen bei der Ermittlung der anrechenbaren Kosten für das Gebäude berücksichtigt werden.

2. Die mitzuverarbeitende vorhandene Bausubstanz beim Gebäude wird in folgender Höhe (brutto) bewertet:

mitzuverarbeitende Bausubstanz der Baukonstruktionen	200.000,00 €
mitzuverarbeitende Bausubstanz der Technischen Anlagen	50.000,00 €
mitzuverarbeitende vorhandene Teile der Ausstattung	20.000,00 €

Auch diese Kosten sollen bei der Ermittlung der anrechenbaren Kosten für das Gebäude berücksichtigt werden.

- Der **Umbauzuschlag** wurde aufgrund projektindividueller leistungserschwerender Kriterien im Schriftvertrag festgelegt
  - beim **Gebäude** mit **25 %** des Nettohonorars und
  - bei den **Freianlagen** mit **25 %** des Nettohonorars.
- Die **Nebenkosten** wurden im Schriftvertrag pauschal mit **5 %** des Nettohonorars vereinbart.

- **Der Vertrag wurde vollständig erfüllt, die Abnahme ist erfolgt.**

Die Honorarrechnung sollte wie folgt aufgestellt werden, damit sie als prüffähig angesehen werden kann:

Herrn
Dr. Peter Mustermann
Musterstraße 1
34567 Musterstadt

Honorarrechnung[188] **Gebäude- und Freianlagenplanung**

Rechnung:	lfd. Nr.	Projekt:	Ust-IdNr.:	Datum:	Signum:
XYZ	00004	B1638-1 (bei Überweisung mit angeben)	DE 184690529	TT.MM.JJ	XYZ

Projekt: **Umbau Wohn- und Geschäftshaus ABC-Stadt, XYZ-Straße 123 und Umbau der Freianlagen zu diesem Objekt**

Sehr geehrter **Herr Dr. Mustermann**,

nach Erfüllung unseres Vertrags vom **11.01.2021** am **TT.MM.JJJJ** überreichen wir Ihnen beiliegende Rechnung. Zur besseren Nachvollziehbarkeit unserer Rechnungslegung sind alle Honorarberechnungsparameter in beiliegender Anlage erläutert.

Honorar netto:		
Gebäudeplanung	=	**450.533,80 €**
Freianlagenplanung	=	**32.555,39 €**
Zwischensumme (netto):	=	**483.089,19 €**
zzgl. 5 % Nebenkosten:	=	**24.154,46 €**
Gesamtanspruch (netto):	=	**507.243,65 €**
abzgl. Abschlagszahlung Nr. 1 vom TT.MM.JJJJ netto		– 168.067,23 €
abzgl. Abschlagszahlung Nr. 2 vom TT.MM.JJJJ netto		– 168.067,23 €
abzgl. Abschlagszahlung Nr. 3 vom TT.MM.JJJJ netto		– 10.000,00 €
Restanspruch (netto):	=	**161.109,19 €**
zuzüglich 19 % Umsatzsteuer[189] **in Höhe von**	=	**30.610,75 €**
Restanspruch (brutto):	=	**191.719,94 €**

188 In diesem Rechnungsmuster sind alle von den Autoren eingesetzten Angaben, wie Rechnungsnummer, Projektnummer, Datum, Postleitzahlen, Umsatzsteueridentifikationsnummer und variable Honorarberechnungsparameter, individuell zu ändern.

189 Es wird angenommen, dass zum Zeitpunkt der Vertragserfüllung, dem TT.MM.JJJJ, 19 % MwSt. Gültigkeit hatten und sämtliche Abschlagszahlungen ebenfalls mit einem Umsatzsteueranteil von 19 % entrichtet wurden.

Es wird gebeten, den Rechnungsbetrag von:	**191.719,94 €**
unter Bezug auf die Rechnungsnummer (lfd. Nr.-Projekt):	**00004-B1638-1**
auf unser Konto:	
Bank:	**Volksbank Musterhofen**
IBAN:	**XXX**
bis zum:	**TT.MM.JJJJ**
zu überweisen.	

Mit freundlichem Gruß

Architekt **Musterplaner**

Hat der Rechnungsempfänger die hier abgerechneten Leistungen nicht als Unternehmer bzw. außerhalb seines unternehmerischen Bereichs beauftragt, ist er gemäß § 14b Abs. 1 UStG verpflichtet, die Rechnung zwei Jahre aufzubewahren. Diese Frist beginnt mit Ablauf des Kalenderjahrs, in dem die Rechnung ausgestellt wurde.

Die beiliegende Anlage erläutert alle Honorarberechnungsparameter.

Anlage zur Honorarrechnung

1 Honorarermittlungen

1.1 Objektplanung für Gebäude (Umbau)

Anspruchsgrundlage:		**Schriftvertrag vom 11.01.2021**
Honorarberechnungsgrundlage:		**HOAI 2021**
Leistungsbild:		**Objektplanung für Gebäude (Umbau)**
Leistungsumfang:	Leistungsphasen 1–8	**98 %**
Honorarzone:		**IV**
Honorarsatz:		**Mittelsatz**
anrechenbare Kosten:	gem. Kostenberechnung vom TT.MM.JJJJ	**2.687.499,99 €**
Umbauzuschlag:		**25 % des Nettohonorars**
Nebenkosten:		**5 % des Nettohonorars**

Honorarberechnung:
(nach der Honorartafel des **§ 35 Abs. 1 HOAI** unter Berücksichtigung von § 13 HOAI Interpolation):

bei	2.000.000,00 €	= (267.034 + 300.714) : 2	=	283.874,00 €	
bei	3.000.000,00 €	= (381.843 + 430.003) : 2	=	405.923,00 €	
bei	2.687.499,99 €		=		283.874,00 €
	$+ \frac{(405.923,00 - 283.874,00) \times (2.687.499,99 - 2.000.000,00)}{(3.000.000,00 - 2.000.000,00)}$		=		83.908,69 €
Honorar:		100 %	=		367.782,69 €
hiervon Leistungsumfang:		98 %	=		360.427,04 €
zuzüglich Umbauzuschlag:		25 %	=		90.106,76 €
Honorarsumme Gebäude netto:			**=**		**450.533,80 €**
zuzüglich Nebenkosten:		5 %	=		22.526,69 €
Honorar Gebäude inkl. Nebenkosten netto:			**=**		**473.060,49 €**

1.2 Objektplanung für Freianlagen (Umbau)

Anspruchsgrundlage:		**Schriftvertrag vom 11.01.2021**
Honorarberechnungsgrundlage:		**HOAI 2021**
Leistungsbild:		**Objektplanung für Freianlagen (Umbau)**
Leistungsumfang:	Leistungsphasen 1–8	**98,00 %**
Honorarzone:		**III**
Honorarsatz:		**Viertelsatz**
anrechenbare Kosten:	gem. Kostenberechnung vom TT.MM.JJJJ	**126.050,42 €**
Umbauzuschlag:		**25 % des Nettohonorars**
Nebenkosten:		**5 % des Nettohonorars**

Honorarberechnung:

(nach der Honorartafel des **§ 40 Abs. 1 HOAI** unter Berücksichtigung von § 13 HOAI Interpolation):

bei	125.000,00 € = 24.855 + (30.999–24.855) × 25 %	=	26.391,00 €	
bei	150.000,00 € = 28.998 + (36.166–28.998) × 25 %	=	30.790,00 €	
bei	126.050,42 €	=		26.391,00 €
	+ (30.790,00 – 26.391,00) × (126.050,42 – 125.000,00) / (150.000,00 – 125.000,00)	=		184,83 €
Honorar:	100 %	=		26.575,83 €
hiervon Leistungsumfang:	98 %	=		26.044,31 €
zuzüglich Umbauzuschlag:	25 %	=		6.511,08 €
Honorarsumme Freianlagen netto:		**=**		**32.555,39 €**
zuzüglich Nebenkosten:	5 %	=		1.627,77 €
Honorar Freianlagen inkl. Nebenkosten netto:		**=**		**34.183,16 €**

2 Erläuterungen[190] zu den Honorarermittlungen

2.1 Anspruchsgrundlage

Anspruchsgrundlage für die vorliegende Honorarforderung ist der schriftliche Architektenvertrag, der am **11.01.2021** geschlossen worden ist.

2.2 Honorarberechnungsgrundlage

Im Schriftvertrag vom 11.01.2021 wurde die Honorarermittlung für sämtliche beauftragten Leistungen nach den **Berechnungsparametern und Honorartafeln der HOAI 2021** vereinbart.

2.3 Honorarberechnungsparameter

2.3.1 Leistungsumfang

Der Leistungsumfang ergibt sich aus der vertraglichen Vereinbarung, in der der werkvertraglich geschuldete Erfolg definiert wurde.

Objektplanung für Gebäude:

Aus dem Leistungsbild der Objektplanung für Gebäude wurden im Architektenvertrag vom 11.01.2021 die Leistungen bis einschließlich der Objektüberwachung in Auftrag gegeben. Die Nachsorgeleistungen der Objektbetreuung wurden nicht beauftragt. Gemäß § 34 Abs. 3 HOAI wurde hierfür ein Leistungsumfang von 98 % bewertet und vereinbart, der sich wie folgt darstellt:

Leistungsphasen		laut § 34 HOAI	beauftragt	erbracht
1	Grundlagenermittlung	2 %	2 %	2 %
2	Vorplanung	7 %	7 %	7 %
3	Entwurfsplanung	15 %	15 %	15 %
4	Genehmigungsplanung	3 %	3 %	3 %
5	Ausführungsplanung	25 %	25 %	25 %
6	Vorbereitung der Vergabe	10 %	10 %	10 %
7	Mitwirkung bei der Vergabe	4 %	4 %	4 %
8	Objektüberwachung	32 %	32 %	32 %
9	Objektbetreuung	2 %	0 %	0 %
1–9	**Gesamt:**	**100 %**	**98 %**	**98 %**

[190] Es lohnt sich, sich die Mühe zu machen, alle Daten, die zur Rechnungserstellung notwendig sind, in dieser Art aufzubereiten und dem Auftraggeber mit der Rechnung zu übergeben, damit die Prüffähigkeit der Honorarrechnung gewährleistet ist.

Objektplanung für Freianlagen:

Aus dem Leistungsbild der Objektplanung für Freianlagen wurden im Architektenvertrag vom 11.01.2021 die Leistungen bis einschließlich der Objektüberwachung in Auftrag gegeben. Die Nachsorgeleistungen der Objektbetreuung wurden nicht beauftragt. Gemäß § 39 Abs. 3 HOAI wurde hierfür ein Leistungsumfang von 98 % bewertet und vereinbart, der sich wie folgt darstellt:

Leistungsphasen		laut § 39 HOAI	beauftragt	erbracht
1	Grundlagenermittlung	3 %	3 %	3 %
2	Vorplanung	10 %	10 %	10 %
3	Entwurfsplanung	16 %	16 %	16 %
4	Genehmigungsplanung	4 %	4 %	4 %
5	Ausführungsplanung	25 %	25 %	25 %
6	Vorbereitung der Vergabe	7 %	7 %	7 %
7	Mitwirkung bei der Vergabe	3 %	3 %	3 %
8	Objektüberwachung	30 %	30 %	30 %
9	Objektbetreuung	2 %	0 %	0 %
1–9	**Gesamt:**	**100 %**	**98 %**	**98 %**

2.3.2 Honorarzone

Gebäude:

Im schriftlichen Architektenvertrag vom 11.01.2021 wurde für den **Umbau des Gebäudes** die **Honorarzone IV** vereinbart, die der Honorarberechnung zugrunde gelegt wird.

Freianlagen:

Im schriftlichen Architektenvertrag vom 11.01.2021 wurde für den **Umbau der Freianlagen** die **Honorarzone III** vereinbart, die der Honorarberechnung zugrunde gelegt wird.

2.3.3 Honorarsatz

Gebäude:

Im schriftlichen Architektenvertrag vom 11.01.2021 wurde für das **Gebäude** der **Mittelsatz** der sich aus der **Honorartafel zu § 35 Abs. 1 HOAI** ergebenden Tafelwerte vereinbart.

Freianlagen:

Im schriftlichen Architektenvertrag vom 11.01.2021 wurde für die **Freianlagen** der **Viertelsatz** der sich aus der **Honorartafel zu § 40 Abs. 1 HOAI** ergebenden Tafelwerte vereinbart.

2.3.4 Anrechenbare Kosten

Nach den Vereinbarungen im Architektenvertrag vom 11.01.2021 sind die anrechenbaren Kosten entsprechend den §§ 4 und 6 HOAI für sämtliche beauftragten Leistungen auf der Grundlage der Kostenberechnung nach DIN 276-1:2008-12 zu ermitteln.

Hierfür sind zunächst die in der nach Gewerken, Bauleistungen und Grobelementen auf der Grundlage der Entwurfsplanung aufgestellten Kostenberechnung vom xx.xx.xxxx ausgewiesenen Herstellungskosten den entsprechenden Kostengruppen (KG) nach DIN 276-1:2008-12 zuzuordnen:

Gewerk/Bauleistung/Grobelement	Herstellungskosten in € brutto	KG nach DIN 276
Sicherungsmaßnahmen für vorhandene Bauwerksteile	20.000,00	211
Abbruch von vorhandenen Bauwerksteilen	40.000,00	212
Sanieren kontaminierter Böden	10.000,00	213
Baugrubenaushub und Baugrubenumschließung	60.000,00	311
Baugrubenwasserhaltungsmaßnahmen	10.000,00	313
Flachgründungsmaßnahmen	10.000,00	322
Bodenplatte	50.000,00	324
Bauwerksabdichtung	20.000,00	326
Drainagen	30.000,00	327
Außenwände, tragend, inkl. Außen- und Innenverkleidungen	500.000,00	331
Außenwände, nicht tragend, inkl. Verkleidungen	200.000,00	332
Innenwände	250.000,00	342
Innentüren	80.000,00	344
Innenwandverkleidungen	150.000,00	345
Deckenbeläge	100.000,00	352
Deckenbekleidungen	200.000,00	353
Dachfenster	100.000,00	362
Dachbeläge	140.000,00	363
Einbauküchen und Einbauregale	100.000,00	371
Abwasserleitungen	80.000,00	411
Wasserleitungen und Sanitärobjekte	40.000,00	412
Heizleitungen	80.000,00	422
Heizkörper	120.000,00	423
Lüftungsanlagen	40.000,00	431
Elektrokabel	80.000,00	444
Einbauleuchten	60.000,00	445
Blitzschutz	20.000,00	446
Türsprechanlage	50.000,00	452
Fernsehanlagen	20.000,00	455
Brandschutzanlagen	10.000,00	456
Personenaufzug	40.000,00	461
Anlage zur Getränkezubereitung	40.000,00	471
Sprinkleranlagen	60.000,00	475
Abfallentsorgungsanlagen	40.000,00	478
Staubsauganlagen	20.000,00	478

Gewerk/Bauleistung/Grobelement	Herstellungskosten in € brutto	KG nach DIN 276
Geländeflächenab- und -auftrag	30.000,00	512
Zufahrten	40.000,00	521
Stellflächen	30.000,00	524
Einfriedungen	10.000,00	531
Spielteich	10.000,00	538
Zufahrtsrampenheizung	15.000,00	544
Kinderspielgeräte und Fahrradständer	10.000,00	551
Pflanzung von Büschen und Raseneinsaat	5.000,00	562
Möbel, Geräte und Vorhänge	40.000,00	611
Schilder und Wegweiser	10.000,00	619
künstlerische Glasarbeiten im Eingangsbereich	30.000,00	622
Summe der Kosten nach Kostenberechnung vom xx.xx.xxxx	**3.100.000,00**	

Im Architektenvertrag vom 11.01.2021 wurde vereinbart, gemäß § 4 Abs. 2 und 3 HOAI folgende weiteren Kostenpositionen bei den anrechenbaren Kosten zu berücksichtigen, die ebenfalls zunächst den maßgeblichen Kostengruppen (KG) nach DIN 276-1:2008-12 wie folgt zuzuordnen sind:

Gewerk/Bauleistung/Grobelement	Kostenansatz in € brutto	KG nach DIN 276
nicht übliche Vergünstigungen durch Bauunternehmer	5.000,00	336
Eigenleistungen des AG (Malerarbeiten an Innenwänden)	40.000,00	345
Einbau vorbeschaffter Innenwandvertäfelung	50.000,00	345
mitverarbeitete vorh. Bausubstanz der Baukonstruktionen	200.000,00	399
mitverarbeitete vorh. Bausubstanz der Technischen Anlagen	50.000,00	499
mitverarbeitete vorh. Teile der Ausstattung	20.000,00	699
Summe zusätzliche Kostenpositionen gem. § 4 Abs. 2 u. 3 HOAI	**365.000,00**	

Nach der Kostengliederungssystematik der DIN 276-1:2008-12 stellen sich die Herstellungskosten nach der leistungsorientierten Kostenberechnung vom xx.xx.xxxx und die zusätzlichen Kostenpositionen gemäß § 4 Abs. 2 und 3 HOAI bereinigt um die Umsatzsteueranteile (USt) von 19 % wie folgt dar:

KG DIN 276/'08	Bezeichnung	brutto €	abzgl. USt.-Anteile in €	netto €
100	Grundstück			
110	Grundstückswert			
120	Grundstücksnebenkosten			
130	Freimachen			
∑ 100	Gesamtsumme Kostengruppe 100			

KG DIN 276/'08	Bezeichnung	brutto €	abzgl. USt.-Anteile in €	netto €
200	**Herrichten und Erschließen**			
210	**Herrichten**			
211	Sicherungsmaßnahmen	20.000,00	3.193,28	16.806,72
212	Abbruchmaßnahmen	40.000,00	6.386,56	33.613,44
213	Altlastenbeseitigung	10.000,00	1.596,64	8.403,36
∑ 210	**Herrichten**	**70.000,00**	**11.176,48**	**58.823,52**
220	**Öffentliche Erschließung**			
230	**Nicht öffentliche Erschließung**			
240	**Ausgleichsabgaben**			
250	**Übergangsmaßnahmen**			
∑ 200	**Gesamtsumme Kostengruppe 200**	**70.000,00**	**11.176,48**	**58.823,52**
300	**Bauwerk – Baukonstruktionen**			
310	**Baugrube**			
311	Baugrubenaushub und -umschließung	60.000,00	9.579,83	50.420,17
313	Baugrubenwasserhaltungsmaßnahmen	10.000,00	1.596,64	8.403,36
∑ 310	**Baugrube**	**70.000,00**	**11.176,47**	**58.823,53**
320	**Gründung**			
322	Flachgründungsmaßnahmen	10.000,00	1.596,64	8.403,36
324	Bodenplatte	50.000,00	7.983,19	42.016,81
326	Bauwerksabdichtung	20.000,00	3.193,28	16.806,72
327	Drainagen	30.000,00	4.789,92	25.210,08
∑ 320	**Gründung**	**110.000,00**	**17.563,03**	**92.436,97**
330	**Außenwände**			
331	Tragende Außenwände, inkl. Verkleidungen	500.000,00	79.831,93	420168,07
332	Nicht tragende Außenwände, inkl. Verkleidung	200.000,00	31.932,77	168.067,23
336	Nicht übliche Vergünstigungen bei Außenwandarbeiten	5.000,00	798,32	4.201,68
∑ 330	**Außenwände**	**705.000,00**	**112.563,03**	**592.436,97**
340	**Innenwände**			
342	Innenwände	250.000,00	39.915,97	210.084,03
344	Innentüren	80.000,00	12.773,11	67.226,89
345	Innenwandverkleidungen	150.000,00	23.949,58	126.050,42
345	Einbau vorbeschaffter Innenwandvertäfelung	50.000,00	7983,19	42.016,81
345	Eigenleistung Malerarbeiten an Innenwänden	40.000,00	6.386,55	33.613,45
∑ 340	**Innenwände**	**570.000,00**	**91.008,40**	**478.991,60**
350	**Decken**			
352	Deckenbeläge	100.000,00	15.966,39	84.033,61
353	Deckenbekleidungen	200.000,00	31.932,77	168.067,23
∑ 350	**Decken**	**300.000,00**	**47.899,16**	**252.100,84**
360	**Dächer**			
362	Dachfenster	100.000,00	15.966,39	84.033,61
363	Dachbeläge	140.000,00	22.352,94	117.647,06
∑ 360	**Dächer**	**240.000,00**	**38.319,33**	**201.680,67**
370	**Baukonstruktive Einbauten**			
371	Einbauküchen und Einbauregale	100.000,00	15.966,39	84.033,61
∑ 370	**Baukonstruktive Einbauten**	**100.000,00**	**15.966,39**	**84.033,61**
390	**Sonst. Maßnahmen für Baukonstruktionen**			
399	Mitverarbeitete vorh. Bausubstanz	200.000,00	31.932,77	168.067,23
∑ 390	**Sonst. Maßnahmen für Baukonstruktionen**	**200.000,00**	**31.932,77**	**168.067,23**
∑ 300	**Gesamtsumme Kostengruppe 300**	**2.295.000,00**	**366.428,57**	**1.928.571,43**

KG DIN 276/'08	Bezeichnung	brutto €	abzgl. USt.-Anteile in €	netto €
400	**Bauwerk – Technische Anlagen**			
410	**Abwasser-, Wasser-, Gasanlagen**			
411	Abwasserleitungen	80.000,00	12.773,11	67.226,89
412	Wasserleitungen und Sanitärobjekte	40.000,00	6.386,56	33.613,44
∑ 410	**Abwasser-, Wasser-, Gasanlagen**	**120.000,00**	**19.159,67**	**100.840,33**
420	**Wärmeversorgungsanlagen**			
422	Heizleitungen	80.000,00	12.773,11	67.226,89
423	Heizkörper	120.000,00	19.159,66	100.840,34
∑ 420	**Wärmeversorgungsanlagen**	**200.000,00**	**31.932,77**	**168.067,23**
430	**Lufttechnische Anlagen**			
431	Lüftungsanlagen	40.000,00	6.386,56	33.613,44
∑ 430	**Lufttechnische Anlagen**	**40.000,00**	**6.386,56**	**33.613,44**
440	**Starkstromanlagen**			
444	Elektrokabel	80.000,00	12.773,11	67.226,89
445	Einbauleuchten	60.000,00	9.579,83	50.420,17
446	Blitzschutz	20.000,00	3.193,28	16.806,72
∑ 440	**Starkstromanlagen**	**160.000,00**	**25.546,22**	**134.453,78**
450	**Fernmelde- u. informationstechnische Anlagen**			
452	Türsprechanlage	50.000,00	7.983,19	42.016,81
455	Fernsehanlagen	20.000,00	3.193,28	16.806,72
456	Brandschutzanlage	10.000,00	1.596,64	8.403,36
∑ 450	**Fernmelde- u. informationstechnische Anlagen**	**80.000,00**	**12.773,11**	**67.226,89**
460	**Förderanlagen**			
461	Personenaufzug	40.000,00	6.386,56	33.613,44
∑ 460	**Förderanlagen**	**40.000,00**	**6.386,56**	**33.613,44**
470	**Nutzungsspezifische Anlagen**			
471	Anlage zur Getränkezubereitung	40.000,00	6.386,56	33.613,44
475	Sprinkleranlage	60.000,00	9.579,83	50.420,17
478	Abfallentsorgungsanlage	40.000,00	6.386,56	33.613,44
478	Staubsauganlage	20.000,00	3.193,28	16.806,72
∑ 470	**Nutzungsspezifische Anlagen**	**160.000,00**	**25.546,23**	**134.453,77**
480	**Gebäudeautomation**			
490	**Sonst. Maßnahmen für technische Anlagen**			
499	Mitverarbeitete Bausubstanz der technischen Anlagen	50.000,00	7.983,19	42.016,81
∑ 490	**Sonst. Maßnahmen für technische Anlagen**	**50.000,00**	**7.983,19**	**42.016,81**
∑ 400	**Gesamtsumme Kostengruppe 400**	**850.000,00**	**135.714,29**	**714.285,71**
500	**Außenanlagen**			
510	**Geländeflächen**			
512	Geländeflächenab- und -auftrag	30.000,00	4.789,92	25.210,08
∑ 510	**Geländeflächen**	**30.000,00**	**4.789,92**	**25.210,08**
520	**Befestigte Flächen**			
521	Zufahrten	40.000,00	6.386,56	33.613,44
524	Stellflächen	30.000,00	4.789,92	25.210,08
∑ 520	**Befestigte Flächen**	**70.000,00**	**11.176,48**	**58.823,52**
530	**Baukonstruktionen in Außenanlagen**			
531	Einfriedungen	10.000,00	1.596,64	8.403,36
538	Spielteich	10.000,00	1.596,64	8.403,36
∑ 530	**Baukonstruktionen in Außenanlagen**	**20.000,00**	**3.193,28**	**16.806,72**
540	**Technische Anlagen in Außenanlagen**			
544	Zufahrtsrampenheizung	15.000,00	2.394,96	12.605,04
∑ 540	**Technische Anlagen in Außenanlagen**	**15.000,00**	**2.394,96**	**12.605,04**
550	**Einbauten in Außenanlagen**			
551	Kinderspielgeräte und Fahrradständer	10.000,00	1.596,64	8.403,36
∑ 550	**Einbauten in Außenanlagen**	**10.000,00**	**1.596,64**	**8.403,36**

KG DIN 276/'08	Bezeichnung	brutto €	abzgl. USt.-Anteile in €	netto €
560	**Wasserflächen**			
562	Pflanzung von Büschen und Raseneinsaat	5.000,00	798,32	4.201,68
∑ 560	**Wasserflächen**	**5.000,00**	**798,32**	**4.201,68**
570	**Pflanz- und Saatflächen**			
590	**Sonstige Maßnahmen für Außenanlagen**			
∑ 500	**Gesamtsumme Kostengruppe 500**	**150.000,00**	**23.949,58**	**126.050,42**
600	**Ausstattung und Kunstwerke**			
610	**Ausstattung**			
611	Möbel, Geräte und Vorhänge	40.000,00	6.386,56	33.613,44
619	Schilder und Wegweiser	10.000,00	1.596,64	8.403,36
∑ 610	**Ausstattung**	**50.000,00**	**7.983,20**	**42.016,80**
620	**Kunstwerke**			
622	Künstlerische Glasarbeiten im Eingangsbereich	30.000,00	4.789,92	25.210,08
∑ 620	**Kunstwerke**	**30.000,00**	**4.789,92**	**25.210,08**
690	**Sonstige Maßnahmen der Ausstattung**			
699	Mitverarbeitete vorhandene Teile der Ausstattung	20.000,00	3.193,28	16.806,72
∑ 690	**Sonstige Maßnahmen der Ausstattung**	**20.000,00**	**3.193,28**	**16.806,72**
∑ 600	**Gesamtsumme Kostengruppe 600**	**100.000,00**	**15.966,39**	**84.033,61**
700	**Baunebenkosten**			
710	Bauherrenaufgaben			
720	Vorbereitung der Objektplanung			
730	Architekten- und Ingenieurleistungen			
740	Gutachten und Beratung			
750	Kunst			
760	Finanzierung			
770	Allgemeine Baunebenkosten			
790	Sonstige Baunebenkosten			
∑ 700	**Gesamtsumme Kostengruppe 700**			
∑	**Kostengruppen 100 bis 700**	**3.465.000,00**	**553.235,31**	**2.911.764,70**

Gebäude:

Aus § 33 HOAI ergibt sich direkt und/oder indirekt, welche Kosten unter welchen Bedingungen als Bemessungsgrundlage für das Honorar für die Gebäudeplanung **anrechenbar** sind. Dabei sind verschiedene Kosten auf unterschiedliche Art und Weise anrechenbar. Es gibt Kosten, die

A: **immer** und **immer voll** anrechenbar sind,
B: **immer**, aber **nicht immer voll**, sondern **ggf. gemindert** anrechenbar sind,
C: **leistungsabhängig bedingt** anrechenbar sind, aber wenn ja, dann **voll**,
D: **unter bestimmten Voraussetzungen voll** oder **nicht** anrechenbar sind,
E: nicht direkt anfallen, aber unter Umständen **als fiktive Kosten** anrechenbar sind, und
F: **grundsätzlich nicht** anrechenbar sind,

und die sich, bezogen auf die Kostengruppen der DIN 276-1:2008-12, wie folgt darstellen lassen:

HOAI		KG	Bezeichnung	wie anrechenbar
	F	100	Grundstück	grundsätzlich nicht
§ 33 Abs. 3	C	210	Herrichten	bedingt, aber wenn ja, dann voll
	F	220	Öffentliche Erschließung	grundsätzlich nicht
§ 33 Abs. 3	C	230	Nichtöffentliche Erschließung	leistungsabhängig bedingt, aber wenn ja, voll
	F	240	Ausgleichsabgaben	grundsätzlich nicht
	F	250	Übergangsmaßnahmen	grundsätzlich nicht
§ 33 Abs. 1	A	300	Baukonstruktion	immer, und immer: voll
§ 33 Abs. 2	B	400	Technische Anlagen	immer, aber ggf. voll, ggf. gemindert
§ 37 Abs. 1	D	500	Außenanlagen	wenn < 7.500 €: ja, wenn ≥ 7.500 €: nein
§ 33 Abs. 3	C	610	Ausstattung	bedingt, aber wenn ja, dann voll
§ 33 Abs. 3	C	620	Kunstwerke	bedingt, aber wenn ja, dann voll
	F	700	Baunebenkosten	grundsätzlich nicht
§ 4 Abs. 1	F		Umsatzsteueranteile	grundsätzlich nicht

Aus § 4 Abs. 2 und 3 HOAI ergibt sich, dass **ortsübliche Preise bzw. objektbezogen ermittelte Kosten** u. U. in die Bemessungsgrundlage des Architektenhonorars einzubeziehen sind, sofern

§ 4 Abs. 2 Satz 1	E	der Auftraggeber selbst Lieferungen oder Leistungen übernimmt,
§ 4 Abs. 2 Satz 2	E	der Auftraggeber von bauausführenden Unternehmen/Lieferanten sonst nicht übliche Vergünstigungen erhält,
§ 4 Abs. 2 Satz 3	E	der Auftraggeber Lieferungen und Leistungen in Gegenrechnung ausführt,
§ 4 Abs. 2 Satz 4	E	der Auftraggeber vorhandene oder vorbeschaffte Baustoffe oder Bauteile einbauen lässt oder
§ 4 Abs. 3	E	vorhandene Bausubstanz mitzuverarbeiten ist.

Somit sind im vorliegenden Fall folgende Kosten für die Honorarbemessung für die **Gebäudeplanung** anrechenbar:

KG	anrechenbar	Kostenbeträge in € netto	anrechenbare Kosten in € netto
A + E	**voll anrechenbar** i. S. d. § 33 Abs. 1 HOAI		
300	**Baukonstruktionen**		
300	Baukonstruktionen	1.680.672,40	
336	Nicht übliche Vergünstigungen bei Außenwandarbeiten	4.201,68	
345	Einbau vorbeschaffter Innenwandvertäfelung	42.016,81	
345	Eigenleistung Malerarbeiten an Innenwänden	33.613,45	
399	Mitverarbeitete vorh. Bausubstanz der Baukonstruktionen	168.067,23	
∑ 300		**1.928.571,43**	**1.928.571,43**
C + E	**bedingt anrechenbar** i. S. d. § 33 Abs. 3 HOAI		
210	**Herrichten**		
211	Sicherungsmaßnahmen: geplant, voll	16.806,72	
212	Abbruchmaßnahmen: Ausführung überwacht, voll	33.613,44	
213	Altlastenbeseitigung: Ausführung überwacht, voll	8.403,36	
∑ 210		**58.823,52**	**58.823,52**
230	**Nichtöffentliche Erschließung**		
∑ 230		0,00	
600	**Ausstattung und Kunstwerke**		
610	Ausstattung neu: bei Beschaffung mitgewirkt, voll	42.016,81	
620	Kunstwerke neu: Einbau fachlich überwacht, voll	25.210,08	
690	Mitverarbeitete vorhandene Teile der Ausstattung, voll	16.806,72	
∑ 600		**84.033,61**	**84.033,61**
D	**u. U. anrechenbar** i. S. d. § 37 Abs. 1 HOAI		
500	**Außenanlagen**		
500	Außenanlagen	126.050,42	
∑ 500		**126.050,42**	
	hier **nicht anrechenbar** gemäß § 37 Abs. 1 HOAI, da die Außenanlagenkosten mit 126.050,42 € den Kostenwert von 7.500 € übersteigen		
∑ A, C, D, E	**sonstige anrechenbare Kosten** i. S. d. § 33 Abs. 2 HOAI		**2.071.428,56**
B + E	**ggf. vermindert anrechenbar** i. S. d. § 33 Abs. 2 HOAI		
400	**Technische Anlagen**		
400	Technische Anlagen	672.268,90	
499	Mitverarbeitete vorh. Bausubstanz der technischen Anlagen	42.016,81	
∑ 400		**714.285,71**	
	gemindert anrechenbar gemäß § 33 Abs. 2 HOAI, da die Summe von 714.285,71 € die 25-%-Marke der sonstigen anrechenbaren Kosten in Höhe von 2.071.428,56 € übersteigt; somit erfolgt folgende Minderung: voll anrechenbar bis 25 % von 2.071.428,56 € = zzgl. 50 % des übersteigenden Betrags, berechnet wie folgt: 714.285,71 € – 517.857,14 € = 196.428,57 € × 50 % =		**517.857,14** **98.214,29**
∑ B + E	**geminderte anrechenbare Kosten** i. S. d. § 33 Abs. 2 HOAI		**616.071,43**
∑ A–E	**anrechenbare Kosten Gebäude**		**2.687.499,99**

Freianlagen:

Bei der **Freianlagenplanung** ergibt sich aus § 38 HOAI direkt und/oder indirekt, welche Kosten unter welchen Bedingungen **anrechenbar** sind. Es gibt Kosten, die

A: **immer** und immer **voll** anrechenbar sind,
B: **bedingt** anrechenbar sind, aber wenn ja, dann **voll**,
C: nicht direkt anfallen, aber **als fiktive Kosten** anrechenbar sind, und
D: grundsätzlich **nicht** anrechenbar sind,

und die sich, bezogen auf die Kostengruppen der DIN 276-1:2008-12, wie folgt darstellen lassen:

HOAI		KG	Bezeichnung	wie anrechenbar
	D	100	Grundstück	grundsätzlich nicht
§ 38 Abs. 2	B	210	Herrichten	bedingt, aber wenn ja, dann voll
	D	220	Öffentliche Erschließung	grundsätzlich nicht
§ 38 Abs. 2	B	230	Nichtöffentliche Erschließung	bedingt, aber wenn ja, voll
	D	240	Ausgleichsabgaben	grundsätzlich nicht
	D	250	Übergangsmaßnahmen	grundsätzlich nicht
§ 38 Abs. 1	D	300	Baukonstruktion	grundsätzlich nicht (herrschende Meinung)
§ 38 Abs. 1	D	400	Technische Anlagen	grundsätzlich nicht (herrschende Meinung)
§ 38 Abs. 1	A	500	Außenanlagen	immer voll
§ 38 Abs. 2	B	610	Ausstattung	bedingt, aber wenn ja, dann voll
§ 38 Abs. 2	B	620	Kunstwerke	bedingt, aber wenn ja, dann voll
	D	700	Baunebenkosten	grundsätzlich nicht
§ 4 Abs. 1	D		Umsatzsteueranteile	grundsätzlich nicht

Aus § 4 Abs. 2 und 3 HOAI ergibt sich, dass **ortsübliche Preise bzw. objektbezogen ermittelte Kosten** u. U. in die Bemessungsgrundlage des Architektenhonorars einzubeziehen sind, sofern

§ 4 Abs. 2 Satz 1	C	der Auftraggeber selbst Lieferungen oder Leistungen übernimmt,
§ 4 Abs. 2 Satz 2	C	der Auftraggeber von bauausführenden Unternehmen/Lieferanten sonst nicht übliche Vergünstigungen erhält,
§ 4 Abs. 2 Satz 3	C	der Auftraggeber Lieferungen und Leistungen in Gegenrechnung ausführt,
§ 4 Abs. 2 Satz 4	C	der Auftraggeber vorhandene oder vorbeschaffte Baustoffe oder Bauteile einbauen lässt oder
§ 4 Abs. 3	C	vorhandene Bausubstanz mitzuverarbeiten ist.

Somit sind im vorliegenden Fall folgende Kosten für die Honorarbemessung für die **Freianlagenplanung** anrechenbar:

KG	anrechenbar	Kostenbeträge in € netto	anrechenbare Kosten in € netto
A + C	**voll anrechenbar** i. S. d. § 38 Abs. 1 HOAI		
500	**Außenanlagen**		
500	Außenanlagen	126.050,42	
∑ 500		**126.050,42**	**126.050,42**
B + C	**bedingt anrechenbar** i. S. d. § 38 Abs. 2 HOAI		
210	**Herrichten**		
∑ 210			
230	**Nichtöffentliche Erschließung**		
∑ 230			
600	**Ausstattung und Kunstwerke**		
610	Ausstattung		
620	Kunstwerke		
∑ 600			
∑ A–C	**Anrechenbare Kosten Freianlagen**		**126.050,42**

2.4 Umbauzuschlag

Vorliegend wurde im schriftlichen Architektenvertrag vom 11.01.2021 ein Umbauzuschlag für das **Gebäude** und für die **Freianlagen** von jeweils **25 %** des Nettohonorars vereinbart.

2.5 Nebenkosten

Vorliegend wurde im schriftlichen Architektenvertrag vom 11.01.2021 eine Nebenkostenpauschale in Höhe von **5 %** des Nettohonorars vereinbart.

2.6 Umsatzsteuer

Gemäß § 16 Abs. 1 HOAI hat der Auftragnehmer Anspruch auf Ersatz der gesetzlich geschuldeten Umsatzsteuer.

Die Höhe des zu berücksichtigenden Umsatzsteuersatzes hängt von dem Zeitpunkt der Leistungserbringung ab, d. h. dem Zeitpunkt der frühestmöglichen Rechnungsstellung, unabhängig von dem Zeitpunkt der tatsächlichen Rechnungsstellung. Dieser Zeitpunkt ist bei einem Werkvertrag grundsätzlich erst mit der vollständigen Erfüllung der vertraglich geschuldeten Leistung oder bei der Beendigung des Vertragsverhältnisses gegeben. Der derzeit geltende Umsatzsteuersatz liegt bei **19 %**.

3 Honorarberechnung und Interpolation

Gebäude:

Die Honorartafel des § 35 HOAI weist für anrechenbare Kosten zwischen 25.000,00 € und 25.000.000,00 € für die fünf Honorarzonen jeweils den Basishonorarsatz und den oberen Honorarsatz als Orientierungswerte für einen Vollauftrag aus.

Das Honorar für den **Mittelsatz** ergibt sich wie folgt:

Basishonorarsatz + 50 % aus der Differenz von oberem Honorarsatz und Basishonorarsatz.

So ergeben sich aus den Tafelwerten in § 35 Abs. 1 HOAI bei der Honorarzone IV und anrechenbaren Kosten von 2.000.000,00 € bzw. 3.000.000,00 € jeweils Mittelsätze in Höhe von:

anrechenbare Kosten	Berechnung des Mittelsatzhonorars
2.000.000,00 €	267.034,00 € + (300.714,00 € – 267.034,00 €) × 50 % = **283.874,00 €**
3.000.000,00 €	381.843,00 € + (430.003,00 € – 381.843,00 €) × 50 % = **405.923,00 €**

Das Honorar für Zwischenstufen der Tabellenwerte der anrechenbaren Kosten errechnet sich durch Interpolation wie folgt:

? €	=	**a + (b × c) : d**
? €	=	gesuchtes Honorar
a	=	Honorar des nächstniedrigeren Wertes der anrechenbaren Kosten
b	=	Differenz der Honorare für die nächsthöheren und nächstniedrigeren anrechenbaren Kosten
c	=	Differenz zwischen den tatsächlich anrechenbaren Kosten und dem nächstniedrigeren Wert der anrechenbaren Kosten
d	=	Differenz der in der Tabelle nacheinander genannten anrechenbaren Kosten

Demnach ergibt sich die in der Rechnung dargestellte Honorarberechnung für anrechenbare Kosten nach der Kostenberechnung vom xx.xx.xxxx in Höhe von **2.687.499,99 €** wie folgt:

$$\underbrace{283.874{,}00}_{a} + \frac{\underbrace{(405.923{,}00 - 283.874{,}00)}_{b} \times \underbrace{(2.687.499{,}99 - 2.000.000{,}00)}_{c}}{\underbrace{3.000.000{,}00 - 2.000.000{,}00}_{d}} = \underbrace{367.782{,}69\ €}_{?\ €}$$

Freianlagen:

Die Honorartafel des § 40 HOAI weist für anrechenbare Kosten zwischen 20.000,00 € und 1.500.000,00 € für die fünf Honorarzonen jeweils den Basishonorarsatz und den oberen Honorarsatz als Orientierungswerte für einen Vollauftrag aus.

Das Honorar für den **Viertelsatz** ergibt sich wie folgt:

Basishonorarsatz + 25 % aus der Differenz von oberem Honorarsatz und Basishonorarsatz.

So ergeben sich aus den Tafelwerten in § 40 Abs. 1 HOAI bei der Honorarzone III und anrechenbaren Kosten von 125.000,00 € bzw. 150.000,00 € jeweils Viertelsätze in Höhe von:

anrechenbare Kosten	**Berechnung des Viertelsatzhonorars**
125.000,00 €	24.855,00 € + (30.999,00 € – 24.855,00 €) × 25 % = **26.391,00 €**
150.000,00 €	28.998,00 € + (36.166,00 € – 28.998,00 €) × 25 % = **30.790,00 €**

Demnach ergibt sich die in der Rechnung dargestellte Honorarberechnung für anrechenbare Kosten nach der Kostenberechnung vom xx.xx.xxxx in Höhe von **126.050,42 €** wie folgt:

$$\overbrace{26.391{,}00}^{a} + \frac{\overbrace{(30.790{,}00 - 26.790{,}00)}^{b} \times \overbrace{(126.050{,}42 - 125.000{,}00)}^{c}}{\underbrace{150.000{,}00 - 125.000{,}00}_{d}} = \overbrace{26.575{,}84\ €}^{?\ €}$$

E Interpolierte Honorartafeln

Interpolationstabelle zu § 20: Flächennutzungspläne E1

Honorartafel zu § 20 Absatz 1 – Flächennutzungsplan						
Fläche	Honorarzone I		Honorarzone II		Honorarzone III	
	von	bis	von	bis	von	bis
in Hektar	Euro	Euro	Euro	Euro	Euro	Euro
1.000	70.439	85.269	85.269	100.098	100.098	114.927
1.050	72.143	87.331	87.331	102.519	102.519	117.706
1.100	73.846	89.393	89.393	104.940	104.940	120.486
1.150	75.550	91.455	91.455	107.360	107.360	123.265
1.200	77.253	93.517	93.517	109.781	109.781	126.045
1.250	78.957	95.579	95.579	112.202	112.202	128.824
1.300	80.464	97.403	97.403	114.343	114.343	131.283
1.350	81.971	99.227	99.227	116.485	116.485	133.742
1.400	83.478	101.052	101.052	118.626	118.626	136.200
1.450	84.985	102.876	102.876	120.768	120.768	138.659
1.500	86.492	104.700	104.700	122.909	122.909	141.118
1.550	87.846	106.339	106.339	124.833	124.833	143.327
1.600	89.199	107.978	107.978	126.756	126.756	145.535
1.650	90.553	109.616	109.616	128.680	128.680	147.744
1.700	91.906	111.255	111.255	130.603	130.603	149.952
1.750	93.260	112.894	112.894	132.527	132.527	152.161
1.800	94.489	114.382	114.382	134.274	134.274	154.167
1.850	95.719	115.870	115.870	136.021	136.021	156.173
1.900	96.948	117.358	117.358	137.768	137.768	158.178
1.950	98.178	118.846	118.846	139.515	139.515	160.184
2.000	99.407	120.334	120.334	141.262	141.262	162.190
2.050	100.597	121.775	121.775	142.954	142.954	164.132
2.100	101.788	123.216	123.216	144.645	144.645	166.074
2.150	102.978	124.657	124.657	146.337	146.337	168.017
2.200	104.169	126.098	126.098	148.028	148.028	169.959
2.250	105.359	127.540	127.540	149.720	149.720	171.901
2.300	106.549	128.981	128.981	151.412	151.412	173.843
2.350	107.740	130.422	130.422	153.103	153.103	175.785
2.400	108.930	131.863	131.863	154.795	154.795	177.728
2.450	110.121	133.304	133.304	156.486	156.486	179.670

Honorartafel zu § 20 Absatz 1 – Flächennutzungsplan						
Fläche	Honorarzone I		Honorarzone II		Honorarzone III	
	von	bis	von	bis	von	bis
in Hektar	Euro	Euro	Euro	Euro	Euro	Euro
2.500	111.311	134.745	134.745	158.178	158.178	181.612
2.550	112.367	136.023	136.023	159.678	159.678	183.335
2.600	113.422	137.301	137.301	161.179	161.179	185.057
2.650	114.478	138.579	138.579	162.679	162.679	186.780
2.700	115.534	139.857	139.857	164.179	164.179	188.502
2.750	116.590	141.135	141.135	165.680	165.680	190.225
2.800	117.645	142.413	142.413	167.180	167.180	191.948
2.850	118.701	143.691	143.691	168.680	168.680	193.670
2.900	119.757	144.969	144.969	170.180	170.180	195.393
2.950	120.812	146.247	146.247	171.681	171.681	197.115
3.000	121.868	147.525	147.525	173.181	173.181	198.838
3.050	122.820	148.677	148.677	174.534	174.534	200.391
3.100	123.772	149.829	149.829	175.886	175.886	201.944
3.150	124.724	150.982	150.982	177.239	177.239	203.497
3.200	125.676	152.134	152.134	178.591	178.591	205.050
3.250	126.628	153.286	153.286	179.944	179.944	206.603
3.300	127.579	154.438	154.438	181.297	181.297	208.155
3.350	128.531	155.590	155.590	182.649	182.649	209.708
3.400	129.483	156.743	156.743	184.002	184.002	211.261
3.450	130.435	157.895	157.895	185.354	185.354	212.814
3.500	131.387	159.047	159.047	186.707	186.707	214.367
3.550	132.255	160.098	160.098	187.941	187.941	215.784
3.600	133.123	161.149	161.149	189.175	189.175	217.200
3.650	133.992	162.200	162.200	190.408	190.408	218.617
3.700	134.860	163.251	163.251	191.642	191.642	220.033
3.750	135.728	164.302	164.302	192.876	192.876	221.450
3.800	136.596	165.353	165.353	194.110	194.110	222.867
3.850	137.464	166.404	166.404	195.344	195.344	224.283
3.900	138.333	167.455	167.455	196.577	196.577	225.700
3.950	139.201	168.506	168.506	197.811	197.811	227.116
4.000	140.069	169.557	169.557	199.045	199.045	228.533
4.050	140.839	170.489	170.489	200.139	200.139	229.789
4.100	141.608	171.420	171.420	201.232	201.232	231.044
4.150	142.378	172.352	172.352	202.326	202.326	232.300
4.200	143.147	173.284	173.284	203.420	203.420	233.556
4.250	143.917	174.215	174.215	204.513	204.513	234.812
4.300	144.687	175.147	175.147	205.607	205.607	236.067
4.350	145.456	176.079	176.079	206.701	206.701	237.323
4.400	146.226	177.010	177.010	207.794	207.794	238.579
4.450	146.995	177.942	177.942	208.888	208.888	239.834
4.500	147.765	178.874	178.874	209.982	209.982	241.090
4.550	148.535	179.805	179.805	211.075	211.075	242.346
4.600	149.304	180.737	180.737	212.169	212.169	243.601
4.650	150.074	181.668	181.668	213.262	213.262	244.857
4.700	150.843	182.600	182.600	214.356	214.356	246.113

Honorartafel zu § 20 Absatz 1 – Flächennutzungsplan						
Fläche	Honorarzone I von	bis	Honorarzone II von	bis	Honorarzone III von	bis
in Hektar	Euro	Euro	Euro	Euro	Euro	Euro
4.750	151.613	183.532	183.532	215.450	215.450	247.369
4.800	152.383	184.463	184.463	216.543	216.543	248.624
4.850	153.152	185.395	185.395	217.637	217.637	249.880
4.900	153.922	186.327	186.327	218.731	218.731	251.136
4.950	154.691	187.258	187.258	219.824	219.824	252.391
5.000	155.461	188.190	188.190	220.918	220.918	253.647
5.050	156.129	188.998	188.998	221.867	221.867	254.736
5.100	156.796	189.806	189.806	222.815	222.815	255.825
5.150	157.464	190.614	190.614	223.764	223.764	256.915
5.200	158.131	191.422	191.422	224.713	224.713	258.004
5.250	158.799	192.231	192.231	225.662	225.662	259.093
5.300	159.467	193.039	193.039	226.610	226.610	260.182
5.350	160.134	193.847	193.847	227.559	227.559	261.271
5.400	160.802	194.655	194.655	228.508	228.508	262.361
5.450	161.469	195.463	195.463	229.456	229.456	263.450
5.500	162.137	196.271	196.271	230.405	230.405	264.539
5.550	162.805	197.079	197.079	231.354	231.354	265.628
5.600	163.472	197.887	197.887	232.302	232.302	266.717
5.650	164.140	198.695	198.695	233.251	233.251	267.807
5.700	164.807	199.503	199.503	234.200	234.200	268.896
5.750	165.475	200.312	200.312	235.149	235.149	269.985
5.800	166.143	201.120	201.120	236.097	236.097	271.074
5.850	166.810	201.928	201.928	237.046	237.046	272.163
5.900	167.478	202.736	202.736	237.995	237.995	273.253
5.950	168.145	203.544	203.544	238.943	238.943	274.342
6.000	168.813	204.352	204.352	239.892	239.892	275.431
6.050	169.402	205.065	205.065	240.729	240.729	276.392
6.100	169.991	205.778	205.778	241.565	241.565	277.352
6.150	170.579	206.490	206.490	242.402	242.402	278.313
6.200	171.168	207.203	207.203	243.239	243.239	279.274
6.250	171.757	207.916	207.916	244.076	244.076	280.235
6.300	172.346	208.629	208.629	244.912	244.912	281.195
6.350	172.935	209.341	209.341	245.749	245.749	282.156
6.400	173.523	210.054	210.054	246.586	246.586	283.117
6.450	174.112	210.767	210.767	247.422	247.422	284.077
6.500	174.701	211.480	211.480	248.259	248.259	285.038
6.550	175.290	212.192	212.192	249.096	249.096	285.999
6.600	175.879	212.905	212.905	249.932	249.932	286.959
6.650	176.467	213.618	213.618	250.769	250.769	287.920
6.700	177.056	214.331	214.331	251.606	251.606	288.881
6.750	177.645	215.043	215.043	252.443	252.443	289.842
6.800	178.234	215.756	215.756	253.279	253.279	290.802
6.850	178.823	216.469	216.469	254.116	254.116	291.763
6.900	179.411	217.182	217.182	254.953	254.953	292.724
6.950	180.000	217.894	217.894	255.789	255.789	293.684

Honorartafel zu § 20 Absatz 1 – Flächennutzungsplan						
Fläche	Honorarzone I		Honorarzone II		Honorarzone III	
	von	bis	von	bis	von	bis
in Hektar	Euro	Euro	Euro	Euro	Euro	Euro
7.000	180.589	218.607	218.607	256.626	256.626	294.645
7.050	181.114	219.243	219.243	257.373	257.373	295.502
7.100	181.640	219.879	219.879	258.119	258.119	296.360
7.150	182.165	220.515	220.515	258.866	258.866	297.217
7.200	182.691	221.151	221.151	259.613	259.613	298.074
7.250	183.216	221.787	221.787	260.359	260.359	298.931
7.300	183.741	222.423	222.423	261.106	261.106	299.789
7.350	184.267	223.059	223.059	261.853	261.853	300.646
7.400	184.792	223.695	223.695	262.599	262.599	301.503
7.450	185.318	224.331	224.331	263.346	263.346	302.360
7.500	185.843	224.968	224.968	264.093	264.093	303.218
7.550	186.368	225.604	225.604	264.839	264.839	304.075
7.600	186.894	226.240	226.240	265.586	265.586	304.932
7.650	187.419	226.876	226.876	266.332	266.332	305.789
7.700	187.945	227.512	227.512	267.079	267.079	306.647
7.750	188.470	228.148	228.148	267.826	267.826	307.504
7.800	188.995	228.784	228.784	268.572	268.572	308.361
7.850	189.521	229.420	229.420	269.319	269.319	309.218
7.900	190.046	230.056	230.056	270.066	270.066	310.076
7.950	190.572	230.692	230.692	270.812	270.812	310.933
8.000	191.097	231.328	231.328	271.559	271.559	311.790
8.050	191.570	231.901	231.901	272.231	272.231	312.562
8.100	192.043	232.473	232.473	272.903	272.903	313.333
8.150	192.516	233.046	233.046	273.575	273.575	314.105
8.200	192.989	233.618	233.618	274.247	274.247	314.877
8.250	193.462	234.191	234.191	274.920	274.920	315.649
8.300	193.935	234.763	234.763	275.592	275.592	316.420
8.350	194.408	235.336	235.336	276.264	276.264	317.192
8.400	194.881	235.908	235.908	276.936	276.936	317.964
8.450	195.354	236.481	236.481	277.608	277.608	318.735
8.500	195.827	237.054	237.054	278.280	278.280	319.507
8.550	196.299	237.626	237.626	278.952	278.952	320.279
8.600	196.772	238.199	238.199	279.624	279.624	321.050
8.650	197.245	238.771	238.771	280.296	280.296	321.822
8.700	197.718	239.344	239.344	280.968	280.968	322.594
8.750	198.191	239.916	239.916	281.641	281.641	323.366
8.800	198.664	240.489	240.489	282.313	282.313	324.137
8.850	199.137	241.061	241.061	282.985	282.985	324.909
8.900	199.610	241.634	241.634	283.657	283.657	325.681
8.950	200.083	242.206	242.206	284.329	284.329	326.452
9.000	200.556	242.779	242.779	285.001	285.001	327.224
9.050	200.985	243.298	243.298	285.610	285.610	327.923
9.100	201.413	243.816	243.816	286.219	286.219	328.622
9.150	201.842	244.335	244.335	286.828	286.828	329.321
9.200	202.270	244.854	244.854	287.437	287.437	330.020

Honorartafel zu § 20 Absatz 1 – Flächennutzungsplan						
Fläche	Honorarzone I		Honorarzone II		Honorarzone III	
	von	bis	von	bis	von	bis
in Hektar	Euro	Euro	Euro	Euro	Euro	Euro
9.250	202.699	245.373	245.373	288.046	288.046	330.720
9.300	203.127	245.891	245.891	288.654	288.654	331.419
9.350	203.556	246.410	246.410	289.263	289.263	332.118
9.400	203.984	246.929	246.929	289.872	289.872	332.817
9.450	204.413	247.447	247.447	290.481	290.481	333.516
9.500	204.841	247.966	247.966	291.090	291.090	334.215
9.550	205.270	248.485	248.485	291.699	291.699	334.914
9.600	205.698	249.003	249.003	292.308	292.308	335.613
9.650	206.127	249.522	249.522	292.917	292.917	336.312
9.700	206.555	250.041	250.041	293.526	293.526	337.011
9.750	206.984	250.560	250.560	294.135	294.135	337.711
9.800	207.412	251.078	251.078	294.743	294.743	338.410
9.850	207.841	251.597	251.597	295.352	295.352	339.109
9.900	208.269	252.116	252.116	295.961	295.961	339.808
9.950	208.698	252.634	252.634	296.570	296.570	340.507
10.000	209.126	253.153	253.153	297.179	297.179	341.206
10.100	209.903	254.093	254.093	298.283	298.283	342.473
10.200	210.679	255.033	255.033	299.387	299.387	343.740
10.300	211.456	255.974	255.974	300.490	300.490	345.008
10.400	212.233	256.914	256.914	301.594	301.594	346.275
10.500	213.010	257.854	257.854	302.698	302.698	347.542
10.600	213.786	258.794	258.794	303.802	303.802	348.809
10.700	214.563	259.734	259.734	304.906	304.906	350.076
10.800	215.340	260.675	260.675	306.009	306.009	351.344
10.900	216.116	261.615	261.615	307.113	307.113	352.611
11.000	216.893	262.555	262.555	308.217	308.217	353.878
11.100	217.595	263.405	263.405	309.214	309.214	355.023
11.200	218.297	264.254	264.254	310.212	310.212	356.169
11.300	218.999	265.104	265.104	311.209	311.209	357.314
11.400	219.701	265.954	265.954	312.207	312.207	358.459
11.500	220.403	266.804	266.804	313.204	313.204	359.605
11.600	221.104	267.653	267.653	314.201	314.201	360.750
11.700	221.806	268.503	268.503	315.199	315.199	361.895
11.800	222.508	269.353	269.353	316.196	316.196	363.040
11.900	223.210	270.202	270.202	317.194	317.194	364.186
12.000	223.912	271.052	271.052	318.191	318.191	365.331
12.100	224.554	271.829	271.829	319.103	319.103	366.378
12.200	225.196	272.606	272.606	320.015	320.015	367.426
12.300	225.838	273.383	273.383	320.928	320.928	368.473
12.400	226.480	274.160	274.160	321.840	321.840	369.520
12.500	227.122	274.937	274.937	322.752	322.752	370.568
12.600	227.763	275.714	275.714	323.664	323.664	371.615
12.700	228.405	276.491	276.491	324.576	324.576	372.662
12.800	229.047	277.268	277.268	325.489	325.489	373.709
12.900	229.689	278.045	278.045	326.401	326.401	374.757

Honorartafel zu § 20 Absatz 1 – Flächennutzungsplan						
Fläche	Honorarzone I		Honorarzone II		Honorarzone III	
	von	bis	von	bis	von	bis
in Hektar	Euro	Euro	Euro	Euro	Euro	Euro
13.000	230.331	278.822	278.822	327.313	327.313	375.804
13.100	230.919	279.534	279.534	328.149	328.149	376.764
13.200	231.508	280.246	280.246	328.985	328.985	377.724
13.300	232.096	280.959	280.959	329.821	329.821	378.683
13.400	232.684	281.671	281.671	330.657	330.657	379.643
13.500	233.273	282.383	282.383	331.493	331.493	380.603
13.600	233.861	283.095	283.095	332.329	332.329	381.563
13.700	234.449	283.807	283.807	333.165	333.165	382.523
13.800	235.037	284.520	284.520	334.001	334.001	383.482
13.900	235.626	285.232	285.232	334.837	334.837	384.442
14.000	236.214	285.944	285.944	335.673	335.673	385.402
14.100	236.754	286.598	286.598	336.440	336.440	386.283
14.200	237.294	287.251	287.251	337.208	337.208	387.164
14.300	237.834	287.905	287.905	337.975	337.975	388.045
14.400	238.374	288.558	288.558	338.742	338.742	388.926
14.500	238.914	289.212	289.212	339.510	339.510	389.808
14.600	239.454	289.866	289.866	340.277	340.277	390.689
14.700	239.994	290.519	290.519	341.044	341.044	391.570
14.800	240.534	291.173	291.173	341.811	341.811	392.451
14.900	241.074	291.826	291.826	342.579	342.579	393.332
15.000	241.614	292.480	292.480	343.346	343.346	394.213

Interpolationstabelle zu § 21: Bebauungspläne E2

Honorartafel zu § 21 Absatz 1 – Bebauungsplan						
Fläche	Honorarzone I von	bis	Honorarzone II von	bis	Honorarzone III von	bis
in Hektar	Euro	Euro	Euro	Euro	Euro	Euro
0,5	5.000	5.335	5.335	7.838	7.838	10.341
0,6	5.000	6.028	6.028	8.856	8.856	11.684
0,7	5.000	6.721	6.721	9.873	9.873	13.026
0,8	5.000	7.413	7.413	10.891	10.891	14.369
0,9	5.000	8.106	8.106	11.908	11.908	15.711
1,0	5.000	8.799	8.799	12.926	12.926	17.054
1,1	5.270	9.369	9.369	13.764	13.764	18.160
1,2	5.540	9.940	9.940	14.602	14.602	19.265
1,3	5.810	10.510	10.510	15.440	15.440	20.371
1,4	6.080	11.080	11.080	16.278	16.278	21.476
1,5	6.350	11.651	11.651	17.116	17.116	22.582
1,6	6.619	12.221	12.221	17.953	17.953	23.687
1,7	6.889	12.791	12.791	18.791	18.791	24.793
1,8	7.159	13.361	13.361	19.629	19.629	25.898
1,9	7.429	13.932	13.932	20.467	20.467	27.004
2,0	7.699	14.502	14.502	21.305	21.305	28.109
2,1	7.960	14.993	14.993	22.027	22.027	29.061
2,2	8.220	15.484	15.484	22.748	22.748	30.013
2,3	8.481	15.975	15.975	23.470	23.470	30.965
2,4	8.742	16.466	16.466	24.191	24.191	31.917
2,5	9.003	16.958	16.958	24.913	24.913	32.869
2,6	9.263	17.449	17.449	25.635	25.635	33.820
2,7	9.524	17.940	17.940	26.356	26.356	34.772
2,8	9.785	18.431	18.431	27.078	27.078	35.724
2,9	10.045	18.922	18.922	27.799	27.799	36.676
3,0	10.306	19.413	19.413	28.521	28.521	37.628
3,1	10.542	19.858	19.858	29.175	29.175	38.491
3,2	10.779	20.304	20.304	29.829	29.829	39.354
3,3	11.015	20.749	20.749	30.483	30.483	40.217
3,4	11.251	21.194	21.194	31.137	31.137	41.080
3,5	11.488	21.640	21.640	31.792	31.792	41.943
3,6	11.724	22.085	22.085	32.446	32.446	42.806
3,7	11.960	22.530	22.530	33.100	33.100	43.669
3,8	12.196	22.975	22.975	33.754	33.754	44.532
3,9	12.433	23.421	23.421	34.408	34.408	45.395
4,0	12.669	23.866	23.866	35.062	35.062	46.258
4,1	12.889	24.279	24.279	35.669	35.669	47.059
4,2	13.108	24.693	24.693	36.277	36.277	47.861
4,3	13.328	25.106	25.106	36.884	36.884	48.662

Honorartafel zu § 21 Absatz 1 – Bebauungsplan						
Fläche	Honorarzone I von	bis	Honorarzone II von	bis	Honorarzone III von	bis
in Hektar	Euro	Euro	Euro	Euro	Euro	Euro
4,4	13.547	25.520	25.520	37.491	37.491	49.463
4,5	13.767	25.933	25.933	38.099	38.099	50.265
4,6	13.986	26.346	26.346	38.706	38.706	51.066
4,7	14.206	26.760	26.760	39.313	39.313	51.867
4,8	14.425	27.173	27.173	39.920	39.920	52.668
4,9	14.645	27.587	27.587	40.528	40.528	53.470
5,0	14.864	28.000	28.000	41.135	41.135	54.271
5,1	15.071	28.389	28.389	41.707	41.707	55.026
5,2	15.277	28.779	28.779	42.279	42.279	55.780
5,3	15.484	29.168	29.168	42.851	42.851	56.535
5,4	15.691	29.557	29.557	43.423	43.423	57.290
5,5	15.898	29.947	29.947	43.996	43.996	58.045
5,6	16.104	30.336	30.336	44.568	44.568	58.799
5,7	16.311	30.725	30.725	45.140	45.140	59.554
5,8	16.518	31.114	31.114	45.712	45.712	60.309
5,9	16.724	31.504	31.504	46.284	46.284	61.063
6,0	16.931	31.893	31.893	46.856	46.856	61.818
6,1	17.128	32.263	32.263	47.400	47.400	62.535
6,2	17.324	32.633	32.633	47.944	47.944	63.253
6,3	17.521	33.004	33.004	48.487	48.487	63.970
6,4	17.717	33.374	33.374	49.031	49.031	64.688
6,5	17.914	33.744	33.744	49.575	49.575	65.405
6,6	18.110	34.114	34.114	50.119	50.119	66.122
6,7	18.307	34.484	34.484	50.663	50.663	66.840
6,8	18.503	34.855	34.855	51.206	51.206	67.557
6,9	18.700	35.225	35.225	51.750	51.750	68.275
7,0	18.896	35.595	35.595	52.294	52.294	68.992
7,1	19.084	35.949	35.949	52.814	52.814	69.679
7,2	19.272	36.303	36.303	53.335	53.335	70.365
7,3	19.460	36.658	36.658	53.855	53.855	71.052
7,4	19.648	37.012	37.012	54.375	54.375	71.738
7,5	19.836	37.366	37.366	54.896	54.896	72.425
7,6	20.024	37.720	37.720	55.416	55.416	73.111
7,7	20.212	38.074	38.074	55.936	55.936	73.798
7,8	20.400	38.429	38.429	56.456	56.456	74.484
7,9	20.588	38.783	38.783	56.977	56.977	75.171
8,0	20.776	39.137	39.137	57.497	57.497	75.857
8,1	20.957	39.478	39.478	57.997	57.997	76.517
8,2	21.138	39.818	39.818	58.498	58.498	77.177
8,3	21.318	40.159	40.159	58.998	58.998	77.838
8,4	21.499	40.499	40.499	59.499	59.499	78.498
8,5	21.680	40.840	40.840	59.999	59.999	79.158
8,6	21.861	41.180	41.180	60.499	60.499	79.818
8,7	22.042	41.521	41.521	61.000	61.000	80.478
8,8	22.222	41.861	41.861	61.500	61.500	81.139

Honorartafel zu § 21 Absatz 1 – Bebauungsplan

Fläche	Honorarzone I von	bis	Honorarzone II von	bis	Honorarzone III von	bis
in Hektar	Euro	Euro	Euro	Euro	Euro	Euro
8,9	22.403	42.202	42.202	62.001	62.001	81.799
9,0	22.584	42.542	42.542	62.501	62.501	82.459
9,1	22.759	42.871	42.871	62.984	62.984	83.096
9,2	22.933	43.200	43.200	63.467	63.467	83.733
9,3	23.108	43.528	43.528	63.950	63.950	84.371
9,4	23.282	43.857	43.857	64.433	64.433	85.008
9,5	23.457	44.186	44.186	64.916	64.916	85.645
9,6	23.632	44.515	44.515	65.399	65.399	86.282
9,7	23.806	44.844	44.844	65.882	65.882	86.919
9,8	23.981	45.172	45.172	66.365	66.365	87.557
9,9	24.155	45.501	45.501	66.848	66.848	88.194
10,0	24.330	45.830	45.830	67.331	67.331	88.831
10,1	24.490	46.131	46.131	67.774	67.774	89.415
10,2	24.650	46.432	46.432	68.216	68.216	89.999
10,3	24.810	46.734	46.734	68.659	68.659	90.583
10,4	24.970	47.035	47.035	69.101	69.101	91.167
10,5	25.130	47.336	47.336	69.544	69.544	91.750
10,6	25.289	47.637	47.637	69.986	69.986	92.334
10,7	25.449	47.939	47.939	70.429	70.429	92.918
10,8	25.609	48.240	48.240	70.871	70.871	93.502
10,9	25.769	48.541	48.541	71.314	71.314	94.086
11,0	25.929	48.842	48.842	71.756	71.756	94.670
11,1	26.089	49.144	49.144	72.199	72.199	95.254
11,2	26.249	49.445	49.445	72.641	72.641	95.838
11,3	26.409	49.746	49.746	73.084	73.084	96.421
11,4	26.569	50.047	50.047	73.527	73.527	97.005
11,5	26.729	50.349	50.349	73.969	73.969	97.589
11,6	26.888	50.650	50.650	74.412	74.412	98.173
11,7	27.048	50.951	50.951	74.854	74.854	98.757
11,8	27.208	51.252	51.252	75.297	75.297	99.341
11,9	27.368	51.554	51.554	75.739	75.739	99.925
12,0	27.528	51.855	51.855	76.182	76.182	100.509
12,1	27.688	52.156	52.156	76.624	76.624	101.092
12,2	27.848	52.457	52.457	77.067	77.067	101.676
12,3	28.008	52.759	52.759	77.509	77.509	102.260
12,4	28.168	53.060	53.060	77.952	77.952	102.844
12,5	28.328	53.361	53.361	78.395	78.395	103.428
12,6	28.487	53.662	53.662	78.837	78.837	104.012
12,7	28.647	53.963	53.963	79.280	79.280	104.596
12,8	28.807	54.265	54.265	79.722	79.722	105.180
12,9	28.967	54.566	54.566	80.165	80.165	105.764
13,0	29.127	54.867	54.867	80.607	80.607	106.347
13,1	29.287	55.168	55.168	81.050	81.050	106.931
13,2	29.447	55.470	55.470	81.492	81.492	107.515
13,3	29.607	55.771	55.771	81.935	81.935	108.099

Honorartafel zu § 21 Absatz 1 – Bebauungsplan						
Fläche	Honorarzone I		Honorarzone II		Honorarzone III	
	von	bis	von	bis	von	bis
in Hektar	Euro	Euro	Euro	Euro	Euro	Euro
13,4	29.767	56.072	56.072	82.377	82.377	108.683
13,5	29.927	56.373	56.373	82.820	82.820	109.267
13,6	30.086	56.675	56.675	83.262	83.262	109.851
13,7	30.246	56.976	56.976	83.705	83.705	110.435
13,8	30.406	57.277	57.277	84.148	84.148	111.018
13,9	30.566	57.578	57.578	84.590	84.590	111.602
14,0	30.726	57.880	57.880	85.033	85.033	112.186
14,1	30.886	58.181	58.181	85.475	85.475	112.770
14,2	31.046	58.482	58.482	85.918	85.918	113.354
14,3	31.206	58.783	58.783	86.360	86.360	113.938
14,4	31.366	59.085	59.085	86.803	86.803	114.522
14,5	31.526	59.386	59.386	87.245	87.245	115.106
14,6	31.685	59.687	59.687	87.688	87.688	115.689
14,7	31.845	59.988	59.988	88.130	88.130	116.273
14,8	32.005	60.290	60.290	88.573	88.573	116.857
14,9	32.165	60.591	60.591	89.015	89.015	117.441
15,0	32.325	60.892	60.892	89.458	89.458	118.025
15,1	32.467	61.160	61.160	89.851	89.851	118.544
15,2	32.609	61.427	61.427	90.244	90.244	119.062
15,3	32.751	61.695	61.695	90.637	90.637	119.581
15,4	32.893	61.962	61.962	91.030	91.030	120.099
15,5	33.035	62.230	62.230	91.424	91.424	120.618
15,6	33.177	62.497	62.497	91.817	91.817	121.137
15,7	33.319	62.765	62.765	92.210	92.210	121.655
15,8	33.461	63.032	63.032	92.603	92.603	122.174
15,9	33.603	63.300	63.300	92.996	92.996	122.693
16,0	33.745	63.568	63.568	93.389	93.389	123.211
16,1	33.887	63.835	63.835	93.782	93.782	123.730
16,2	34.029	64.103	64.103	94.175	94.175	124.248
16,3	34.172	64.370	64.370	94.568	94.568	124.767
16,4	34.314	64.638	64.638	94.961	94.961	125.286
16,5	34.456	64.905	64.905	95.355	95.355	125.804
16,6	34.598	65.173	65.173	95.748	95.748	126.323
16,7	34.740	65.441	65.441	96.141	96.141	126.842
16,8	34.882	65.708	65.708	96.534	96.534	127.360
16,9	35.024	65.976	65.976	96.927	96.927	127.879
17,0	35.166	66.243	66.243	97.320	97.320	128.397
17,1	35.308	66.511	66.511	97.713	97.713	128.916
17,2	35.450	66.778	66.778	98.106	98.106	129.435
17,3	35.592	67.046	67.046	98.499	98.499	129.953
17,4	35.734	67.313	67.313	98.892	98.892	130.472
17,5	35.876	67.581	67.581	99.286	99.286	130.991
17,6	36.018	67.849	67.849	99.679	99.679	131.509
17,7	36.160	68.116	68.116	100.072	100.072	132.028
17,8	36.302	68.384	68.384	100.465	100.465	132.546

Honorartafel zu § 21 Absatz 1 – Bebauungsplan						
Fläche	Honorarzone I		Honorarzone II		Honorarzone III	
	von	bis	von	bis	von	bis
in Hektar	Euro	Euro	Euro	Euro	Euro	Euro
17,9	36.444	68.651	68.651	100.858	100.858	133.065
18,0	36.586	68.919	68.919	101.251	101.251	133.584
18,1	36.728	69.186	69.186	101.644	101.644	134.102
18,2	36.870	69.454	69.454	102.037	102.037	134.621
18,3	37.012	69.721	69.721	102.430	102.430	135.139
18,4	37.154	69.989	69.989	102.823	102.823	135.658
18,5	37.296	70.257	70.257	103.217	103.217	136.177
18,6	37.438	70.524	70.524	103.610	103.610	136.695
18,7	37.580	70.792	70.792	104.003	104.003	137.214
18,8	37.723	71.059	71.059	104.396	104.396	137.733
18,9	37.865	71.327	71.327	104.789	104.789	138.251
19,0	38.007	71.594	71.594	105.182	105.182	138.770
19,1	38.149	71.862	71.862	105.575	105.575	139.288
19,2	38.291	72.130	72.130	105.968	105.968	139.807
19,3	38.433	72.397	72.397	106.361	106.361	140.326
19,4	38.575	72.665	72.665	106.754	106.754	140.844
19,5	38.717	72.932	72.932	107.148	107.148	141.363
19,6	38.859	73.200	73.200	107.541	107.541	141.882
19,7	39.001	73.467	73.467	107.934	107.934	142.400
19,8	39.143	73.735	73.735	108.327	108.327	142.919
19,9	39.285	74.002	74.002	108.720	108.720	143.437
20,0	39.427	74.270	74.270	109.113	109.113	143.956
20,1	39.566	74.532	74.532	109.498	109.498	144.464
20,2	39.705	74.794	74.794	109.883	109.883	144.972
20,3	39.844	75.056	75.056	110.268	110.268	145.480
20,4	39.984	75.318	75.318	110.653	110.653	145.988
20,5	40.123	75.581	75.581	111.038	111.038	146.496
20,6	40.262	75.843	75.843	111.423	111.423	147.004
20,7	40.401	76.105	76.105	111.808	111.808	147.512
20,8	40.540	76.367	76.367	112.193	112.193	148.020
20,9	40.679	76.629	76.629	112.579	112.579	148.528
21,0	40.819	76.891	76.891	112.964	112.964	149.036
21,1	40.958	77.153	77.153	113.349	113.349	149.544
21,2	41.097	77.415	77.415	113.734	113.734	150.052
21,3	41.236	77.678	77.678	114.119	114.119	150.560
21,4	41.375	77.940	77.940	114.504	114.504	151.068
21,5	41.514	78.202	78.202	114.889	114.889	151.576
21,6	41.654	78.464	78.464	115.274	115.274	152.084
21,7	41.793	78.726	78.726	115.659	115.659	152.592
21,8	41.932	78.988	78.988	116.044	116.044	153.100
21,9	42.071	79.250	79.250	116.429	116.429	153.608
22,0	42.210	79.512	79.512	116.814	116.814	154.116
22,1	42.349	79.775	79.775	117.199	117.199	154.624
22,2	42.489	80.037	80.037	117.584	117.584	155.132
22,3	42.628	80.299	80.299	117.969	117.969	155.640

Honorartafel zu § 21 Absatz 1 – Bebauungsplan						
Fläche	Honorarzone I von	bis	Honorarzone II von	bis	Honorarzone III von	bis
in Hektar	Euro	Euro	Euro	Euro	Euro	Euro
22,4	42.767	80.561	80.561	118.354	118.354	156.148
22,5	42.906	80.823	80.823	118.740	118.740	156.657
22,6	43.045	81.085	81.085	119.125	119.125	157.165
22,7	43.184	81.347	81.347	119.510	119.510	157.673
22,8	43.323	81.609	81.609	119.895	119.895	158.181
22,9	43.463	81.871	81.871	120.280	120.280	158.689
23,0	43.602	82.134	82.134	120.665	120.665	159.197
23,1	43.741	82.396	82.396	121.050	121.050	159.705
23,2	43.880	82.658	82.658	121.435	121.435	160.213
23,3	44.019	82.920	82.920	121.820	121.820	160.721
23,4	44.158	83.182	83.182	122.205	122.205	161.229
23,5	44.298	83.444	83.444	122.590	122.590	161.737
23,6	44.437	83.706	83.706	122.975	122.975	162.245
23,7	44.576	83.968	83.968	123.360	123.360	162.753
23,8	44.715	84.231	84.231	123.745	123.745	163.261
23,9	44.854	84.493	84.493	124.130	124.130	163.769
24,0	44.993	84.755	84.755	124.515	124.515	164.277
24,1	45.133	85.017	85.017	124.900	124.900	164.785
24,2	45.272	85.279	85.279	125.286	125.286	165.293
24,3	45.411	85.541	85.541	125.671	125.671	165.801
24,4	45.550	85.803	85.803	126.056	126.056	166.309
24,5	45.689	86.065	86.065	126.441	126.441	166.817
24,6	45.828	86.328	86.328	126.826	126.826	167.325
24,7	45.968	86.590	86.590	127.211	127.211	167.833
24,8	46.107	86.852	86.852	127.596	127.596	168.341
24,9	46.246	87.114	87.114	127.981	127.981	168.849
25,0	46.385	87.376	87.376	128.366	128.366	169.357
25,5	47.044	88.618	88.618	130.190	130.190	171.764
26,0	47.703	89.859	89.859	132.014	132.014	174.170
26,5	48.362	91.101	91.101	133.838	133.838	176.577
27,0	49.021	92.342	92.342	135.662	135.662	178.983
27,5	49.680	93.584	93.584	137.486	137.486	181.390
28,0	50.339	94.825	94.825	139.310	139.310	183.796
28,5	50.998	96.067	96.067	141.134	141.134	186.203
29,0	51.657	97.308	97.308	142.958	142.958	188.609
29,5	52.316	98.550	98.550	144.782	144.782	191.016
30,0	52.975	99.791	99.791	146.606	146.606	193.422
30,5	53.593	100.956	100.956	148.317	148.317	195.680
31,0	54.212	102.121	102.121	150.028	150.028	197.937
31,5	54.830	103.285	103.285	151.740	151.740	200.195
32,0	55.448	104.450	104.450	153.451	153.451	202.452
32,5	56.067	105.615	105.615	155.162	155.162	204.710
33,0	56.685	106.780	106.780	156.873	156.873	206.968
33,5	57.303	107.944	107.944	158.584	158.584	209.225
34,0	57.922	109.109	109.109	160.296	160.296	211.483

Honorartafel zu § 21 Absatz 1 – Bebauungsplan						
Fläche	Honorarzone I		Honorarzone II		Honorarzone III	
	von	bis	von	bis	von	bis
in Hektar	Euro	Euro	Euro	Euro	Euro	Euro
34,5	58.540	110.274	110.274	162.007	162.007	213.740
35,0	59.159	111.439	111.439	163.718	163.718	215.998
35,5	59.777	112.603	112.603	165.429	165.429	218.256
36,0	60.395	113.768	113.768	167.140	167.140	220.513
36,5	61.014	114.933	114.933	168.852	168.852	222.771
37,0	61.632	116.098	116.098	170.563	170.563	225.028
37,5	62.250	117.262	117.262	172.274	172.274	227.286
38,0	62.869	118.427	118.427	173.985	173.985	229.544
38,5	63.487	119.592	119.592	175.696	175.696	231.801
39,0	64.105	120.757	120.757	177.408	177.408	234.059
39,5	64.724	121.921	121.921	179.119	179.119	236.316
40,0	65.342	123.086	123.086	180.830	180.830	238.574
40,5	65.920	124.175	124.175	182.429	182.429	240.684
41,0	66.498	125.263	125.263	184.029	184.029	242.794
41,5	67.076	126.352	126.352	185.628	185.628	244.905
42,0	67.654	127.441	127.441	187.228	187.228	247.015
42,5	68.232	128.530	128.530	188.827	188.827	249.125
43,0	68.810	129.618	129.618	190.427	190.427	251.235
43,5	69.388	130.707	130.707	192.026	192.026	253.345
44,0	69.966	131.796	131.796	193.626	193.626	255.456
44,5	70.544	132.884	132.884	195.225	195.225	257.566
45,0	71.122	133.973	133.973	196.825	196.825	259.676
45,5	71.699	135.062	135.062	198.424	198.424	261.786
46,0	72.277	136.150	136.150	200.023	200.023	263.896
46,5	72.855	137.239	137.239	201.623	201.623	266.007
47,0	73.433	138.328	138.328	203.222	203.222	268.117
47,5	74.011	139.417	139.417	204.822	204.822	270.227
48,0	74.589	140.505	140.505	206.421	206.421	272.337
48,5	75.167	141.594	141.594	208.021	208.021	274.447
49,0	75.745	142.683	142.683	209.620	209.620	276.558
49,5	76.323	143.771	143.771	211.220	211.220	278.668
50,0	76.901	144.860	144.860	212.819	212.819	280.778
51,0	77.971	146.875	146.875	215.780	215.780	284.684
52,0	79.041	148.890	148.890	218.740	218.740	288.590
53,0	80.110	150.906	150.906	221.701	221.701	292.496
54,0	81.180	152.921	152.921	224.661	224.661	296.402
55,0	82.250	154.936	154.936	227.622	227.622	300.308
56,0	83.320	156.951	156.951	230.583	230.583	304.214
57,0	84.390	158.966	158.966	233.543	233.543	308.120
58,0	85.459	160.982	160.982	236.504	236.504	312.026
59,0	86.529	162.997	162.997	239.464	239.464	315.932
60,0	87.599	165.012	165.012	242.425	242.425	319.838
61,0	88.593	166.884	166.884	245.175	245.175	323.466
62,0	89.586	168.755	168.755	247.924	247.924	327.094
63,0	90.580	170.627	170.627	250.674	250.674	330.721

Honorartafel zu § 21 Absatz 1 – Bebauungsplan						
Fläche	Honorarzone I		Honorarzone II		Honorarzone III	
	von	bis	von	bis	von	bis
in Hektar	Euro	Euro	Euro	Euro	Euro	Euro
64,0	91.573	172.499	172.499	253.424	253.424	334.349
65,0	92.567	174.370	174.370	256.174	256.174	337.977
66,0	93.561	176.242	176.242	258.923	258.923	341.605
67,0	94.554	178.114	178.114	261.673	261.673	345.232
68,0	95.548	179.985	179.985	264.423	264.423	348.860
69,0	96.541	181.857	181.857	267.172	267.172	352.488
70,0	97.535	183.729	183.729	269.922	269.922	356.116
71,0	98.529	185.600	185.600	272.672	272.672	359.743
72,0	99.522	187.472	187.472	275.421	275.421	363.371
73,0	100.516	189.343	189.343	278.171	278.171	366.999
74,0	101.509	191.215	191.215	280.921	280.921	370.627
75,0	102.503	193.087	193.087	283.671	283.671	374.254
76,0	103.497	194.958	194.958	286.420	286.420	377.882
77,0	104.490	196.830	196.830	289.170	289.170	381.510
78,0	105.484	198.702	198.702	291.920	291.920	385.138
79,0	106.477	200.573	200.573	294.669	294.669	388.765
80,0	107.471	202.445	202.445	297.419	297.419	392.393
81,0	108.387	204.171	204.171	299.954	299.954	395.737
82,0	109.303	205.896	205.896	302.489	302.489	399.082
83,0	110.219	207.622	207.622	305.024	305.024	402.426
84,0	111.135	209.347	209.347	307.559	307.559	405.771
85,0	112.051	211.073	211.073	310.094	310.094	409.115
86,0	112.967	212.798	212.798	312.629	312.629	412.460
87,0	113.883	214.524	214.524	315.164	315.164	415.804
88,0	114.799	216.249	216.249	317.699	317.699	419.149
89,0	115.715	217.975	217.975	320.234	320.234	422.493
90,0	116.631	219.700	219.700	322.769	322.769	425.838
91,0	117.547	221.426	221.426	325.304	325.304	429.182
92,0	118.463	223.151	223.151	327.839	327.839	432.526
93,0	119.379	224.877	224.877	330.374	330.374	435.871
94,0	120.295	226.602	226.602	332.909	332.909	439.215
95,0	121.211	228.328	228.328	335.444	335.444	442.560
96,0	122.127	230.053	230.053	337.979	337.979	445.904
97,0	123.043	231.779	231.779	340.514	340.514	449.249
98,0	123.959	233.504	233.504	343.049	343.049	452.593
99,0	124.875	235.230	235.230	345.584	345.584	455.938
100,0	125.791	236.955	236.955	348.119	348.119	459.282

Interpolationstabelle zu § 28: Landschaftspläne E3

Honorartafel zu § 28 Absatz 1 – Landschaftsplan						
Fläche	Honorarzone I		Honorarzone II		Honorarzone III	
	von	bis	von	bis	von	bis
in Hektar	Euro	Euro	Euro	Euro	Euro	Euro
1.000	23.403	27.963	27.963	32.826	32.826	37.385
1.050	24.034	28.717	28.717	33.712	33.712	38.394
1.100	24.666	29.472	29.472	34.597	34.597	39.402
1.150	25.297	30.226	30.226	35.483	35.483	40.411
1.200	25.929	30.981	30.981	36.368	36.368	41.419
1.250	26.560	31.735	31.735	37.254	37.254	42.428
1.300	27.137	32.424	32.424	38.063	38.063	43.350
1.350	27.714	33.114	33.114	38.872	38.872	44.271
1.400	28.291	33.803	33.803	39.682	39.682	45.193
1.450	28.868	34.493	34.493	40.491	40.491	46.114
1.500	29.445	35.182	35.182	41.300	41.300	47.036
1.550	29.980	35.821	35.821	42.050	42.050	47.890
1.600	30.515	36.459	36.459	42.800	42.800	48.744
1.650	31.049	37.098	37.098	43.549	43.549	49.598
1.700	31.584	37.736	37.736	44.299	44.299	50.452
1.750	32.119	38.375	38.375	45.049	45.049	51.306
1.800	32.619	38.973	38.973	45.751	45.751	52.105
1.850	33.119	39.571	39.571	46.453	46.453	52.904
1.900	33.620	40.168	40.168	47.154	47.154	53.704
1.950	34.120	40.766	40.766	47.856	47.856	54.503
2.000	34.620	41.364	41.364	48.558	48.558	55.302
2.050	35.079	41.913	41.913	49.202	49.202	56.036
2.100	35.538	42.461	42.461	49.846	49.846	56.769
2.150	35.998	43.010	43.010	50.490	50.490	57.503
2.200	36.457	43.559	43.559	51.134	51.134	58.236
2.250	36.916	44.108	44.108	51.779	51.779	58.970
2.300	37.375	44.656	44.656	52.423	52.423	59.704
2.350	37.834	45.205	45.205	53.067	53.067	60.437
2.400	38.294	45.754	45.754	53.711	53.711	61.171
2.450	38.753	46.302	46.302	54.355	54.355	61.904
2.500	39.212	46.851	46.851	54.999	54.999	62.638
2.550	39.628	47.348	47.348	55.583	55.583	63.303
2.600	40.044	47.846	47.846	56.167	56.167	63.968
2.650	40.461	48.343	48.343	56.750	56.750	64.632
2.700	40.877	48.840	48.840	57.334	57.334	65.297
2.750	41.293	49.338	49.338	57.918	57.918	65.962
2.800	41.709	49.835	49.835	58.502	58.502	66.627
2.850	42.125	50.332	50.332	59.086	59.086	67.292
2.900	42.542	50.829	50.829	59.669	59.669	67.956

Honorartafel zu § 28 Absatz 1 – Landschaftsplan						
Fläche	Honorarzone I		Honorarzone II		Honorarzone III	
	von	bis	von	bis	von	bis
in Hektar	Euro	Euro	Euro	Euro	Euro	Euro
2.950	42.958	51.327	51.327	60.253	60.253	68.621
3.000	43.374	51.824	51.824	60.837	60.837	69.286
3.050	43.757	52.281	52.281	61.373	61.373	69.897
3.100	44.139	52.738	52.738	61.910	61.910	70.508
3.150	44.522	53.195	53.195	62.446	62.446	71.119
3.200	44.904	53.652	53.652	62.983	62.983	71.730
3.250	45.287	54.109	54.109	63.519	63.519	72.341
3.300	45.669	54.565	54.565	64.055	64.055	72.952
3.350	46.052	55.022	55.022	64.592	64.592	73.563
3.400	46.434	55.479	55.479	65.128	65.128	74.174
3.450	46.817	55.936	55.936	65.665	65.665	74.785
3.500	47.199	56.393	56.393	66.201	66.201	75.396
3.550	47.554	56.817	56.817	66.699	66.699	75.963
3.600	47.909	57.241	57.241	67.196	67.196	76.530
3.650	48.263	57.665	57.665	67.694	67.694	77.096
3.700	48.618	58.089	58.089	68.192	68.192	77.663
3.750	48.973	58.513	58.513	68.690	68.690	78.230
3.800	49.328	58.937	58.937	69.187	69.187	78.797
3.850	49.683	59.361	59.361	69.685	69.685	79.364
3.900	50.037	59.785	59.785	70.183	70.183	79.930
3.950	50.392	60.209	60.209	70.680	70.680	80.497
4.000	50.747	60.633	60.633	71.178	71.178	81.064
4.050	51.069	61.017	61.017	71.629	71.629	81.578
4.100	51.390	61.402	61.402	72.080	72.080	82.092
4.150	51.712	61.786	61.786	72.531	72.531	82.605
4.200	52.034	62.170	62.170	72.982	72.982	83.119
4.250	52.355	62.555	62.555	73.434	73.434	83.633
4.300	52.677	62.939	62.939	73.885	73.885	84.147
4.350	52.999	63.323	63.323	74.336	74.336	84.660
4.400	53.320	63.707	63.707	74.787	74.787	85.174
4.450	53.642	64.092	64.092	75.238	75.238	85.688
4.500	53.964	64.476	64.476	75.689	75.689	86.202
4.550	54.285	64.860	64.860	76.140	76.140	86.715
4.600	54.607	65.245	65.245	76.591	76.591	87.229
4.650	54.928	65.629	65.629	77.042	77.042	87.743
4.700	55.250	66.013	66.013	77.493	77.493	88.257
4.750	55.572	66.398	66.398	77.945	77.945	88.770
4.800	55.893	66.782	66.782	78.396	78.396	89.284
4.850	56.215	67.166	67.166	78.847	78.847	89.798
4.900	56.537	67.550	67.550	79.298	79.298	90.312
4.950	56.858	67.935	67.935	79.749	79.749	90.825
5.000	57.180	68.319	68.319	80.200	80.200	91.339
5.050	57.499	68.700	68.700	80.648	80.648	91.849
5.100	57.818	69.082	69.082	81.095	81.095	92.358
5.150	58.137	69.463	69.463	81.543	81.543	92.868

Honorartafel zu § 28 Absatz 1 – Landschaftsplan						
Fläche	Honorarzone I		Honorarzone II		Honorarzone III	
	von	bis	von	bis	von	bis
in Hektar	Euro	Euro	Euro	Euro	Euro	Euro
5.200	58.456	69.844	69.844	81.990	81.990	93.378
5.250	58.776	70.225	70.225	82.438	82.438	93.888
5.300	59.095	70.607	70.607	82.885	82.885	94.397
5.350	59.414	70.988	70.988	83.333	83.333	94.907
5.400	59.733	71.369	71.369	83.780	83.780	95.417
5.450	60.052	71.750	71.750	84.228	84.228	95.926
5.500	60.371	72.132	72.132	84.676	84.676	96.436
5.550	60.690	72.513	72.513	85.123	85.123	96.946
5.600	61.009	72.894	72.894	85.571	85.571	97.455
5.650	61.328	73.275	73.275	86.018	86.018	97.965
5.700	61.647	73.657	73.657	86.466	86.466	98.475
5.750	61.967	74.038	74.038	86.913	86.913	98.985
5.800	62.286	74.419	74.419	87.361	87.361	99.494
5.850	62.605	74.800	74.800	87.808	87.808	100.004
5.900	62.924	75.182	75.182	88.256	88.256	100.514
5.950	63.243	75.563	75.563	88.703	88.703	101.023
6.000	63.562	75.944	75.944	89.151	89.151	101.533
6.050	63.859	76.299	76.299	89.568	89.568	102.008
6.100	64.156	76.654	76.654	89.985	89.985	102.482
6.150	64.453	77.009	77.009	90.401	90.401	102.957
6.200	64.751	77.364	77.364	90.818	90.818	103.432
6.250	65.048	77.719	77.719	91.235	91.235	103.907
6.300	65.345	78.074	78.074	91.652	91.652	104.381
6.350	65.642	78.429	78.429	92.069	92.069	104.856
6.400	65.939	78.784	78.784	92.485	92.485	105.331
6.450	66.236	79.139	79.139	92.902	92.902	105.805
6.500	66.534	79.495	79.495	93.319	93.319	106.280
6.550	66.831	79.850	79.850	93.736	93.736	106.755
6.600	67.128	80.205	80.205	94.153	94.153	107.229
6.650	67.425	80.560	80.560	94.569	94.569	107.704
6.700	67.722	80.915	80.915	94.986	94.986	108.179
6.750	68.019	81.270	81.270	95.403	95.403	108.654
6.800	68.316	81.625	81.625	95.820	95.820	109.128
6.850	68.614	81.980	81.980	96.237	96.237	109.603
6.900	68.911	82.335	82.335	96.653	96.653	110.078
6.950	69.208	82.690	82.690	97.070	97.070	110.552
7.000	69.505	83.045	83.045	97.487	97.487	111.027
7.050	69.785	83.379	83.379	97.879	97.879	111.474
7.100	70.064	83.713	83.713	98.271	98.271	111.920
7.150	70.344	84.047	84.047	98.663	98.663	112.367
7.200	70.623	84.381	84.381	99.055	99.055	112.813
7.250	70.903	84.715	84.715	99.448	99.448	113.260
7.300	71.182	85.049	85.049	99.840	99.840	113.706
7.350	71.462	85.383	85.383	100.232	100.232	114.153
7.400	71.741	85.717	85.717	100.624	100.624	114.599

Honorartafel zu § 28 Absatz 1 – Landschaftsplan						
Fläche	Honorarzone I		Honorarzone II		Honorarzone III	
	von	bis	von	bis	von	bis
in Hektar	Euro	Euro	Euro	Euro	Euro	Euro
7.450	72.021	86.051	86.051	101.016	101.016	115.046
7.500	72.300	86.385	86.385	101.408	101.408	115.493
7.550	72.580	86.718	86.718	101.800	101.800	115.939
7.600	72.859	87.052	87.052	102.192	102.192	116.386
7.650	73.139	87.386	87.386	102.584	102.584	116.832
7.700	73.418	87.720	87.720	102.976	102.976	117.279
7.750	73.698	88.054	88.054	103.369	103.369	117.725
7.800	73.977	88.388	88.388	103.761	103.761	118.172
7.850	74.257	88.722	88.722	104.153	104.153	118.618
7.900	74.536	89.056	89.056	104.545	104.545	119.065
7.950	74.816	89.390	89.390	104.937	104.937	119.511
8.000	75.095	89.724	89.724	105.329	105.329	119.958
8.050	75.360	90.041	90.041	105.701	105.701	120.381
8.100	75.625	90.357	90.357	106.072	106.072	120.804
8.150	75.890	90.674	90.674	106.444	106.444	121.228
8.200	76.155	90.990	90.990	106.815	106.815	121.651
8.250	76.420	91.307	91.307	107.187	107.187	122.074
8.300	76.685	91.623	91.623	107.559	107.559	122.497
8.350	76.950	91.940	91.940	107.930	107.930	122.920
8.400	77.215	92.256	92.256	108.302	108.302	123.344
8.450	77.480	92.573	92.573	108.673	108.673	123.767
8.500	77.745	92.890	92.890	109.045	109.045	124.190
8.550	78.009	93.206	93.206	109.417	109.417	124.613
8.600	78.274	93.523	93.523	109.788	109.788	125.036
8.650	78.539	93.839	93.839	110.160	110.160	125.460
8.700	78.804	94.156	94.156	110.531	110.531	125.883
8.750	79.069	94.472	94.472	110.903	110.903	126.306
8.800	79.334	94.789	94.789	111.275	111.275	126.729
8.850	79.599	95.105	95.105	111.646	111.646	127.152
8.900	79.864	95.422	95.422	112.018	112.018	127.576
8.950	80.129	95.738	95.738	112.389	112.389	127.999
9.000	80.394	96.055	96.055	112.761	112.761	128.422
9.050	80.647	96.357	96.357	113.115	113.115	128.825
9.100	80.899	96.659	96.659	113.469	113.469	129.229
9.150	81.152	96.960	96.960	113.824	113.824	129.632
9.200	81.404	97.262	97.262	114.178	114.178	130.036
9.250	81.657	97.564	97.564	114.532	114.532	130.439
9.300	81.909	97.866	97.866	114.886	114.886	130.842
9.350	82.162	98.167	98.167	115.240	115.240	131.246
9.400	82.414	98.469	98.469	115.595	115.595	131.649
9.450	82.667	98.771	98.771	115.949	115.949	132.053
9.500	82.920	99.073	99.073	116.303	116.303	132.456
9.550	83.172	99.374	99.374	116.657	116.657	132.859
9.600	83.425	99.676	99.676	117.011	117.011	133.263
9.650	83.677	99.978	99.978	117.366	117.366	133.666

Honorartafel zu § 28 Absatz 1 – Landschaftsplan						
Fläche	Honorarzone I		Honorarzone II		Honorarzone III	
	von	bis	von	bis	von	bis
in Hektar	Euro	Euro	Euro	Euro	Euro	Euro
9.700	83.930	100.280	100.280	117.720	117.720	134.070
9.750	84.182	100.581	100.581	118.074	118.074	134.473
9.800	84.435	100.883	100.883	118.428	118.428	134.876
9.850	84.687	101.185	101.185	118.782	118.782	135.280
9.900	84.940	101.487	101.487	119.137	119.137	135.683
9.950	85.192	101.788	101.788	119.491	119.491	136.087
10.000	85.445	102.090	102.090	119.845	119.845	136.490
10.100	85.899	102.633	102.633	120.482	120.482	137.215
10.200	86.353	103.175	103.175	121.119	121.119	137.941
10.300	86.807	103.718	103.718	121.756	121.756	138.666
10.400	87.261	104.260	104.260	122.393	122.393	139.392
10.500	87.716	104.803	104.803	123.030	123.030	140.117
10.600	88.170	105.346	105.346	123.666	123.666	140.842
10.700	88.624	105.888	105.888	124.303	124.303	141.568
10.800	89.078	106.431	106.431	124.940	124.940	142.293
10.900	89.532	106.973	106.973	125.577	125.577	143.019
11.000	89.986	107.516	107.516	126.214	126.214	143.744
11.100	90.418	108.033	108.033	126.820	126.820	144.435
11.200	90.851	108.549	108.549	127.427	127.427	145.125
11.300	91.283	109.066	109.066	128.033	128.033	145.816
11.400	91.715	109.582	109.582	128.640	128.640	146.506
11.500	92.148	110.099	110.099	129.246	129.246	147.197
11.600	92.580	110.615	110.615	129.852	129.852	147.888
11.700	93.012	111.132	111.132	130.459	130.459	148.578
11.800	93.444	111.648	111.648	131.065	131.065	149.269
11.900	93.877	112.165	112.165	131.672	131.672	149.959
12.000	94.309	112.681	112.681	132.278	132.278	150.650
12.100	94.722	113.174	113.174	132.857	132.857	151.310
12.200	95.135	113.668	113.668	133.436	133.436	151.969
12.300	95.548	114.161	114.161	134.015	134.015	152.629
12.400	95.961	114.655	114.655	134.594	134.594	153.288
12.500	96.374	115.148	115.148	135.174	135.174	153.948
12.600	96.786	115.641	115.641	135.753	135.753	154.608
12.700	97.199	116.135	116.135	136.332	136.332	155.267
12.800	97.612	116.628	116.628	136.911	136.911	155.927
12.900	98.025	117.122	117.122	137.490	137.490	156.586
13.000	98.438	117.615	117.615	138.069	138.069	157.246
13.100	98.833	118.087	118.087	138.624	138.624	157.878
13.200	99.229	118.560	118.560	139.178	139.178	158.509
13.300	99.624	119.032	119.032	139.733	139.733	159.141
13.400	100.020	119.505	119.505	140.287	140.287	159.772
13.500	100.415	119.977	119.977	140.842	140.842	160.404
13.600	100.810	120.449	120.449	141.397	141.397	161.036
13.700	101.206	120.922	120.922	141.951	141.951	161.667
13.800	101.601	121.394	121.394	142.506	142.506	162.299

Honorartafel zu § 28 Absatz 1 – Landschaftsplan						
Fläche	Honorarzone I		Honorarzone II		Honorarzone III	
	von	bis	von	bis	von	bis
in Hektar	Euro	Euro	Euro	Euro	Euro	Euro
13.900	101.997	121.867	121.867	143.060	143.060	162.930
14.000	102.392	122.339	122.339	143.615	143.615	163.562
14.100	102.772	122.792	122.792	144.147	144.147	164.168
14.200	103.151	123.246	123.246	144.680	144.680	164.774
14.300	103.531	123.699	123.699	145.212	145.212	165.380
14.400	103.910	124.153	124.153	145.744	145.744	165.986
14.500	104.290	124.606	124.606	146.277	146.277	166.593
14.600	104.669	125.059	125.059	146.809	146.809	167.199
14.700	105.049	125.513	125.513	147.341	147.341	167.805
14.800	105.428	125.966	125.966	147.873	147.873	168.411
14.900	105.808	126.420	126.420	148.406	148.406	169.017
15.000	106.187	126.873	126.873	148.938	148.938	169.623

Interpolationstabelle zu § 29: Grünordnungspläne und Landschaftsplanerische Fachbeiträge

E4

Honorartafel zu § 29 Absatz 1 – Grünordnungsplan und Landschaftsplanerischer Fachbeitrag						
Fläche	Honorarzone I		Honorarzone II		Honorarzone III	
	von	bis	von	bis	von	bis
in Hektar	Euro	Euro	Euro	Euro	Euro	Euro
1,5	5.219	6.067	6.067	6.980	6.980	7.828
1,6	5.377	6.251	6.251	7.191	7.191	8.065
1,7	5.535	6.434	6.434	7.402	7.402	8.302
1,8	5.692	6.618	6.618	7.614	7.614	8.539
1,9	5.850	6.801	6.801	7.825	7.825	8.776
2,0	6.008	6.985	6.985	8.036	8.036	9.013
2,1	6.152	7.153	7.153	8.229	8.229	9.229
2,2	6.296	7.320	7.320	8.422	8.422	9.445
2,3	6.441	7.488	7.488	8.615	8.615	9.662
2,4	6.585	7.655	7.655	8.808	8.808	9.878
2,5	6.729	7.823	7.823	9.001	9.001	10.094
2,6	6.873	7.991	7.991	9.193	9.193	10.310
2,7	7.017	8.158	8.158	9.386	9.386	10.526
2,8	7.162	8.326	8.326	9.579	9.579	10.743
2,9	7.306	8.493	8.493	9.772	9.772	10.959
3,0	7.450	8.661	8.661	9.965	9.965	11.175
3,1	7.582	8.814	8.814	10.142	10.142	11.373
3,2	7.714	8.968	8.968	10.318	10.318	11.571
3,3	7.846	9.121	9.121	10.495	10.495	11.769
3,4	7.978	9.275	9.275	10.671	10.671	11.967
3,5	8.110	9.428	9.428	10.848	10.848	12.165
3,6	8.242	9.581	9.581	11.024	11.024	12.363
3,7	8.374	9.735	9.735	11.201	11.201	12.561
3,8	8.506	9.888	9.888	11.377	11.377	12.759
3,9	8.638	10.042	10.042	11.554	11.554	12.957
4,0	8.770	10.195	10.195	11.730	11.730	13.155
4,1	8.894	10.339	10.339	11.895	11.895	13.340
4,2	9.017	10.482	10.482	12.061	12.061	13.526
4,3	9.141	10.626	10.626	12.226	12.226	13.711
4,4	9.264	10.770	10.770	12.391	12.391	13.897
4,5	9.388	10.914	10.914	12.557	12.557	14.082
4,6	9.512	11.057	11.057	12.722	12.722	14.267
4,7	9.635	11.201	11.201	12.887	12.887	14.453
4,8	9.759	11.345	11.345	13.052	13.052	14.638
4,9	9.882	11.488	11.488	13.218	13.218	14.824
5,0	10.006	11.632	11.632	13.383	13.383	15.009
5,5	10.550	12.264	12.264	14.111	14.111	15.825
6,0	11.094	12.897	12.897	14.838	14.838	16.641

Honorartafel zu § 29 Absatz 1 – Grünordnungsplan und Landschaftsplanerischer Fachbeitrag						
Fläche	Honorarzone I		Honorarzone II		Honorarzone III	
	von	bis	von	bis	von	bis
in Hektar	Euro	Euro	Euro	Euro	Euro	Euro
6,5	11.638	13.529	13.529	15.566	15.566	17.456
7,0	12.182	14.161	14.161	16.293	16.293	18.272
7,5	12.726	14.794	14.794	17.021	17.021	19.088
8,0	13.269	15.426	15.426	17.748	17.748	19.904
8,5	13.813	16.058	16.058	18.476	18.476	20.720
9,0	14.357	16.690	16.690	19.203	19.203	21.535
9,5	14.901	17.323	17.323	19.931	19.931	22.351
10,0	15.445	17.955	17.955	20.658	20.658	23.167
10,5	15.919	18.506	18.506	21.292	21.292	23.878
11,0	16.393	19.056	19.056	21.925	21.925	24.588
11,5	16.866	19.607	19.607	22.559	22.559	25.299
12,0	17.340	20.158	20.158	23.192	23.192	26.010
12,5	17.814	20.709	20.709	23.826	23.826	26.721
13,0	18.288	21.259	21.259	24.460	24.460	27.431
13,5	18.762	21.810	21.810	25.093	25.093	28.142
14,0	19.235	22.361	22.361	25.727	25.727	28.853
14,5	19.709	22.911	22.911	26.360	26.360	29.563
15,0	20.183	23.462	23.462	26.994	26.994	30.274
15,5	20.616	23.965	23.965	27.573	27.573	30.924
16,0	21.049	24.469	24.469	28.152	28.152	31.573
16,5	21.482	24.972	24.972	28.731	28.731	32.223
17,0	21.915	25.476	25.476	29.310	29.310	32.872
17,5	22.348	25.979	25.979	29.890	29.890	33.522
18,0	22.781	26.482	26.482	30.469	30.469	34.171
18,5	23.214	26.986	26.986	31.048	31.048	34.821
19,0	23.647	27.489	27.489	31.627	31.627	35.470
19,5	24.080	27.993	27.993	32.206	32.206	36.120
20,0	24.513	28.496	28.496	32.785	32.785	36.769
20,5	24.918	28.967	28.967	33.326	33.326	37.376
21,0	25.322	29.437	29.437	33.868	33.868	37.983
21,5	25.727	29.908	29.908	34.409	34.409	38.590
22,0	26.132	30.378	30.378	34.951	34.951	39.197
22,5	26.537	30.849	30.849	35.492	35.492	39.805
23,0	26.941	31.319	31.319	36.033	36.033	40.412
23,5	27.346	31.790	31.790	36.575	36.575	41.019
24,0	27.751	32.260	32.260	37.116	37.116	41.626
24,5	28.155	32.731	32.731	37.658	37.658	42.233
25,0	28.560	33.201	33.201	38.199	38.199	42.840
25,5	28.943	33.647	33.647	38.712	38.712	43.415
26,0	29.327	34.092	34.092	39.224	39.224	43.990
26,5	29.710	34.538	34.538	39.737	39.737	44.565
27,0	30.094	34.984	34.984	40.250	40.250	45.140
27,5	30.477	35.430	35.430	40.763	40.763	45.715
28,0	30.860	35.875	35.875	41.275	41.275	46.290

Honorartafel zu § 29 Absatz 1 – Grünordnungsplan und Landschaftsplanerischer Fachbeitrag						
Fläche	Honorarzone I		Honorarzone II		Honorarzone III	
	von	bis	von	bis	von	bis
in Hektar	Euro	Euro	Euro	Euro	Euro	Euro
28,5	31.244	36.321	36.321	41.788	41.788	46.865
29,0	31.627	36.767	36.767	42.301	42.301	47.440
29,5	32.011	37.212	37.212	42.813	42.813	48.015
30,0	32.394	37.658	37.658	43.326	43.326	48.590
31,0	33.113	38.493	38.493	44.287	44.287	49.668
32,0	33.831	39.329	39.329	45.248	45.248	50.746
33,0	34.550	40.164	40.164	46.210	46.210	51.824
34,0	35.268	40.999	40.999	47.171	47.171	52.902
35,0	35.987	41.835	41.835	48.132	48.132	53.980
36,0	36.706	42.670	42.670	49.093	49.093	55.058
37,0	37.424	43.505	43.505	50.054	50.054	56.136
38,0	38.143	44.340	44.340	51.016	51.016	57.214
39,0	38.861	45.176	45.176	51.977	51.977	58.292
40,0	39.580	46.011	46.011	52.938	52.938	59.370
41,0	40.250	46.790	46.790	53.834	53.834	60.375
42,0	40.920	47.569	47.569	54.731	54.731	61.381
43,0	41.591	48.349	48.349	55.627	55.627	62.386
44,0	42.261	49.128	49.128	56.524	56.524	63.391
45,0	42.931	49.907	49.907	57.420	57.420	64.397
46,0	43.601	50.686	50.686	58.316	58.316	65.402
47,0	44.271	51.465	51.465	59.213	59.213	66.407
48,0	44.942	52.245	52.245	60.109	60.109	67.412
49,0	45.612	53.024	53.024	61.006	61.006	68.418
50,0	46.282	53.803	53.803	61.902	61.902	69.423
51,0	46.894	54.514	54.514	62.720	62.720	70.341
52,0	47.506	55.226	55.226	63.539	63.539	71.259
53,0	48.118	55.937	55.937	64.357	64.357	72.177
54,0	48.730	56.648	56.648	65.176	65.176	73.094
55,0	49.341	57.360	57.360	65.994	65.994	74.012
56,0	49.953	58.071	58.071	66.812	66.812	74.930
57,0	50.565	58.782	58.782	67.631	67.631	75.848
58,0	51.177	59.494	59.494	68.449	68.449	76.766
59,0	51.789	60.205	60.205	69.268	69.268	77.684
60,0	52.401	60.916	60.916	70.086	70.086	78.601
61,0	53.013	61.628	61.628	70.904	70.904	79.519
62,0	53.625	62.339	62.339	71.723	71.723	80.437
63,0	54.236	63.050	63.050	72.541	72.541	81.355
64,0	54.848	63.761	63.761	73.360	73.360	82.273
65,0	55.460	64.473	64.473	74.178	74.178	83.191
66,0	56.072	65.184	65.184	74.996	74.996	84.108
67,0	56.684	65.895	65.895	75.815	75.815	85.026
68,0	57.296	66.607	66.607	76.633	76.633	85.944
69,0	57.908	67.318	67.318	77.452	77.452	86.862
70,0	58.520	68.029	68.029	78.270	78.270	87.780

Honorartafel zu § 29 Absatz 1 – Grünordnungsplan und Landschaftsplanerischer Fachbeitrag						
Fläche	Honorarzone I		Honorarzone II		Honorarzone III	
	von	bis	von	bis	von	bis
in Hektar	Euro	Euro	Euro	Euro	Euro	Euro
71,0	59.131	68.741	68.741	79.088	79.088	88.698
72,0	59.743	69.452	69.452	79.907	79.907	89.615
73,0	60.355	70.163	70.163	80.725	80.725	90.533
74,0	60.967	70.875	70.875	81.544	81.544	91.451
75,0	61.579	71.586	71.586	82.362	82.362	92.369
77,5	62.964	73.196	73.196	84.215	84.215	94.447
80,0	64.349	74.806	74.806	86.067	86.067	96.524
82,5	65.734	76.416	76.416	87.920	87.920	98.602
85,0	67.119	78.026	78.026	89.772	89.772	100.679
87,5	68.505	79.637	79.637	91.625	91.625	102.757
90,0	69.890	81.247	81.247	93.477	93.477	104.835
92,5	71.275	82.857	82.857	95.330	95.330	106.912
95,0	72.660	84.467	84.467	97.182	97.182	108.990
97,5	74.045	86.077	86.077	99.035	99.035	111.067
100,0	75.430	87.687	87.687	100.887	100.887	113.145
102,5	76.713	89.178	89.178	102.603	102.603	115.069
105,0	77.995	90.669	90.669	104.318	104.318	116.993
107,5	79.278	92.160	92.160	106.034	106.034	118.916
110,0	80.560	93.651	93.651	107.749	107.749	120.840
112,5	81.843	95.142	95.142	109.465	109.465	122.764
115,0	83.125	96.633	96.633	111.180	111.180	124.688
117,5	84.408	98.124	98.124	112.896	112.896	126.612
120,0	85.690	99.615	99.615	114.611	114.611	128.535
122,5	86.973	101.106	101.106	116.327	116.327	130.459
125,0	88.255	102.597	102.597	118.042	118.042	132.383
127,5	89.458	103.996	103.996	119.651	119.651	134.188
130,0	90.662	105.395	105.395	121.261	121.261	135.993
132,5	91.865	106.793	106.793	122.870	122.870	137.798
135,0	93.068	108.192	108.192	124.480	124.480	139.603
137,5	94.272	109.591	109.591	126.089	126.089	141.408
140,0	95.475	110.990	110.990	127.698	127.698	143.213
142,5	96.678	112.389	112.389	129.308	129.308	145.018
145,0	97.881	113.787	113.787	130.917	130.917	146.823
147,5	99.085	115.186	115.186	132.527	132.527	148.628
150,0	100.288	116.585	116.585	134.136	134.136	150.433
152,5	101.427	117.909	117.909	135.659	135.659	152.141
155,0	102.565	119.232	119.232	137.182	137.182	153.849
157,5	103.704	120.556	120.556	138.705	138.705	155.557
160,0	104.843	121.880	121.880	140.228	140.228	157.265
162,5	105.982	123.204	123.204	141.751	141.751	158.973
165,0	107.120	124.527	124.527	143.274	143.274	160.681
167,5	108.259	125.851	125.851	144.797	144.797	162.389
170,0	109.398	127.175	127.175	146.320	146.320	164.097
172,5	110.536	128.498	128.498	147.843	147.843	165.805

Honorartafel zu § 29 Absatz 1 – Grünordnungsplan und Landschaftsplanerischer Fachbeitrag						
Fläche	Honorarzone I		Honorarzone II		Honorarzone III	
	von	bis	von	bis	von	bis
in Hektar	Euro	Euro	Euro	Euro	Euro	Euro
175,0	111.675	129.822	129.822	149.366	149.366	167.513
177,5	112.759	131.082	131.082	150.816	150.816	169.139
180,0	113.843	132.343	132.343	152.266	152.266	170.765
182,5	114.927	133.603	133.603	153.716	153.716	172.391
185,0	116.011	134.863	134.863	155.166	155.166	174.017
187,5	117.096	136.124	136.124	156.616	156.616	175.644
190,0	118.180	137.384	137.384	158.066	158.066	177.270
192,5	119.264	138.644	138.644	159.516	159.516	178.896
195,0	120.348	139.904	139.904	160.966	160.966	180.522
197,5	121.432	141.165	141.165	162.416	162.416	182.148
200,0	122.516	142.425	142.425	163.866	163.866	183.774
202,5	123.620	143.708	143.708	165.342	165.342	185.430
205,0	124.724	144.992	144.992	166.819	166.819	187.086
207,5	125.828	146.275	146.275	168.295	168.295	188.742
210,0	126.932	147.558	147.558	169.772	169.772	190.398
212,5	128.036	148.842	148.842	171.248	171.248	192.054
215,0	129.139	150.125	150.125	172.724	172.724	193.709
217,5	130.243	151.408	151.408	174.201	174.201	195.365
220,0	131.347	152.691	152.691	175.677	175.677	197.021
222,5	132.451	153.975	153.975	177.154	177.154	198.677
225,0	133.555	155.258	155.258	178.630	178.630	200.333
227,5	134.628	156.505	156.505	180.065	180.065	201.942
230,0	135.701	157.752	157.752	181.500	181.500	203.552
232,5	136.774	159.000	159.000	182.935	182.935	205.161
235,0	137.847	160.247	160.247	184.370	184.370	206.770
237,5	138.920	161.494	161.494	185.805	185.805	208.380
240,0	139.992	162.741	162.741	187.240	187.240	209.989
242,5	141.065	163.988	163.988	188.675	188.675	211.598
245,0	142.138	165.236	165.236	190.110	190.110	213.207
247,5	143.211	166.483	166.483	191.545	191.545	214.817
250,0	144.284	167.730	167.730	192.980	192.980	216.426

Interpolationstabelle zu § 30: Landschaftsrahmenpläne E5

Honorartafel zu § 30 Absatz 1 – Landschaftsrahmenplan						
Fläche	Honorarzone I		Honorarzone II		Honorarzone III	
	von	bis	von	bis	von	bis
in Hektar	Euro	Euro	Euro	Euro	Euro	Euro
5.000	61.880	71.935	71.935	82.764	82.764	92.820
5.100	62.485	72.639	72.639	83.574	83.574	93.728
5.200	63.091	73.343	73.343	84.383	84.383	94.636
5.300	63.696	74.046	74.046	85.193	85.193	95.544
5.400	64.301	74.750	74.750	86.003	86.003	96.452
5.500	64.907	75.454	75.454	86.813	86.813	97.360
5.600	65.512	76.158	76.158	87.622	87.622	98.268
5.700	66.117	76.862	76.862	88.432	88.432	99.176
5.800	66.722	77.565	77.565	89.242	89.242	100.084
5.900	67.328	78.269	78.269	90.051	90.051	100.992
6.000	67.933	78.973	78.973	90.861	90.861	101.900
6.100	68.487	79.617	79.617	91.602	91.602	102.731
6.200	69.041	80.261	80.261	92.343	92.343	103.562
6.300	69.595	80.905	80.905	93.084	93.084	104.393
6.400	70.149	81.549	81.549	93.825	93.825	105.224
6.500	70.703	82.193	82.193	94.566	94.566	106.055
6.600	71.257	82.837	82.837	95.306	95.306	106.886
6.700	71.811	83.481	83.481	96.047	96.047	107.717
6.800	72.365	84.125	84.125	96.788	96.788	108.548
6.900	72.919	84.769	84.769	97.529	97.529	109.379
7.000	73.473	85.413	85.413	98.270	98.270	110.210
7.100	73.986	86.009	86.009	98.956	98.956	110.979
7.200	74.498	86.605	86.605	99.642	99.642	111.748
7.300	75.011	87.201	87.201	100.327	100.327	112.517
7.400	75.524	87.797	87.797	101.013	101.013	113.286
7.500	76.037	88.393	88.393	101.699	101.699	114.056
7.600	76.549	88.989	88.989	102.385	102.385	114.825
7.700	77.062	89.585	89.585	103.071	103.071	115.594
7.800	77.575	90.181	90.181	103.756	103.756	116.363
7.900	78.087	90.777	90.777	104.442	104.442	117.132
8.000	78.600	91.373	91.373	105.128	105.128	117.901
8.100	79.079	91.929	91.929	105.768	105.768	118.619
8.200	79.557	92.486	92.486	106.408	106.408	119.336
8.300	80.036	93.042	93.042	107.048	107.048	120.054
8.400	80.514	93.598	93.598	107.688	107.688	120.772
8.500	80.993	94.155	94.155	108.328	108.328	121.490
8.600	81.471	94.711	94.711	108.968	108.968	122.207
8.700	81.950	95.267	95.267	109.608	109.608	122.925
8.800	82.428	95.823	95.823	110.248	110.248	123.643

Honorartafel zu § 30 Absatz 1 – Landschaftsrahmenplan						
Fläche	Honorarzone I von	bis	Honorarzone II von	bis	Honorarzone III von	bis
in Hektar	Euro	Euro	Euro	Euro	Euro	Euro
8.900	82.907	96.380	96.380	110.888	110.888	124.360
9.000	83.385	96.936	96.936	111.528	111.528	125.078
9.100	83.835	97.459	97.459	112.129	112.129	125.752
9.200	84.284	97.981	97.981	112.730	112.730	126.426
9.300	84.734	98.504	98.504	113.332	113.332	127.101
9.400	85.183	99.026	99.026	113.933	113.933	127.775
9.500	85.633	99.549	99.549	114.534	114.534	128.449
9.600	86.082	100.071	100.071	115.135	115.135	129.123
9.700	86.532	100.594	100.594	115.736	115.736	129.797
9.800	86.981	101.116	101.116	116.338	116.338	130.472
9.900	87.431	101.639	101.639	116.939	116.939	131.146
10.000	87.880	102.161	102.161	117.540	117.540	131.820
10.200	88.707	103.122	103.122	118.646	118.646	133.060
10.400	89.534	104.083	104.083	119.752	119.752	134.301
10.600	90.361	105.045	105.045	120.858	120.858	135.541
10.800	91.188	106.006	106.006	121.964	121.964	136.781
11.000	92.015	106.967	106.967	123.070	123.070	138.022
11.200	92.841	107.928	107.928	124.175	124.175	139.262
11.400	93.668	108.889	108.889	125.281	125.281	140.502
11.600	94.495	109.851	109.851	126.387	126.387	141.742
11.800	95.322	110.812	110.812	127.493	127.493	142.983
12.000	96.149	111.773	111.773	128.599	128.599	144.223
12.200	96.897	112.643	112.643	129.600	129.600	145.345
12.400	97.645	113.513	113.513	130.601	130.601	146.468
12.600	98.394	114.382	114.382	131.601	131.601	147.590
12.800	99.142	115.252	115.252	132.602	132.602	148.713
13.000	99.890	116.122	116.122	133.603	133.603	149.835
13.200	100.638	116.992	116.992	134.604	134.604	150.957
13.400	101.386	117.862	117.862	135.605	135.605	152.080
13.600	102.135	118.731	118.731	136.605	136.605	153.202
13.800	102.883	119.601	119.601	137.606	137.606	154.325
14.000	103.631	120.471	120.471	138.607	138.607	155.447
14.200	104.316	121.267	121.267	139.523	139.523	156.474
14.400	105.000	122.063	122.063	140.438	140.438	157.501
14.600	105.685	122.859	122.859	141.354	141.354	158.528
14.800	106.369	123.655	123.655	142.269	142.269	159.555
15.000	107.054	124.451	124.451	143.185	143.185	160.582
15.200	107.739	125.246	125.246	144.101	144.101	161.608
15.400	108.423	126.042	126.042	145.016	145.016	162.635
15.600	109.108	126.838	126.838	145.932	145.932	163.662
15.800	109.792	127.634	127.634	146.847	146.847	164.689
16.000	110.477	128.430	128.430	147.763	147.763	165.716
16.200	111.108	129.164	129.164	148.608	148.608	166.663
16.400	111.740	129.898	129.898	149.452	149.452	167.610
16.600	112.371	130.632	130.632	150.297	150.297	168.557

Honorartafel zu § 30 Absatz 1 – Landschaftsrahmenplan						
Fläche	Honorarzone I		Honorarzone II		Honorarzone III	
	von	bis	von	bis	von	bis
in Hektar	Euro	Euro	Euro	Euro	Euro	Euro
16.800	113.003	131.366	131.366	151.141	151.141	169.504
17.000	113.634	132.100	132.100	151.986	151.986	170.451
17.200	114.265	132.833	132.833	152.830	152.830	171.398
17.400	114.897	133.567	133.567	153.675	153.675	172.345
17.600	115.528	134.301	134.301	154.519	154.519	173.292
17.800	116.160	135.035	135.035	155.364	155.364	174.239
18.000	116.791	135.769	135.769	156.208	156.208	175.186
18.200	117.377	136.450	136.450	156.992	156.992	176.065
18.400	117.963	137.131	137.131	157.775	157.775	176.944
18.600	118.548	137.812	137.812	158.559	158.559	177.822
18.800	119.134	138.493	138.493	159.342	159.342	178.701
19.000	119.720	139.175	139.175	160.126	160.126	179.580
19.200	120.306	139.856	139.856	160.909	160.909	180.459
19.400	120.892	140.537	140.537	161.693	161.693	181.338
19.600	121.477	141.218	141.218	162.476	162.476	182.216
19.800	122.063	141.899	141.899	163.260	163.260	183.095
20.000	122.649	142.580	142.580	164.043	164.043	183.974
20.500	124.189	144.370	144.370	166.103	166.103	186.284
21.000	125.729	146.160	146.160	168.162	168.162	188.593
21.500	127.268	147.950	147.950	170.222	170.222	190.903
22.000	128.808	149.740	149.740	172.281	172.281	193.212
22.500	130.348	151.530	151.530	174.341	174.341	195.522
23.000	131.888	153.320	153.320	176.400	176.400	197.832
23.500	133.428	155.110	155.110	178.460	178.460	200.141
24.000	134.967	156.900	156.900	180.519	180.519	202.451
24.500	136.507	158.690	158.690	182.579	182.579	204.760
25.000	138.047	160.480	160.480	184.638	184.638	207.070
25.500	139.448	162.108	162.108	186.511	186.511	209.171
26.000	140.848	163.736	163.736	188.384	188.384	211.272
26.500	142.249	165.364	165.364	190.258	190.258	213.372
27.000	143.649	166.992	166.992	192.131	192.131	215.473
27.500	145.050	168.621	168.621	194.004	194.004	217.574
28.000	146.450	170.249	170.249	195.877	195.877	219.675
28.500	147.851	171.877	171.877	197.750	197.750	221.776
29.000	149.251	173.505	173.505	199.624	199.624	223.876
29.500	150.652	175.133	175.133	201.497	201.497	225.977
30.000	152.052	176.761	176.761	203.370	203.370	228.078
30.500	153.304	178.217	178.217	205.045	205.045	229.956
31.000	154.557	179.672	179.672	206.720	206.720	231.835
31.500	155.809	181.128	181.128	208.395	208.395	233.713
32.000	157.061	182.584	182.584	210.069	210.069	235.591
32.500	158.313	184.040	184.040	211.744	211.744	237.470
33.000	159.566	185.495	185.495	213.419	213.419	239.348
33.500	160.818	186.951	186.951	215.094	215.094	241.226
34.000	162.070	188.407	188.407	216.769	216.769	243.105

Honorartafel zu § 30 Absatz 1 – Landschaftsrahmenplan						
Fläche	Honorarzone I		Honorarzone II		Honorarzone III	
	von	bis	von	bis	von	bis
in Hektar	Euro	Euro	Euro	Euro	Euro	Euro
34.500	163.322	189.862	189.862	218.444	218.444	244.983
35.000	164.575	191.318	191.318	220.119	220.119	246.862
35.500	165.827	192.774	192.774	221.793	221.793	248.740
36.000	167.079	194.229	194.229	223.468	223.468	250.618
36.500	168.331	195.685	195.685	225.143	225.143	252.497
37.000	169.584	197.141	197.141	226.818	226.818	254.375
37.500	170.836	198.597	198.597	228.493	228.493	256.253
38.000	172.088	200.052	200.052	230.168	230.168	258.132
38.500	173.340	201.508	201.508	231.842	231.842	260.010
39.000	174.593	202.964	202.964	233.517	233.517	261.888
39.500	175.845	204.419	204.419	235.192	235.192	263.767
40.000	177.097	205.875	205.875	236.867	236.867	265.645
40.500	178.209	207.167	207.167	238.354	238.354	267.313
41.000	179.320	208.460	208.460	239.841	239.841	268.980
41.500	180.432	209.752	209.752	241.328	241.328	270.648
42.000	181.544	211.044	211.044	242.814	242.814	272.315
42.500	182.655	212.337	212.337	244.301	244.301	273.983
43.000	183.767	213.629	213.629	245.788	245.788	275.650
43.500	184.879	214.921	214.921	247.275	247.275	277.318
44.000	185.990	216.213	216.213	248.762	248.762	278.985
44.500	187.102	217.506	217.506	250.249	250.249	280.653
45.000	188.214	218.798	218.798	251.736	251.736	282.320
45.500	189.325	220.090	220.090	253.222	253.222	283.988
46.000	190.437	221.383	221.383	254.709	254.709	285.655
46.500	191.548	222.675	222.675	256.196	256.196	287.323
47.000	192.660	223.967	223.967	257.683	257.683	288.990
47.500	193.772	225.260	225.260	259.170	259.170	290.658
48.000	194.883	226.552	226.552	260.657	260.657	292.325
48.500	195.995	227.844	227.844	262.143	262.143	293.993
49.000	197.107	229.136	229.136	263.630	263.630	295.660
49.500	198.218	230.429	230.429	265.117	265.117	297.328
50.000	199.330	231.721	231.721	266.604	266.604	298.995
51.000	201.352	234.072	234.072	269.309	269.309	302.028
52.000	203.375	236.423	236.423	272.014	272.014	305.062
53.000	205.397	238.774	238.774	274.718	274.718	308.095
54.000	207.419	241.125	241.125	277.423	277.423	311.129
55.000	209.442	243.476	243.476	280.128	280.128	314.162
56.000	211.464	245.826	245.826	282.833	282.833	317.195
57.000	213.486	248.177	248.177	285.538	285.538	320.229
58.000	215.508	250.528	250.528	288.242	288.242	323.262
59.000	217.531	252.879	252.879	290.947	290.947	326.296
60.000	219.553	255.230	255.230	293.652	293.652	329.329
61.000	221.422	257.403	257.403	296.152	296.152	332.133
62.000	223.291	259.576	259.576	298.652	298.652	334.936
63.000	225.160	261.748	261.748	301.151	301.151	337.740

Honorartafel zu § 30 Absatz 1 – Landschaftsrahmenplan						
Fläche	Honorarzone I		Honorarzone II		Honorarzone III	
	von	bis	von	bis	von	bis
in Hektar	Euro	Euro	Euro	Euro	Euro	Euro
64.000	227.029	263.921	263.921	303.651	303.651	340.543
65.000	228.898	266.094	266.094	306.151	306.151	343.347
66.000	230.767	268.267	268.267	308.651	308.651	346.151
67.000	232.636	270.440	270.440	311.151	311.151	348.954
68.000	234.505	272.612	272.612	313.650	313.650	351.758
69.000	236.374	274.785	274.785	316.150	316.150	354.561
70.000	238.243	276.958	276.958	318.650	318.650	357.365
71.000	239.813	278.783	278.783	320.750	320.750	359.720
72.000	241.384	280.609	280.609	322.850	322.850	362.076
73.000	242.954	282.434	282.434	324.951	324.951	364.431
74.000	244.524	284.260	284.260	327.051	327.051	366.786
75.000	246.095	286.085	286.085	329.151	329.151	369.142
76.000	247.665	287.910	287.910	331.251	331.251	371.497
77.000	249.235	289.736	289.736	333.351	333.351	373.852
78.000	250.805	291.561	291.561	335.452	335.452	376.207
79.000	252.376	293.387	293.387	337.552	337.552	378.563
80.000	253.946	295.212	295.212	339.652	339.652	380.918
81.000	255.393	296.895	296.895	341.588	341.588	383.089
82.000	256.841	298.577	298.577	343.524	343.524	385.260
83.000	258.288	300.260	300.260	345.460	345.460	387.432
84.000	259.736	301.942	301.942	347.396	347.396	389.603
85.000	261.183	303.625	303.625	349.332	349.332	391.774
86.000	262.630	305.308	305.308	351.267	351.267	393.945
87.000	264.078	306.990	306.990	353.203	353.203	396.116
88.000	265.525	308.673	308.673	355.139	355.139	398.288
89.000	266.973	310.355	310.355	357.075	357.075	400.459
90.000	268.420	312.038	312.038	359.011	359.011	402.630
91.000	269.762	313.599	313.599	360.806	360.806	404.644
92.000	271.105	315.159	315.159	362.602	362.602	406.657
93.000	272.447	316.720	316.720	364.397	364.397	408.671
94.000	273.789	318.280	318.280	366.193	366.193	410.684
95.000	275.132	319.841	319.841	367.988	367.988	412.698
96.000	276.474	321.401	321.401	369.783	369.783	414.711
97.000	277.816	322.962	322.962	371.579	371.579	416.725
98.000	279.158	324.522	324.522	373.374	373.374	418.738
99.000	280.501	326.083	326.083	375.170	375.170	420.752
100.000	281.843	327.643	327.643	376.965	376.965	422.765

Interpolationstabelle zu § 31: Landschaftspflegerische Begleitpläne

E6

Honorartafel zu § 31 Absatz 1 – Landschaftspflegerischer Begleitplan						
Fläche	Honorarzone I		Honorarzone II		Honorarzone III	
	von	bis	von	bis	von	bis
in Hektar	Euro	Euro	Euro	Euro	Euro	Euro
6,0	5.324	6.189	6.189	7.121	7.121	7.986
6,2	5.405	6.283	6.283	7.229	7.229	8.107
6,4	5.485	6.376	6.376	7.337	7.337	8.228
6,6	5.566	6.470	6.470	7.444	7.444	8.349
6,8	5.646	6.564	6.564	7.552	7.552	8.470
7,0	5.727	6.658	6.658	7.660	7.660	8.591
7,2	5.808	6.751	6.751	7.768	7.768	8.711
7,4	5.888	6.845	6.845	7.876	7.876	8.832
7,6	5.969	6.939	6.939	7.983	7.983	8.953
7,8	6.049	7.032	7.032	8.091	8.091	9.074
8,0	6.130	7.126	7.126	8.199	8.199	9.195
8,5	6.314	7.340	7.340	8.445	8.445	9.471
9,0	6.498	7.554	7.554	8.691	8.691	9.747
9,5	6.681	7.767	7.767	8.937	8.937	10.022
10,0	6.865	7.981	7.981	9.183	9.183	10.298
10,5	7.049	8.195	8.195	9.428	9.428	10.574
11,0	7.233	8.409	8.409	9.674	9.674	10.850
11,5	7.416	8.622	8.622	9.920	9.920	11.125
12,0	7.600	8.836	8.836	10.166	10.166	11.401
12,5	7.768	9.032	9.032	10.391	10.391	11.653
13,0	7.937	9.227	9.227	10.616	10.616	11.906
13,5	8.105	9.423	9.423	10.841	10.841	12.158
14,0	8.274	9.619	9.619	11.066	11.066	12.411
14,5	8.442	9.814	9.814	11.291	11.291	12.663
15,0	8.610	10.010	10.010	11.516	11.516	12.915
15,5	8.779	10.205	10.205	11.741	11.741	13.168
16,0	8.947	10.401	10.401	11.966	11.966	13.420
16,5	9.105	10.584	10.584	12.177	12.177	13.656
17,0	9.262	10.767	10.767	12.388	12.388	13.893
17,5	9.420	10.950	10.950	12.598	12.598	14.129
18,0	9.577	11.134	11.134	12.809	12.809	14.366
18,5	9.735	11.317	11.317	13.020	13.020	14.602
19,0	9.892	11.500	11.500	13.231	13.231	14.838
19,5	10.050	11.683	11.683	13.441	13.441	15.075
20,0	10.207	11.866	11.866	13.652	13.652	15.311
22,0	10.762	12.511	12.511	14.394	14.394	16.143
24,0	11.317	13.156	13.156	15.136	15.136	16.975
26,0	11.871	13.801	13.801	15.878	15.878	17.807
28,0	12.426	14.446	14.446	16.620	16.620	18.639

Honorartafel zu § 31 Absatz 1 – Landschaftspflegerischer Begleitplan

Fläche	Honorarzone I		Honorarzone II		Honorarzone III	
	von	bis	von	bis	von	bis
in Hektar	Euro	Euro	Euro	Euro	Euro	Euro
30,0	12.981	15.091	15.091	17.362	17.362	19.472
32,0	13.536	15.735	15.735	18.104	18.104	20.304
34,0	14.091	16.380	16.380	18.846	18.846	21.136
36,0	14.645	17.025	17.025	19.588	19.588	21.968
38,0	15.200	17.670	17.670	20.330	20.330	22.800
40,0	15.755	18.315	18.315	21.072	21.072	23.632
45,0	16.869	19.610	19.610	22.562	22.562	25.303
50,0	17.984	20.906	20.906	24.053	24.053	26.975
55,0	19.098	22.201	22.201	25.543	25.543	28.646
60,0	20.212	23.496	23.496	27.033	27.033	30.318
65,0	21.326	24.792	24.792	28.524	28.524	31.989
70,0	22.441	26.087	26.087	30.014	30.014	33.661
75,0	23.555	27.382	27.382	31.504	31.504	35.332
80,0	24.669	28.678	28.678	32.995	32.995	37.003
85,0	25.783	29.973	29.973	34.485	34.485	38.675
90,0	26.898	31.268	31.268	35.975	35.975	40.346
95,0	28.012	32.564	32.564	37.466	37.466	42.018
100,0	29.126	33.859	33.859	38.956	38.956	43.689
110,0	30.931	35.958	35.958	41.371	41.371	46.397
120,0	32.737	38.056	38.056	43.785	43.785	49.105
130,0	34.542	40.155	40.155	46.200	46.200	51.813
140,0	36.348	42.254	42.254	48.615	48.615	54.521
150,0	38.153	44.353	44.353	51.030	51.030	57.229
160,0	39.958	46.451	46.451	53.444	53.444	59.937
170,0	41.764	48.550	48.550	55.859	55.859	62.645
180,0	43.569	50.649	50.649	58.274	58.274	65.353
190,0	45.375	52.747	52.747	60.688	60.688	68.061
200,0	47.180	54.846	54.846	63.103	63.103	70.769
210,0	48.737	56.656	56.656	65.185	65.185	73.104
220,0	50.294	58.466	58.466	67.267	67.267	75.439
230,0	51.850	60.275	60.275	69.350	69.350	77.775
240,0	53.407	62.085	62.085	71.432	71.432	80.110
250,0	54.964	63.895	63.895	73.514	73.514	82.445
260,0	56.521	65.705	65.705	75.596	75.596	84.780
270,0	58.078	67.515	67.515	77.678	77.678	87.115
280,0	59.634	69.324	69.324	79.761	79.761	89.451
290,0	61.191	71.134	71.134	81.843	81.843	91.786
300,0	62.748	72.944	72.944	83.925	83.925	94.121
310,0	64.156	74.581	74.581	85.808	85.808	96.233
320,0	65.564	76.218	76.218	87.692	87.692	98.346
330,0	66.972	77.855	77.855	89.575	89.575	100.458
340,0	68.380	79.492	79.492	91.459	91.459	102.570
350,0	69.789	81.129	81.129	93.342	93.342	104.683
360,0	71.197	82.766	82.766	95.225	95.225	106.795

Honorartafel zu § 31 Absatz 1 – Landschaftspflegerischer Begleitplan						
Fläche	Honorarzone I von	bis	Honorarzone II von	bis	Honorarzone III von	bis
in Hektar	Euro	Euro	Euro	Euro	Euro	Euro
370,0	72.605	84.403	84.403	97.109	97.109	108.907
380,0	74.013	86.040	86.040	98.992	98.992	111.019
390,0	75.421	87.677	87.677	100.876	100.876	113.132
400,0	76.829	89.314	89.314	102.759	102.759	115.244
410,0	78.132	90.828	90.828	104.501	104.501	117.198
420,0	79.434	92.342	92.342	106.243	106.243	119.152
430,0	80.737	93.857	93.857	107.986	107.986	121.105
440,0	82.039	95.371	95.371	109.728	109.728	123.059
450,0	83.342	96.885	96.885	111.470	111.470	125.013
460,0	84.645	98.399	98.399	113.212	113.212	126.967
470,0	85.947	99.913	99.913	114.954	114.954	128.921
480,0	87.250	101.428	101.428	116.697	116.697	130.874
490,0	88.552	102.942	102.942	118.439	118.439	132.828
500,0	89.855	104.456	104.456	120.181	120.181	134.782
510,0	91.076	105.875	105.875	121.814	121.814	136.613
520,0	92.296	107.294	107.294	123.446	123.446	138.444
530,0	93.517	108.713	108.713	125.079	125.079	140.275
540,0	94.738	110.132	110.132	126.712	126.712	142.106
550,0	95.959	111.552	111.552	128.345	128.345	143.938
560,0	97.179	112.971	112.971	129.977	129.977	145.769
570,0	98.400	114.390	114.390	131.610	131.610	147.600
580,0	99.621	115.809	115.809	133.243	133.243	149.431
590,0	100.841	117.228	117.228	134.875	134.875	151.262
600,0	102.062	118.647	118.647	136.508	136.508	153.093
610,0	103.216	119.989	119.989	138.051	138.051	154.824
620,0	104.370	121.330	121.330	139.595	139.595	156.555
630,0	105.524	122.672	122.672	141.138	141.138	158.286
640,0	106.678	124.013	124.013	142.682	142.682	160.017
650,0	107.832	125.355	125.355	144.225	144.225	161.748
660,0	108.986	126.696	126.696	145.768	145.768	163.478
670,0	110.140	128.038	128.038	147.312	147.312	165.209
680,0	111.294	129.379	129.379	148.855	148.855	166.940
690,0	112.448	130.721	130.721	150.399	150.399	168.671
700,0	113.602	132.062	132.062	151.942	151.942	170.402
710,0	114.699	133.338	133.338	153.410	153.410	172.048
720,0	115.797	134.613	134.613	154.878	154.878	173.694
730,0	116.894	135.889	135.889	156.345	156.345	175.340
740,0	117.991	137.165	137.165	157.813	157.813	176.986
750,0	119.089	138.441	138.441	159.281	159.281	178.633
760,0	120.186	139.716	139.716	160.749	160.749	180.279
770,0	121.283	140.992	140.992	162.217	162.217	181.925
780,0	122.380	142.268	142.268	163.684	163.684	183.571
790,0	123.478	143.543	143.543	165.152	165.152	185.217
800,0	124.575	144.819	144.819	166.620	166.620	186.863

Honorartafel zu § 31 Absatz 1 – Landschaftspflegerischer Begleitplan						
Fläche	Honorarzone I		Honorarzone II		Honorarzone III	
	von	bis	von	bis	von	bis
in Hektar	Euro	Euro	Euro	Euro	Euro	Euro
820,0	126.733	147.327	147.327	169.506	169.506	190.100
840,0	128.890	149.836	149.836	172.392	172.392	193.336
860,0	131.048	152.344	152.344	175.278	175.278	196.573
880,0	133.206	154.852	154.852	178.164	178.164	199.809
900,0	135.364	157.361	157.361	181.050	181.050	203.046
920,0	137.521	159.869	159.869	183.935	183.935	206.282
940,0	139.679	162.377	162.377	186.821	186.821	209.519
960,0	141.837	164.885	164.885	189.707	189.707	212.755
980,0	143.994	167.394	167.394	192.593	192.593	215.992
1.000,0	146.152	169.902	169.902	195.479	195.479	219.229
1.020,0	148.310	172.410	172.410	198.365	198.365	222.465
1.040,0	150.467	174.919	174.919	201.251	201.251	225.702
1.060,0	152.625	177.427	177.427	204.137	204.137	228.938
1.080,0	154.783	179.935	179.935	207.023	207.023	232.175
1.100,0	156.941	182.444	182.444	209.909	209.909	235.411
1.120,0	159.098	184.952	184.952	212.794	212.794	238.648
1.140,0	161.256	187.460	187.460	215.680	215.680	241.884
1.160,0	163.414	189.968	189.968	218.566	218.566	245.121
1.180,0	165.571	192.477	192.477	221.452	221.452	248.357
1.200,0	167.729	194.985	194.985	224.338	224.338	251.594
1.240,0	171.684	199.583	199.583	229.628	229.628	257.526
1.280,0	175.639	204.180	204.180	234.917	234.917	263.459
1.320,0	179.594	208.778	208.778	240.207	240.207	269.391
1.360,0	183.549	213.375	213.375	245.497	245.497	275.324
1.400,0	187.504	217.973	217.973	250.787	250.787	281.256
1.440,0	191.459	222.571	222.571	256.076	256.076	287.188
1.480,0	195.414	227.168	227.168	261.366	261.366	293.121
1.520,0	199.369	231.766	231.766	266.656	266.656	299.053
1.560,0	203.324	236.363	236.363	271.945	271.945	304.986
1.600,0	207.279	240.961	240.961	277.235	277.235	310.918
1.640,0	210.986	245.271	245.271	282.193	282.193	316.479
1.680,0	214.693	249.580	249.580	287.151	287.151	322.039
1.720,0	218.400	253.890	253.890	292.110	292.110	327.600
1.760,0	222.107	258.199	258.199	297.068	297.068	333.160
1.800,0	225.814	262.509	262.509	302.026	302.026	338.721
1.840,0	229.521	266.818	266.818	306.984	306.984	344.282
1.880,0	233.228	271.128	271.128	311.942	311.942	349.842
1.920,0	236.935	275.437	275.437	316.901	316.901	355.403
1.960,0	240.642	279.747	279.747	321.859	321.859	360.963
2.000,0	244.349	284.056	284.056	326.817	326.817	366.524
2.040,0	247.870	288.149	288.149	331.526	331.526	371.805
2.080,0	251.391	292.242	292.242	336.236	336.236	377.087
2.120,0	254.912	296.335	296.335	340.945	340.945	382.368
2.160,0	258.433	300.428	300.428	345.654	345.654	387.650

Honorartafel zu § 31 Absatz 1 – Landschaftspflegerischer Begleitplan						
Fläche	Honorarzone I von	bis	Honorarzone II von	bis	Honorarzone III von	bis
in Hektar	Euro	Euro	Euro	Euro	Euro	Euro
2.200,0	261.954	304.522	304.522	350.364	350.364	392.931
2.240,0	265.475	308.615	308.615	355.073	355.073	398.212
2.280,0	268.996	312.708	312.708	359.782	359.782	403.494
2.320,0	272.517	316.801	316.801	364.491	364.491	408.775
2.360,0	276.038	320.894	320.894	369.201	369.201	414.057
2.400,0	279.559	324.987	324.987	373.910	373.910	419.338
2.450,0	283.575	329.656	329.656	379.281	379.281	425.362
2.500,0	287.591	334.324	334.324	384.653	384.653	431.386
2.550,0	291.607	338.993	338.993	390.024	390.024	437.410
2.600,0	295.623	343.661	343.661	395.395	395.395	443.434
2.650,0	299.639	348.330	348.330	400.767	400.767	449.457
2.700,0	303.655	352.998	352.998	406.138	406.138	455.481
2.750,0	307.671	357.667	357.667	411.509	411.509	461.505
2.800,0	311.687	362.335	362.335	416.881	416.881	467.529
2.850,0	315.702	367.004	367.004	422.252	422.252	473.553
2.900,0	319.718	371.672	371.672	427.623	427.623	479.577
2.950,0	323.734	376.341	376.341	432.994	432.994	485.601
3.000,0	327.750	381.009	381.009	438.366	438.366	491.625
3.050,0	331.766	385.678	385.678	443.737	443.737	497.648
3.100,0	335.782	390.346	390.346	449.108	449.108	503.672
3.150,0	339.798	395.015	395.015	454.480	454.480	509.696
3.200,0	343.814	399.683	399.683	459.851	459.851	515.720
3.250,0	347.379	403.827	403.827	464.619	464.619	521.067
3.300,0	350.943	407.971	407.971	469.386	469.386	526.414
3.350,0	354.508	412.115	412.115	474.154	474.154	531.761
3.400,0	358.072	416.259	416.259	478.922	478.922	537.108
3.450,0	361.637	420.402	420.402	483.689	483.689	542.454
3.500,0	365.201	424.546	424.546	488.457	488.457	547.801
3.550,0	368.766	428.690	428.690	493.224	493.224	553.148
3.600,0	372.331	432.834	432.834	497.992	497.992	558.495
3.650,0	375.895	436.978	436.978	502.760	502.760	563.842
3.700,0	379.460	441.122	441.122	507.527	507.527	569.189
3.750,0	383.024	445.266	445.266	512.295	512.295	574.536
3.800,0	386.589	449.410	449.410	517.063	517.063	579.883
3.850,0	390.153	453.553	453.553	521.830	521.830	585.229
3.900,0	393.718	457.697	457.697	526.598	526.598	590.576
3.950,0	397.282	461.841	461.841	531.365	531.365	595.923
4.000,0	400.847	465.985	465.985	536.133	536.133	601.270

Interpolationstabelle zu § 32: Pflege- und Entwicklungspläne

E7

Honorartafel zu § 32 Absatz 1 – Pflege- und Entwicklungsplan						
Fläche	Honorarzone I von	bis	Honorarzone II von	bis	Honorarzone III von	bis
in Hektar	Euro	Euro	Euro	Euro	Euro	Euro
5,0	3.852	7.704	7.704	11.556	11.556	15.408
6,0	4.042	8.084	8.084	12.126	12.126	16.168
7,0	4.232	8.464	8.464	12.696	12.696	16.928
8,0	4.422	8.843	8.843	13.265	13.265	17.687
9,0	4.612	9.223	9.223	13.835	13.835	18.447
10,0	4.802	9.603	9.603	14.405	14.405	19.207
11,0	4.938	9.875	9.875	14.813	14.813	19.751
12,0	5.074	10.147	10.147	15.221	15.221	20.294
13,0	5.209	10.419	10.419	15.628	15.628	20.838
14,0	5.345	10.691	10.691	16.036	16.036	21.381
15,0	5.481	10.963	10.963	16.444	16.444	21.925
16,0	5.591	11.182	11.182	16.773	16.773	22.363
17,0	5.700	11.401	11.401	17.101	17.101	22.801
18,0	5.810	11.620	11.620	17.430	17.430	23.240
19,0	5.919	11.839	11.839	17.758	17.758	23.678
20,0	6.029	12.058	12.058	18.087	18.087	24.116
21,0	6.117	12.234	12.234	18.350	18.350	24.467
22,0	6.204	12.409	12.409	18.613	18.613	24.818
23,0	6.292	12.585	12.585	18.877	18.877	25.169
24,0	6.380	12.760	12.760	19.140	19.140	25.520
25,0	6.468	12.936	12.936	19.403	19.403	25.871
26,0	6.555	13.111	13.111	19.666	19.666	26.222
27,0	6.643	13.287	13.287	19.929	19.929	26.573
28,0	6.731	13.462	13.462	20.193	20.193	26.924
29,0	6.818	13.638	13.638	20.456	20.456	27.275
30,0	6.906	13.813	13.813	20.719	20.719	27.626
31,0	6.977	13.954	13.954	20.931	20.931	27.908
32,0	7.047	14.095	14.095	21.143	21.143	28.191
33,0	7.118	14.237	14.237	21.354	21.354	28.473
34,0	7.188	14.378	14.378	21.566	21.566	28.756
35,0	7.259	14.519	14.519	21.778	21.778	29.038
36,0	7.330	14.660	14.660	21.990	21.990	29.320
37,0	7.400	14.801	14.801	22.202	22.202	29.603
38,0	7.471	14.943	14.943	22.413	22.413	29.885
39,0	7.541	15.084	15.084	22.625	22.625	30.168
40,0	7.612	15.225	15.225	22.837	22.837	30.450
41,0	7.672	15.345	15.345	23.017	23.017	30.690
42,0	7.732	15.465	15.465	23.197	23.197	30.930
43,0	7.792	15.585	15.585	23.377	23.377	31.170

Honorartafel zu § 32 Absatz 1 – Pflege- und Entwicklungsplan						
Fläche	Honorarzone I		Honorarzone II		Honorarzone III	
	von	bis	von	bis	von	bis
in Hektar	Euro	Euro	Euro	Euro	Euro	Euro
44,0	7.852	15.705	15.705	23.557	23.557	31.410
45,0	7.913	15.825	15.825	23.738	23.738	31.651
46,0	7.973	15.945	15.945	23.918	23.918	31.891
47,0	8.033	16.065	16.065	24.098	24.098	32.131
48,0	8.093	16.185	16.185	24.278	24.278	32.371
49,0	8.153	16.305	16.305	24.458	24.458	32.611
50,0	8.213	16.425	16.425	24.638	24.638	32.851
52,5	8.335	16.669	16.669	25.004	25.004	33.339
55,0	8.457	16.913	16.913	25.370	25.370	33.827
57,5	8.579	17.157	17.157	25.736	25.736	34.315
60,0	8.701	17.401	17.401	26.102	26.102	34.803
62,5	8.823	17.646	17.646	26.468	26.468	35.291
65,0	8.945	17.890	17.890	26.834	26.834	35.779
67,5	9.067	18.134	18.134	27.200	27.200	36.267
70,0	9.189	18.378	18.378	27.566	27.566	36.755
72,5	9.311	18.622	18.622	27.932	27.932	37.243
75,0	9.433	18.866	18.866	28.298	28.298	37.731
77,5	9.531	19.061	19.061	28.591	28.591	38.121
80,0	9.628	19.256	19.256	28.883	28.883	38.511
82,5	9.726	19.451	19.451	29.176	29.176	38.902
85,0	9.823	19.646	19.646	29.468	29.468	39.292
87,5	9.921	19.841	19.841	29.761	29.761	39.682
90,0	10.018	20.036	20.036	30.054	30.054	40.072
92,5	10.116	20.231	20.231	30.346	30.346	40.462
95,0	10.213	20.426	20.426	30.639	30.639	40.853
97,5	10.311	20.621	20.621	30.931	30.931	41.243
100,0	10.408	20.816	20.816	31.224	31.224	41.633
105,0	10.562	21.124	21.124	31.686	31.686	42.250
110,0	10.716	21.433	21.433	32.149	32.149	42.866
115,0	10.870	21.741	21.741	32.611	32.611	43.483
120,0	11.024	22.049	22.049	33.074	33.074	44.099
125,0	11.179	22.358	22.358	33.536	33.536	44.716
130,0	11.333	22.666	22.666	33.998	33.998	45.332
135,0	11.487	22.974	22.974	34.461	34.461	45.949
140,0	11.641	23.282	23.282	34.923	34.923	46.565
145,0	11.795	23.591	23.591	35.386	35.386	47.182
150,0	11.949	23.899	23.899	35.848	35.848	47.798
155,0	12.071	24.142	24.142	36.213	36.213	48.284
160,0	12.192	24.385	24.385	36.577	36.577	48.770
165,0	12.314	24.628	24.628	36.942	36.942	49.257
170,0	12.435	24.871	24.871	37.307	37.307	49.743
175,0	12.557	25.115	25.115	37.672	37.672	50.229
180,0	12.679	25.358	25.358	38.036	38.036	50.715
185,0	12.800	25.601	25.601	38.401	38.401	51.201
190,0	12.922	25.844	25.844	38.766	38.766	51.688

Honorartafel zu § 32 Absatz 1 – Pflege- und Entwicklungsplan						
Fläche	Honorarzone I		Honorarzone II		Honorarzone III	
	von	bis	von	bis	von	bis
in Hektar	Euro	Euro	Euro	Euro	Euro	Euro
195,0	13.043	26.087	26.087	39.130	39.130	52.174
200,0	13.165	26.330	26.330	39.495	39.495	52.660
210,0	13.380	26.761	26.761	40.141	40.141	53.521
220,0	13.596	27.191	27.191	40.787	40.787	54.382
230,0	13.811	27.622	27.622	41.433	41.433	55.244
240,0	14.026	28.052	28.052	42.079	42.079	56.105
250,0	14.242	28.483	28.483	42.725	42.725	56.966
260,0	14.457	28.914	28.914	43.370	43.370	57.827
270,0	14.672	29.344	29.344	44.016	44.016	58.688
280,0	14.887	29.775	29.775	44.662	44.662	59.550
290,0	15.103	30.205	30.205	45.308	45.308	60.411
300,0	15.318	30.636	30.636	45.954	45.954	61.272
310,0	15.495	30.990	30.990	46.485	46.485	61.980
320,0	15.672	31.344	31.344	47.016	47.016	62.687
330,0	15.849	31.697	31.697	47.546	47.546	63.395
340,0	16.026	32.051	32.051	48.077	48.077	64.103
350,0	16.203	32.405	32.405	48.608	48.608	64.811
360,0	16.379	32.759	32.759	49.139	49.139	65.518
370,0	16.556	33.113	33.113	49.670	49.670	66.226
380,0	16.733	33.466	33.466	50.200	50.200	66.934
390,0	16.910	33.820	33.820	50.731	50.731	67.641
400,0	17.087	34.174	34.174	51.262	51.262	68.349
410,0	17.240	34.481	34.481	51.722	51.722	68.963
420,0	17.394	34.788	34.788	52.182	52.182	69.576
430,0	17.547	35.094	35.094	52.642	52.642	70.190
440,0	17.701	35.401	35.401	53.102	53.102	70.803
450,0	17.854	35.708	35.708	53.563	53.563	71.417
460,0	18.007	36.015	36.015	54.023	54.023	72.030
470,0	18.161	36.322	36.322	54.483	54.483	72.644
480,0	18.314	36.628	36.628	54.943	54.943	73.257
490,0	18.468	36.935	36.935	55.403	55.403	73.871
500,0	18.621	37.242	37.242	55.863	55.863	74.484
550,0	19.263	38.527	38.527	57.790	57.790	77.054
600,0	19.906	39.812	39.812	59.718	59.718	79.624
650,0	20.548	41.096	41.096	61.645	61.645	82.193
700,0	21.191	42.381	42.381	63.573	63.573	84.763
750,0	21.833	43.666	43.666	65.500	65.500	87.333
800,0	22.368	44.736	44.736	67.104	67.104	89.472
850,0	22.903	45.805	45.805	68.709	68.709	91.611
900,0	23.437	46.875	46.875	70.313	70.313	93.751
950,0	23.972	47.944	47.944	71.918	71.918	95.890
1.000,0	24.507	49.014	49.014	73.522	73.522	98.029
1.100,0	25.399	50.798	50.798	76.197	76.197	101.596
1.200,0	26.291	52.581	52.581	78.872	78.872	105.163
1.300,0	27.182	54.365	54.365	81.548	81.548	108.730

Honorartafel zu § 32 Absatz 1 – Pflege- und Entwicklungsplan						
Fläche	Honorarzone I		Honorarzone II		Honorarzone III	
	von	bis	von	bis	von	bis
in Hektar	Euro	Euro	Euro	Euro	Euro	Euro
1.400,0	28.074	56.148	56.148	84.223	84.223	112.297
1.500,0	28.966	57.932	57.932	86.898	86.898	115.864
1.600,0	29.676	59.352	59.352	89.028	89.028	118.704
1.700,0	30.386	60.772	60.772	91.158	91.158	121.543
1.800,0	31.096	62.192	62.192	93.287	93.287	124.383
1.900,0	31.806	63.612	63.612	95.417	95.417	127.223
2.000,0	32.516	65.032	65.032	97.547	97.547	130.063
2.100,0	33.225	66.451	66.451	99.677	99.677	132.902
2.200,0	33.935	67.871	67.871	101.807	101.807	135.742
2.300,0	34.645	69.291	69.291	103.936	103.936	138.582
2.400,0	35.355	70.711	70.711	106.066	106.066	141.421
2.500,0	36.065	72.131	72.131	108.196	108.196	144.261
2.625,0	36.726	73.453	73.453	110.179	110.179	146.905
2.750,0	37.387	74.775	74.775	112.163	112.163	149.550
2.875,0	38.048	76.098	76.098	114.146	114.146	152.194
3.000,0	38.710	77.420	77.420	116.129	116.129	154.839
3.125,0	39.371	78.742	78.742	118.113	118.113	157.483
3.250,0	40.032	80.064	80.064	120.096	120.096	160.128
3.375,0	40.693	81.386	81.386	122.079	122.079	162.772
3.500,0	41.354	82.709	82.709	124.063	124.063	165.417
3.625,0	42.015	84.031	84.031	126.046	126.046	168.061
3.750,0	42.677	85.353	85.353	128.030	128.030	170.706
3.875,0	43.338	86.675	86.675	130.013	130.013	173.350
4.000,0	43.999	87.997	87.997	131.996	131.996	175.994
4.125,0	44.660	89.320	89.320	133.980	133.980	178.639
4.250,0	45.321	90.642	90.642	135.963	135.963	181.283
4.375,0	45.982	91.964	91.964	137.946	137.946	183.928
4.500,0	46.643	93.286	93.286	139.930	139.930	186.572
4.625,0	47.305	94.608	94.608	141.913	141.913	189.217
4.750,0	47.966	95.931	95.931	143.896	143.896	191.861
4.875,0	48.627	97.253	97.253	145.880	145.880	194.506
5.000,0	49.288	98.575	98.575	147.863	147.863	197.150
5.500,0	51.261	102.520	102.520	153.781	153.781	205.041
6.000,0	53.233	106.466	106.466	159.699	159.699	212.932
6.500,0	55.206	110.411	110.411	165.617	165.617	220.822
7.000,0	57.179	114.357	114.357	171.535	171.535	228.713
7.500,0	59.152	118.302	118.302	177.454	177.454	236.604
8.000,0	61.124	122.247	122.247	183.372	183.372	244.495
8.500,0	63.097	126.193	126.193	189.290	189.290	252.386
9.000,0	65.070	130.138	130.138	195.208	195.208	260.276
9.500,0	67.042	134.084	134.084	201.126	201.126	268.167
10.000,0	69.015	138.029	138.029	207.044	207.044	276.058

Interpolationstabelle zu § 35: Gebäude und Innenräume

E8

Honorartafel zu § 35 Absatz 1 – Gebäude und Innenräume						
Anrechenbare Kosten	Honorarzone I von	Honorarzone II von	Honorarzone I bis / Honorarzone III von	Honorarzone II bis / Honorarzone IV von	Honorarzone III bis / Honorarzone V von	Honorarzone IV bis / Honorarzone V bis
Euro	Euro	Euro	Euro	Euro	Euro	Euro
25.000	3.120	3.657	4.339	5.412	6.094	6.631
25.500	3.175	3.721	4.415	5.507	6.201	6.748
26.000	3.230	3.786	4.492	5.602	6.308	6.864
26.500	3.285	3.850	4.568	5.697	6.415	6.981
27.000	3.339	3.914	4.644	5.793	6.523	7.097
27.500	3.394	3.978	4.721	5.888	6.630	7.214
28.000	3.449	4.043	4.797	5.983	6.737	7.330
28.500	3.504	4.107	4.873	6.078	6.844	7.447
29.000	3.559	4.171	4.949	6.173	6.951	7.563
29.500	3.614	4.235	5.026	6.268	7.058	7.680
30.000	3.669	4.300	5.102	6.364	7.166	7.797
30.500	3.723	4.364	5.178	6.459	7.273	7.913
31.000	3.778	4.428	5.255	6.554	7.380	8.030
31.500	3.833	4.492	5.331	6.649	7.487	8.146
32.000	3.888	4.557	5.407	6.744	7.594	8.263
32.500	3.943	4.621	5.484	6.839	7.701	8.379
33.000	3.998	4.685	5.560	6.934	7.808	8.496
33.500	4.052	4.749	5.636	7.030	7.916	8.612
34.000	4.107	4.814	5.712	7.125	8.023	8.729
34.500	4.162	4.878	5.789	7.220	8.130	8.845
35.000	4.217	4.942	5.865	7.315	8.237	8.962
35.500	4.270	5.004	5.939	7.407	8.340	9.074
36.000	4.323	5.066	6.012	7.498	8.444	9.187
36.500	4.376	5.128	6.086	7.590	8.547	9.299
37.000	4.429	5.190	6.159	7.682	8.650	9.411
37.500	4.482	5.252	6.233	7.774	8.754	9.524
38.000	4.534	5.314	6.306	7.865	8.857	9.636
38.500	4.587	5.376	6.380	7.957	8.960	9.749
39.000	4.640	5.438	6.453	8.049	9.063	9.861
39.500	4.693	5.500	6.527	8.140	9.167	9.973
40.000	4.746	5.562	6.600	8.232	9.270	10.086
40.500	4.799	5.624	6.674	8.324	9.373	10.198
41.000	4.852	5.686	6.747	8.415	9.477	10.310
41.500	4.905	5.748	6.821	8.507	9.580	10.423
42.000	4.958	5.810	6.894	8.599	9.683	10.535
42.500	5.011	5.872	6.968	8.691	9.787	10.648
43.000	5.063	5.933	7.042	8.782	9.890	10.760

Honorartafel zu § 35 Absatz 1 – Gebäude und Innenräume						
Anrechenbare Kosten	Honorarzone I von	Honorarzone I bis / Honorarzone II von	Honorarzone II bis / Honorarzone III von	Honorarzone III bis / Honorarzone IV von	Honorarzone IV bis / Honorarzone V von	Honorarzone V bis
Euro	Euro	Euro	Euro	Euro	Euro	Euro
43.500	5.116	5.995	7.115	8.874	9.993	10.872
44.000	5.169	6.057	7.189	8.966	10.096	10.985
44.500	5.222	6.119	7.262	9.057	10.200	11.097
45.000	5.275	6.181	7.336	9.149	10.303	11.209
45.500	5.328	6.243	7.409	9.241	10.406	11.322
46.000	5.381	6.305	7.483	9.332	10.510	11.434
46.500	5.434	6.367	7.556	9.424	10.613	11.546
47.000	5.487	6.429	7.630	9.516	10.716	11.659
47.500	5.540	6.491	7.703	9.608	10.820	11.771
48.000	5.592	6.553	7.777	9.699	10.923	11.884
48.500	5.645	6.615	7.850	9.791	11.026	11.996
49.000	5.698	6.677	7.924	9.883	11.129	12.108
49.500	5.751	6.739	7.997	9.974	11.233	12.221
50.000	5.804	6.801	8.071	10.066	11.336	12.333
52.500	6.058	7.099	8.424	10.506	11.832	12.872
55.000	6.312	7.396	8.777	10.947	12.327	13.412
57.500	6.565	7.694	9.130	11.387	12.823	13.951
60.000	6.819	7.991	9.483	11.827	13.319	14.491
62.500	7.073	8.289	9.836	12.268	13.815	15.030
65.000	7.327	8.586	10.189	12.708	14.310	15.569
67.500	7.581	8.884	10.542	13.148	14.806	16.109
70.000	7.834	9.181	10.895	13.588	15.302	16.648
72.500	8.088	9.479	11.248	14.029	15.797	17.188
75.000	8.342	9.776	11.601	14.469	16.293	17.727
77.500	8.587	10.063	11.941	14.893	16.771	18.247
80.000	8.832	10.350	12.282	15.318	17.249	18.767
82.500	9.076	10.636	12.622	15.742	17.727	19.287
85.000	9.321	10.923	12.963	16.167	18.205	19.807
87.500	9.566	11.210	13.303	16.591	18.684	20.328
90.000	9.811	11.497	13.643	17.015	19.162	20.848
92.500	10.056	11.784	13.984	17.440	19.640	21.368
95.000	10.300	12.070	14.324	17.864	20.118	21.888
97.500	10.545	12.357	14.665	18.289	20.596	22.408
100.000	10.790	12.644	15.005	18.713	21.074	22.928
102.500	11.026	12.920	15.333	19.122	21.534	23.429
105.000	11.261	13.196	15.660	19.530	21.994	23.929
107.500	11.497	13.472	15.988	19.939	22.454	24.430
110.000	11.732	13.748	16.315	20.347	22.914	24.930
112.500	11.968	14.024	16.643	20.756	23.374	25.431
115.000	12.203	14.300	16.970	21.164	23.834	25.931
117.500	12.439	14.576	17.298	21.573	24.294	26.432
120.000	12.674	14.852	17.625	21.981	24.754	26.932
122.500	12.910	15.128	17.953	22.390	25.214	27.433

Honorartafel zu § 35 Absatz 1 – Gebäude und Innenräume						
Anrechenbare Kosten	Honorarzone I von	Honorarzone I bis / Honorarzone II von	Honorarzone II bis / Honorarzone III von	Honorarzone III bis / Honorarzone IV von	Honorarzone IV bis / Honorarzone V von	Honorarzone V bis
Euro	Euro	Euro	Euro	Euro	Euro	Euro
125.000	13.145	15.404	18.280	22.798	25.674	27.933
127.500	13.381	15.680	18.608	23.207	26.134	28.434
130.000	13.616	15.956	18.935	23.615	26.594	28.934
132.500	13.852	16.232	19.263	24.024	27.054	29.435
135.000	14.087	16.508	19.590	24.432	27.514	29.935
137.500	14.323	16.784	19.918	24.841	27.974	30.436
140.000	14.558	17.060	20.245	25.249	28.434	30.936
142.500	14.794	17.336	20.573	25.658	28.894	31.437
145.000	15.029	17.612	20.900	26.066	29.354	31.937
147.500	15.265	17.888	21.228	26.475	29.814	32.438
150.000	15.500	18.164	21.555	26.883	30.274	32.938
152.500	15.727	18.430	21.870	27.276	30.717	33.420
155.000	15.954	18.696	22.186	27.670	31.160	33.902
157.500	16.181	18.961	22.501	28.063	31.603	34.384
160.000	16.407	19.227	22.817	28.457	32.046	34.866
162.500	16.634	19.493	23.132	28.850	32.489	35.348
165.000	16.861	19.759	23.447	29.243	32.932	35.830
167.500	17.088	20.025	23.763	29.637	33.375	36.312
170.000	17.315	20.290	24.078	30.030	33.818	36.794
172.500	17.542	20.556	24.394	30.424	34.261	37.276
175.000	17.769	20.822	24.709	30.817	34.704	37.758
177.500	17.995	21.088	25.024	31.210	35.147	38.240
180.000	18.222	21.354	25.340	31.604	35.590	38.722
182.500	18.449	21.619	25.655	31.997	36.033	39.204
185.000	18.676	21.885	25.971	32.391	36.476	39.686
187.500	18.903	22.151	26.286	32.784	36.919	40.168
190.000	19.130	22.417	26.601	33.177	37.362	40.650
192.500	19.356	22.683	26.917	33.571	37.805	41.132
195.000	19.583	22.948	27.232	33.964	38.248	41.614
197.500	19.810	23.214	27.548	34.358	38.691	42.096
200.000	20.037	23.480	27.863	34.751	39.134	42.578
202.500	20.255	23.735	28.166	35.129	39.559	43.041
205.000	20.473	23.991	28.469	35.507	39.985	43.504
207.500	20.690	24.246	28.772	35.884	40.410	43.967
210.000	20.908	24.501	29.075	36.262	40.836	44.430
212.500	21.126	24.757	29.378	36.640	41.261	44.893
215.000	21.344	25.012	29.681	37.018	41.687	45.356
217.500	21.562	25.267	29.984	37.396	42.112	45.818
220.000	21.780	25.522	30.287	37.774	42.538	46.281
222.500	21.997	25.778	30.590	38.151	42.963	46.744
225.000	22.215	26.033	30.893	38.529	43.389	47.207
227.500	22.433	26.288	31.195	38.907	43.814	47.670
230.000	22.651	26.544	31.498	39.285	44.240	48.133

Honorartafel zu § 35 Absatz 1 – Gebäude und Innenräume						
Anrechenbare Kosten	Honorarzone I von	Honorarzone I bis / Honorarzone II von	Honorarzone II bis / Honorarzone III von	Honorarzone III bis / Honorarzone IV von	Honorarzone IV bis / Honorarzone V von	Honorarzone V bis
Euro	Euro	Euro	Euro	Euro	Euro	Euro
232.500	22.869	26.799	31.801	39.663	44.665	48.596
235.000	23.087	27.054	32.104	40.041	45.091	49.059
237.500	23.304	27.310	32.407	40.418	45.516	49.522
240.000	23.522	27.565	32.710	40.796	45.942	49.985
242.500	23.740	27.820	33.013	41.174	46.367	50.448
245.000	23.958	28.075	33.316	41.552	46.793	50.911
247.500	24.176	28.331	33.619	41.930	47.218	51.374
250.000	24.394	28.586	33.922	42.308	47.644	51.837
252.500	24.611	28.841	34.225	42.685	48.069	52.299
255.000	24.829	29.097	34.528	43.063	48.494	52.762
257.500	25.047	29.352	34.831	43.441	48.920	53.225
260.000	25.265	29.607	35.134	43.819	49.345	53.688
262.500	25.483	29.863	35.437	44.197	49.771	54.151
265.000	25.700	30.118	35.740	44.574	50.196	54.614
267.500	25.918	30.373	36.043	44.952	50.622	55.077
270.000	26.136	30.628	36.346	45.330	51.047	55.540
272.500	26.354	30.884	36.649	45.708	51.473	56.003
275.000	26.572	31.139	36.952	46.086	51.898	56.466
277.500	26.790	31.394	37.254	46.464	52.324	56.929
280.000	27.007	31.650	37.557	46.841	52.749	57.392
282.500	27.225	31.905	37.860	47.219	53.175	57.855
285.000	27.443	32.160	38.163	47.597	53.600	58.317
287.500	27.661	32.416	38.466	47.975	54.026	58.780
290.000	27.879	32.671	38.769	48.353	54.451	59.243
292.500	28.097	32.926	39.072	48.731	54.877	59.706
295.000	28.314	33.181	39.375	49.108	55.302	60.169
297.500	28.532	33.437	39.678	49.486	55.728	60.632
300.000	28.750	33.692	39.981	49.864	56.153	61.095
302.500	28.956	33.933	40.267	50.221	56.555	61.533
305.000	29.162	34.175	40.554	50.579	56.958	61.971
307.500	29.368	34.416	40.840	50.936	57.360	62.408
310.000	29.574	34.658	41.127	51.293	57.763	62.846
312.500	29.780	34.899	41.413	51.651	58.165	63.284
315.000	29.986	35.141	41.700	52.008	58.567	63.722
317.500	30.192	35.382	41.986	52.365	58.970	64.160
320.000	30.398	35.623	42.273	52.723	59.372	64.597
322.500	30.604	35.865	42.559	53.080	59.774	65.035
325.000	30.810	36.106	42.846	53.437	60.177	65.473
327.500	31.016	36.348	43.132	53.794	60.579	65.911
330.000	31.222	36.589	43.419	54.152	60.982	66.348
332.500	31.428	36.831	43.705	54.509	61.384	66.786
335.000	31.634	37.072	43.992	54.866	61.786	67.224
337.500	31.840	37.313	44.278	55.224	62.189	67.662

Honorartafel zu § 35 Absatz 1 – Gebäude und Innenräume							
Anrechenbare Kosten	Honorarzone I von	Honorarzone II von	Honorarzone I bis / Honorarzone III von	Honorarzone II bis / Honorarzone IV von	Honorarzone III bis / Honorarzone V von	Honorarzone IV bis	Honorarzone V bis
Euro	Euro	Euro	Euro	Euro	Euro	Euro	Euro
340.000	32.046	37.555	44.565	55.581	62.591	68.100
342.500	32.252	37.796	44.851	55.938	62.993	68.537
345.000	32.458	38.038	45.138	56.296	63.396	68.975
347.500	32.664	38.279	45.424	56.653	63.798	69.413
350.000	32.871	38.521	45.711	57.010	64.201	69.851
352.500	33.077	38.762	45.997	57.368	64.603	70.289
355.000	33.283	39.003	46.284	57.725	65.005	70.726
357.500	33.489	39.245	46.570	58.082	65.408	71.164
360.000	33.695	39.486	46.857	58.440	65.810	71.602
362.500	33.901	39.728	47.143	58.797	66.212	72.040
365.000	34.107	39.969	47.430	59.154	66.615	72.477
367.500	34.313	40.210	47.716	59.511	67.017	72.915
370.000	34.519	40.452	48.003	59.869	67.420	73.353
372.500	34.725	40.693	48.289	60.226	67.822	73.791
375.000	34.931	40.935	48.576	60.583	68.224	74.229
377.500	35.137	41.176	48.862	60.941	68.627	74.666
380.000	35.343	41.418	49.149	61.298	69.029	75.104
382.500	35.549	41.659	49.435	61.655	69.431	75.542
385.000	35.755	41.900	49.722	62.013	69.834	75.980
387.500	35.961	42.142	50.008	62.370	70.236	76.418
390.000	36.167	42.383	50.295	62.727	70.639	76.855
392.500	36.373	42.625	50.581	63.085	71.041	77.293
395.000	36.579	42.866	50.868	63.442	71.443	77.731
397.500	36.785	43.108	51.154	63.799	71.846	78.169
400.000	36.991	43.349	51.441	64.157	72.248	78.607
402.500	37.197	43.590	51.727	64.514	72.650	79.044
405.000	37.403	43.832	52.013	64.871	73.053	79.482
407.500	37.609	44.073	52.300	65.228	73.455	79.920
410.000	37.815	44.315	52.586	65.586	73.858	80.358
412.500	38.021	44.556	52.873	65.943	74.260	80.795
415.000	38.227	44.798	53.159	66.300	74.662	81.233
417.500	38.433	45.039	53.446	66.658	75.065	81.671
420.000	38.639	45.280	53.732	67.015	75.467	82.109
422.500	38.845	45.522	54.019	67.372	75.869	82.547
425.000	39.051	45.763	54.305	67.730	76.272	82.984
427.500	39.257	46.005	54.592	68.087	76.674	83.422
430.000	39.463	46.246	54.878	68.444	77.077	83.860
432.500	39.669	46.488	55.165	68.802	77.479	84.298
435.000	39.875	46.729	55.451	69.159	77.881	84.736
437.500	40.081	46.970	55.738	69.516	78.284	85.173
440.000	40.287	47.212	56.024	69.874	78.686	85.611
442.500	40.493	47.453	56.311	70.231	79.088	86.049
445.000	40.699	47.695	56.597	70.588	79.491	86.487

Honorartafel zu § 35 Absatz 1 – Gebäude und Innenräume						
Anrechenbare Kosten	Honorarzone I von	Honorarzone II von	Honorarzone I bis / Honorarzone III von	Honorarzone II bis / Honorarzone IV von	Honorarzone III bis / Honorarzone V von	Honorarzone IV bis / Honorarzone V bis
Euro	Euro	Euro	Euro	Euro	Euro	Euro
447.500	40.905	47.936	56.884	70.945	79.893	86.924
450.000	41.112	48.178	57.170	71.303	80.296	87.362
452.500	41.318	48.419	57.457	71.660	80.698	87.800
455.000	41.524	48.660	57.743	72.017	81.100	88.238
457.500	41.730	48.902	58.030	72.375	81.503	88.676
460.000	41.936	49.143	58.316	72.732	81.905	89.113
462.500	42.142	49.385	58.603	73.089	82.307	89.551
465.000	42.348	49.626	58.889	73.447	82.710	89.989
467.500	42.554	49.867	59.176	73.804	83.112	90.427
470.000	42.760	50.109	59.462	74.161	83.515	90.865
472.500	42.966	50.350	59.749	74.519	83.917	91.302
475.000	43.172	50.592	60.035	74.876	84.319	91.740
477.500	43.378	50.833	60.322	75.233	84.722	92.178
480.000	43.584	51.075	60.608	75.591	85.124	92.616
482.500	43.790	51.316	60.895	75.948	85.526	93.053
485.000	43.996	51.557	61.181	76.305	85.929	93.491
487.500	44.202	51.799	61.468	76.662	86.331	93.929
490.000	44.408	52.040	61.754	77.020	86.734	94.367
492.500	44.614	52.282	62.041	77.377	87.136	94.805
495.000	44.820	52.523	62.327	77.734	87.538	95.242
497.500	45.026	52.765	62.614	78.092	87.941	95.680
500.000	45.232	53.006	62.900	78.449	88.343	96.118
525.000	47.175	55.284	65.603	81.820	92.139	100.248
550.000	49.119	57.561	68.305	85.190	95.935	104.378
575.000	51.062	59.839	71.008	88.561	99.730	108.507
600.000	53.006	62.116	73.711	91.932	103.526	112.637
625.000	54.949	64.394	76.414	95.303	107.322	116.767
650.000	56.892	66.671	79.116	98.673	111.118	120.897
675.000	58.836	68.949	81.819	102.044	114.914	125.027
700.000	60.779	71.226	84.522	105.415	118.709	129.156
725.000	62.723	73.504	87.224	108.785	122.505	133.286
750.000	64.666	75.781	89.927	112.156	126.301	137.416
775.000	66.518	77.951	92.502	115.367	129.917	141.351
800.000	68.369	80.121	95.077	118.578	133.534	145.285
825.000	70.221	82.290	97.651	121.790	137.150	149.220
850.000	72.072	84.460	100.226	125.001	140.766	153.154
875.000	73.924	86.630	102.801	128.212	144.383	157.089
900.000	75.776	88.800	105.376	131.423	147.999	161.023
925.000	77.627	90.970	107.951	134.634	151.615	164.958
950.000	79.479	93.139	110.525	137.846	155.231	168.892
975.000	81.330	95.309	113.100	141.057	158.848	172.827
1.000.000	83.182	97.479	115.675	144.268	162.464	176.761
1.025.000	84.988	99.596	118.187	147.401	165.992	180.599

Honorartafel zu § 35 Absatz 1 – Gebäude und Innenräume							
Anrechenbare Kosten	Honorarzone I von	Honorarzone I bis / Honorarzone II von	Honorarzone III von / Honorarzone II bis	Honorarzone III bis / Honorarzone IV von	Honorarzone V von / Honorarzone IV bis	Honorarzone V bis
Euro	Euro	Euro	Euro	Euro	Euro	Euro
1.050.000	86.795	101.712	120.699	150.534	169.520	184.438
1.075.000	88.601	103.829	123.210	153.666	173.048	188.276
1.100.000	90.407	105.946	125.722	156.799	176.576	192.114
1.125.000	92.213	108.063	128.234	159.932	180.104	195.953
1.150.000	94.020	110.179	130.746	163.065	183.631	199.791
1.175.000	95.826	112.296	133.258	166.197	187.159	203.629
1.200.000	97.632	114.413	135.769	169.330	190.687	207.467
1.225.000	99.438	116.529	138.281	172.463	194.215	211.306
1.250.000	101.245	118.646	140.793	175.596	197.743	215.144
1.275.000	103.051	120.763	143.305	178.728	201.271	218.982
1.300.000	104.857	122.879	145.817	181.861	204.799	222.821
1.325.000	106.663	124.996	148.328	184.994	208.327	226.659
1.350.000	108.470	127.113	150.840	188.127	211.855	230.497
1.375.000	110.276	129.230	153.352	191.259	215.383	234.336
1.400.000	112.082	131.346	155.864	194.392	218.910	238.174
1.425.000	113.888	133.463	158.376	197.525	222.438	242.012
1.450.000	115.695	135.580	160.887	200.658	225.966	245.850
1.475.000	117.501	137.696	163.399	203.790	229.494	249.689
1.500.000	119.307	139.813	165.911	206.923	233.022	253.527
1.525.000	121.040	141.844	168.321	209.929	236.407	257.210
1.550.000	122.773	143.875	170.731	212.934	239.791	260.892
1.575.000	124.506	145.905	173.141	215.940	243.176	264.575
1.600.000	126.239	147.936	175.550	218.945	246.560	268.257
1.625.000	127.972	149.967	177.960	221.951	249.945	271.940
1.650.000	129.704	151.998	180.370	224.956	253.330	275.622
1.675.000	131.437	154.028	182.780	227.962	256.714	279.305
1.700.000	133.170	156.059	185.190	230.967	260.099	282.987
1.725.000	134.903	158.090	187.600	233.973	263.483	286.670
1.750.000	136.636	160.121	190.010	236.979	266.868	290.352
1.775.000	138.369	162.151	192.419	239.984	270.253	294.035
1.800.000	140.102	164.182	194.829	242.990	273.637	297.717
1.825.000	141.835	166.213	197.239	245.995	277.022	301.400
1.850.000	143.568	168.244	199.649	249.001	280.406	305.082
1.875.000	145.301	170.274	202.059	252.006	283.791	308.765
1.900.000	147.033	172.305	204.469	255.012	287.176	312.447
1.925.000	148.766	174.336	206.878	258.017	290.560	316.130
1.950.000	150.499	176.367	209.288	261.023	293.945	319.812
1.975.000	152.232	178.397	211.698	264.028	297.329	323.495
2.000.000	153.965	180.428	214.108	267.034	300.714	327.177
2.025.000	155.620	182.367	216.409	269.904	303.946	330.694
2.050.000	157.275	184.307	218.711	272.774	307.178	334.210
2.075.000	158.930	186.246	221.012	275.645	310.411	337.727
2.100.000	160.585	188.185	223.313	278.515	313.643	341.244

Honorartafel zu § 35 Absatz 1 – Gebäude und Innenräume						
Anrechenbare Kosten	Honorarzone I von	Honorarzone I bis / Honorarzone II von	Honorarzone II bis / Honorarzone III von	Honorarzone III bis / Honorarzone IV von	Honorarzone IV bis / Honorarzone V von	Honorarzone V bis
Euro	Euro	Euro	Euro	Euro	Euro	Euro
2.125.000	162.240	190.125	225.615	281.385	316.875	344.760
2.150.000	163.894	192.064	227.916	284.255	320.107	348.277
2.175.000	165.549	194.003	230.217	287.126	323.340	351.794
2.200.000	167.204	195.943	232.519	289.996	326.572	355.310
2.225.000	168.859	197.882	234.820	292.866	329.804	358.827
2.250.000	170.514	199.822	237.122	295.736	333.036	362.344
2.275.000	172.169	201.761	239.423	298.606	336.268	365.860
2.300.000	173.824	203.700	241.724	301.477	339.501	369.377
2.325.000	175.479	205.640	244.026	304.347	342.733	372.893
2.350.000	177.134	207.579	246.327	307.217	345.965	376.410
2.375.000	178.789	209.518	248.628	310.087	349.197	379.927
2.400.000	180.443	211.458	250.930	312.958	352.430	383.443
2.425.000	182.098	213.397	253.231	315.828	355.662	386.960
2.450.000	183.753	215.336	255.532	318.698	358.894	390.477
2.475.000	185.408	217.276	257.834	321.568	362.126	393.993
2.500.000	187.063	219.215	260.135	324.439	365.359	397.510
2.525.000	188.718	221.154	262.436	327.309	368.591	401.027
2.550.000	190.373	223.094	264.738	330.179	371.823	404.543
2.575.000	192.028	225.033	267.039	333.049	375.055	408.060
2.600.000	193.683	226.972	269.340	335.919	378.287	411.577
2.625.000	195.338	228.912	271.642	338.790	381.520	415.093
2.650.000	196.992	230.851	273.943	341.660	384.752	418.610
2.675.000	198.647	232.790	276.244	344.530	387.984	422.127
2.700.000	200.302	234.730	278.546	347.400	391.216	425.643
2.725.000	201.957	236.669	280.847	350.271	394.449	429.160
2.750.000	203.612	238.609	283.149	353.141	397.681	432.677
2.775.000	205.267	240.548	285.450	356.011	400.913	436.193
2.800.000	206.922	242.487	287.751	358.881	404.145	439.710
2.825.000	208.577	244.427	290.053	361.751	407.377	443.226
2.850.000	210.232	246.366	292.354	364.622	410.610	446.743
2.875.000	211.887	248.305	294.655	367.492	413.842	450.260
2.900.000	213.541	250.245	296.957	370.362	417.074	453.776
2.925.000	215.196	252.184	299.258	373.232	420.306	457.293
2.950.000	216.851	254.123	301.559	376.103	423.539	460.810
2.975.000	218.506	256.063	303.861	378.973	426.771	464.326
3.000.000	220.161	258.002	306.162	381.843	430.003	467.843
3.025.000	221.707	259.814	308.313	384.525	433.023	471.129
3.050.000	223.254	261.627	310.463	387.207	436.044	474.416
3.075.000	224.800	263.439	312.614	389.889	439.064	477.702
3.100.000	226.347	265.251	314.764	392.572	442.085	480.988
3.125.000	227.893	267.063	316.915	395.254	445.105	484.274
3.150.000	229.440	268.876	319.065	397.936	448.126	487.561
3.175.000	230.986	270.688	321.216	400.618	451.146	490.847

Honorartafel zu § 35 Absatz 1 – Gebäude und Innenräume

Anrechenbare Kosten	Honorarzone I von	Honorarzone I bis / Honorarzone II von	Honorarzone II bis / Honorarzone III von	Honorarzone III bis / Honorarzone IV von	Honorarzone IV bis / Honorarzone V von	Honorarzone V bis
Euro	Euro	Euro	Euro	Euro	Euro	Euro
3.200.000	232.533	272.500	323.367	403.300	454.167	494.133
3.225.000	234.079	274.312	325.517	405.982	457.187	497.419
3.250.000	235.626	276.125	327.668	408.665	460.208	500.706
3.275.000	237.172	277.937	329.818	411.347	463.228	503.992
3.300.000	238.719	279.749	331.969	414.029	466.249	507.278
3.325.000	240.265	281.562	334.119	416.711	469.269	510.564
3.350.000	241.812	283.374	336.270	419.393	472.289	513.851
3.375.000	243.358	285.186	338.420	422.075	475.310	517.137
3.400.000	244.905	286.998	340.571	424.758	478.330	520.423
3.425.000	246.451	288.811	342.722	427.440	481.351	523.709
3.450.000	247.998	290.623	344.872	430.122	484.371	526.996
3.475.000	249.544	292.435	347.023	432.804	487.392	530.282
3.500.000	251.091	294.248	349.173	435.486	490.412	533.568
3.525.000	252.637	296.060	351.324	438.168	493.433	536.855
3.550.000	254.183	297.872	353.474	440.851	496.453	540.141
3.575.000	255.730	299.684	355.625	443.533	499.474	543.427
3.600.000	257.276	301.497	357.776	446.215	502.494	546.713
3.625.000	258.823	303.309	359.926	448.897	505.515	550.000
3.650.000	260.369	305.121	362.077	451.579	508.535	553.286
3.675.000	261.916	306.933	364.227	454.261	511.555	556.572
3.700.000	263.462	308.746	366.378	456.944	514.576	559.858
3.725.000	265.009	310.558	368.528	459.626	517.596	563.145
3.750.000	266.555	312.370	370.679	462.308	520.617	566.431
3.775.000	268.102	314.183	372.829	464.990	523.637	569.717
3.800.000	269.648	315.995	374.980	467.672	526.658	573.003
3.825.000	271.195	317.807	377.131	470.354	529.678	576.290
3.850.000	272.741	319.619	379.281	473.037	532.699	579.576
3.875.000	274.288	321.432	381.432	475.719	535.719	582.862
3.900.000	275.834	323.244	383.582	478.401	538.740	586.148
3.925.000	277.381	325.056	385.733	481.083	541.760	589.435
3.950.000	278.927	326.868	387.883	483.765	544.781	592.721
3.975.000	280.474	328.681	390.034	486.447	547.801	596.007
4.000.000	282.020	330.493	392.185	489.130	550.822	599.294
4.025.000	283.566	332.305	394.335	491.812	553.842	602.580
4.050.000	285.113	334.118	396.486	494.494	556.862	605.866
4.075.000	286.659	335.930	398.636	497.176	559.883	609.152
4.100.000	288.206	337.742	400.787	499.858	562.903	612.439
4.125.000	289.752	339.554	402.937	502.540	565.924	615.725
4.150.000	291.299	341.367	405.088	505.222	568.944	619.011
4.175.000	292.845	343.179	407.238	507.905	571.965	622.297
4.200.000	294.392	344.991	409.389	510.587	574.985	625.584
4.225.000	295.938	346.803	411.540	513.269	578.006	628.870
4.250.000	297.485	348.616	413.690	515.951	581.026	632.156

Honorartafel zu § 35 Absatz 1 – Gebäude und Innenräume

Anrechenbare Kosten	Honorarzone I von	Honorarzone II von	Honorarzone I bis / Honorarzone III von	Honorarzone II bis / Honorarzone IV von	Honorarzone III bis / Honorarzone V von	Honorarzone IV bis	Honorarzone V bis
Euro	Euro	Euro	Euro	Euro	Euro	Euro	Euro
4.275.000	299.031	350.428	415.841	518.633	584.047	635.442	
4.300.000	300.578	352.240	417.991	521.315	587.067	638.729	
4.325.000	302.124	354.053	420.142	523.998	590.088	642.015	
4.350.000	303.671	355.865	422.292	526.680	593.108	645.301	
4.375.000	305.217	357.677	424.443	529.362	596.128	648.587	
4.400.000	306.764	359.489	426.594	532.044	599.149	651.874	
4.425.000	308.310	361.302	428.744	534.726	602.169	655.160	
4.450.000	309.857	363.114	430.895	537.408	605.190	658.446	
4.475.000	311.403	364.926	433.045	540.091	608.210	661.732	
4.500.000	312.950	366.739	435.196	542.773	611.231	665.019	
4.525.000	314.496	368.551	437.346	545.455	614.251	668.305	
4.550.000	316.042	370.363	439.497	548.137	617.272	671.591	
4.575.000	317.589	372.175	441.647	550.819	620.292	674.878	
4.600.000	319.135	373.988	443.798	553.501	623.313	678.164	
4.625.000	320.682	375.800	445.949	556.184	626.333	681.450	
4.650.000	322.228	377.612	448.099	558.866	629.354	684.736	
4.675.000	323.775	379.424	450.250	561.548	632.374	688.023	
4.700.000	325.321	381.237	452.400	564.230	635.394	691.309	
4.725.000	326.868	383.049	454.551	566.912	638.415	694.595	
4.750.000	328.414	384.861	456.701	569.594	641.435	697.881	
4.775.000	329.961	386.674	458.852	572.277	644.456	701.168	
4.800.000	331.507	388.486	461.003	574.959	647.476	704.454	
4.825.000	333.054	390.298	463.153	577.641	650.497	707.740	
4.850.000	334.600	392.110	465.304	580.323	653.517	711.026	
4.875.000	336.147	393.923	467.454	583.005	656.538	714.313	
4.900.000	337.693	395.735	469.605	585.687	659.558	717.599	
4.925.000	339.240	397.547	471.755	588.370	662.579	720.885	
4.950.000	340.786	399.359	473.906	591.052	665.599	724.171	
4.975.000	342.333	401.172	476.056	593.734	668.620	727.458	
5.000.000	343.879	402.984	478.207	596.416	671.640	730.744	
5.125.000	351.381	411.776	488.640	609.428	686.293	746.686	
5.250.000	358.883	420.567	499.073	622.439	700.945	762.628	
5.375.000	366.386	429.359	509.505	635.451	715.598	778.570	
5.500.000	373.888	438.150	519.938	648.462	730.251	794.513	
5.625.000	381.390	446.942	530.371	661.474	744.904	810.455	
5.750.000	388.892	455.734	540.804	674.486	759.556	826.397	
5.875.000	396.394	464.525	551.236	687.497	774.209	842.339	
6.000.000	403.897	473.317	561.669	700.509	788.862	858.281	
6.125.000	411.399	482.108	572.102	713.520	803.514	874.223	
6.250.000	418.901	490.900	582.535	726.532	818.167	890.166	
6.375.000	426.403	499.692	592.967	739.544	832.820	906.108	
6.500.000	433.905	508.483	603.400	752.555	847.472	922.050	
6.625.000	441.408	517.275	613.833	765.567	862.125	937.992	

Honorartafel zu § 35 Absatz 1 – Gebäude und Innenräume						
Anrechenbare Kosten	Honorarzone I von	Honorarzone I bis / Honorarzone II von	Honorarzone III von / Honorarzone II bis	Honorarzone III bis / Honorarzone IV von	Honorarzone V von / Honorarzone IV bis	Honorarzone V bis
Euro	Euro	Euro	Euro	Euro	Euro	Euro
6.750.000	448.910	526.066	624.266	778.578	876.778	953.934
6.875.000	456.412	534.858	634.698	791.590	891.431	969.876
7.000.000	463.914	543.650	645.131	804.602	906.083	985.818
7.125.000	471.416	552.441	655.564	817.613	920.736	1.001.761
7.250.000	478.919	561.233	665.997	830.625	935.389	1.017.703
7.375.000	486.421	570.024	676.429	843.636	950.041	1.033.645
7.500.000	493.923	578.816	686.862	856.648	964.694	1.049.587
7.750.000	508.358	595.733	706.936	881.684	992.888	1.080.262
8.000.000	522.794	612.649	727.010	906.721	1.021.082	1.110.937
8.250.000	537.229	629.566	747.085	931.757	1.049.276	1.141.613
8.500.000	551.665	646.482	767.159	956.794	1.077.470	1.172.288
8.750.000	566.100	663.399	787.233	981.830	1.105.665	1.202.963
9.000.000	580.535	680.315	807.307	1.006.866	1.133.859	1.233.638
9.250.000	594.971	697.232	827.381	1.031.903	1.162.053	1.264.313
9.500.000	609.406	714.148	847.456	1.056.939	1.190.247	1.294.989
9.750.000	623.842	731.065	867.530	1.081.976	1.218.441	1.325.664
10.000.000	638.277	747.981	887.604	1.107.012	1.246.635	1.356.339
10.250.000	652.120	764.203	906.854	1.131.020	1.273.671	1.385.754
10.500.000	665.962	780.425	926.104	1.155.028	1.300.708	1.415.170
10.750.000	679.805	796.646	945.354	1.179.037	1.327.744	1.444.585
11.000.000	693.647	812.868	964.603	1.203.045	1.354.780	1.474.001
11.250.000	707.490	829.090	983.853	1.227.053	1.381.816	1.503.416
11.500.000	721.333	845.312	1.003.103	1.251.061	1.408.853	1.532.832
11.750.000	735.175	861.533	1.022.353	1.275.069	1.435.889	1.562.247
12.000.000	749.018	877.755	1.041.603	1.299.078	1.462.925	1.591.663
12.250.000	762.860	893.977	1.060.853	1.323.086	1.489.961	1.621.078
12.500.000	776.703	910.199	1.080.103	1.347.094	1.516.998	1.650.494
12.750.000	790.546	926.420	1.099.352	1.371.102	1.544.034	1.679.909
13.000.000	804.388	942.642	1.118.602	1.395.110	1.571.070	1.709.324
13.250.000	818.231	958.864	1.137.852	1.419.119	1.598.106	1.738.740
13.500.000	832.073	975.086	1.157.102	1.443.127	1.625.143	1.768.155
13.750.000	845.916	991.307	1.176.352	1.467.135	1.652.179	1.797.571
14.000.000	859.759	1.007.529	1.195.602	1.491.143	1.679.215	1.826.986
14.250.000	873.601	1.023.751	1.214.851	1.515.151	1.706.251	1.856.402
14.500.000	887.444	1.039.973	1.234.101	1.539.160	1.733.288	1.885.817
14.750.000	901.286	1.056.194	1.253.351	1.563.168	1.760.324	1.915.233
15.000.000	915.129	1.072.416	1.272.601	1.587.176	1.787.360	1.944.648
15.250.000	928.393	1.087.960	1.291.047	1.610.181	1.813.267	1.972.835
15.500.000	941.658	1.103.504	1.309.492	1.633.187	1.839.174	2.001.021
15.750.000	954.922	1.119.048	1.327.938	1.656.192	1.865.080	2.029.208
16.000.000	968.186	1.134.592	1.346.383	1.679.197	1.890.987	2.057.394
16.250.000	981.450	1.150.137	1.364.829	1.702.202	1.916.894	2.085.581
16.500.000	994.715	1.165.681	1.383.275	1.725.208	1.942.801	2.113.768

Honorartafel zu § 35 Absatz 1 – Gebäude und Innenräume							
Anrechenbare Kosten	Honorarzone I von	Honorarzone I bis / Honorarzone II von	Honorarzone III von / Honorarzone II bis	Honorarzone III bis / Honorarzone IV von	Honorarzone V von / Honorarzone IV bis	Honorarzone V bis
Euro	Euro	Euro	Euro	Euro	Euro	Euro
16.750.000	1.007.979	1.181.225	1.401.720	1.748.213	1.968.708	2.141.954
17.000.000	1.021.243	1.196.769	1.420.166	1.771.218	1.994.614	2.170.141
17.250.000	1.034.507	1.212.313	1.438.611	1.794.223	2.020.521	2.198.327
17.500.000	1.047.772	1.227.857	1.457.057	1.817.229	2.046.428	2.226.514
17.750.000	1.061.036	1.243.401	1.475.503	1.840.234	2.072.335	2.254.701
18.000.000	1.074.300	1.258.945	1.493.948	1.863.239	2.098.242	2.282.887
18.250.000	1.087.564	1.274.489	1.512.394	1.886.244	2.124.148	2.311.074
18.500.000	1.100.829	1.290.033	1.530.839	1.909.250	2.150.055	2.339.260
18.750.000	1.114.093	1.305.578	1.549.285	1.932.255	2.175.962	2.367.447
19.000.000	1.127.357	1.321.122	1.567.731	1.955.260	2.201.869	2.395.634
19.250.000	1.140.621	1.336.666	1.586.176	1.978.265	2.227.776	2.423.820
19.500.000	1.153.886	1.352.210	1.604.622	2.001.271	2.253.682	2.452.007
19.750.000	1.167.150	1.367.754	1.623.067	2.024.276	2.279.589	2.480.193
20.000.000	1.180.414	1.383.298	1.641.513	2.047.281	2.305.496	2.508.380
20.250.000	1.193.237	1.398.325	1.659.345	2.069.521	2.330.541	2.535.629
20.500.000	1.206.060	1.413.352	1.677.177	2.091.761	2.355.586	2.562.878
20.750.000	1.218.883	1.428.379	1.695.009	2.114.001	2.380.631	2.590.127
21.000.000	1.231.706	1.443.406	1.712.841	2.136.241	2.405.676	2.617.376
21.250.000	1.244.529	1.458.433	1.730.673	2.158.481	2.430.721	2.644.625
21.500.000	1.257.352	1.473.460	1.748.505	2.180.720	2.455.766	2.671.873
21.750.000	1.270.175	1.488.487	1.766.337	2.202.960	2.480.811	2.699.122
22.000.000	1.282.998	1.503.514	1.784.169	2.225.200	2.505.856	2.726.371
22.250.000	1.295.821	1.518.541	1.802.001	2.247.440	2.530.901	2.753.620
22.500.000	1.308.644	1.533.568	1.819.833	2.269.680	2.555.946	2.780.869
22.750.000	1.321.467	1.548.594	1.837.665	2.291.920	2.580.990	2.808.118
23.000.000	1.334.290	1.563.621	1.855.497	2.314.160	2.606.035	2.835.367
23.250.000	1.347.113	1.578.648	1.873.329	2.336.400	2.631.080	2.862.616
23.500.000	1.359.936	1.593.675	1.891.161	2.358.640	2.656.125	2.889.865
23.750.000	1.372.759	1.608.702	1.908.993	2.380.880	2.681.170	2.917.114
24.000.000	1.385.582	1.623.729	1.926.825	2.403.119	2.706.215	2.944.362
24.250.000	1.398.405	1.638.756	1.944.657	2.425.359	2.731.260	2.971.611
24.500.000	1.411.228	1.653.783	1.962.489	2.447.599	2.756.305	2.998.860
24.750.000	1.424.051	1.668.810	1.980.321	2.469.839	2.781.350	3.026.109
25.000.000	1.436.874	1.683.837	1.998.153	2.492.079	2.806.395	3.053.358

Interpolationstabelle zu § 40: Freianlagen E9

Honorartafel zu § 40 Absatz 1 – Freianlagen						
Anrechenbare Kosten	Honorarzone I von	Honorarzone I bis / Honorarzone II von	Honorarzone II bis / Honorarzone III von	Honorarzone III bis / Honorarzone IV von	Honorarzone IV bis / Honorarzone V von	Honorarzone V bis
Euro	Euro	Euro	Euro	Euro	Euro	Euro
20.000	3.643	4.348	5.229	6.521	7.403	8.108
20.500	3.719	4.439	5.339	6.658	7.558	8.278
21.000	3.796	4.530	5.448	6.794	7.713	8.448
21.500	3.872	4.621	5.558	6.931	7.868	8.618
22.000	3.948	4.712	5.667	7.068	8.023	8.788
22.500	4.025	4.804	5.777	7.205	8.179	8.958
23.000	4.101	4.895	5.887	7.341	8.334	9.127
23.500	4.177	4.986	5.996	7.478	8.489	9.297
24.000	4.253	5.077	6.106	7.615	8.644	9.467
24.500	4.330	5.168	6.215	7.751	8.799	9.637
25.000	4.406	5.259	6.325	7.888	8.954	9.807
25.500	4.480	5.347	6.431	8.021	9.105	9.972
26.000	4.554	5.436	6.538	8.153	9.255	10.137
26.500	4.628	5.524	6.644	8.286	9.406	10.302
27.000	4.702	5.613	6.750	8.419	9.556	10.467
27.500	4.777	5.701	6.857	8.552	9.707	10.632
28.000	4.851	5.789	6.963	8.684	9.858	10.796
28.500	4.925	5.878	7.069	8.817	10.008	10.961
29.000	4.999	5.966	7.175	8.950	10.159	11.126
29.500	5.073	6.055	7.282	9.082	10.309	11.291
30.000	5.147	6.143	7.388	9.215	10.460	11.456
30.500	5.219	6.229	7.492	9.344	10.607	11.617
31.000	5.292	6.316	7.596	9.474	10.754	11.778
31.500	5.364	6.402	7.699	9.603	10.900	11.938
32.000	5.436	6.488	7.803	9.732	11.047	12.099
32.500	5.509	6.575	7.907	9.862	11.194	12.260
33.000	5.581	6.661	8.011	9.991	11.341	12.421
33.500	5.653	6.747	8.115	10.120	11.488	12.582
34.000	5.725	6.833	8.218	10.249	11.634	12.742
34.500	5.798	6.920	8.322	10.379	11.781	12.903
35.000	5.870	7.006	8.426	10.508	11.928	13.064
35.500	5.941	7.090	8.528	10.635	12.072	13.221
36.000	6.011	7.175	8.629	10.761	12.215	13.379
36.500	6.082	7.259	8.731	10.888	12.359	13.536
37.000	6.153	7.344	8.832	11.014	12.503	13.694
37.500	6.224	7.428	8.934	11.141	12.647	13.851
38.000	6.294	7.512	9.035	11.268	12.790	14.008

Honorartafel zu § 40 Absatz 1 – Freianlagen

Anrechenbare Kosten	Honorarzone I von	Honorarzone I bis / Honorarzone II von	Honorarzone II bis / Honorarzone III von	Honorarzone III bis / Honorarzone IV von	Honorarzone IV bis / Honorarzone V von	Honorarzone V bis
Euro	Euro	Euro	Euro	Euro	Euro	Euro
38.500	6.365	7.597	9.137	11.394	12.934	14.166
39.000	6.436	7.681	9.238	11.521	13.078	14.323
39.500	6.506	7.766	9.340	11.647	13.221	14.481
40.000	6.577	7.850	9.441	11.774	13.365	14.638
40.500	6.646	7.932	9.540	11.897	13.505	14.791
41.000	6.715	8.014	9.639	12.020	13.645	14.944
41.500	6.783	8.096	9.737	12.144	13.785	15.097
42.000	6.852	8.178	9.836	12.267	13.924	15.251
42.500	6.921	8.261	9.935	12.390	14.064	15.404
43.000	6.990	8.343	10.034	12.513	14.204	15.557
43.500	7.059	8.425	10.132	12.636	14.344	15.710
44.000	7.127	8.507	10.231	12.760	14.484	15.863
44.500	7.196	8.589	10.330	12.883	14.624	16.016
45.000	7.265	8.671	10.429	13.006	14.764	16.170
45.500	7.334	8.753	10.527	13.129	14.903	16.323
46.000	7.403	8.835	10.626	13.252	15.043	16.476
46.500	7.471	8.917	10.725	13.376	15.183	16.629
47.000	7.540	8.999	10.824	13.499	15.323	16.782
47.500	7.609	9.082	10.922	13.622	15.463	16.935
48.000	7.678	9.164	11.021	13.745	15.603	17.088
48.500	7.747	9.246	11.120	13.868	15.742	17.242
49.000	7.815	9.328	11.219	13.992	15.882	17.395
49.500	7.884	9.410	11.317	14.115	16.022	17.548
50.000	7.953	9.492	11.416	14.238	16.162	17.701
55.000	8.620	10.289	12.374	15.433	17.518	19.187
60.000	9.287	11.085	13.332	16.627	18.874	20.672
65.000	9.934	11.857	14.260	17.785	20.188	22.111
70.000	10.580	12.628	15.188	18.942	21.502	23.550
75.000	11.227	13.400	16.116	20.100	22.816	24.989
80.000	11.848	14.141	17.008	21.212	24.078	26.371
85.000	12.469	14.882	17.899	22.324	25.340	27.754
90.000	13.090	15.624	18.791	23.435	26.603	29.136
95.000	13.711	16.365	19.682	24.547	27.865	30.519
100.000	14.332	17.106	20.574	25.659	29.127	31.901
105.000	14.929	17.818	21.430	26.727	30.339	33.229
110.000	15.525	18.530	22.286	27.795	31.551	34.556
115.000	16.122	19.242	23.143	28.863	32.764	35.884
120.000	16.718	19.954	23.999	29.931	33.976	37.211
125.000	17.315	20.666	24.855	30.999	35.188	38.539
130.000	17.892	21.355	25.684	32.032	36.361	39.824
135.000	18.469	22.044	26.512	33.066	37.534	41.109
140.000	19.047	22.733	27.341	34.099	38.707	42.393
145.000	19.624	23.422	28.169	35.133	39.880	43.678

Honorartafel zu § 40 Absatz 1 – Freianlagen

Anrechenbare Kosten	Honorarzone I von	Honorarzone I bis / Honorarzone II von	Honorarzone II bis / Honorarzone III von	Honorarzone III bis / Honorarzone IV von	Honorarzone IV bis / Honorarzone V von	Honorarzone V bis
Euro	Euro	Euro	Euro	Euro	Euro	Euro
150.000	20.201	24.111	28.998	36.166	41.053	44.963
155.000	20.756	24.773	29.794	37.159	42.180	46.197
160.000	21.310	25.435	30.590	38.152	43.307	47.432
165.000	21.865	26.096	31.386	39.144	44.434	48.666
170.000	22.419	26.758	32.182	40.137	45.561	49.900
175.000	22.974	27.420	32.978	41.130	46.688	51.135
180.000	23.528	28.082	33.774	42.123	47.815	52.369
185.000	24.083	28.744	34.570	43.116	48.942	53.603
190.000	24.637	29.405	35.366	44.108	50.069	54.837
195.000	25.192	30.067	36.162	45.101	51.196	56.072
200.000	25.746	30.729	36.958	46.094	52.323	57.306
205.000	26.277	31.362	37.720	47.044	53.401	58.487
210.000	26.807	31.996	38.482	47.994	54.480	59.668
215.000	27.338	32.629	39.243	48.944	55.558	60.849
220.000	27.869	33.263	40.005	49.894	56.637	62.030
225.000	28.400	33.896	40.767	50.844	57.715	63.212
230.000	28.930	34.529	41.529	51.794	58.793	64.393
235.000	29.461	35.163	42.291	52.744	59.872	65.574
240.000	29.992	35.796	43.052	53.694	60.950	66.755
245.000	30.522	36.430	43.814	54.644	62.029	67.936
250.000	31.053	37.063	44.576	55.594	63.107	69.117
255.000	31.558	37.665	45.301	56.498	64.133	70.240
260.000	32.062	38.268	46.025	57.401	65.159	71.364
265.000	32.567	38.870	46.750	58.305	66.184	72.487
270.000	33.072	39.473	47.474	59.209	67.210	73.611
275.000	33.577	40.075	48.199	60.112	68.236	74.734
280.000	34.081	40.677	48.923	61.016	69.262	75.858
285.000	34.586	41.280	49.648	61.920	70.287	76.981
290.000	35.091	41.882	50.372	62.823	71.313	78.105
295.000	35.595	42.485	51.097	63.727	72.339	79.228
300.000	36.100	43.087	51.821	64.631	73.365	80.352
305.000	36.605	43.689	52.546	65.534	74.390	81.475
310.000	37.109	44.292	53.270	66.438	75.416	82.598
315.000	37.614	44.894	53.995	67.341	76.442	83.722
320.000	38.119	45.497	54.719	68.245	77.468	84.845
325.000	38.624	46.099	55.444	69.149	78.493	85.969
330.000	39.128	46.701	56.168	70.052	79.519	87.092
335.000	39.633	47.304	56.893	70.956	80.545	88.216
340.000	40.138	47.906	57.617	71.860	81.571	89.339
345.000	40.642	48.509	58.342	72.763	82.596	90.463
350.000	41.147	49.111	59.066	73.667	83.622	91.586
355.000	41.619	49.674	59.743	74.512	84.581	92.636
360.000	42.091	50.237	60.420	75.356	85.540	93.686

Honorartafel zu § 40 Absatz 1 – Freianlagen

Anrechenbare Kosten	Honorarzone I von	Honorarzone II von	Honorarzone I bis / Honorarzone III von	Honorarzone II bis / Honorarzone IV von	Honorarzone III bis / Honorarzone V von	Honorarzone IV bis / Honorarzone V bis
Euro	Euro	Euro	Euro	Euro	Euro	Euro
365.000	42.562	50.800	61.098	76.201	86.498	94.736
370.000	43.034	51.363	61.775	77.046	87.457	95.786
375.000	43.506	51.927	62.452	77.890	88.416	96.836
380.000	43.978	52.490	63.129	78.735	89.375	97.886
385.000	44.449	53.053	63.807	79.579	90.333	98.936
390.000	44.921	53.616	64.484	80.424	91.292	99.987
395.000	45.393	54.179	65.161	81.269	92.251	101.037
400.000	45.865	54.742	65.838	82.113	93.210	102.087
405.000	46.336	55.305	66.516	82.958	94.168	103.137
410.000	46.808	55.868	67.193	83.803	95.127	104.187
415.000	47.280	56.431	67.870	84.647	96.086	105.237
420.000	47.752	56.994	68.547	85.492	97.045	106.287
425.000	48.224	57.558	69.225	86.337	98.004	107.337
430.000	48.695	58.121	69.902	87.181	98.962	108.387
435.000	49.167	58.684	70.579	88.026	99.921	109.437
440.000	49.639	59.247	71.256	88.870	100.880	110.487
445.000	50.111	59.810	71.933	89.715	101.839	111.537
450.000	50.582	60.373	72.611	90.560	102.797	112.587
455.000	51.054	60.936	73.288	91.404	103.756	113.637
460.000	51.526	61.499	73.965	92.249	104.715	114.687
465.000	51.998	62.062	74.642	93.094	105.674	115.738
470.000	52.469	62.625	75.320	93.938	106.632	116.788
475.000	52.941	63.189	75.997	94.783	107.591	117.838
480.000	53.413	63.752	76.674	95.627	108.550	118.888
485.000	53.885	64.315	77.351	96.472	109.509	119.938
490.000	54.356	64.878	78.029	97.317	110.467	120.988
495.000	54.828	65.441	78.706	98.161	111.426	122.038
500.000	55.300	66.004	79.383	99.006	112.385	123.088
525.000	57.602	68.752	82.688	103.128	117.064	128.212
550.000	59.905	71.500	85.993	107.249	121.742	133.337
575.000	62.207	74.248	89.298	111.371	126.421	138.461
600.000	64.509	76.995	92.602	115.493	131.100	143.585
625.000	66.812	79.743	95.907	119.614	135.778	148.710
650.000	69.114	82.491	99.212	123.736	140.457	153.834
675.000	71.333	85.140	102.398	127.709	144.967	158.774
700.000	73.553	87.789	105.583	131.683	149.477	163.713
725.000	75.772	90.438	108.769	135.656	153.988	168.653
750.000	77.991	93.086	111.955	139.629	158.498	173.593
775.000	80.211	95.735	115.140	143.603	163.008	178.532
800.000	82.430	98.384	118.326	147.576	167.518	183.472
825.000	84.574	100.942	121.403	151.414	171.874	188.243
850.000	86.717	103.501	124.480	155.251	176.231	193.014
875.000	88.861	106.059	127.557	159.089	180.587	197.785

Honorartafel zu § 40 Absatz 1 – Freianlagen							
Anrechenbare Kosten	Honorarzone I von	Honorarzone I bis / Honorarzone II von	Honorarzone III von / Honorarzone II bis	Honorarzone III bis / Honorarzone IV von	Honorarzone V von / Honorarzone IV bis	Honorarzone V bis	
Euro	Euro	Euro	Euro	Euro	Euro	Euro	
900.000	91.004	108.618	130.634	162.926	184.943	202.557	
925.000	93.148	111.176	133.711	166.764	189.299	207.328	
950.000	95.291	113.734	136.788	170.601	193.656	212.099	
975.000	97.435	116.293	139.865	174.439	198.012	216.870	
1.000.000	99.578	118.851	142.942	178.276	202.368	221.641	
1.025.000	101.644	121.317	145.908	181.975	206.567	226.240	
1.050.000	103.710	123.783	148.874	185.674	210.765	230.838	
1.075.000	105.776	126.249	151.839	189.373	214.964	235.437	
1.100.000	107.842	128.715	154.805	193.072	219.163	240.035	
1.125.000	109.908	131.181	157.771	196.771	223.362	244.634	
1.150.000	111.974	133.646	160.737	200.469	227.560	249.233	
1.175.000	114.040	136.112	163.703	204.168	231.759	253.831	
1.200.000	116.106	138.578	166.668	207.867	235.958	258.430	
1.225.000	118.172	141.044	169.634	211.566	240.156	263.028	
1.250.000	120.238	143.510	172.600	215.265	244.355	267.627	
1.275.000	122.235	145.893	175.466	218.840	248.413	272.071	
1.300.000	124.231	148.276	178.332	222.414	252.470	276.515	
1.325.000	126.228	150.659	181.198	225.989	256.528	280.959	
1.350.000	128.224	153.042	184.064	229.563	260.585	285.403	
1.375.000	130.221	155.425	186.931	233.138	264.643	289.847	
1.400.000	132.218	157.808	189.797	236.713	268.701	294.291	
1.425.000	134.214	160.191	192.663	240.287	272.758	298.735	
1.450.000	136.211	162.574	195.529	243.862	276.816	303.179	
1.475.000	138.207	164.957	198.395	247.436	280.873	307.623	
1.500.000	140.204	167.340	201.261	251.011	284.931	312.067	

Interpolationstabelle zu § 44: Ingenieurbauwerke E10

Honorartafel zu § 44 Absatz 1 – Ingenieurbauwerke (Anwendungsbereich des § 41)										
Anrechenbare Kosten	Honorarzone I von	Honorarzone I bis / Honorarzone II von	Honorarzone III von / Honorarzone II bis	Honorarzone III bis / Honorarzone IV von	Honorarzone V von / Honorarzone IV bis	Honorarzone V bis
Euro	Euro	Euro	Euro	Euro	Euro	Euro
25.000	3.449	4.109	4.768	5.428	6.036	6.696
25.500	3.500	4.170	4.839	5.509	6.126	6.796
26.000	3.552	4.231	4.910	5.589	6.216	6.895
26.500	3.603	4.292	4.981	5.670	6.305	6.995
27.000	3.654	4.353	5.052	5.751	6.395	7.094
27.500	3.706	4.415	5.123	5.832	6.485	7.194
28.000	3.757	4.476	5.193	5.912	6.575	7.293
28.500	3.808	4.537	5.264	5.993	6.664	7.393
29.000	3.859	4.598	5.335	6.074	6.754	7.492
29.500	3.911	4.659	5.406	6.154	6.844	7.592
30.000	3.962	4.720	5.477	6.235	6.934	7.692
30.500	4.013	4.781	5.548	6.316	7.023	7.791
31.000	4.065	4.842	5.619	6.396	7.113	7.891
31.500	4.116	4.903	5.690	6.477	7.203	7.990
32.000	4.167	4.964	5.761	6.558	7.293	8.090
32.500	4.219	5.026	5.832	6.639	7.382	8.189
33.000	4.270	5.087	5.902	6.719	7.472	8.289
33.500	4.321	5.148	5.973	6.800	7.562	8.388
34.000	4.372	5.209	6.044	6.881	7.652	8.488
34.500	4.424	5.270	6.115	6.961	7.741	8.587
35.000	4.475	5.331	6.186	7.042	7.831	8.687
35.500	4.522	5.387	6.252	7.117	7.914	8.779
36.000	4.570	5.444	6.317	7.191	7.997	8.871
36.500	4.617	5.500	6.383	7.266	8.080	8.963
37.000	4.665	5.557	6.448	7.340	8.163	9.055
37.500	4.712	5.613	6.514	7.415	8.246	9.147
38.000	4.759	5.670	6.579	7.489	8.329	9.239
38.500	4.807	5.726	6.645	7.564	8.412	9.331
39.000	4.854	5.782	6.710	7.639	8.495	9.423
39.500	4.902	5.839	6.776	7.713	8.578	9.515
40.000	4.949	5.895	6.841	7.788	8.661	9.607
40.500	4.996	5.952	6.907	7.862	8.744	9.699
41.000	5.044	6.008	6.972	7.937	8.827	9.791
41.500	5.091	6.065	7.038	8.011	8.910	9.883
42.000	5.139	6.121	7.103	8.086	8.993	9.975
42.500	5.186	6.178	7.169	8.161	9.076	10.067
43.000	5.233	6.234	7.235	8.235	9.158	10.159

Honorartafel zu § 44 Absatz 1 – Ingenieurbauwerke (Anwendungsbereich des § 41)						
Anrechenbare Kosten	Honorarzone I von	bis / Honorarzone II von	bis / Honorarzone III von	bis / Honorarzone IV von	bis / Honorarzone V von	bis
Euro	Euro	Euro	Euro	Euro	Euro	Euro
43.500	5.281	6.290	7.300	8.310	9.241	10.251
44.000	5.328	6.347	7.366	8.384	9.324	10.343
44.500	5.376	6.403	7.431	8.459	9.407	10.435
45.000	5.423	6.460	7.497	8.533	9.490	10.527
45.500	5.470	6.516	7.562	8.608	9.573	10.619
46.000	5.518	6.573	7.628	8.682	9.656	10.711
46.500	5.565	6.629	7.693	8.757	9.739	10.803
47.000	5.613	6.685	7.759	8.832	9.822	10.895
47.500	5.660	6.742	7.824	8.906	9.905	10.987
48.000	5.707	6.798	7.890	8.981	9.988	11.079
48.500	5.755	6.855	7.955	9.055	10.071	11.171
49.000	5.802	6.911	8.021	9.130	10.154	11.263
49.500	5.850	6.968	8.086	9.204	10.237	11.355
50.000	5.897	7.024	8.152	9.279	10.320	11.447
52.500	6.114	7.283	8.452	9.621	10.700	11.869
55.000	6.331	7.541	8.752	9.963	11.080	12.290
57.500	6.549	7.800	9.053	10.304	11.460	12.712
60.000	6.766	8.059	9.353	10.646	11.840	13.133
62.500	6.983	8.318	9.653	10.988	12.221	13.555
65.000	7.200	8.576	9.953	11.330	12.601	13.977
67.500	7.417	8.835	10.253	11.672	12.981	14.398
70.000	7.635	9.094	10.554	12.013	13.361	14.820
72.500	7.852	9.352	10.854	12.355	13.741	15.241
75.000	8.069	9.611	11.154	12.697	14.121	15.663
77.500	8.270	9.850	11.432	13.013	14.473	16.053
80.000	8.471	10.090	11.710	13.329	14.824	16.443
82.500	8.672	10.329	11.987	13.646	15.176	16.833
85.000	8.873	10.569	12.265	13.962	15.527	17.223
87.500	9.074	10.808	12.543	14.278	15.879	17.614
90.000	9.275	11.047	12.821	14.594	16.231	18.004
92.500	9.476	11.287	13.099	14.910	16.582	18.394
95.000	9.677	11.526	13.376	15.227	16.934	18.784
97.500	9.878	11.766	13.654	15.543	17.285	19.174
100.000	10.079	12.005	13.932	15.859	17.637	19.564
105.000	10.450	12.447	14.445	16.442	18.286	20.284
110.000	10.820	12.888	14.957	17.026	18.935	21.004
115.000	11.191	13.330	15.470	17.609	19.584	21.723
120.000	11.562	13.772	15.982	18.193	20.233	22.443
125.000	11.933	14.214	16.495	18.776	20.882	23.163
130.000	12.303	14.655	17.008	19.359	21.530	23.883
135.000	12.674	15.097	17.520	19.943	22.179	24.603
140.000	13.045	15.539	18.033	20.526	22.828	25.322
145.000	13.415	15.980	18.545	21.110	23.477	26.042

Honorartafel zu § 44 Absatz 1 – Ingenieurbauwerke (Anwendungsbereich des § 41)

Anrechenbare Kosten	Honorarzone I von	Honorarzone I bis / Honorarzone II von	Honorarzone II bis / Honorarzone III von	Honorarzone III bis / Honorarzone IV von	Honorarzone IV bis / Honorarzone V von	Honorarzone V bis
Euro	Euro	Euro	Euro	Euro	Euro	Euro
150.000	13.786	16.422	19.058	21.693	24.126	26.762
155.000	14.129	16.830	19.532	22.233	24.726	27.428
160.000	14.472	17.239	20.006	22.772	25.326	28.093
165.000	14.815	17.647	20.480	23.312	25.926	28.759
170.000	15.158	18.056	20.954	23.851	26.526	29.424
175.000	15.501	18.464	21.428	24.391	27.126	30.090
180.000	15.843	18.872	21.901	24.930	27.726	30.755
185.000	16.186	19.281	22.375	25.470	28.326	31.421
190.000	16.529	19.689	22.849	26.009	28.926	32.086
195.000	16.872	20.098	23.323	26.549	29.526	32.752
200.000	17.215	20.506	23.797	27.088	30.126	33.417
205.000	17.531	20.882	24.234	27.585	30.679	34.030
210.000	17.847	21.259	24.671	28.082	31.232	34.644
215.000	18.163	21.635	25.107	28.579	31.785	35.257
220.000	18.479	22.011	25.544	29.077	32.338	35.870
225.000	18.795	22.388	25.981	29.574	32.891	36.484
230.000	19.111	22.764	26.418	30.071	33.444	37.097
235.000	19.427	23.140	26.854	30.568	33.997	37.710
240.000	19.743	23.517	27.291	31.065	34.550	38.324
245.000	20.059	23.893	27.728	31.562	35.103	38.937
250.000	20.375	24.270	28.165	32.060	35.656	39.551
255.000	20.690	24.646	28.601	32.557	36.208	40.164
260.000	21.006	25.022	29.038	33.054	36.761	40.777
265.000	21.322	25.399	29.475	33.551	37.314	41.391
270.000	21.638	25.775	29.912	34.048	37.867	42.004
275.000	21.954	26.151	30.348	34.545	38.420	42.617
280.000	22.270	26.528	30.785	35.042	38.973	43.231
285.000	22.586	26.904	31.222	35.540	39.526	43.844
290.000	22.902	27.280	31.659	36.037	40.079	44.457
295.000	23.218	27.657	32.095	36.534	40.632	45.071
300.000	23.534	28.033	32.532	37.031	41.185	45.684
305.000	23.817	28.370	32.924	37.477	41.681	46.234
310.000	24.101	28.708	33.315	37.923	42.176	46.784
315.000	24.384	29.045	33.707	38.368	42.672	47.334
320.000	24.667	29.383	34.098	38.814	43.168	47.884
325.000	24.950	29.720	34.490	39.260	43.664	48.433
330.000	25.234	30.058	34.881	39.706	44.159	48.983
335.000	25.517	30.395	35.273	40.151	44.655	49.533
340.000	25.800	30.732	35.665	40.597	45.151	50.083
345.000	26.083	31.070	36.056	41.043	45.646	50.633
350.000	26.367	31.407	36.448	41.489	46.142	51.183
355.000	26.650	31.745	36.839	41.934	46.638	51.733
360.000	26.933	32.082	37.231	42.380	47.133	52.283

Honorartafel zu § 44 Absatz 1 – Ingenieurbauwerke (Anwendungsbereich des § 41)						
Anrechenbare Kosten	Honorarzone I von	Honorarzone I bis / Honorarzone II von	Honorarzone II bis / Honorarzone III von	Honorarzone III bis / Honorarzone IV von	Honorarzone IV bis / Honorarzone V von	Honorarzone V bis
Euro	Euro	Euro	Euro	Euro	Euro	Euro
365.000	27.217	32.420	37.622	42.826	47.629	52.832
370.000	27.500	32.757	38.014	43.272	48.125	53.382
375.000	27.783	33.094	38.406	43.717	48.621	53.932
380.000	28.066	33.432	38.797	44.163	49.116	54.482
385.000	28.350	33.769	39.189	44.609	49.612	55.032
390.000	28.633	34.107	39.580	45.055	50.108	55.582
395.000	28.916	34.444	39.972	45.500	50.603	56.132
400.000	29.200	34.782	40.364	45.946	51.099	56.682
405.000	29.483	35.119	40.755	46.392	51.595	57.231
410.000	29.766	35.456	41.147	46.838	52.090	57.781
415.000	30.049	35.794	41.538	47.283	52.586	58.331
420.000	30.333	36.131	41.930	47.729	53.082	58.881
425.000	30.616	36.469	42.321	48.175	53.578	59.431
430.000	30.899	36.806	42.713	48.621	54.073	59.981
435.000	31.182	37.143	43.105	49.066	54.569	60.531
440.000	31.466	37.481	43.496	49.512	55.065	61.081
445.000	31.749	37.818	43.888	49.958	55.560	61.630
450.000	32.032	38.156	44.279	50.404	56.056	62.180
455.000	32.316	38.493	44.671	50.849	56.552	62.730
460.000	32.599	38.831	45.062	51.295	57.047	63.280
465.000	32.882	39.168	45.454	51.741	57.543	63.830
470.000	33.165	39.505	45.846	52.187	58.039	64.380
475.000	33.449	39.843	46.237	52.632	58.535	64.930
480.000	33.732	40.180	46.629	53.078	59.030	65.480
485.000	34.015	40.518	47.020	53.524	59.526	66.029
490.000	34.298	40.855	47.412	53.970	60.022	66.579
495.000	34.582	41.193	47.803	54.415	60.517	67.129
500.000	34.865	41.530	48.195	54.861	61.013	67.679
525.000	36.136	43.044	49.952	56.861	63.238	70.147
550.000	37.407	44.558	51.709	58.861	65.462	72.614
575.000	38.678	46.073	53.467	60.862	67.687	75.082
600.000	39.949	47.587	55.224	62.862	69.911	77.549
625.000	41.221	49.101	56.981	64.862	72.136	80.017
650.000	42.492	50.615	58.738	66.862	74.360	82.484
675.000	43.763	52.129	60.495	68.862	76.585	84.952
700.000	45.034	53.644	62.253	70.863	78.809	87.419
725.000	46.305	55.158	64.010	72.863	81.034	89.887
750.000	47.576	56.672	65.767	74.863	83.258	92.354
775.000	48.745	58.064	67.383	76.702	85.303	94.623
800.000	49.914	59.456	68.998	78.541	87.349	96.892
825.000	51.082	60.849	70.614	80.380	89.394	99.160
850.000	52.251	62.241	72.230	82.219	91.440	101.429
875.000	53.420	63.633	73.846	84.059	93.485	103.698

Honorartafel zu § 44 Absatz 1 – Ingenieurbauwerke (Anwendungsbereich des § 41)							
Anrechenbare Kosten	Honorarzone I von	Honorarzone I bis / Honorarzone II von	Honorarzone II bis / Honorarzone III von	Honorarzone III bis / Honorarzone IV von	Honorarzone IV bis / Honorarzone V von	Honorarzone V bis
Euro	Euro	Euro	Euro	Euro	Euro	Euro
900.000	54.589	65.025	75.461	85.898	95.530	105.967
925.000	55.758	66.417	77.077	87.737	97.576	108.236
950.000	56.926	67.810	78.693	89.576	99.621	110.504
975.000	58.095	69.202	80.308	91.415	101.667	112.773
1.000.000	59.264	70.594	81.924	93.254	103.712	115.042
1.025.000	60.351	71.888	83.426	94.964	105.614	117.151
1.050.000	61.437	73.183	84.928	96.674	107.515	119.261
1.075.000	62.524	74.477	86.430	98.384	109.417	121.370
1.100.000	63.611	75.772	87.933	100.094	111.319	123.480
1.125.000	64.698	77.066	89.435	101.804	113.221	125.589
1.150.000	65.784	78.360	90.937	103.513	115.122	127.698
1.175.000	66.871	79.655	92.439	105.223	117.024	129.808
1.200.000	67.958	80.949	93.941	106.933	118.926	131.917
1.225.000	69.044	82.244	95.443	108.643	120.827	134.027
1.250.000	70.131	83.538	96.946	110.353	122.729	136.136
1.275.000	71.218	84.832	98.448	112.063	124.631	138.245
1.300.000	72.304	86.127	99.950	113.773	126.532	140.355
1.325.000	73.391	87.421	101.452	115.483	128.434	142.464
1.350.000	74.478	88.716	102.954	117.193	130.336	144.574
1.375.000	75.565	90.010	104.456	118.903	132.238	146.683
1.400.000	76.651	91.304	105.958	120.612	134.139	148.792
1.425.000	77.738	92.599	107.461	122.322	136.041	150.902
1.450.000	78.825	93.893	108.963	124.032	137.943	153.011
1.475.000	79.911	95.188	110.465	125.742	139.844	155.121
1.500.000	80.998	96.482	111.967	127.452	141.746	157.230
1.525.000	82.001	97.677	113.353	129.030	143.501	159.177
1.550.000	83.004	98.871	114.740	130.608	145.256	161.123
1.575.000	84.006	100.066	116.126	132.186	147.011	163.070
1.600.000	85.009	101.260	117.512	133.764	148.766	165.017
1.625.000	86.012	102.455	118.898	135.342	150.521	166.963
1.650.000	87.015	103.649	120.285	136.920	152.275	168.910
1.675.000	88.018	104.844	121.671	138.498	154.030	170.857
1.700.000	89.020	106.038	123.057	140.076	155.785	172.803
1.725.000	90.023	107.233	124.443	141.654	157.540	174.750
1.750.000	91.026	108.428	125.830	143.232	159.295	176.697
1.775.000	92.029	109.622	127.216	144.809	161.050	178.643
1.800.000	93.032	110.817	128.602	146.387	162.805	180.590
1.825.000	94.034	112.011	129.988	147.965	164.560	182.536
1.850.000	95.037	113.206	131.375	149.543	166.315	184.483
1.875.000	96.040	114.400	132.761	151.121	168.070	186.430
1.900.000	97.043	115.595	134.147	152.699	169.824	188.376
1.925.000	98.046	116.789	135.533	154.277	171.579	190.323
1.950.000	99.048	117.984	136.920	155.855	173.334	192.270

Honorartafel zu § 44 Absatz 1 – Ingenieurbauwerke (Anwendungsbereich des § 41)						
Anrechenbare Kosten	Honorarzone I von	Honorarzone I bis	Honorarzone III von	Honorarzone III bis	Honorarzone V von	Honorarzone V bis
		Honorarzone II von	Honorarzone II bis	Honorarzone IV von	Honorarzone IV bis	
Euro	Euro	Euro	Euro	Euro	Euro	Euro
1.975.000	100.051	119.178	138.306	157.433	175.089	194.216
2.000.000	101.054	120.373	139.692	159.011	176.844	196.163
2.025.000	101.975	121.470	140.966	160.461	178.456	197.951
2.050.000	102.897	122.568	142.239	161.911	180.069	199.740
2.075.000	103.818	123.665	143.513	163.360	181.681	201.528
2.100.000	104.739	124.763	144.786	164.810	183.293	203.317
2.125.000	105.661	125.860	146.060	166.260	184.906	205.105
2.150.000	106.582	126.958	147.334	167.710	186.518	206.894
2.175.000	107.503	128.055	148.607	169.159	188.130	208.682
2.200.000	108.425	129.153	149.881	170.609	189.743	210.471
2.225.000	109.346	130.250	151.154	172.059	191.355	212.259
2.250.000	110.267	131.348	152.428	173.509	192.968	214.048
2.275.000	111.189	132.445	153.702	174.958	194.580	215.836
2.300.000	112.110	133.543	154.975	176.408	196.192	217.625
2.325.000	113.031	134.640	156.249	177.858	197.805	219.413
2.350.000	113.953	135.738	157.522	179.308	199.417	221.202
2.375.000	114.874	136.835	158.796	180.757	201.029	222.990
2.400.000	115.795	137.933	160.070	182.207	202.642	224.779
2.425.000	116.717	139.030	161.343	183.657	204.254	226.567
2.450.000	117.638	140.128	162.617	185.107	205.866	228.356
2.475.000	118.559	141.225	163.890	186.556	207.479	230.144
2.500.000	119.481	142.323	165.164	188.006	209.091	231.933
2.525.000	120.402	143.420	166.438	189.456	210.703	233.721
2.550.000	121.323	144.517	167.711	190.906	212.316	235.509
2.575.000	122.244	145.615	168.985	192.355	213.928	237.298
2.600.000	123.166	146.712	170.258	193.805	215.540	239.086
2.625.000	124.087	147.810	171.532	195.255	217.153	240.875
2.650.000	125.008	148.907	172.806	196.705	218.765	242.663
2.675.000	125.930	150.005	174.079	198.154	220.377	244.452
2.700.000	126.851	151.102	175.353	199.604	221.990	246.240
2.725.000	127.772	152.200	176.626	201.054	223.602	248.029
2.750.000	128.694	153.297	177.900	202.504	225.215	249.817
2.775.000	129.615	154.395	179.174	203.953	226.827	251.606
2.800.000	130.536	155.492	180.447	205.403	228.439	253.394
2.825.000	131.458	156.590	181.721	206.853	230.052	255.183
2.850.000	132.379	157.687	182.994	208.303	231.664	256.971
2.875.000	133.300	158.785	184.268	209.752	233.276	258.760
2.900.000	134.222	159.882	185.542	211.202	234.889	260.548
2.925.000	135.143	160.980	186.815	212.652	236.501	262.337
2.950.000	136.064	162.077	188.089	214.102	238.113	264.125
2.975.000	136.986	163.175	189.362	215.551	239.726	265.914
3.000.000	137.907	164.272	190.636	217.001	241.338	267.702
3.025.000	138.728	165.250	191.771	218.293	242.775	269.296

Honorartafel zu § 44 Absatz 1 – Ingenieurbauwerke (Anwendungsbereich des § 41)						
Anrechenbare Kosten	Honorarzone I von	Honorarzone I bis / Honorarzone II von	Honorarzone III von / Honorarzone II bis	Honorarzone III bis / Honorarzone IV von	Honorarzone V von / Honorarzone IV bis	Honorarzone V bis
Euro	Euro	Euro	Euro	Euro	Euro	Euro
3.050.000	139.549	166.228	192.906	219.585	244.211	270.889
3.075.000	140.370	167.206	194.041	220.876	245.648	272.483
3.100.000	141.191	168.184	195.175	222.168	247.085	274.077
3.125.000	142.012	169.162	196.310	223.460	248.521	275.670
3.150.000	142.833	170.139	197.445	224.752	249.958	277.264
3.175.000	143.654	171.117	198.580	226.044	251.395	278.857
3.200.000	144.475	172.095	199.715	227.335	252.831	280.451
3.225.000	145.296	173.073	200.850	228.627	254.268	282.045
3.250.000	146.117	174.051	201.985	229.919	255.705	283.638
3.275.000	146.938	175.029	203.119	231.211	257.141	285.232
3.300.000	147.759	176.007	204.254	232.503	258.578	286.826
3.325.000	148.580	176.985	205.389	233.794	260.015	288.419
3.350.000	149.400	177.963	206.524	235.086	261.451	290.013
3.375.000	150.221	178.941	207.659	236.378	262.888	291.606
3.400.000	151.042	179.918	208.794	237.670	264.325	293.200
3.425.000	151.863	180.896	209.929	238.962	265.761	294.794
3.450.000	152.684	181.874	211.064	240.253	267.198	296.387
3.475.000	153.505	182.852	212.198	241.545	268.635	297.981
3.500.000	154.326	183.830	213.333	242.837	270.072	299.575
3.525.000	155.147	184.808	214.468	244.129	271.508	301.168
3.550.000	155.968	185.786	215.603	245.421	272.945	302.762
3.575.000	156.789	186.764	216.738	246.712	274.382	304.355
3.600.000	157.610	187.742	217.873	248.004	275.818	305.949
3.625.000	158.431	188.720	219.008	249.296	277.255	307.543
3.650.000	159.252	189.697	220.142	250.588	278.692	309.136
3.675.000	160.073	190.675	221.277	251.880	280.128	310.730
3.700.000	160.894	191.653	222.412	253.171	281.565	312.324
3.725.000	161.715	192.631	223.547	254.463	283.002	313.917
3.750.000	162.536	193.609	224.682	255.755	284.438	315.511
3.775.000	163.357	194.587	225.817	257.047	285.875	317.104
3.800.000	164.178	195.565	226.952	258.339	287.312	318.698
3.825.000	164.999	196.543	228.086	259.630	288.748	320.292
3.850.000	165.820	197.521	229.221	260.922	290.185	321.885
3.875.000	166.641	198.499	230.356	262.214	291.622	323.479
3.900.000	167.462	199.476	231.491	263.506	293.058	325.073
3.925.000	168.283	200.454	232.626	264.798	294.495	326.666
3.950.000	169.104	201.432	233.761	266.089	295.932	328.260
3.975.000	169.925	202.410	234.896	267.381	297.368	329.853
4.000.000	170.746	203.388	236.031	268.673	298.805	331.447
4.025.000	171.566	204.366	237.165	269.965	300.242	333.041
4.050.000	172.387	205.344	238.300	271.257	301.678	334.634
4.075.000	173.208	206.322	239.435	272.548	303.115	336.228
4.100.000	174.029	207.300	240.570	273.840	304.552	337.822

Honorartafel zu § 44 Absatz 1 – Ingenieurbauwerke (Anwendungsbereich des § 41)

Anrechenbare Kosten	Honorarzone I von	Honorarzone I bis / Honorarzone II von	Honorarzone II bis / Honorarzone III von	Honorarzone III bis / Honorarzone IV von	Honorarzone IV bis / Honorarzone V von	Honorarzone V bis
Euro	Euro	Euro	Euro	Euro	Euro	Euro
4.125.000	174.850	208.278	241.705	275.132	305.988	339.415
4.150.000	175.671	209.255	242.840	276.424	307.425	341.009
4.175.000	176.492	210.233	243.975	277.716	308.862	342.602
4.200.000	177.313	211.211	245.109	279.007	310.298	344.196
4.225.000	178.134	212.189	246.244	280.299	311.735	345.790
4.250.000	178.955	213.167	247.379	281.591	313.172	347.383
4.275.000	179.776	214.145	248.514	282.883	314.608	348.977
4.300.000	180.597	215.123	249.649	284.175	316.045	350.571
4.325.000	181.418	216.101	250.784	285.466	317.482	352.164
4.350.000	182.239	217.079	251.919	286.758	318.918	353.758
4.375.000	183.060	218.057	253.053	288.050	320.355	355.351
4.400.000	183.881	219.034	254.188	289.342	321.792	356.945
4.425.000	184.702	220.012	255.323	290.634	323.228	358.539
4.450.000	185.523	220.990	256.458	291.925	324.665	360.132
4.475.000	186.344	221.968	257.593	293.217	326.102	361.726
4.500.000	187.165	222.946	258.728	294.509	327.539	363.320
4.525.000	187.986	223.924	259.863	295.801	328.975	364.913
4.550.000	188.807	224.902	260.997	297.093	330.412	366.507
4.575.000	189.628	225.880	262.132	298.384	331.849	368.100
4.600.000	190.449	226.858	263.267	299.676	333.285	369.694
4.625.000	191.270	227.836	264.402	300.968	334.722	371.288
4.650.000	192.091	228.813	265.537	302.260	336.159	372.881
4.675.000	192.911	229.791	266.672	303.552	337.595	374.475
4.700.000	193.732	230.769	267.807	304.843	339.032	376.069
4.725.000	194.553	231.747	268.942	306.135	340.469	377.662
4.750.000	195.374	232.725	270.076	307.427	341.905	379.256
4.775.000	196.195	233.703	271.211	308.719	343.342	380.849
4.800.000	197.016	234.681	272.346	310.011	344.779	382.443
4.825.000	197.837	235.659	273.481	311.302	346.215	384.037
4.850.000	198.658	236.637	274.616	312.594	347.652	385.630
4.875.000	199.479	237.615	275.751	313.886	349.089	387.224
4.900.000	200.300	238.592	276.886	315.178	350.525	388.818
4.925.000	201.121	239.570	278.020	316.470	351.962	390.411
4.950.000	201.942	240.548	279.155	317.761	353.399	392.005
4.975.000	202.763	241.526	280.290	319.053	354.835	393.598
5.000.000	203.584	242.504	281.425	320.345	356.272	395.192
5.250.000	211.067	251.418	291.769	332.120	369.368	409.718
5.500.000	218.550	260.332	302.114	343.895	382.463	424.244
5.750.000	226.033	269.245	312.458	355.670	395.559	438.770
6.000.000	233.516	278.159	322.802	367.445	408.654	453.296
6.250.000	241.000	287.073	333.147	379.220	421.750	467.823
6.500.000	248.483	295.987	343.491	390.995	434.845	482.349
6.750.000	255.966	304.901	353.835	402.770	447.941	496.875

Honorartafel zu § 44 Absatz 1 – Ingenieurbauwerke (Anwendungsbereich des § 41)						
Anrechenbare Kosten	Honorarzone I von	Honorarzone II von	Honorarzone I bis / Honorarzone III von	Honorarzone II bis / Honorarzone IV von	Honorarzone III bis / Honorarzone V von	Honorarzone IV bis / Honorarzone V bis
Euro	Euro	Euro	Euro	Euro	Euro	Euro
7.000.000	263.449	313.814	364.179	414.545	461.036	511.401
7.250.000	270.932	322.728	374.524	426.320	474.132	525.927
7.500.000	278.415	331.642	384.868	438.095	487.227	540.453
7.750.000	285.330	339.879	394.427	448.976	499.329	553.877
8.000.000	292.246	348.116	403.987	459.858	511.430	567.300
8.250.000	299.161	356.354	413.546	470.739	523.532	580.724
8.500.000	306.076	364.591	423.105	481.620	535.634	594.148
8.750.000	312.992	372.828	432.665	492.502	547.736	607.572
9.000.000	319.907	381.065	442.224	503.383	559.837	620.995
9.250.000	326.822	389.302	451.783	514.264	571.939	634.419
9.500.000	333.737	397.540	461.342	525.145	584.041	647.843
9.750.000	340.653	405.777	470.902	536.027	596.142	661.266
10.000.000	347.568	414.014	480.461	546.908	608.244	674.690
10.250.000	353.935	421.598	489.262	556.926	619.386	687.049
10.500.000	360.301	429.182	498.063	566.944	630.527	699.408
10.750.000	366.668	436.766	506.864	576.962	641.669	711.766
11.000.000	373.035	444.349	515.665	586.980	652.810	724.125
11.250.000	379.401	451.933	524.466	596.999	663.952	736.484
11.500.000	385.768	459.517	533.267	607.017	675.094	748.843
11.750.000	392.135	467.101	542.068	617.035	686.235	761.202
12.000.000	398.501	474.685	550.869	627.053	697.377	773.560
12.250.000	404.868	482.269	559.670	637.071	708.518	785.919
12.500.000	411.235	489.853	568.471	647.089	719.660	798.278
12.750.000	417.601	497.436	577.271	657.107	730.802	810.637
13.000.000	423.968	505.020	586.072	667.125	741.943	822.996
13.250.000	430.334	512.604	594.873	677.143	753.085	835.354
13.500.000	436.701	520.188	603.674	687.161	764.226	847.713
13.750.000	443.068	527.772	612.475	697.180	775.368	860.072
14.000.000	449.434	535.356	621.276	707.198	786.510	872.431
14.250.000	455.801	542.939	630.077	717.216	797.651	884.790
14.500.000	462.168	550.523	638.878	727.234	808.793	897.148
14.750.000	468.534	558.107	647.679	737.252	819.934	909.507
15.000.000	474.901	565.691	656.480	747.270	831.076	921.866
15.250.000	480.772	572.685	664.596	756.509	841.351	933.263
15.500.000	486.643	579.678	672.712	765.747	851.625	944.660
15.750.000	492.514	586.672	680.828	774.986	861.900	956.057
16.000.000	498.386	593.665	688.944	784.224	872.174	967.454
16.250.000	504.257	600.659	697.060	793.463	882.449	978.851
16.500.000	510.128	607.653	705.176	802.701	892.724	990.248
16.750.000	515.999	614.646	713.292	811.940	902.998	1.001.645
17.000.000	521.870	621.640	721.408	821.178	913.273	1.013.042
17.250.000	527.741	628.633	729.524	830.417	923.547	1.024.439
17.500.000	533.613	635.627	737.641	839.655	933.822	1.035.836

Honorartafel zu § 44 Absatz 1 – Ingenieurbauwerke (Anwendungsbereich des § 41)

Anrechenbare Kosten	Honorarzone I von	Honorarzone I bis / Honorarzone II von	Honorarzone II bis / Honorarzone III von	Honorarzone III bis / Honorarzone IV von	Honorarzone IV bis / Honorarzone V von	Honorarzone V bis
Euro	Euro	Euro	Euro	Euro	Euro	Euro
17.750.000	539.484	642.621	745.757	848.894	944.097	1.047.233
18.000.000	545.355	649.614	753.873	858.132	954.371	1.058.630
18.250.000	551.226	656.608	761.989	867.371	964.646	1.070.027
18.500.000	557.097	663.601	770.105	876.609	974.920	1.081.424
18.750.000	562.968	670.595	778.221	885.848	985.195	1.092.821
19.000.000	568.839	677.589	786.337	895.086	995.470	1.104.218
19.250.000	574.711	684.582	794.453	904.325	1.005.744	1.115.615
19.500.000	580.582	691.576	802.569	913.563	1.016.019	1.127.012
19.750.000	586.453	698.569	810.685	922.802	1.026.293	1.138.409
20.000.000	592.324	705.563	818.801	932.040	1.036.568	1.149.806
20.250.000	597.846	712.141	826.435	940.729	1.046.232	1.160.526
20.500.000	603.369	718.719	834.069	949.419	1.055.896	1.171.246
20.750.000	608.891	725.297	841.702	958.108	1.065.560	1.181.965
21.000.000	614.413	731.875	849.336	966.798	1.075.224	1.192.685
21.250.000	619.936	738.453	856.970	975.487	1.084.888	1.203.405
21.500.000	625.458	745.031	864.604	984.177	1.094.552	1.214.125
21.750.000	630.980	751.609	872.237	992.866	1.104.216	1.224.844
22.000.000	636.502	758.187	879.871	1.001.556	1.113.880	1.235.564
22.250.000	642.025	764.765	887.505	1.010.245	1.123.544	1.246.284
22.500.000	647.547	771.343	895.139	1.018.935	1.133.208	1.257.004
22.750.000	653.069	777.921	902.772	1.027.624	1.142.872	1.267.723
23.000.000	658.592	784.499	910.406	1.036.313	1.152.536	1.278.443
23.250.000	664.114	791.077	918.040	1.045.003	1.162.200	1.289.163
23.500.000	669.636	797.655	925.674	1.053.692	1.171.864	1.299.883
23.750.000	675.159	804.233	933.307	1.062.382	1.181.528	1.310.602
24.000.000	680.681	810.811	940.941	1.071.071	1.191.192	1.321.322
24.250.000	686.203	817.389	948.575	1.079.761	1.200.856	1.332.042
24.500.000	691.725	823.967	956.209	1.088.450	1.210.520	1.342.762
24.750.000	697.248	830.545	963.842	1.097.140	1.220.184	1.353.481
25.000.000	702.770	837.123	971.476	1.105.829	1.229.848	1.364.201

Interpolationstabelle zu § 48: Verkehrsanlagen E11

Honorartafel zu § 48 Absatz 1 – Verkehrsanlagen (Anwendungsbereich des § 45)						
Anrechenbare Kosten	Honorarzone I von	Honorarzone I bis / Honorarzone II von	Honorarzone II bis / Honorarzone III von	Honorarzone III bis / Honorarzone IV von	Honorarzone IV bis / Honorarzone V von	Honorarzone V bis
Euro	Euro	Euro	Euro	Euro	Euro	Euro
25.000	3.882	4.624	5.366	6.108	6.793	7.535
25.500	3.937	4.689	5.442	6.194	6.889	7.642
26.000	3.992	4.755	5.518	6.281	6.985	7.748
26.500	4.047	4.820	5.594	6.367	7.081	7.855
27.000	4.102	4.886	5.670	6.454	7.178	7.962
27.500	4.157	4.951	5.746	6.540	7.274	8.068
28.000	4.212	5.017	5.822	6.627	7.370	8.175
28.500	4.267	5.082	5.898	6.713	7.466	8.282
29.000	4.322	5.148	5.974	6.800	7.562	8.388
29.500	4.377	5.213	6.050	6.886	7.658	8.495
30.000	4.432	5.279	6.126	6.973	7.755	8.602
30.500	4.486	5.344	6.201	7.059	7.851	8.708
31.000	4.541	5.409	6.277	7.145	7.947	8.815
31.500	4.596	5.475	6.353	7.232	8.043	8.921
32.000	4.651	5.540	6.429	7.318	8.139	9.028
32.500	4.706	5.606	6.505	7.405	8.235	9.135
33.000	4.761	5.671	6.581	7.491	8.331	9.241
33.500	4.816	5.737	6.657	7.578	8.428	9.348
34.000	4.871	5.802	6.733	7.664	8.524	9.455
34.500	4.926	5.868	6.809	7.751	8.620	9.561
35.000	4.981	5.933	6.885	7.837	8.716	9.668
35.500	5.031	5.993	6.954	7.916	8.804	9.765
36.000	5.081	6.053	7.024	7.995	8.892	9.863
36.500	5.132	6.112	7.093	8.074	8.980	9.960
37.000	5.182	6.172	7.163	8.153	9.067	10.058
37.500	5.232	6.232	7.232	8.232	9.155	10.155
38.000	5.282	6.292	7.301	8.311	9.243	10.253
38.500	5.332	6.352	7.371	8.390	9.331	10.350
39.000	5.383	6.411	7.440	8.469	9.419	10.448
39.500	5.433	6.471	7.510	8.548	9.507	10.545
40.000	5.483	6.531	7.579	8.627	9.595	10.643
40.500	5.533	6.591	7.648	8.706	9.683	10.740
41.000	5.583	6.651	7.718	8.785	9.770	10.838
41.500	5.634	6.710	7.787	8.864	9.858	10.935
42.000	5.684	6.770	7.857	8.943	9.946	11.033
42.500	5.734	6.830	7.926	9.022	10.034	11.130
43.000	5.784	6.890	7.995	9.101	10.122	11.227

Honorartafel zu § 48 Absatz 1 – Verkehrsanlagen (Anwendungsbereich des § 45)						
Anrechenbare Kosten	Honorarzone I von	Honorarzone I bis / Honorarzone II von	Honorarzone II bis / Honorarzone III von	Honorarzone III bis / Honorarzone IV von	Honorarzone IV bis / Honorarzone V von	Honorarzone V bis
Euro	Euro	Euro	Euro	Euro	Euro	Euro
43.500	5.834	6.950	8.065	9.180	10.210	11.325
44.000	5.885	7.009	8.134	9.259	10.298	11.422
44.500	5.935	7.069	8.204	9.338	10.385	11.520
45.000	5.985	7.129	8.273	9.417	10.473	11.617
45.500	6.035	7.189	8.342	9.496	10.561	11.715
46.000	6.085	7.249	8.412	9.575	10.649	11.812
46.500	6.136	7.308	8.481	9.654	10.737	11.910
47.000	6.186	7.368	8.551	9.733	10.825	12.007
47.500	6.236	7.428	8.620	9.812	10.913	12.105
48.000	6.286	7.488	8.689	9.891	11.001	12.202
48.500	6.336	7.548	8.759	9.970	11.088	12.300
49.000	6.387	7.607	8.828	10.049	11.176	12.397
49.500	6.437	7.667	8.898	10.128	11.264	12.495
50.000	6.487	7.727	8.967	10.207	11.352	12.592
52.500	6.714	7.998	9.281	10.565	11.750	13.033
55.000	6.941	8.268	9.595	10.922	12.147	13.474
57.500	7.169	8.539	9.909	11.280	12.545	13.915
60.000	7.396	8.810	10.223	11.637	12.942	14.356
62.500	7.623	9.081	10.538	11.995	13.340	14.798
65.000	7.850	9.351	10.852	12.353	13.738	15.239
67.500	8.077	9.622	11.166	12.710	14.135	15.680
70.000	8.305	9.893	11.480	13.068	14.533	16.121
72.500	8.532	10.163	11.794	13.425	14.930	16.562
75.000	8.759	10.434	12.108	13.783	15.328	17.003
77.500	8.967	10.682	12.396	14.110	15.692	17.407
80.000	9.175	10.929	12.683	14.438	16.056	17.811
82.500	9.383	11.177	12.971	14.765	16.420	18.214
85.000	9.591	11.425	13.258	15.092	16.784	18.618
87.500	9.799	11.673	13.546	15.420	17.148	19.022
90.000	10.007	11.920	13.833	15.747	17.512	19.426
92.500	10.215	12.168	14.121	16.074	17.876	19.830
95.000	10.423	12.416	14.408	16.401	18.240	20.233
97.500	10.631	12.663	14.696	16.729	18.604	20.637
100.000	10.839	12.911	14.983	17.056	18.968	21.041
105.000	11.219	13.363	15.508	17.653	19.632	21.778
110.000	11.598	13.815	16.032	18.250	20.296	22.514
115.000	11.978	14.267	16.557	18.847	20.961	23.251
120.000	12.357	14.719	17.081	19.444	21.625	23.987
125.000	12.737	15.172	17.606	20.042	22.289	24.724
130.000	13.116	15.624	18.131	20.639	22.953	25.461
135.000	13.496	16.076	18.655	21.236	23.617	26.197
140.000	13.875	16.528	19.180	21.833	24.282	26.934
145.000	14.255	16.980	19.704	22.430	24.946	27.670

Honorartafel zu § 48 Absatz 1 – Verkehrsanlagen (Anwendungsbereich des § 45)						
Anrechenbare Kosten	Honorarzone I von	Honorarzone I bis / Honorarzone II von	Honorarzone II bis / Honorarzone III von	Honorarzone III bis / Honorarzone IV von	Honorarzone IV bis / Honorarzone V von	Honorarzone V bis
Euro	Euro	Euro	Euro	Euro	Euro	Euro
150.000	14.634	17.432	20.229	23.027	25.610	28.407
155.000	14.981	17.846	20.709	23.573	26.218	29.081
160.000	15.328	18.259	21.189	24.120	26.825	29.755
165.000	15.676	18.673	21.669	24.666	27.433	30.429
170.000	16.023	19.086	22.149	25.212	28.040	31.103
175.000	16.370	19.500	22.629	25.759	28.648	31.777
180.000	16.717	19.913	23.109	26.305	29.255	32.451
185.000	17.064	20.327	23.589	26.851	29.863	33.125
190.000	17.412	20.740	24.069	27.397	30.470	33.799
195.000	17.759	21.154	24.549	27.944	31.078	34.473
200.000	18.106	21.567	25.029	28.490	31.685	35.147
205.000	18.422	21.944	25.466	28.988	32.239	35.761
210.000	18.739	22.321	25.904	29.486	32.793	36.376
215.000	19.055	22.698	26.341	29.984	33.346	36.990
220.000	19.372	23.075	26.779	30.482	33.900	37.604
225.000	19.688	23.452	27.216	30.980	34.454	38.219
230.000	20.005	23.829	27.654	31.478	35.008	38.833
235.000	20.321	24.206	28.091	31.976	35.562	39.447
240.000	20.638	24.583	28.529	32.474	36.115	40.061
245.000	20.954	24.960	28.966	32.972	36.669	40.676
250.000	21.271	25.337	29.404	33.470	37.223	41.290
255.000	21.587	25.713	29.841	33.967	37.777	41.904
260.000	21.903	26.090	30.278	34.465	38.331	42.519
265.000	22.220	26.467	30.716	34.963	38.884	43.133
270.000	22.536	26.844	31.153	35.461	39.438	43.747
275.000	22.853	27.221	31.591	35.959	39.992	44.362
280.000	23.169	27.598	32.028	36.457	40.546	44.976
285.000	23.486	27.975	32.466	36.955	41.100	45.590
290.000	23.802	28.352	32.903	37.453	41.653	46.204
295.000	24.119	28.729	33.341	37.951	42.207	46.819
300.000	24.435	29.106	33.778	38.449	42.761	47.433
305.000	24.715	29.439	34.165	38.889	43.250	47.976
310.000	24.994	29.772	34.551	39.329	43.740	48.519
315.000	25.274	30.106	34.938	39.769	44.229	49.062
320.000	25.554	30.439	35.325	40.209	44.719	49.605
325.000	25.833	30.772	35.711	40.650	45.208	50.148
330.000	26.113	31.105	36.098	41.090	45.698	50.690
335.000	26.393	31.438	36.484	41.530	46.187	51.233
340.000	26.672	31.771	36.871	41.970	46.677	51.776
345.000	26.952	32.105	37.258	42.410	47.166	52.319
350.000	27.232	32.438	37.644	42.850	47.656	52.862
355.000	27.511	32.771	38.031	43.290	48.145	53.405
360.000	27.791	33.104	38.418	43.730	48.634	53.948

Honorartafel zu § 48 Absatz 1 – Verkehrsanlagen (Anwendungsbereich des § 45)

Anrechenbare Kosten	Honorarzone I von	Honorarzone I bis / Honorarzone II von	Honorarzone II bis / Honorarzone III von	Honorarzone III bis / Honorarzone IV von	Honorarzone IV bis / Honorarzone V von	Honorarzone V bis
Euro	Euro	Euro	Euro	Euro	Euro	Euro
365.000	28.071	33.437	38.804	44.170	49.124	54.491
370.000	28.350	33.770	39.191	44.610	49.613	55.034
375.000	28.630	34.104	39.577	45.051	50.103	55.577
380.000	28.910	34.437	39.964	45.491	50.592	56.119
385.000	29.189	34.770	40.351	45.931	51.082	56.662
390.000	29.469	35.103	40.737	46.371	51.571	57.205
395.000	29.749	35.436	41.124	46.811	52.061	57.748
400.000	30.029	35.770	41.511	47.251	52.550	58.291
405.000	30.308	36.103	41.897	47.691	53.039	58.834
410.000	30.588	36.436	42.284	48.131	53.529	59.377
415.000	30.868	36.769	42.670	48.571	54.018	59.920
420.000	31.147	37.102	43.057	49.011	54.508	60.463
425.000	31.427	37.435	43.444	49.452	54.997	61.006
430.000	31.707	37.769	43.830	49.892	55.487	61.548
435.000	31.986	38.102	44.217	50.332	55.976	62.091
440.000	32.266	38.435	44.604	50.772	56.466	62.634
445.000	32.546	38.768	44.990	51.212	56.955	63.177
450.000	32.825	39.101	45.377	51.652	57.445	63.720
455.000	33.105	39.434	45.763	52.092	57.934	64.263
460.000	33.385	39.768	46.150	52.532	58.423	64.806
465.000	33.664	40.101	46.537	52.972	58.913	65.349
470.000	33.944	40.434	46.923	53.412	59.402	65.892
475.000	34.224	40.767	47.310	53.853	59.892	66.435
480.000	34.503	41.100	47.697	54.293	60.381	66.977
485.000	34.783	41.433	48.083	54.733	60.871	67.520
490.000	35.063	41.767	48.470	55.173	61.360	68.063
495.000	35.342	42.100	48.856	55.613	61.850	68.606
500.000	35.622	42.433	49.243	56.053	62.339	69.149
525.000	36.860	43.908	50.954	58.001	64.505	71.552
550.000	38.098	45.382	52.665	59.949	66.672	73.955
575.000	39.336	46.857	54.377	61.897	68.838	76.358
600.000	40.574	48.331	56.088	63.845	71.004	78.761
625.000	41.812	49.806	57.799	65.793	73.171	81.164
650.000	43.049	51.280	59.510	67.740	75.337	83.567
675.000	44.287	52.755	61.221	69.688	77.503	85.970
700.000	45.525	54.229	62.933	71.636	79.669	88.373
725.000	46.763	55.704	64.644	73.584	81.836	90.776
750.000	48.001	57.178	66.355	75.532	84.002	93.179
775.000	49.128	58.520	67.912	77.305	85.974	95.366
800.000	50.254	59.862	69.470	79.077	87.945	97.553
825.000	51.381	61.204	71.027	80.850	89.917	99.739
850.000	52.507	62.546	72.584	82.622	91.888	101.926
875.000	53.634	63.888	74.142	84.395	93.860	104.113

Honorartafel zu § 48 Absatz 1 – Verkehrsanlagen (Anwendungsbereich des § 45)						
Anrechenbare Kosten	Honorarzone I von	Honorarzone I bis / Honorarzone II von	Honorarzone II bis / Honorarzone III von	Honorarzone III bis / Honorarzone IV von	Honorarzone IV bis / Honorarzone V von	Honorarzone V bis
Euro	Euro	Euro	Euro	Euro	Euro	Euro
900.000	54.761	65.229	75.699	86.168	95.831	106.300
925.000	55.887	66.571	77.256	87.940	97.803	108.487
950.000	57.014	67.913	78.813	89.713	99.774	110.673
975.000	58.140	69.255	80.371	91.485	101.746	112.860
1.000.000	59.267	70.597	81.928	93.258	103.717	115.047
1.050.000	61.341	73.068	84.795	96.522	107.347	119.073
1.100.000	63.415	75.539	87.662	99.786	110.977	123.100
1.150.000	65.490	78.009	90.530	103.049	114.606	127.126
1.200.000	67.564	80.480	93.397	106.313	118.236	131.153
1.250.000	69.638	82.951	96.264	109.577	121.866	135.179
1.300.000	71.712	85.422	99.131	112.841	125.496	139.205
1.350.000	73.786	87.893	101.998	116.105	129.126	143.232
1.400.000	75.861	90.363	104.866	119.368	132.755	147.258
1.450.000	77.935	92.834	107.733	122.632	136.385	151.285
1.500.000	80.009	95.305	110.600	125.896	140.015	155.311
1.550.000	81.904	97.563	113.220	128.878	143.332	158.990
1.600.000	83.800	99.820	115.840	131.861	146.649	162.669
1.650.000	85.695	102.078	118.460	134.843	149.965	166.348
1.700.000	87.590	104.335	121.080	137.825	153.282	170.027
1.750.000	89.486	106.593	123.700	140.808	156.599	173.707
1.800.000	91.381	108.851	126.320	143.790	159.916	177.386
1.850.000	93.276	111.108	128.940	146.772	163.233	181.065
1.900.000	95.171	113.366	131.560	149.754	166.549	184.744
1.950.000	97.067	115.623	134.180	152.737	169.866	188.423
2.000.000	98.962	117.881	136.800	155.719	173.183	192.102
2.050.000	100.686	119.935	139.183	158.432	176.200	195.449
2.100.000	102.410	121.988	141.566	161.144	179.217	198.795
2.150.000	104.134	124.042	143.949	163.857	182.234	202.142
2.200.000	105.858	126.095	146.332	166.570	185.251	205.488
2.250.000	107.582	128.149	148.716	169.283	188.268	208.835
2.300.000	109.306	130.202	151.099	171.995	191.284	212.181
2.350.000	111.030	132.256	153.482	174.708	194.301	215.528
2.400.000	112.754	134.309	155.865	177.421	197.318	218.874
2.450.000	114.478	136.363	158.248	180.133	200.335	222.221
2.500.000	116.202	138.416	160.631	182.846	203.352	225.567
2.550.000	117.925	140.470	163.014	185.559	206.369	228.914
2.600.000	119.649	142.523	165.397	188.271	209.386	232.260
2.650.000	121.373	144.577	167.780	190.984	212.403	235.607
2.700.000	123.097	146.630	170.163	193.697	215.420	238.953
2.750.000	124.821	148.684	172.547	196.410	218.437	242.300
2.800.000	126.545	150.737	174.930	199.122	221.453	245.646
2.850.000	128.269	152.791	177.313	201.835	224.470	248.993
2.900.000	129.993	154.844	179.696	204.548	227.487	252.339

Honorartafel zu § 48 Absatz 1 – Verkehrsanlagen (Anwendungsbereich des § 45)							
Anrechenbare Kosten	Honorarzone I von	Honorarzone II von / Honorarzone I bis	Honorarzone III von / Honorarzone II bis	Honorarzone IV von / Honorarzone III bis	Honorarzone V von / Honorarzone IV bis	Honorarzone V bis
Euro	Euro	Euro	Euro	Euro	Euro	Euro
2.950.000	131.717	156.898	182.079	207.260	230.504	255.686
3.000.000	133.441	158.951	184.462	209.973	233.521	259.032
3.050.000	134.957	160.757	186.558	212.359	236.175	261.975
3.100.000	136.474	162.563	188.654	214.745	238.828	264.919
3.150.000	137.990	164.370	190.750	217.131	241.482	267.862
3.200.000	139.506	166.176	192.846	219.517	244.135	270.806
3.250.000	141.023	167.982	194.943	221.903	246.789	273.749
3.300.000	142.539	169.788	197.039	224.289	249.442	276.693
3.350.000	144.055	171.595	199.135	226.675	252.096	279.636
3.400.000	145.572	173.401	201.231	229.061	254.750	282.580
3.450.000	147.088	175.207	203.327	231.447	257.403	285.523
3.500.000	148.604	177.013	205.423	233.833	260.057	288.467
3.550.000	150.121	178.819	207.519	236.219	262.710	291.410
3.600.000	151.637	180.626	209.615	238.605	265.364	294.353
3.650.000	153.153	182.432	211.711	240.991	268.017	297.297
3.700.000	154.670	184.238	213.807	243.377	270.671	300.240
3.750.000	156.186	186.044	215.904	245.763	273.325	303.184
3.800.000	157.702	187.851	218.000	248.149	275.978	306.127
3.850.000	159.219	189.657	220.096	250.535	278.632	309.071
3.900.000	160.735	191.463	222.192	252.921	281.285	312.014
3.950.000	162.251	193.269	224.288	255.307	283.939	314.958
4.000.000	163.768	195.076	226.384	257.693	286.593	317.901
4.050.000	165.284	196.882	228.480	260.078	289.246	320.844
4.100.000	166.800	198.688	230.576	262.464	291.900	323.788
4.150.000	168.316	200.494	232.672	264.850	294.553	326.731
4.200.000	169.833	202.300	234.768	267.236	297.207	329.675
4.250.000	171.349	204.107	236.865	269.622	299.860	332.618
4.300.000	172.865	205.913	238.961	272.008	302.514	335.562
4.350.000	174.382	207.719	241.057	274.394	305.168	338.505
4.400.000	175.898	209.525	243.153	276.780	307.821	341.449
4.450.000	177.414	211.332	245.249	279.166	310.475	344.392
4.500.000	178.931	213.138	247.345	281.552	313.128	347.336
4.550.000	180.447	214.944	249.441	283.938	315.782	350.279
4.600.000	181.963	216.750	251.537	286.324	318.435	353.222
4.650.000	183.480	218.556	253.633	288.710	321.089	356.166
4.700.000	184.996	220.363	255.729	291.096	323.743	359.109
4.750.000	186.512	222.169	257.826	293.482	326.396	362.053
4.800.000	188.029	223.975	259.922	295.868	329.050	364.996
4.850.000	189.545	225.781	262.018	298.254	331.703	367.940
4.900.000	191.061	227.588	264.114	300.640	334.357	370.883
4.950.000	192.578	229.394	266.210	303.026	337.010	373.827

Honorartafel zu § 48 Absatz 1 – Verkehrsanlagen (Anwendungsbereich des § 45)						
Anrechenbare Kosten	Honorarzone I von	Honorarzone I bis / Honorarzone II von	Honorarzone II bis / Honorarzone III von	Honorarzone III bis / Honorarzone IV von	Honorarzone IV bis / Honorarzone V von	Honorarzone V bis
Euro	Euro	Euro	Euro	Euro	Euro	Euro
5.000.000	194.094	231.200	268.306	305.412	339.664	376.770
5.250.000	200.925	239.337	277.749	316.161	351.619	390.031
5.500.000	207.757	247.475	287.193	326.911	363.574	403.292
5.750.000	214.588	255.612	296.636	337.660	375.528	416.552
6.000.000	221.419	263.749	306.079	348.409	387.483	429.813
6.250.000	228.251	271.887	315.523	359.159	399.438	443.074
6.500.000	235.082	280.024	324.966	369.908	411.393	456.335
6.750.000	241.913	288.161	334.409	380.657	423.348	469.596
7.000.000	248.744	296.298	343.852	391.406	435.302	482.856
7.250.000	255.576	304.436	353.296	402.156	447.257	496.117
7.500.000	262.407	312.573	362.739	412.905	459.212	509.378
7.750.000	268.664	320.026	371.389	422.751	470.162	521.524
8.000.000	274.921	327.480	380.038	432.597	481.112	533.670
8.250.000	281.178	334.933	388.688	442.442	492.062	545.817
8.500.000	287.435	342.387	397.337	452.288	503.012	557.963
8.750.000	293.693	349.840	405.987	462.134	513.962	570.109
9.000.000	299.950	357.293	414.637	471.980	524.912	582.255
9.250.000	306.207	364.747	423.286	481.826	535.862	594.401
9.500.000	312.464	372.200	431.936	491.671	546.812	606.548
9.750.000	318.721	379.654	440.585	501.517	557.762	618.694
10.000.000	324.978	387.107	449.235	511.363	568.712	630.840
10.500.000	336.398	400.710	465.022	529.333	588.697	653.009
11.000.000	347.818	414.314	480.808	547.303	608.682	675.177
11.500.000	359.238	427.917	496.595	565.273	628.668	697.346
12.000.000	370.658	441.520	512.381	583.243	648.653	719.514
12.500.000	382.079	455.124	528.168	601.213	668.638	741.683
13.000.000	393.499	468.727	543.955	619.182	688.623	763.851
13.500.000	404.919	482.330	559.741	637.152	708.608	786.020
14.000.000	416.339	495.933	575.528	655.122	728.594	808.188
14.500.000	427.759	509.537	591.314	673.092	748.579	830.357
15.000.000	439.179	523.140	607.101	691.062	768.564	852.525
15.500.000	449.623	535.581	621.538	707.496	786.841	872.799
16.000.000	460.067	548.021	635.975	723.930	805.118	893.072
16.500.000	470.511	560.462	650.413	740.364	823.395	913.346
17.000.000	480.955	572.902	664.850	756.798	841.672	933.619
17.500.000	491.399	585.343	679.287	773.232	859.949	953.893
18.000.000	501.843	597.784	693.724	789.665	878.225	974.166
18.500.000	512.287	610.224	708.161	806.099	896.502	994.440
19.000.000	522.731	622.665	722.599	822.533	914.779	1.014.713
19.500.000	533.175	635.105	737.036	838.967	933.056	1.034.987

Honorartafel zu § 48 Absatz 1 – Verkehrsanlagen (Anwendungsbereich des § 45)						
Anrechenbare Kosten	Honorarzone I von	Honorarzone II von / Honorarzone I bis	Honorarzone III von / Honorarzone II bis	Honorarzone IV von / Honorarzone III bis	Honorarzone V von / Honorarzone IV bis	Honorarzone V bis
Euro	Euro	Euro	Euro	Euro	Euro	Euro
20.000.000	543.619	647.546	751.473	855.401	951.333	1.055.260
20.500.000	553.384	659.177	764.971	870.766	968.421	1.074.215
21.000.000	563.148	670.809	778.469	886.131	985.509	1.093.170
21.500.000	572.913	682.440	791.967	901.495	1.002.597	1.112.124
22.000.000	582.677	694.072	805.465	916.860	1.019.685	1.131.079
22.500.000	592.442	705.703	818.964	932.225	1.036.773	1.150.034
23.000.000	602.207	717.334	832.462	947.590	1.053.861	1.168.989
23.500.000	611.971	728.966	845.960	962.955	1.070.949	1.187.944
24.000.000	621.736	740.597	859.458	978.319	1.088.037	1.206.898
24.500.000	631.500	752.229	872.956	993.684	1.105.125	1.225.853
25.000.000	641.265	763.860	886.454	1.009.049	1.122.213	1.244.808

Interpolationstabelle zu § 52: Tragwerksplanung E12

Honorartafel zu § 52 Absatz 1 – Tragwerksplanung						
Anrechenbare Kosten	Honorarzone I von	Honorarzone I bis / Honorarzone II von	Honorarzone III von / Honorarzone II bis	Honorarzone III bis / Honorarzone IV von	Honorarzone V von / Honorarzone IV bis	Honorarzone V bis
Euro	Euro	Euro	Euro	Euro	Euro	Euro
10.000	1.461	1.624	2.064	2.575	3.015	3.178
10.500	1.516	1.685	2.142	2.672	3.128	3.298
11.000	1.571	1.746	2.219	2.769	3.242	3.417
11.500	1.626	1.807	2.297	2.865	3.355	3.537
12.000	1.681	1.868	2.375	2.962	3.469	3.656
12.500	1.736	1.929	2.453	3.059	3.582	3.776
13.000	1.791	1.990	2.530	3.156	3.695	3.895
13.500	1.846	2.051	2.608	3.253	3.809	4.015
14.000	1.901	2.112	2.686	3.349	3.922	4.134
14.500	1.956	2.173	2.763	3.446	4.036	4.254
15.000	2.011	2.234	2.841	3.543	4.149	4.373
15.500	2.061	2.289	2.911	3.631	4.252	4.481
16.000	2.111	2.345	2.982	3.718	4.354	4.589
16.500	2.160	2.400	3.052	3.806	4.457	4.698
17.000	2.210	2.455	3.122	3.894	4.560	4.806
17.500	2.260	2.511	3.193	3.981	4.663	4.914
18.000	2.310	2.566	3.263	4.069	4.765	5.022
18.500	2.359	2.621	3.333	4.157	4.868	5.130
19.000	2.409	2.676	3.403	4.244	4.971	5.239
19.500	2.459	2.732	3.474	4.332	5.073	5.347
20.000	2.509	2.787	3.544	4.420	5.176	5.455
20.500	2.558	2.842	3.614	4.507	5.279	5.563
21.000	2.608	2.898	3.685	4.595	5.381	5.671
21.500	2.658	2.953	3.755	4.682	5.484	5.780
22.000	2.708	3.008	3.825	4.770	5.587	5.888
22.500	2.757	3.064	3.896	4.858	5.690	5.996
23.000	2.807	3.119	3.966	4.945	5.792	6.104
23.500	2.857	3.174	4.036	5.033	5.895	6.212
24.000	2.907	3.229	4.106	5.121	5.998	6.321
24.500	2.956	3.285	4.177	5.208	6.100	6.429
25.000	3.006	3.340	4.247	5.296	6.203	6.537
25.500	3.050	3.388	4.309	5.373	6.293	6.632
26.000	3.093	3.437	4.370	5.450	6.383	6.727
26.500	3.137	3.485	4.432	5.527	6.473	6.822
27.000	3.180	3.534	4.493	5.603	6.563	6.916
27.500	3.224	3.582	4.555	5.680	6.653	7.011
28.000	3.268	3.631	4.617	5.757	6.743	7.106

Honorartafel zu § 52 Absatz 1 – Tragwerksplanung

Anrechenbare Kosten	Honorarzone I von	Honorarzone I bis / Honorarzone II von	Honorarzone II bis / Honorarzone III von	Honorarzone III bis / Honorarzone IV von	Honorarzone IV bis / Honorarzone V von	Honorarzone V bis
Euro	Euro	Euro	Euro	Euro	Euro	Euro
28.500	3.311	3.679	4.678	5.834	6.833	7.201
29.000	3.355	3.728	4.740	5.911	6.923	7.296
29.500	3.399	3.776	4.801	5.988	7.013	7.391
30.000	3.442	3.825	4.863	6.065	7.103	7.485
30.500	3.486	3.873	4.925	6.141	7.193	7.580
31.000	3.529	3.922	4.986	6.218	7.283	7.675
31.500	3.573	3.970	5.048	6.295	7.373	7.770
32.000	3.617	4.018	5.109	6.372	7.463	7.865
32.500	3.660	4.067	5.171	6.449	7.553	7.960
33.000	3.704	4.115	5.233	6.526	7.643	8.054
33.500	3.748	4.164	5.294	6.603	7.733	8.149
34.000	3.791	4.212	5.356	6.679	7.823	8.244
34.500	3.835	4.261	5.417	6.756	7.913	8.339
35.000	3.878	4.309	5.479	6.833	8.003	8.434
35.500	3.922	4.358	5.541	6.910	8.093	8.529
36.000	3.966	4.406	5.602	6.987	8.183	8.623
36.500	4.009	4.455	5.664	7.064	8.273	8.718
37.000	4.053	4.503	5.725	7.141	8.363	8.813
37.500	4.097	4.552	5.787	7.218	8.453	8.908
38.000	4.140	4.600	5.849	7.294	8.543	9.003
38.500	4.184	4.648	5.910	7.371	8.633	9.098
39.000	4.227	4.697	5.972	7.448	8.723	9.193
39.500	4.271	4.745	6.033	7.525	8.813	9.287
40.000	4.315	4.794	6.095	7.602	8.903	9.382
40.500	4.358	4.842	6.157	7.679	8.993	9.477
41.000	4.402	4.891	6.218	7.756	9.083	9.572
41.500	4.445	4.939	6.280	7.832	9.173	9.667
42.000	4.489	4.988	6.341	7.909	9.263	9.762
42.500	4.533	5.036	6.403	7.986	9.353	9.856
43.000	4.576	5.085	6.465	8.063	9.443	9.951
43.500	4.620	5.133	6.526	8.140	9.533	10.046
44.000	4.664	5.181	6.588	8.217	9.623	10.141
44.500	4.707	5.230	6.649	8.294	9.713	10.236
45.000	4.751	5.278	6.711	8.370	9.803	10.331
45.500	4.794	5.327	6.773	8.447	9.893	10.425
46.000	4.838	5.375	6.834	8.524	9.983	10.520
46.500	4.882	5.424	6.896	8.601	10.073	10.615
47.000	4.925	5.472	6.957	8.678	10.163	10.710
47.500	4.969	5.521	7.019	8.755	10.253	10.805
48.000	5.013	5.569	7.081	8.832	10.343	10.900
48.500	5.056	5.618	7.142	8.908	10.433	10.994
49.000	5.100	5.666	7.204	8.985	10.523	11.089
49.500	5.143	5.715	7.265	9.062	10.613	11.184

Honorartafel zu § 52 Absatz 1 – Tragwerksplanung

Anrechenbare Kosten	Honorarzone I von	Honorarzone I bis / Honorarzone II von	Honorarzone II bis / Honorarzone III von	Honorarzone III bis / Honorarzone IV von	Honorarzone IV bis / Honorarzone V von	Honorarzone V bis
Euro	Euro	Euro	Euro	Euro	Euro	Euro
50.000	5.187	5.763	7.327	9.139	10.703	11.279
52.500	5.382	5.980	7.602	9.482	11.105	11.703
55.000	5.577	6.196	7.878	9.826	11.507	12.127
57.500	5.771	6.413	8.153	10.169	11.909	12.550
60.000	5.966	6.629	8.428	10.512	12.311	12.974
62.500	6.161	6.846	8.704	10.856	12.714	13.398
65.000	6.356	7.062	8.979	11.199	13.116	13.822
67.500	6.551	7.279	9.254	11.542	13.518	14.246
70.000	6.745	7.495	9.529	11.885	13.920	14.669
72.500	6.940	7.712	9.805	12.229	14.322	15.093
75.000	7.135	7.928	10.080	12.572	14.724	15.517
77.500	7.316	8.129	10.336	12.891	15.098	15.911
80.000	7.497	8.330	10.592	13.210	15.471	16.305
82.500	7.678	8.532	10.848	13.529	15.845	16.698
85.000	7.859	8.733	11.104	13.848	16.219	17.092
87.500	8.041	8.934	11.360	14.168	16.593	17.486
90.000	8.222	9.135	11.615	14.487	16.966	17.880
92.500	8.403	9.336	11.871	14.806	17.340	18.274
95.000	8.584	9.538	12.127	15.125	17.714	18.667
97.500	8.765	9.739	12.383	15.444	18.087	19.061
100.000	8.946	9.940	12.639	15.763	18.461	19.455
105.000	9.282	10.313	13.113	16.354	19.154	20.185
110.000	9.617	10.686	13.587	16.946	19.846	20.915
115.000	9.953	11.059	14.061	17.537	20.539	21.645
120.000	10.289	11.432	14.535	18.129	21.231	22.375
125.000	10.625	11.805	15.010	18.720	21.924	23.105
130.000	10.960	12.178	15.484	19.311	22.617	23.834
135.000	11.296	12.551	15.958	19.903	23.309	24.564
140.000	11.632	12.924	16.432	20.494	24.002	25.294
145.000	11.967	13.297	16.906	21.086	24.694	26.024
150.000	12.303	13.670	17.380	21.677	25.387	26.754
155.000	12.606	14.007	17.809	22.211	26.013	27.414
160.000	12.910	14.344	18.237	22.746	26.639	28.073
165.000	13.213	14.681	18.666	23.280	27.265	28.733
170.000	13.516	15.018	19.094	23.815	27.891	29.393
175.000	13.820	15.355	19.523	24.349	28.517	30.052
180.000	14.123	15.692	19.951	24.883	29.143	30.712
185.000	14.426	16.029	20.380	25.418	29.769	31.372
190.000	14.730	16.366	20.808	25.952	30.395	32.031
195.000	15.033	16.703	21.237	26.487	31.021	32.691
200.000	15.337	17.041	21.666	27.021	31.647	33.351
205.000	15.640	17.378	22.094	27.555	32.272	34.010
210.000	15.943	17.715	22.523	28.090	32.898	34.670

Honorartafel zu § 52 Absatz 1 – Tragwerksplanung						
Anrechenbare Kosten	Honorarzone I von	Honorarzone I bis / Honorarzone II von	Honorarzone III von / Honorarzone II bis	Honorarzone III bis / Honorarzone IV von	Honorarzone V von / Honorarzone IV bis	Honorarzone V bis
Euro	Euro	Euro	Euro	Euro	Euro	Euro
215.000	16.247	18.052	22.951	28.624	33.524	35.329
220.000	16.550	18.389	23.380	29.159	34.150	35.989
225.000	16.853	18.726	23.808	29.693	34.776	36.649
230.000	17.157	19.063	24.237	30.227	35.402	37.308
235.000	17.460	19.400	24.665	30.762	36.028	37.968
240.000	17.763	19.737	25.094	31.296	36.654	38.628
245.000	18.067	20.074	25.522	31.831	37.280	39.287
250.000	18.370	20.411	25.951	32.365	37.906	39.947
255.000	18.647	20.719	26.342	32.853	38.477	40.549
260.000	18.924	21.026	26.734	33.341	39.049	41.152
265.000	19.201	21.334	27.125	33.829	39.620	41.754
270.000	19.478	21.642	27.516	34.317	40.192	42.356
275.000	19.755	21.950	27.907	34.805	40.763	42.958
280.000	20.032	22.257	28.299	35.293	41.335	43.561
285.000	20.309	22.565	28.690	35.781	41.906	44.163
290.000	20.586	22.873	29.081	36.269	42.478	44.765
295.000	20.863	23.180	29.472	36.757	43.049	45.367
300.000	21.140	23.488	29.864	37.245	43.621	45.970
305.000	21.416	23.796	30.255	37.733	44.192	46.572
310.000	21.693	24.103	30.646	38.221	44.763	47.174
315.000	21.970	24.411	31.037	38.709	45.335	47.776
320.000	22.247	24.719	31.429	39.197	45.906	48.379
325.000	22.524	25.027	31.820	39.685	46.478	48.981
330.000	22.801	25.334	32.211	40.173	47.049	49.583
335.000	23.078	25.642	32.602	40.661	47.621	50.185
340.000	23.355	25.950	32.994	41.149	48.192	50.788
345.000	23.632	26.257	33.385	41.637	48.764	51.390
350.000	23.909	26.565	33.776	42.125	49.335	51.992
355.000	24.165	26.850	34.138	42.576	49.864	52.549
360.000	24.421	27.134	34.500	43.028	50.392	53.106
365.000	24.678	27.419	34.862	43.479	50.921	53.663
370.000	24.934	27.704	35.224	43.930	51.450	54.220
375.000	25.190	27.988	35.586	44.382	51.978	54.778
380.000	25.446	28.273	35.947	44.833	52.507	55.335
385.000	25.702	28.558	36.309	45.285	53.035	55.892
390.000	25.958	28.842	36.671	45.736	53.564	56.449
395.000	26.215	29.127	37.033	46.187	54.093	57.006
400.000	26.471	29.412	37.395	46.639	54.621	57.563
405.000	26.727	29.696	37.757	47.090	55.150	58.120
410.000	26.983	29.981	38.119	47.541	55.679	58.677
415.000	27.239	30.266	38.481	47.993	56.207	59.234
420.000	27.495	30.550	38.843	48.444	56.736	59.791
425.000	27.752	30.835	39.205	48.896	57.265	60.349

Honorartafel zu § 52 Absatz 1 – Tragwerksplanung						
Anrechenbare Kosten	Honorarzone I von	Honorarzone II von	Honorarzone I bis / Honorarzone III von	Honorarzone II bis / Honorarzone IV von	Honorarzone III bis / Honorarzone V von	Honorarzone IV bis / Honorarzone V bis
Euro	Euro	Euro	Euro	Euro	Euro	Euro
430.000	28.008	31.120	39.566	49.347	57.793	60.906
435.000	28.264	31.404	39.928	49.798	58.322	61.463
440.000	28.520	31.689	40.290	50.250	58.850	62.020
445.000	28.776	31.974	40.652	50.701	59.379	62.577
450.000	29.032	32.258	41.014	51.152	59.908	63.134
455.000	29.289	32.543	41.376	51.604	60.436	63.691
460.000	29.545	32.828	41.738	52.055	60.965	64.248
465.000	29.801	33.112	42.100	52.506	61.494	64.805
470.000	30.057	33.397	42.462	52.958	62.022	65.362
475.000	30.313	33.682	42.824	53.409	62.551	65.920
480.000	30.569	33.966	43.185	53.861	63.079	66.477
485.000	30.826	34.251	43.547	54.312	63.608	67.034
490.000	31.082	34.536	43.909	54.763	64.137	67.591
495.000	31.338	34.820	44.271	55.215	64.665	68.148
500.000	31.594	35.105	44.633	55.666	65.194	68.705
525.000	32.781	36.424	46.310	57.757	67.643	71.286
550.000	33.968	37.743	47.987	59.848	70.092	73.867
575.000	35.155	39.061	49.663	61.940	72.542	76.448
600.000	36.342	40.380	51.340	64.031	74.991	79.029
625.000	37.529	41.699	53.017	66.122	77.440	81.610
650.000	38.715	43.018	54.694	68.213	79.889	84.191
675.000	39.902	44.337	56.371	70.304	82.338	86.772
700.000	41.089	45.655	58.047	72.396	84.788	89.353
725.000	42.276	46.974	59.724	74.487	87.237	91.934
750.000	43.463	48.293	61.401	76.578	89.686	94.515
775.000	44.566	49.519	62.959	78.522	91.962	96.914
800.000	45.669	50.744	64.518	80.465	94.239	99.313
825.000	46.773	51.970	66.076	82.409	96.515	101.712
850.000	47.876	53.196	67.634	84.352	98.791	104.111
875.000	48.979	54.422	69.193	86.296	101.068	106.510
900.000	50.082	55.647	70.751	88.240	103.344	108.908
925.000	51.185	56.873	72.309	90.183	105.620	111.307
950.000	52.289	58.099	73.867	92.127	107.896	113.706
975.000	53.392	59.324	75.426	94.070	110.173	116.105
1.000.000	54.495	60.550	76.984	96.014	112.449	118.504
1.050.000	56.584	62.871	79.935	99.695	116.760	123.047
1.100.000	58.673	65.192	82.886	103.376	121.071	127.590
1.150.000	60.762	67.513	85.838	107.056	125.381	132.132
1.200.000	62.851	69.834	88.789	110.737	129.692	136.675
1.250.000	64.940	72.155	91.740	114.418	134.003	141.218
1.300.000	66.940	74.377	94.565	117.941	138.129	145.567
1.350.000	68.939	76.599	97.390	121.464	142.256	149.915
1.400.000	70.939	78.821	100.215	124.988	146.382	154.264

Honorartafel zu § 52 Absatz 1 – Tragwerksplanung

Anrechenbare Kosten	Honorarzone I von	Honorarzone II von	Honorarzone I bis / Honorarzone III von	Honorarzone II bis / Honorarzone IV von	Honorarzone III bis / Honorarzone V von	Honorarzone IV bis	Honorarzone V bis
Euro	Euro	Euro	Euro	Euro	Euro	Euro	Euro
1.450.000	72.938	81.043	103.040	128.511	150.509	158.612	
1.500.000	74.938	83.265	105.865	132.034	154.635	162.961	
1.550.000	76.837	85.374	108.547	135.379	158.552	167.089	
1.600.000	78.735	87.484	111.229	138.724	162.470	171.218	
1.650.000	80.634	89.593	113.911	142.069	166.387	175.346	
1.700.000	82.532	91.702	116.593	145.414	170.304	179.474	
1.750.000	84.431	93.812	119.275	148.759	174.222	183.603	
1.800.000	86.329	95.921	121.956	152.103	178.139	187.731	
1.850.000	88.228	98.030	124.638	155.448	182.056	191.859	
1.900.000	90.126	100.139	127.320	158.793	185.973	195.987	
1.950.000	92.025	102.249	130.002	162.138	189.891	200.116	
2.000.000	93.923	104.358	132.684	165.483	193.808	204.244	
2.050.000	95.680	106.310	135.166	168.578	197.433	208.064	
2.100.000	97.437	108.262	137.648	171.674	201.058	211.885	
2.150.000	99.193	110.214	140.130	174.769	204.683	215.705	
2.200.000	100.950	112.166	142.611	177.864	208.309	219.525	
2.250.000	102.707	114.118	145.093	180.960	211.934	223.346	
2.300.000	104.464	116.070	147.575	184.055	215.559	227.166	
2.350.000	106.221	118.022	150.057	187.150	219.184	230.986	
2.400.000	107.977	119.974	152.539	190.245	222.809	234.807	
2.450.000	109.734	121.926	155.021	193.341	226.434	238.627	
2.500.000	111.491	123.878	157.503	196.436	230.060	242.448	
2.550.000	113.248	125.830	159.984	199.531	233.685	246.268	
2.600.000	115.005	127.782	162.466	202.627	237.310	250.088	
2.650.000	116.761	129.734	164.948	205.722	240.935	253.909	
2.700.000	118.518	131.686	167.430	208.817	244.560	257.729	
2.750.000	120.275	133.638	169.912	211.913	248.185	261.549	
2.800.000	122.032	135.590	172.394	215.008	251.810	265.370	
2.850.000	123.789	137.542	174.875	218.103	255.436	269.190	
2.900.000	125.545	139.494	177.357	221.198	259.061	273.010	
2.950.000	127.302	141.446	179.839	224.294	262.686	276.831	
3.000.000	129.059	143.398	182.321	227.389	266.311	280.651	
3.050.000	130.642	145.157	184.558	230.178	269.578	284.094	
3.100.000	132.225	146.916	186.794	232.968	272.845	287.536	
3.150.000	133.808	148.675	189.031	235.757	276.111	290.979	
3.200.000	135.392	150.434	191.267	238.546	279.378	294.422	
3.250.000	136.975	152.193	193.504	241.336	282.645	297.865	
3.300.000	138.558	153.952	195.740	244.125	285.912	301.307	
3.350.000	140.141	155.711	197.977	246.914	289.179	304.750	
3.400.000	141.724	157.470	200.213	249.704	292.445	308.193	
3.450.000	143.307	159.229	202.450	252.493	295.712	311.635	
3.500.000	144.890	160.989	204.686	255.282	298.979	315.078	
3.550.000	146.473	162.748	206.923	258.072	302.246	318.521	

Honorartafel zu § 52 Absatz 1 – Tragwerksplanung						
Anrechenbare Kosten	Honorarzone I von	Honorarzone II von	Honorarzone I bis / Honorarzone III von	Honorarzone II bis / Honorarzone IV von	Honorarzone III bis / Honorarzone V von	Honorarzone IV bis / Honorarzone V bis
Euro	Euro	Euro	Euro	Euro	Euro	Euro
3.600.000	148.057	164.507	209.159	260.861	305.513	321.963
3.650.000	149.640	166.266	211.396	263.650	308.779	325.406
3.700.000	151.223	168.025	213.632	266.440	312.046	328.849
3.750.000	152.806	169.784	215.869	269.229	315.313	332.292
3.800.000	154.389	171.543	218.105	272.018	318.580	335.734
3.850.000	155.972	173.302	220.342	274.808	321.847	339.177
3.900.000	157.555	175.061	222.578	277.597	325.113	342.620
3.950.000	159.138	176.820	224.815	280.386	328.380	346.062
4.000.000	160.722	178.579	227.051	283.176	331.647	349.505
4.050.000	162.305	180.338	229.288	285.965	334.914	352.948
4.100.000	163.888	182.097	231.524	288.754	338.181	356.390
4.150.000	165.471	183.856	233.761	291.543	341.447	359.833
4.200.000	167.054	185.615	235.997	294.333	344.714	363.276
4.250.000	168.637	187.374	238.234	297.122	347.981	366.719
4.300.000	170.220	189.133	240.470	299.911	351.248	370.161
4.350.000	171.803	190.892	242.707	302.701	354.515	373.604
4.400.000	173.387	192.651	244.943	305.490	357.781	377.047
4.450.000	174.970	194.410	247.180	308.279	361.048	380.489
4.500.000	176.553	196.170	249.416	311.069	364.315	383.932
4.550.000	178.136	197.929	251.653	313.858	367.582	387.375
4.600.000	179.719	199.688	253.889	316.647	370.849	390.817
4.650.000	181.302	201.447	256.126	319.437	374.115	394.260
4.700.000	182.885	203.206	258.362	322.226	377.382	397.703
4.750.000	184.468	204.965	260.599	325.015	380.649	401.146
4.800.000	186.052	206.724	262.835	327.805	383.916	404.588
4.850.000	187.635	208.483	265.072	330.594	387.183	408.031
4.900.000	189.218	210.242	267.308	333.383	390.449	411.474
4.950.000	190.801	212.001	269.545	336.173	393.716	414.916
5.000.000	192.384	213.760	271.781	338.962	396.983	418.359
5.250.000	199.594	221.771	281.967	351.666	411.861	434.039
5.500.000	206.805	229.783	292.153	364.370	426.740	449.718
5.750.000	214.015	237.794	302.339	377.074	441.618	465.398
6.000.000	221.225	245.806	312.525	389.778	456.497	481.077
6.250.000	228.436	253.817	322.711	402.482	471.375	496.757
6.500.000	235.646	261.828	332.896	415.185	486.253	512.436
6.750.000	242.856	269.840	343.082	427.889	501.132	528.116
7.000.000	250.066	277.851	353.268	440.593	516.010	543.795
7.250.000	257.277	285.863	363.454	453.297	530.889	559.475
7.500.000	264.487	293.874	373.640	466.001	545.767	575.154
7.750.000	271.178	301.309	383.093	477.790	559.574	589.705
8.000.000	277.869	308.743	392.545	489.579	573.381	604.255
8.250.000	284.560	316.178	401.998	501.368	587.188	618.806
8.500.000	291.251	323.612	411.450	513.157	600.995	633.356

Honorartafel zu § 52 Absatz 1 – Tragwerksplanung							
Anrechenbare Kosten	Honorarzone I von	Honorarzone I bis / Honorarzone II von	Honorarzone II bis / Honorarzone III von	Honorarzone III bis / Honorarzone IV von	Honorarzone IV bis / Honorarzone V von	Honorarzone V bis	
Euro	Euro	Euro	Euro	Euro	Euro	Euro	
8.750.000	297.943	331.047	420.903	524.947	614.803	647.907	
9.000.000	304.634	338.482	430.356	536.736	628.610	662.458	
9.250.000	311.325	345.916	439.808	548.525	642.417	677.008	
9.500.000	318.016	353.351	449.261	560.314	656.224	691.559	
9.750.000	324.707	360.785	458.713	572.103	670.031	706.109	
10.000.000	331.398	368.220	468.166	583.892	683.838	720.660	
10.250.000	337.584	375.093	476.905	594.791	696.603	734.112	
10.500.000	343.770	381.967	485.644	605.690	709.367	747.564	
10.750.000	349.956	388.840	494.383	616.589	722.132	761.016	
11.000.000	356.142	395.713	503.121	627.488	734.897	774.468	
11.250.000	362.328	402.587	511.860	638.387	747.661	787.920	
11.500.000	368.514	409.460	520.599	649.286	760.426	801.372	
11.750.000	374.700	416.333	529.338	660.185	773.191	814.824	
12.000.000	380.886	423.206	538.077	671.084	785.955	828.276	
12.250.000	387.072	430.080	546.816	681.983	798.720	841.728	
12.500.000	393.258	436.953	555.555	692.883	811.485	855.180	
12.750.000	399.443	443.826	564.293	703.782	824.249	868.631	
13.000.000	405.629	450.700	573.032	714.681	837.014	882.083	
13.250.000	411.815	457.573	581.771	725.580	849.778	895.535	
13.500.000	418.001	464.446	590.510	736.479	862.543	908.987	
13.750.000	424.187	471.320	599.249	747.378	875.308	922.439	
14.000.000	430.373	478.193	607.988	758.277	888.072	935.891	
14.250.000	436.559	485.066	616.726	769.176	900.837	949.343	
14.500.000	442.745	491.939	625.465	780.075	913.602	962.795	
14.750.000	448.931	498.813	634.204	790.974	926.366	976.247	
15.000.000	455.117	505.686	642.943	801.873	939.131	989.699	

Interpolationstabelle zu § 56: Technische Ausrüstung E13

Honorartafel zu § 56 Absatz 1 – Technische Ausrüstung						
Anrechenbare Kosten	Honorarzone I von	bis	Honorarzone II von	bis	Honorarzone III von	bis
Euro	Euro	Euro	Euro	Euro	Euro	Euro
5.000	2.132	2.547	2.547	2.990	2.990	3.405
5.250	2.210	2.640	2.640	3.099	3.099	3.529
5.500	2.288	2.733	2.733	3.208	3.208	3.654
5.750	2.366	2.826	2.826	3.318	3.318	3.778
6.000	2.443	2.919	2.919	3.427	3.427	3.903
6.250	2.521	3.012	3.012	3.536	3.536	4.027
6.500	2.599	3.105	3.105	3.645	3.645	4.151
6.750	2.677	3.198	3.198	3.754	3.754	4.276
7.000	2.755	3.291	3.291	3.864	3.864	4.400
7.250	2.833	3.384	3.384	3.973	3.973	4.525
7.500	2.911	3.478	3.478	4.082	4.082	4.649
7.750	2.988	3.571	3.571	4.191	4.191	4.773
8.000	3.066	3.664	3.664	4.300	4.300	4.898
8.250	3.144	3.757	3.757	4.410	4.410	5.022
8.500	3.222	3.850	3.850	4.519	4.519	5.147
8.750	3.300	3.943	3.943	4.628	4.628	5.271
9.000	3.378	4.036	4.036	4.737	4.737	5.395
9.250	3.455	4.129	4.129	4.846	4.846	5.520
9.500	3.533	4.222	4.222	4.956	4.956	5.644
9.750	3.611	4.315	4.315	5.065	5.065	5.769
10.000	3.689	4.408	4.408	5.174	5.174	5.893
10.500	3.829	4.575	4.575	5.370	5.370	6.116
11.000	3.968	4.741	4.741	5.565	5.565	6.339
11.500	4.108	4.908	4.908	5.761	5.761	6.562
12.000	4.247	5.075	5.075	5.957	5.957	6.785
12.500	4.387	5.242	5.242	6.153	6.153	7.008
13.000	4.526	5.408	5.408	6.348	6.348	7.230
13.500	4.666	5.575	5.575	6.544	6.544	7.453
14.000	4.805	5.742	5.742	6.740	6.740	7.676
14.500	4.945	5.908	5.908	6.935	6.935	7.899
15.000	5.084	6.075	6.075	7.131	7.131	8.122
15.500	5.211	6.226	6.226	7.309	7.309	8.324
16.000	5.337	6.377	6.377	7.486	7.486	8.526
16.500	5.464	6.528	6.528	7.664	7.664	8.728
17.000	5.590	6.680	6.680	7.841	7.841	8.930
17.500	5.717	6.831	6.831	8.019	8.019	9.133
18.000	5.843	6.982	6.982	8.196	8.196	9.335
18.500	5.970	7.133	7.133	8.374	8.374	9.537
19.000	6.096	7.284	7.284	8.551	8.551	9.739

Honorartafel zu § 56 Absatz 1 – Technische Ausrüstung						
Anrechenbare Kosten	Honorarzone I von	bis	Honorarzone II von	bis	Honorarzone III von	bis
Euro	Euro	Euro	Euro	Euro	Euro	Euro
19.500	6.223	7.435	7.435	8.729	8.729	9.941
20.000	6.350	7.587	7.587	8.906	8.906	10.143
20.500	6.476	7.738	7.738	9.084	9.084	10.345
21.000	6.603	7.889	7.889	9.261	9.261	10.547
21.500	6.729	8.040	8.040	9.439	9.439	10.749
22.000	6.856	8.191	8.191	9.616	9.616	10.951
22.500	6.982	8.342	8.342	9.794	9.794	11.154
23.000	7.109	8.493	8.493	9.971	9.971	11.356
23.500	7.235	8.645	8.645	10.149	10.149	11.558
24.000	7.362	8.796	8.796	10.326	10.326	11.760
24.500	7.488	8.947	8.947	10.504	10.504	11.962
25.000	7.615	9.098	9.098	10.681	10.681	12.164
25.500	7.731	9.237	9.237	10.844	10.844	12.349
26.000	7.847	9.375	9.375	11.006	11.006	12.535
26.500	7.963	9.514	9.514	11.169	11.169	12.720
27.000	8.079	9.652	9.652	11.332	11.332	12.905
27.500	8.195	9.791	9.791	11.494	11.494	13.090
28.000	8.311	9.929	9.929	11.657	11.657	13.276
28.500	8.427	10.068	10.068	11.820	11.820	13.461
29.000	8.543	10.206	10.206	11.982	11.982	13.646
29.500	8.659	10.345	10.345	12.145	12.145	13.831
30.000	8.775	10.484	10.484	12.308	12.308	14.017
30.500	8.890	10.622	10.622	12.470	12.470	14.202
31.000	9.006	10.761	10.761	12.633	12.633	14.387
31.500	9.122	10.899	10.899	12.795	12.795	14.572
32.000	9.238	11.038	11.038	12.958	12.958	14.758
32.500	9.354	11.176	11.176	13.121	13.121	14.943
33.000	9.470	11.315	11.315	13.283	13.283	15.128
33.500	9.586	11.453	11.453	13.446	13.446	15.313
34.000	9.702	11.592	11.592	13.609	13.609	15.499
34.500	9.818	11.730	11.730	13.771	13.771	15.684
35.000	9.934	11.869	11.869	13.934	13.934	15.869
35.500	10.042	11.998	11.998	14.085	14.085	16.041
36.000	10.149	12.126	12.126	14.236	14.236	16.213
36.500	10.257	12.255	12.255	14.387	14.387	16.385
37.000	10.365	12.384	12.384	14.538	14.538	16.557
37.500	10.473	12.512	12.512	14.689	14.689	16.729
38.000	10.580	12.641	12.641	14.840	14.840	16.901
38.500	10.688	12.770	12.770	14.991	14.991	17.073
39.000	10.796	12.898	12.898	15.142	15.142	17.245
39.500	10.903	13.027	13.027	15.293	15.293	17.417
40.000	11.011	13.156	13.156	15.444	15.444	17.589
40.500	11.119	13.284	13.284	15.595	15.595	17.761
41.000	11.226	13.413	13.413	15.746	15.746	17.933
41.500	11.334	13.542	13.542	15.897	15.897	18.105

Honorartafel zu § 56 Absatz 1 – Technische Ausrüstung						
Anrechenbare Kosten	Honorarzone I von	bis	Honorarzone II von	bis	Honorarzone III von	bis
Euro	Euro	Euro	Euro	Euro	Euro	Euro
42.000	11.442	13.670	13.670	16.048	16.048	18.277
42.500	11.550	13.799	13.799	16.200	16.200	18.449
43.000	11.657	13.928	13.928	16.351	16.351	18.621
43.500	11.765	14.056	14.056	16.502	16.502	18.793
44.000	11.873	14.185	14.185	16.653	16.653	18.965
44.500	11.980	14.314	14.314	16.804	16.804	19.137
45.000	12.088	14.442	14.442	16.955	16.955	19.309
45.500	12.196	14.571	14.571	17.106	17.106	19.481
46.000	12.303	14.700	14.700	17.257	17.257	19.653
46.500	12.411	14.828	14.828	17.408	17.408	19.825
47.000	12.519	14.957	14.957	17.559	17.559	19.997
47.500	12.627	15.086	15.086	17.710	17.710	20.169
48.000	12.734	15.214	15.214	17.861	17.861	20.341
48.500	12.842	15.343	15.343	18.012	18.012	20.513
49.000	12.950	15.472	15.472	18.163	18.163	20.685
49.500	13.057	15.600	15.600	18.314	18.314	20.857
50.000	13.165	15.729	15.729	18.465	18.465	21.029
52.500	13.661	16.321	16.321	19.160	19.160	21.821
55.000	14.156	16.914	16.914	19.856	19.856	22.613
57.500	14.652	17.506	17.506	20.551	20.551	23.405
60.000	15.148	18.098	18.098	21.246	21.246	24.197
62.500	15.644	18.691	18.691	21.942	21.942	24.989
65.000	16.139	19.283	19.283	22.637	22.637	25.780
67.500	16.635	19.875	19.875	23.332	23.332	26.572
70.000	17.131	20.467	20.467	24.027	24.027	27.364
72.500	17.626	21.060	21.060	24.723	24.723	28.156
75.000	18.122	21.652	21.652	25.418	25.418	28.948
77.500	18.582	22.202	22.202	26.063	26.063	29.683
80.000	19.042	22.752	22.752	26.709	26.709	30.418
82.500	19.502	23.301	23.301	27.354	27.354	31.153
85.000	19.962	23.851	23.851	28.000	28.000	31.888
87.500	20.423	24.401	24.401	28.645	28.645	32.624
90.000	20.883	24.951	24.951	29.290	29.290	33.359
92.500	21.343	25.501	25.501	29.936	29.936	34.094
95.000	21.803	26.050	26.050	30.581	30.581	34.829
97.500	22.263	26.600	26.600	31.227	31.227	35.564
100.000	22.723	27.150	27.150	31.872	31.872	36.299
105.000	23.574	28.166	28.166	33.065	33.065	37.657
110.000	24.424	29.182	29.182	34.258	34.258	39.016
115.000	25.275	30.198	30.198	35.450	35.450	40.374
120.000	26.125	31.214	31.214	36.643	36.643	41.733
125.000	26.976	32.231	32.231	37.836	37.836	43.091
130.000	27.826	33.247	33.247	39.029	39.029	44.449
135.000	28.677	34.263	34.263	40.222	40.222	45.808
140.000	29.527	35.279	35.279	41.414	41.414	47.166

Honorartafel zu § 56 Absatz 1 – Technische Ausrüstung						
Anrechenbare Kosten	Honorarzone I		Honorarzone II		Honorarzone III	
	von	bis	von	bis	von	bis
Euro	Euro	Euro	Euro	Euro	Euro	Euro
145.000	30.378	36.295	36.295	42.607	42.607	48.525
150.000	31.228	37.311	37.311	43.800	43.800	49.883
155.000	31.999	38.232	38.232	44.881	44.881	51.114
160.000	32.769	39.153	39.153	45.962	45.962	52.345
165.000	33.540	40.073	40.073	47.043	47.043	53.576
170.000	34.310	40.994	40.994	48.124	48.124	54.807
175.000	35.081	41.915	41.915	49.205	49.205	56.038
180.000	35.852	42.836	42.836	50.285	50.285	57.269
185.000	36.622	43.756	43.756	51.366	51.366	58.500
190.000	37.393	44.677	44.677	52.447	52.447	59.731
195.000	38.163	45.598	45.598	53.528	53.528	60.962
200.000	38.934	46.519	46.519	54.609	54.609	62.194
205.000	39.705	47.439	47.439	55.690	55.690	63.425
210.000	40.475	48.360	48.360	56.771	56.771	64.656
215.000	41.246	49.281	49.281	57.852	57.852	65.887
220.000	42.016	50.202	50.202	58.933	58.933	67.118
225.000	42.787	51.122	51.122	60.014	60.014	68.349
230.000	43.558	52.043	52.043	61.094	61.094	69.580
235.000	44.328	52.964	52.964	62.175	62.175	70.811
240.000	45.099	53.885	53.885	63.256	63.256	72.042
245.000	45.869	54.805	54.805	64.337	64.337	73.273
250.000	46.640	55.726	55.726	65.418	65.418	74.504
255.000	47.321	56.540	56.540	66.373	66.373	75.592
260.000	48.002	57.353	57.353	67.328	67.328	76.679
265.000	48.683	58.167	58.167	68.283	68.283	77.767
270.000	49.364	58.980	58.980	69.238	69.238	78.855
275.000	50.044	59.794	59.794	70.193	70.193	79.942
280.000	50.725	60.607	60.607	71.148	71.148	81.030
285.000	51.406	61.421	61.421	72.103	72.103	82.117
290.000	52.087	62.234	62.234	73.058	73.058	83.205
295.000	52.768	63.048	63.048	74.013	74.013	84.293
300.000	53.449	63.861	63.861	74.968	74.968	85.380
305.000	54.130	64.675	64.675	75.923	75.923	86.468
310.000	54.811	65.488	65.488	76.878	76.878	87.556
315.000	55.491	66.302	66.302	77.833	77.833	88.643
320.000	56.172	67.115	67.115	78.788	78.788	89.731
325.000	56.853	67.929	67.929	79.743	79.743	90.819
330.000	57.534	68.742	68.742	80.698	80.698	91.906
335.000	58.215	69.556	69.556	81.653	81.653	92.994
340.000	58.896	70.369	70.369	82.608	82.608	94.082
345.000	59.577	71.183	71.183	83.563	83.563	95.169
350.000	60.258	71.996	71.996	84.518	84.518	96.257
355.000	60.938	72.810	72.810	85.473	85.473	97.344
360.000	61.619	73.623	73.623	86.428	86.428	98.432
365.000	62.300	74.437	74.437	87.383	87.383	99.520

Honorartafel zu § 56 Absatz 1 – Technische Ausrüstung						
Anrechenbare Kosten	Honorarzone I von	bis	Honorarzone II von	bis	Honorarzone III von	bis
Euro	Euro	Euro	Euro	Euro	Euro	Euro
370.000	62.981	75.250	75.250	88.338	88.338	100.607
375.000	63.662	76.064	76.064	89.293	89.293	101.695
380.000	64.343	76.878	76.878	90.248	90.248	102.783
385.000	65.024	77.691	77.691	91.203	91.203	103.870
390.000	65.705	78.505	78.505	92.158	92.158	104.958
395.000	66.386	79.318	79.318	93.113	93.113	106.046
400.000	67.066	80.132	80.132	94.068	94.068	107.133
405.000	67.747	80.945	80.945	95.023	95.023	108.221
410.000	68.428	81.759	81.759	95.978	95.978	109.308
415.000	69.109	82.572	82.572	96.933	96.933	110.396
420.000	69.790	83.386	83.386	97.888	97.888	111.484
425.000	70.471	84.199	84.199	98.843	98.843	112.571
430.000	71.152	85.013	85.013	99.798	99.798	113.659
435.000	71.833	85.826	85.826	100.753	100.753	114.747
440.000	72.513	86.640	86.640	101.708	101.708	115.834
445.000	73.194	87.453	87.453	102.663	102.663	116.922
450.000	73.875	88.267	88.267	103.618	103.618	118.010
455.000	74.556	89.080	89.080	104.573	104.573	119.097
460.000	75.237	89.894	89.894	105.528	105.528	120.185
465.000	75.918	90.707	90.707	106.483	106.483	121.273
470.000	76.599	91.521	91.521	107.438	107.438	122.360
475.000	77.280	92.334	92.334	108.393	108.393	123.448
480.000	77.960	93.148	93.148	109.348	109.348	124.535
485.000	78.641	93.961	93.961	110.303	110.303	125.623
490.000	79.322	94.775	94.775	111.258	111.258	126.711
495.000	80.003	95.588	95.588	112.213	112.213	127.798
500.000	80.684	96.402	96.402	113.168	113.168	128.886
525.000	83.726	100.037	100.037	117.435	117.435	133.745
550.000	86.768	103.671	103.671	121.702	121.702	138.605
575.000	89.810	107.306	107.306	125.968	125.968	143.464
600.000	92.852	110.941	110.941	130.235	130.235	148.324
625.000	95.895	114.576	114.576	134.502	134.502	153.183
650.000	98.937	118.210	118.210	138.769	138.769	158.042
675.000	101.979	121.845	121.845	143.036	143.036	162.902
700.000	105.021	125.480	125.480	147.302	147.302	167.761
725.000	108.063	129.114	129.114	151.569	151.569	172.621
750.000	111.105	132.749	132.749	155.836	155.836	177.480
775.000	113.929	136.123	136.123	159.797	159.797	181.991
800.000	116.753	139.498	139.498	163.758	163.758	186.503
825.000	119.578	142.872	142.872	167.720	167.720	191.014
850.000	122.402	146.247	146.247	171.681	171.681	195.526
875.000	125.226	149.621	149.621	175.642	175.642	200.037
900.000	128.050	152.995	152.995	179.603	179.603	204.548
925.000	130.874	156.370	156.370	183.564	183.564	209.060
950.000	133.699	159.744	159.744	187.526	187.526	213.571

Honorartafel zu § 56 Absatz 1 – Technische Ausrüstung						
Anrechenbare Kosten	Honorarzone I von	bis	Honorarzone II von	bis	Honorarzone III von	bis
Euro	Euro	Euro	Euro	Euro	Euro	Euro
975.000	136.523	163.119	163.119	191.487	191.487	218.083
1.000.000	139.347	166.493	166.493	195.448	195.448	222.594
1.050.000	144.686	172.872	172.872	202.937	202.937	231.123
1.100.000	150.025	179.251	179.251	210.425	210.425	239.651
1.150.000	155.365	185.631	185.631	217.914	217.914	248.180
1.200.000	160.704	192.010	192.010	225.402	225.402	256.708
1.250.000	166.043	198.389	198.389	232.891	232.891	265.237
1.300.000	171.143	204.483	204.483	240.045	240.045	273.384
1.350.000	176.244	210.577	210.577	247.199	247.199	281.532
1.400.000	181.344	216.671	216.671	254.352	254.352	289.679
1.450.000	186.445	222.765	222.765	261.506	261.506	297.827
1.500.000	191.545	228.859	228.859	268.660	268.660	305.974
1.550.000	196.370	234.624	234.624	275.427	275.427	313.681
1.600.000	201.194	240.388	240.388	282.194	282.194	321.388
1.650.000	206.019	246.153	246.153	288.961	288.961	329.095
1.700.000	210.844	251.917	251.917	295.728	295.728	336.802
1.750.000	215.669	257.682	257.682	302.496	302.496	344.509
1.800.000	220.493	263.446	263.446	309.263	309.263	352.216
1.850.000	225.318	269.211	269.211	316.030	316.030	359.923
1.900.000	230.143	274.975	274.975	322.797	322.797	367.630
1.950.000	234.967	280.740	280.740	329.564	329.564	375.337
2.000.000	239.792	286.504	286.504	336.331	336.331	383.044
2.050.000	244.378	291.983	291.983	342.763	342.763	390.369
2.100.000	248.963	297.462	297.462	349.195	349.195	397.694
2.150.000	253.549	302.941	302.941	355.627	355.627	405.020
2.200.000	258.135	308.420	308.420	362.059	362.059	412.345
2.250.000	262.721	313.900	313.900	368.491	368.491	419.670
2.300.000	267.306	319.379	319.379	374.922	374.922	426.995
2.350.000	271.892	324.858	324.858	381.354	381.354	434.320
2.400.000	276.478	330.337	330.337	387.786	387.786	441.646
2.450.000	281.063	335.816	335.816	394.218	394.218	448.971
2.500.000	285.649	341.295	341.295	400.650	400.650	456.296
2.550.000	290.026	346.525	346.525	406.789	406.789	463.288
2.600.000	294.403	351.755	351.755	412.929	412.929	470.280
2.650.000	298.780	356.984	356.984	419.068	419.068	477.272
2.700.000	303.157	362.214	362.214	425.208	425.208	484.264
2.750.000	307.535	367.444	367.444	431.347	431.347	491.257
2.800.000	311.912	372.674	372.674	437.486	437.486	498.249
2.850.000	316.289	377.904	377.904	443.626	443.626	505.241
2.900.000	320.666	383.133	383.133	449.765	449.765	512.233
2.950.000	325.043	388.363	388.363	455.905	455.905	519.225
3.000.000	329.420	393.593	393.593	462.044	462.044	526.217
3.050.000	333.627	398.620	398.620	467.945	467.945	532.937
3.100.000	337.834	403.646	403.646	473.846	473.846	539.658
3.150.000	342.041	408.673	408.673	479.746	479.746	546.378

Honorartafel zu § 56 Absatz 1 – Technische Ausrüstung						
Anrechenbare Kosten	Honorarzone I von	bis	Honorarzone II von	bis	Honorarzone III von	bis
Euro	Euro	Euro	Euro	Euro	Euro	Euro
3.200.000	346.248	413.699	413.699	485.647	485.647	553.098
3.250.000	350.456	418.726	418.726	491.548	491.548	559.819
3.300.000	354.663	423.753	423.753	497.449	497.449	566.539
3.350.000	358.870	428.779	428.779	503.350	503.350	573.259
3.400.000	363.077	433.806	433.806	509.250	509.250	579.979
3.450.000	367.284	438.832	438.832	515.151	515.151	586.700
3.500.000	371.491	443.859	443.859	521.052	521.052	593.420
3.550.000	375.555	448.714	448.714	526.751	526.751	599.911
3.600.000	379.618	453.569	453.569	532.451	532.451	606.402
3.650.000	383.682	458.424	458.424	538.150	538.150	612.893
3.700.000	387.745	463.279	463.279	543.850	543.850	619.384
3.750.000	391.809	468.135	468.135	549.549	549.549	625.876
3.800.000	395.872	472.990	472.990	555.248	555.248	632.367
3.850.000	399.936	477.845	477.845	560.948	560.948	638.858
3.900.000	403.999	482.700	482.700	566.647	566.647	645.349
3.950.000	408.063	487.555	487.555	572.347	572.347	651.840
4.000.000	412.126	492.410	492.410	578.046	578.046	658.331

Interpolationstabelle zu Anlage 1.1.2: Umweltverträglichkeitsstudien E14

Honorartafel zu Nr. 1.1.2 Absatz 1 – Umweltverträglichkeitsstudie						
Fläche	Honorarzone I von	bis	Honorarzone II von	bis	Honorarzone III von	bis
in Hektar	Euro	Euro	Euro	Euro	Euro	Euro
50	10.176	12.862	12.862	15.406	15.406	18.091
75	12.574	15.893	15.893	19.036	19.036	22.354
100	14.972	18.923	18.923	22.666	22.666	26.617
125	16.957	21.432	21.432	25.671	25.671	30.146
150	18.942	23.940	23.940	28.676	28.676	33.674
175	20.698	26.160	26.160	31.335	31.335	36.797
200	22.454	28.380	28.380	33.994	33.994	39.919
225	24.002	30.336	30.336	36.337	36.337	42.670
250	25.549	32.292	32.292	38.679	38.679	45.421
275	27.097	34.247	34.247	41.022	41.022	48.172
300	28.644	36.203	36.203	43.364	43.364	50.923
325	30.012	37.932	37.932	45.435	45.435	53.356
350	31.381	39.662	39.662	47.507	47.507	55.788
375	32.749	41.391	41.391	49.578	49.578	58.221
400	34.117	43.120	43.120	51.649	51.649	60.653
425	35.365	44.698	44.698	53.539	53.539	62.872
450	36.614	46.276	46.276	55.429	55.429	65.092
475	37.862	47.853	47.853	57.319	57.319	67.311
500	39.110	49.431	49.431	59.209	59.209	69.530
550	41.330	52.237	52.237	62.570	62.570	73.477
600	43.550	55.043	55.043	65.931	65.931	77.424
650	45.771	57.849	57.849	69.292	69.292	81.370
700	47.991	60.655	60.655	72.653	72.653	85.317
750	50.211	63.461	63.461	76.014	76.014	89.264
800	52.170	65.936	65.936	78.979	78.979	92.746
850	54.128	68.412	68.412	81.944	81.944	96.228
900	56.087	70.887	70.887	84.909	84.909	99.710
950	58.045	73.363	73.363	87.874	87.874	103.192
1.000	60.004	75.838	75.838	90.839	90.839	106.674
1.100	63.440	80.180	80.180	96.040	96.040	112.782
1.200	66.875	84.523	84.523	101.242	101.242	118.890
1.300	70.311	88.865	88.865	106.443	106.443	124.997
1.400	73.746	93.208	93.208	111.645	111.645	131.105
1.500	77.182	97.550	97.550	116.846	116.846	137.213
1.600	80.201	101.366	101.366	121.416	121.416	142.580
1.700	83.220	105.182	105.182	125.987	125.987	147.947
1.800	86.240	108.997	108.997	130.557	130.557	153.315
1.900	89.259	112.813	112.813	135.128	135.128	158.682
2.000	92.278	116.629	116.629	139.698	139.698	164.049

Honorartafel zu Nr. 1.1.2 Absatz 1 – Umweltverträglichkeitsstudie						
Fläche	Honorarzone I		Honorarzone II		Honorarzone III	
	von	bis	von	bis	von	bis
in Hektar	Euro	Euro	Euro	Euro	Euro	Euro
2.100	95.015	120.088	120.088	143.842	143.842	168.915
2.200	97.752	123.547	123.547	147.985	147.985	173.781
2.300	100.489	127.007	127.007	152.129	152.129	178.646
2.400	103.226	130.466	130.466	156.272	156.272	183.512
2.500	105.963	133.925	133.925	160.416	160.416	188.378
2.600	108.490	137.119	137.117	164.242	164.242	192.871
2.700	111.017	140.313	140.309	168.067	168.067	197.363
2.800	113.544	143.507	143.501	171.893	171.893	201.856
2.900	116.071	146.701	146.693	175.718	175.718	206.348
3.000	118.598	149.895	149.885	179.544	179.544	210.841
3.250	124.332	157.142	157.135	188.225	188.225	221.035
3.500	130.066	164.389	164.384	196.905	196.905	231.228
3.750	135.799	171.636	171.634	205.586	205.586	241.422
4.000	141.533	178.883	178.883	214.266	214.266	251.615
4.250	146.687	185.397	185.397	222.068	222.068	260.777
4.500	151.841	191.910	191.910	229.870	229.870	269.939
4.750	156.994	198.424	198.424	237.672	237.672	279.101
5.000	162.148	204.937	204.937	245.474	245.474	288.263
5.250	167.158	211.269	211.269	253.058	253.058	297.169
5.500	172.167	217.600	217.600	260.642	260.642	306.075
5.750	177.177	223.932	223.932	268.226	268.226	314.981
6.000	182.186	230.263	230.263	275.810	275.810	323.887
6.250	186.908	236.231	236.231	282.958	282.958	332.281
6.500	191.629	242.198	242.198	290.106	290.106	340.674
6.750	196.351	248.166	248.166	297.253	297.253	349.068
7.000	201.072	254.133	254.133	304.401	304.401	357.461
7.250	205.421	259.629	259.629	310.984	310.984	365.192
7.500	209.769	265.125	265.125	317.568	317.568	372.923
7.750	214.118	270.621	270.621	324.151	324.151	380.653
8.000	218.466	276.117	276.117	330.734	330.734	388.384
8.250	222.448	281.150	281.150	336.762	336.762	395.463
8.500	226.430	286.182	286.182	342.790	342.790	402.542
8.750	230.412	291.215	291.215	348.818	348.818	409.621
9.000	234.394	296.247	296.247	354.846	354.846	416.700
9.250	238.169	301.018	301.018	360.561	360.561	423.411
9.500	241.943	305.789	305.789	366.275	366.275	430.121
9.750	245.718	310.559	310.559	371.990	371.990	436.832
10.000	249.492	315.330	315.330	377.704	377.704	443.542

Interpolationstabelle zu Anlage 1.2.3: Wärmeschutz und Energiebilanzierung E15

Honorartafel zu Nr. 1.2.3 Absatz 2 – Wärmeschutz und Energiebilanzierung						
Anrechenbare Kosten	Honorarzone I von	Honorarzone I bis / Honorarzone II von	Honorarzone III von / Honorarzone II bis	Honorarzone III bis / Honorarzone IV von	Honorarzone V von / Honorarzone IV bis	Honorarzone V bis
Euro	Euro	Euro	Euro	Euro	Euro	Euro
250.000	1.757	2.023	2.395	2.928	3.300	3.566
275.000	1.789	2.061	2.440	2.982	3.362	3.633
300.000	1.821	2.097	2.484	3.036	3.422	3.698
325.000	1.852	2.133	2.526	3.087	3.480	3.760
350.000	1.883	2.168	2.567	3.138	3.537	3.822
375.000	1.912	2.202	2.607	3.187	3.592	3.882
400.000	1.941	2.235	2.647	3.235	3.646	3.941
450.000	1.995	2.297	2.720	3.325	3.748	4.050
500.000	2.049	2.359	2.793	3.414	3.849	4.159
550.000	2.098	2.415	2.860	3.495	3.940	4.258
600.000	2.146	2.471	2.926	3.576	4.031	4.356
650.000	2.188	2.520	2.984	3.647	4.111	4.442
700.000	2.231	2.568	3.041	3.717	4.190	4.528
750.000	2.273	2.617	3.099	3.788	4.270	4.614
1.000.000	2.440	2.809	3.327	4.066	4.583	4.953
1.250.000	2.748	3.164	3.747	4.579	5.162	5.579
1.500.000	3.050	3.512	4.159	5.083	5.730	6.192
1.750.000	3.345	3.851	4.561	5.574	6.284	6.790
2.000.000	3.639	4.190	4.962	6.065	6.837	7.388
2.250.000	3.926	4.521	5.354	6.544	7.377	7.971
2.500.000	4.213	4.851	5.745	7.022	7.916	8.554
2.750.000	4.492	5.172	6.125	7.487	8.440	9.120
3.000.000	4.771	5.494	6.506	7.952	8.964	9.687
3.250.000	5.050	5.815	6.886	8.416	9.488	10.253
3.500.000	5.329	6.136	7.266	8.881	10.012	10.819
3.750.000	5.598	6.446	7.633	9.330	10.518	11.366
4.000.000	5.867	6.756	8.000	9.778	11.023	11.912
4.250.000	6.137	7.066	8.368	10.227	11.529	12.459
4.500.000	6.406	7.376	8.735	10.676	12.035	13.005
4.750.000	6.675	7.686	9.102	11.124	12.540	13.552
5.000.000	6.944	7.996	9.469	11.573	13.046	14.098
5.500.000	7.462	8.592	10.175	12.436	14.019	15.149
6.000.000	7.979	9.188	10.881	13.299	14.991	16.200
6.500.000	8.497	9.785	11.587	14.161	15.964	17.252
7.000.000	9.014	10.381	12.293	15.024	16.936	18.303

Honorartafel zu Nr. 1.2.3 Absatz 2 – Wärmeschutz und Energiebilanzierung						
Anrechenbare Kosten	Honorarzone I von	Honorarzone I bis / Honorarzone II von	Honorarzone III von / Honorarzone II bis	Honorarzone III bis / Honorarzone IV von	Honorarzone V von / Honorarzone IV bis	Honorarzone V bis
Euro	Euro	Euro	Euro	Euro	Euro	Euro
7.500.000	9.532	10.977	12.999	15.887	17.909	19.354
8.000.000	10.032	11.553	13.681	16.721	18.849	20.369
8.500.000	10.532	12.129	14.363	17.554	19.788	21.384
9.000.000	11.033	12.704	15.044	18.388	20.728	22.400
9.500.000	11.533	13.280	15.726	19.221	21.667	23.415
10.000.000	12.033	13.856	16.408	20.055	22.607	24.430
11.000.000	12.998	14.967	17.724	21.663	24.420	26.389
12.000.000	13.962	16.078	19.039	23.271	26.232	28.348
13.000.000	14.927	17.188	20.355	24.878	28.045	30.306
14.000.000	15.891	18.299	21.670	26.486	29.857	32.265
15.000.000	16.856	19.410	22.986	28.094	31.670	34.224
16.000.000	17.788	20.483	24.257	29.647	33.421	36.116
17.000.000	18.720	21.556	25.527	31.200	35.171	38.008
18.000.000	19.652	22.630	26.798	32.753	36.922	39.899
19.000.000	20.584	23.703	28.068	34.306	38.672	41.791
20.000.000	21.516	24.776	29.339	35.859	40.423	43.683
21.000.000	22.424	25.822	30.577	37.373	42.129	45.527
22.000.000	23.332	26.867	31.816	38.886	43.835	47.371
23.000.000	24.240	27.913	33.054	40.400	45.542	49.214
24.000.000	25.148	28.958	34.293	41.913	47.248	51.058
25.000.000	26.056	30.004	35.531	43.427	48.954	52.902

Interpolationstabelle zu Anlage 1.2.4: Bauakustik E16

Honorartafel zu Nr. 1.2.4 Absatz 3 – Bauakustik						
Anrechenbare Kosten	Honorarzone I von	bis	Honorarzone II von	bis	Honorarzone III von	bis
Euro	Euro	Euro	Euro	Euro	Euro	Euro
250.000	1.729	1.985	1.985	2.284	2.284	2.625
275.000	1.840	2.113	2.113	2.431	2.431	2.794
300.000	1.948	2.237	2.237	2.574	2.574	2.959
325.000	2.052	2.356	2.356	2.711	2.711	3.116
350.000	2.156	2.475	2.475	2.847	2.847	3.273
375.000	2.255	2.588	2.588	2.978	2.978	3.423
400.000	2.353	2.701	2.701	3.108	3.108	3.573
425.000	2.446	2.808	2.808	3.231	3.231	3.714
450.000	2.539	2.914	2.914	3.353	3.353	3.855
475.000	2.631	3.021	3.021	3.476	3.476	3.995
500.000	2.724	3.127	3.127	3.598	3.598	4.136
550.000	2.897	3.326	3.326	3.827	3.827	4.399
600.000	3.069	3.524	3.524	4.055	4.055	4.661
650.000	3.230	3.709	3.709	4.268	4.268	4.906
700.000	3.392	3.895	3.895	4.481	4.481	5.151
750.000	3.553	4.080	4.080	4.694	4.694	5.396
800.000	3.701	4.249	4.249	4.889	4.889	5.620
850.000	3.848	4.419	4.419	5.084	5.084	5.844
900.000	3.996	4.588	4.588	5.279	5.279	6.068
950.000	4.143	4.758	4.758	5.474	5.474	6.292
1.000.000	4.291	4.927	4.927	5.669	5.669	6.516
1.125.000	4.630	5.316	5.316	6.116	6.116	7.030
1.250.000	4.968	5.704	5.704	6.563	6.563	7.544
1.375.000	5.284	6.067	6.067	6.980	6.980	8.024
1.500.000	5.599	6.429	6.429	7.397	7.397	8.503
1.625.000	5.890	6.763	6.763	7.781	7.781	8.945
1.750.000	6.181	7.097	7.097	8.166	8.166	9.387
1.875.000	6.472	7.431	7.431	8.550	8.550	9.828
2.000.000	6.763	7.765	7.765	8.934	8.934	10.270
2.125.000	7.030	8.071	8.071	9.286	9.286	10.675
2.250.000	7.297	8.378	8.378	9.639	9.639	11.080
2.375.000	7.563	8.684	8.684	9.991	9.991	11.485
2.500.000	7.830	8.990	8.990	10.343	10.343	11.890
2.750.000	8.314	9.546	9.546	10.983	10.983	12.625
3.000.000	8.798	10.102	10.102	11.622	11.622	13.360
3.250.000	9.282	10.657	10.657	12.262	12.262	14.095
3.500.000	9.766	11.213	11.213	12.901	12.901	14.830
3.750.000	10.196	11.707	11.707	13.469	13.469	15.483
4.000.000	10.626	12.200	12.200	14.036	14.036	16.135
4.250.000	11.056	12.694	12.694	14.604	14.604	16.788

Honorartafel zu Nr. 1.2.4 Absatz 3 – Bauakustik						
Anrechenbare Kosten	Honorarzone I von	bis	Honorarzone II von	bis	Honorarzone III von	bis
Euro	Euro	Euro	Euro	Euro	Euro	Euro
4.500.000	11.485	13.187	13.187	15.172	15.172	17.441
4.750.000	11.915	13.681	13.681	15.739	15.739	18.093
5.000.000	12.345	14.174	14.174	16.307	16.307	18.746
5.500.000	13.099	15.040	15.040	17.303	17.303	19.891
6.000.000	13.853	15.905	15.905	18.299	18.299	21.036
6.500.000	14.606	16.771	16.771	19.295	19.295	22.180
7.000.000	15.360	17.636	17.636	20.291	20.291	23.325
7.500.000	16.114	18.502	18.502	21.287	21.287	24.470
8.000.000	16.785	19.272	19.272	22.173	22.173	25.489
8.500.000	17.456	20.043	20.043	23.060	23.060	26.508
9.000.000	18.128	20.813	20.813	23.946	23.946	27.527
9.500.000	18.799	21.584	21.584	24.833	24.833	28.546
10.000.000	19.470	22.354	22.354	25.719	25.719	29.565
11.000.000	20.660	23.721	23.721	27.292	27.292	31.373
12.000.000	21.851	25.088	25.088	28.864	28.864	33.181
13.000.000	23.041	26.454	26.454	30.437	30.437	34.988
14.000.000	24.232	27.821	27.821	32.009	32.009	36.796
15.000.000	25.422	29.188	29.188	33.582	33.582	38.604
16.000.000	26.482	30.405	30.405	34.982	34.982	40.214
17.000.000	27.542	31.622	31.622	36.382	36.382	41.823
18.000.000	28.602	32.839	32.839	37.783	37.783	43.433
19.000.000	29.662	34.056	34.056	39.183	39.183	45.042
20.000.000	30.722	35.273	35.273	40.583	40.583	46.652
21.000.000	31.695	36.390	36.390	41.868	41.868	48.129
22.000.000	32.667	37.507	37.507	43.153	43.153	49.606
23.000.000	33.640	38.623	38.623	44.438	44.438	51.083
24.000.000	34.612	39.740	39.740	45.723	45.723	52.560
25.000.000	35.585	40.857	40.857	47.008	47.008	54.037

Interpolationstabelle zu Anlage 1.2.5: Raumakustik E17

Honorartafel zu Nr. 1.2.5 Absatz 3 – Raumakustik							
Anrechenbare Kosten	Honorarzone I von	Honorarzone II von	Honorarzone I bis / Honorarzone III von	Honorarzone II bis / Honorarzone IV von	Honorarzone III bis / Honorarzone V von	Honorarzone IV bis	Honorarzone V bis
Euro	Euro	Euro	Euro	Euro	Euro	Euro	Euro
50.000	1.714	2.226	2.737	3.279	3.790	4.301	
75.000	1.805	2.343	2.882	3.452	3.990	4.528	
100.000	1.892	2.457	3.021	3.619	4.183	4.748	
125.000	1.977	2.567	3.156	3.781	4.370	4.960	
150.000	2.061	2.676	3.291	3.942	4.557	5.171	
175.000	2.143	2.782	3.421	4.098	4.737	5.376	
200.000	2.225	2.888	3.551	4.254	4.917	5.581	
225.000	2.305	2.992	3.679	4.406	5.093	5.781	
250.000	2.384	3.095	3.806	4.558	5.269	5.980	
300.000	2.540	3.297	4.055	4.857	5.614	6.371	
350.000	2.692	3.495	4.298	5.148	5.951	6.754	
400.000	2.844	3.693	4.541	5.439	6.287	7.136	
450.000	2.993	3.886	4.778	5.723	6.616	7.509	
500.000	3.141	4.078	5.015	6.007	6.944	7.881	
550.000	3.285	4.265	5.245	6.282	7.262	8.242	
600.000	3.429	4.451	5.474	6.557	7.580	8.602	
650.000	3.572	4.638	5.704	6.832	7.897	8.963	
700.000	3.716	4.824	5.933	7.107	8.215	9.323	
750.000	3.860	5.011	6.163	7.382	8.533	9.684	
800.000	3.999	5.191	6.385	7.648	8.840	10.033	
850.000	4.138	5.372	6.607	7.913	9.147	10.381	
900.000	4.277	5.552	6.828	8.179	9.455	10.730	
950.000	4.416	5.733	7.050	8.444	9.762	11.078	
1.000.000	4.555	5.913	7.272	8.710	10.069	11.427	
1.250.000	5.226	6.784	8.343	9.993	11.552	13.110	
1.500.000	5.896	7.655	9.413	11.275	13.034	14.792	
1.750.000	6.545	8.497	10.448	12.515	14.467	16.419	
2.000.000	7.193	9.338	11.483	13.755	15.900	18.045	
2.250.000	7.825	10.159	12.492	14.964	17.297	19.631	
2.500.000	8.457	10.979	13.501	16.172	18.694	21.217	
2.750.000	9.077	11.784	14.490	17.357	20.064	22.771	
3.000.000	9.696	12.588	15.479	18.541	21.433	24.325	
3.250.000	10.301	13.373	16.445	19.698	22.770	25.843	
3.500.000	10.906	14.159	17.411	20.855	24.107	27.360	
3.750.000	11.510	14.944	18.376	22.011	25.444	28.878	

Honorartafel zu Nr. 1.2.5 Absatz 3 – Raumakustik							
Anrechenbare Kosten	Honorarzone I von	Honorarzone I bis / Honorarzone II von	Honorarzone II bis / Honorarzone III von	Honorarzone III bis / Honorarzone IV von	Honorarzone IV bis / Honorarzone V von	Honorarzone V bis
Euro	Euro	Euro	Euro	Euro	Euro	Euro
4.000.000	12.115	15.729	19.342	23.168	26.781	30.395
4.250.000	12.705	16.495	20.284	24.296	28.085	31.875
4.500.000	13.295	17.260	21.225	25.424	29.389	33.354
4.750.000	13.884	18.026	22.167	26.551	30.692	34.834
5.000.000	14.474	18.791	23.108	27.679	31.996	36.313
5.250.000	15.052	19.542	24.031	28.784	33.274	37.763
5.500.000	15.630	20.292	24.954	29.890	34.552	39.213
5.750.000	16.208	21.043	25.876	30.995	35.829	40.663
6.000.000	16.786	21.793	26.799	32.100	37.107	42.113
6.250.000	17.355	22.531	27.707	33.187	38.364	43.539
6.500.000	17.923	23.269	28.614	34.274	39.620	44.965
6.750.000	18.492	24.006	29.522	35.361	40.877	46.391
7.000.000	19.060	24.744	30.429	36.448	42.133	47.817
7.250.000	19.622	25.474	31.327	37.523	43.376	49.228
7.500.000	20.184	26.204	32.224	38.598	44.618	50.638

Interpolationstabelle zu Anlage 1.3.4: Geotechnik E18

Honorartafel zu Nr. 1.3.4 Absatz 1 – Geotechnik							
Anrechenbare Kosten	Honorarzone I von	Honorarzone I bis / Honorarzone II von	Honorarzone II bis / Honorarzone III von	Honorarzone III bis / Honorarzone IV von	Honorarzone IV bis / Honorarzone V von	Honorarzone V bis	
Euro	Euro	Euro	Euro	Euro	Euro	Euro	
50.000	789	1.222	1.654	2.105	2.537	2.970	
75.000	951	1.472	1.993	2.537	3.058	3.579	
100.000	1.086	1.681	2.276	2.896	3.491	4.086	
125.000	1.204	1.863	2.522	3.210	3.869	4.528	
150.000	1.309	2.026	2.742	3.490	4.207	4.924	
200.000	1.494	2.312	3.130	3.984	4.802	5.621	
250.000	1.647	2.549	3.451	4.392	5.294	6.197	
300.000	1.800	2.786	3.772	4.800	5.786	6.772	
350.000	1.927	2.983	4.038	5.139	6.195	7.250	
400.000	2.054	3.179	4.304	5.478	6.603	7.728	
450.000	2.165	3.351	4.536	5.774	6.959	8.145	
500.000	2.276	3.522	4.768	6.069	7.315	8.561	
550.000	2.369	3.666	4.963	6.317	7.614	8.910	
600.000	2.462	3.810	5.157	6.564	7.912	9.260	
650.000	2.554	3.953	5.352	6.812	8.211	9.609	
700.000	2.647	4.097	5.546	7.059	8.509	9.959	
750.000	2.740	4.241	5.741	7.307	8.808	10.308	
800.000	2.817	4.360	5.902	7.512	9.055	10.598	
850.000	2.894	4.479	6.064	7.718	9.303	10.887	
900.000	2.971	4.598	6.225	7.923	9.550	11.177	
950.000	3.048	4.717	6.387	8.129	9.798	11.466	
1.000.000	3.125	4.836	6.548	8.334	10.045	11.756	
1.125.000	3.285	5.084	6.883	8.761	10.560	12.358	
1.250.000	3.445	5.332	7.219	9.188	11.074	12.961	
1.375.000	3.605	5.579	7.554	9.614	11.589	13.563	
1.500.000	3.765	5.827	7.889	10.041	12.103	14.165	
1.625.000	3.898	6.033	8.168	10.396	12.530	14.665	
1.750.000	4.031	6.239	8.446	10.750	12.958	15.165	
1.875.000	4.164	6.444	8.725	11.105	13.385	15.665	
2.000.000	4.297	6.650	9.003	11.459	13.812	16.165	
2.250.000	4.517	6.990	9.463	12.044	14.517	16.991	
2.500.000	4.736	7.330	9.923	12.629	15.223	17.816	
2.750.000	4.956	7.669	10.382	13.214	15.928	18.642	
3.000.000	5.175	8.009	10.842	13.799	16.633	19.467	
3.500.000	5.515	8.535	11.555	14.706	17.727	20.747	
4.000.000	5.855	9.062	12.268	15.614	18.820	22.027	
4.500.000	6.195	9.588	12.980	16.521	19.914	23.306	

Honorartafel zu Nr. 1.3.4 Absatz 1 – Geotechnik						
Anrechenbare Kosten	Honorarzone I von	Honorarzone I bis / Honorarzone II von	Honorarzone II bis / Honorarzone III von	Honorarzone III bis / Honorarzone IV von	Honorarzone IV bis / Honorarzone V von	Honorarzone V bis
Euro	Euro	Euro	Euro	Euro	Euro	Euro
5.000.000	6.535	10.114	13.693	17.428	21.007	24.586
5.500.000	6.804	10.530	14.256	18.144	21.870	25.596
6.000.000	7.072	10.945	14.818	18.860	22.733	26.606
6.500.000	7.341	11.361	15.381	19.575	23.595	27.615
7.000.000	7.609	11.776	15.943	20.291	24.458	28.625
7.500.000	7.878	12.192	16.506	21.007	25.321	29.635
8.000.000	8.101	12.537	16.974	21.602	26.039	30.475
8.500.000	8.324	12.883	17.441	22.197	26.756	31.315
9.000.000	8.548	13.228	17.909	22.793	27.474	32.154
9.500.000	8.771	13.574	18.376	23.388	28.191	32.994
10.000.000	8.994	13.919	18.844	23.983	28.909	33.834
11.000.000	9.363	14.490	19.617	24.967	30.095	35.222
12.000.000	9.732	15.061	20.391	25.952	31.281	36.611
13.000.000	10.101	15.633	21.164	26.936	32.468	37.999
14.000.000	10.470	16.204	21.938	27.921	33.654	39.388
15.000.000	10.839	16.775	22.711	28.905	34.840	40.776
16.000.000	11.146	17.250	23.353	29.723	35.826	41.930
17.000.000	11.453	17.724	23.996	30.540	36.812	43.083
18.000.000	11.759	18.199	24.638	31.358	37.797	44.237
19.000.000	12.066	18.673	25.281	32.175	38.783	45.390
20.000.000	12.373	19.148	25.923	32.993	39.769	46.544
21.000.000	12.640	19.561	26.483	33.706	40.628	47.549
22.000.000	12.907	19.975	27.043	34.418	41.487	48.554
23.000.000	13.174	20.388	27.602	35.131	42.345	49.560
24.000.000	13.441	20.802	28.162	35.843	43.204	50.565
25.000.000	13.708	21.215	28.722	36.556	44.063	51.570

Interpolationstabelle zu Anlage 1.4.8 (1): Planungsbegleitende Vermessung

E19

Honorartafel zu Nr. 1.4.8 Absatz 1 – Planungsbegleitende Vermessung

Verrechnungs-einheiten	Honorarzone I von	Honorarzone I bis / Honorarzone II von	Honorarzone II bis / Honorarzone III von	Honorarzone III bis / Honorarzone IV von	Honorarzone IV bis / Honorarzone V von	Honorarzone V bis
VE	Euro	Euro	Euro	Euro	Euro	Euro
6	658	777	914	1.051	1.170	1.289
13	806	950	1.110	1.270	1.415	1.559
20	953	1.123	1.306	1.489	1.659	1.828
30	1.129	1.329	1.537	1.746	1.946	2.145
40	1.304	1.534	1.769	2.003	2.233	2.463
50	1.480	1.740	2.000	2.260	2.520	2.780
63	1.663	1.955	2.247	2.539	2.832	3.124
76	1.845	2.170	2.494	2.819	3.143	3.468
89	2.028	2.385	2.741	3.098	3.455	3.812
103	2.225	2.616	3.007	3.399	3.790	4.182
124	2.497	2.915	3.333	3.752	4.170	4.589
145	2.769	3.214	3.659	4.106	4.551	4.997
166	3.040	3.513	3.985	4.459	4.931	5.404
188	3.325	3.826	4.327	4.829	5.330	5.831
210	3.568	4.096	4.624	5.153	5.681	6.209
232	3.811	4.366	4.921	5.476	6.032	6.586
254	4.055	4.636	5.218	5.800	6.382	6.964
278	4.320	4.931	5.542	6.153	6.765	7.376
298	4.526	5.152	5.790	6.416	7.055	7.680
318	4.733	5.373	6.038	6.678	7.345	7.985
338	4.939	5.594	6.286	6.941	7.635	8.289
359	5.156	5.826	6.547	7.217	7.939	8.609
384	5.394	6.099	6.840	7.544	8.286	8.990
409	5.633	6.372	7.133	7.872	8.633	9.372
435	5.881	6.656	7.437	8.212	8.994	9.768
459	6.106	6.902	7.701	8.497	9.298	10.093
483	6.331	7.147	7.966	8.782	9.601	10.417
506	6.547	7.383	8.219	9.055	9.892	10.728
557	6.987	7.875	8.751	9.640	10.516	11.404
608	7.427	8.367	9.283	10.224	11.141	12.081
659	7.867	8.859	9.815	10.809	11.765	12.757
713	8.304	9.336	10.344	11.374	12.381	13.413
767	8.742	9.813	10.874	11.938	12.997	14.069
822	9.187	10.299	11.413	12.513	13.625	14.737
893	9.725	10.893	12.063	13.221	14.389	15.557
964	10.263	11.487	12.712	13.929	15.154	16.377
1.035	10.801	12.081	13.362	14.638	15.918	17.197

Honorartafel zu Nr. 1.4.8 Absatz 1 – Planungsbegleitende Vermessung						
Verrechnungs-einheiten	Honorarzone I von	Honorarzone I bis / Honorarzone II von	Honorarzone II bis / Honorarzone III von	Honorarzone III bis / Honorarzone IV von	Honorarzone IV bis / Honorarzone V von	Honorarzone V bis
VE	Euro	Euro	Euro	Euro	Euro	Euro
1.105	11.332	12.667	14.002	15.336	16.672	18.006
1.203	12.061	13.434	14.842	16.250	17.659	19.066
1.301	12.789	14.202	15.683	17.163	18.645	20.125
1.400	13.525	14.977	16.532	18.086	19.642	21.196
1.558	14.571	16.130	17.795	19.459	21.125	22.788
1.716	15.616	17.283	19.058	20.832	22.607	24.381
1.874	16.662	18.437	20.321	22.204	24.090	25.973
2.033	17.714	19.597	21.592	23.586	25.582	27.576
2.203	18.759	20.752	22.857	24.961	27.067	29.171
2.373	19.804	21.907	24.122	26.336	28.552	30.766
2.543	20.849	23.062	25.387	27.711	30.037	32.361
2.713	21.894	24.217	26.652	29.086	31.522	33.956
2.892	22.938	25.370	27.915	30.459	33.005	35.549
3.071	23.981	26.524	29.178	31.832	34.488	37.142
3.250	25.025	27.677	30.442	33.205	35.971	38.734
3.430	26.074	28.837	31.712	34.586	37.462	40.336
3.734	27.747	30.686	33.737	36.787	39.840	42.890
4.038	29.420	32.535	35.763	38.989	42.217	45.443
4.342	31.093	34.385	37.788	41.190	44.595	47.997
4.646	32.766	36.234	39.813	43.392	46.972	50.551
4.949	34.434	38.077	41.832	45.586	49.342	53.096
5.355	36.524	40.387	44.362	48.336	52.312	56.286
5.761	38.614	42.697	46.892	51.086	55.282	59.476
6.167	40.704	45.007	49.422	53.836	58.252	62.666
6.573	42.794	47.317	51.952	56.586	61.222	65.856
6.979	44.884	49.627	54.482	59.336	64.192	69.046
7.385	46.974	51.937	57.012	62.086	67.162	72.236
7.819	49.064	54.246	59.541	64.835	70.131	75.425
8.253	51.153	56.556	62.071	67.585	73.101	78.615
8.687	53.243	58.865	64.600	70.334	76.070	81.804
9.121	55.332	61.175	67.130	73.083	79.039	84.993
9.555	57.422	63.484	69.659	75.833	82.009	88.182
9.989	59.511	65.794	72.189	78.582	84.978	91.372
10.423	61.601	68.103	74.718	81.332	87.947	94.561
10.857	63.690	70.413	77.247	84.081	90.917	97.750
11.291	65.780	72.722	79.777	86.830	93.886	100.939
11.726	67.874	75.037	82.312	89.586	96.862	104.136

Interpolationstabelle zu Anlage 1.4.8 (2): Bauvermessung

E20

Honorartafel zu Nr. 1.4.8 Absatz 2 – Bauvermessung						
Anrechenbare Kosten	Honorarzone I von	Honorarzone I bis / Honorarzone II von	Honorarzone II bis / Honorarzone III von	Honorarzone III bis / Honorarzone IV von	Honorarzone IV bis / Honorarzone V von	Honorarzone V bis
Euro	Euro	Euro	Euro	Euro	Euro	Euro
50.000	4.282	4.782	5.283	5.839	6.339	6.840
75.000	4.648	5.191	5.734	6.338	6.881	7.424
100.000	5.002	5.586	6.171	6.820	7.405	7.989
150.000	5.684	6.349	7.013	7.751	8.416	9.080
200.000	6.344	7.086	7.827	8.651	9.393	10.134
250.000	6.987	7.804	8.621	9.528	10.345	11.162
300.000	7.618	8.508	9.399	10.388	11.278	12.169
350.000	8.233	9.196	10.158	11.227	12.189	13.152
400.000	8.848	9.883	10.917	12.066	13.100	14.134
450.000	9.448	10.553	11.657	12.884	13.988	15.093
500.000	10.048	11.222	12.397	13.702	14.876	16.051
550.000	10.636	11.879	13.122	14.503	15.746	16.990
600.000	11.223	12.535	13.847	15.304	16.616	17.928
650.000	11.799	13.178	14.557	16.089	17.468	18.848
700.000	12.374	13.821	15.268	16.874	18.321	19.767
750.000	12.950	14.464	15.978	17.659	19.173	20.687
800.000	13.511	15.090	16.670	18.424	20.003	21.583
850.000	14.072	15.717	17.362	19.189	20.834	22.479
900.000	14.632	16.343	18.053	19.953	21.664	23.374
950.000	15.193	16.970	18.745	20.718	22.495	24.270
1.000.000	15.754	17.596	19.437	21.483	23.325	25.166
1.100.000	16.836	18.805	20.772	22.959	24.927	26.895
1.200.000	17.918	20.013	22.107	24.435	26.529	28.624
1.300.000	19.001	21.222	23.443	25.910	28.132	30.352
1.400.000	20.083	22.430	24.778	27.386	29.734	32.081
1.500.000	21.165	23.639	26.113	28.862	31.336	33.810
1.750.000	23.779	26.559	29.338	32.426	35.206	37.985
2.000.000	26.393	29.478	32.563	35.990	39.075	42.160
2.250.000	28.941	32.323	35.706	39.464	42.847	46.230
2.500.000	31.488	35.168	38.849	42.938	46.619	50.299
2.750.000	33.984	37.956	41.929	46.342	50.314	54.286
3.000.000	36.480	40.744	45.008	49.745	54.009	58.273
3.250.000	38.916	43.465	48.013	53.067	57.616	62.164
3.500.000	41.352	46.185	51.019	56.389	61.222	66.056
3.750.000	43.788	48.906	54.024	59.710	64.829	69.947
4.000.000	46.224	51.626	57.029	63.032	68.435	73.838
4.250.000	48.598	54.278	59.958	66.269	71.950	77.630

Honorartafel zu Nr. 1.4.8 Absatz 2 – Bauvermessung						
Anrechenbare Kosten	Honorarzone I von	Honorarzone I bis / Honorarzone II von	Honorarzone II bis / Honorarzone III von	Honorarzone III bis / Honorarzone IV von	Honorarzone IV bis / Honorarzone V von	Honorarzone V bis
Euro	Euro	Euro	Euro	Euro	Euro	Euro
4.500.000	50.972	56.929	62.887	69.507	75.465	81.423
4.750.000	53.346	59.581	65.816	72.744	78.979	85.215
5.000.000	55.720	62.232	68.745	75.981	82.494	89.007
5.250.000	58.017	64.798	71.579	79.113	85.895	92.676
5.500.000	60.314	67.363	74.413	82.246	89.296	96.346
5.750.000	62.611	69.929	77.247	85.378	92.696	100.015
6.000.000	64.908	72.494	80.081	88.511	96.097	103.684
6.250.000	67.205	75.060	82.915	91.643	99.498	107.354
6.500.000	69.502	77.626	85.749	94.775	102.899	111.023
6.750.000	71.799	80.191	88.583	97.908	106.300	114.692
7.000.000	74.096	82.757	91.417	101.040	109.700	118.361
7.250.000	76.393	85.322	94.251	104.173	113.101	122.031
7.500.000	78.690	87.888	97.085	107.305	116.502	125.700
7.750.000	80.909	90.366	99.822	110.330	119.787	129.244
8.000.000	83.127	92.844	102.560	113.356	123.072	132.788
8.250.000	85.346	95.322	105.297	116.381	126.356	136.332
8.500.000	87.564	97.800	108.034	119.407	129.641	139.876
8.750.000	89.783	100.278	110.772	122.432	132.926	143.420
9.000.000	92.002	102.755	113.509	125.457	136.211	146.964
9.250.000	94.220	105.233	116.246	128.483	139.496	150.508
9.500.000	96.439	107.711	118.983	131.508	142.780	154.052
9.750.000	98.657	110.189	121.721	134.534	146.065	157.596
10.000.000	100.876	112.667	124.458	137.559	149.350	161.140